ROBERTINE BARRY
LA FEMME NOUVELLE

Sergine Desjardins

ROBERTINE BARRY

La femme nouvelle

ÉDITIONS TROIS-PISTOLES

Éditions Trois-Pistoles
31, route Nationale Est
Paroisse Notre-Dame-des-Neiges
G0L 4K0
Téléphone : 418 851-8888
Télécopieur : 418 851-8888
C. élect. : vlb2000@bellnet.ca

Saisie : Sergine Desjardins
Photographie en couverture : Robertine Barry
Infographie : Roger Des Roches
Révision : Victor-Lévy Beaulieu, André Morin

Les Éditions Trois-Pistoles bénéficient des programmes d'aide à la publication du Conseil des Arts du Canada, du ministère du Patrimoine (PADIÉ), de la Société de développement des entreprises culturelles du Québec (SODEC) et du programme de crédit d'impôt pour l'édition de livres du gouvernement du Québec (gestion Sodec).

En Europe (comptoir de ventes)
Librairie du Québec
30, rue Gay Lussac
75005 Paris, France
Téléphone :   43 54 49 02
Télécopieur :   43 54 39 15

ISBN : 978-2-89583-218-8
Dépôt légal :
Bibliothèque et Archives nationales du Québec, 2010
Bibliothèque et Archives Canada, 2010

Je dédie ce livre à chaque personne qui,
comme Robertine Barry l'a fait,
se bat pour naître à elle-même.

Les femmes qui parlent d'autres choses que de colifichets,
vous vous en éloignez, elles vous font peur.

Françoise, pseudonyme de Robertine Barry.
« Chronique du Lundi », *La Patrie*, 30 mars 1896.

C'est dans La Patrie *d'Honoré Beaugrand*
que je fis mes premières armes dans le journalisme.
C'est à lui, c'est à ses encouragements que je dois
d'avoir persévéré dans une carrière jusque-là fermée
à la Canadienne-française. Je fus la première femme
faisant partie d'un personnel de rédaction.

Françoise, pseudonyme de Robertine Barry.
Le Journal de Françoise, 7 octobre 1906.

Arbre généalogique
de la famille Barry

Edmond Barry & Mary Flynn	Joseph Rouleau & Euphrosine Patoine
John Barry 1816 - 1891	Aglaé Rouleau 1831 - 1913

1   David 1852 – 1934. Marié à Caroline-Ellen Grace. Deux fils : Ellwood (1902- ?), Frank-Stafford (1903-1991) ép : Anna Mary (McNally) (1905-1995). Une fille : Mary Robertine (1911-1997)

2   Edmond (Edmund) 1853 – 1905.

3   Marie-Aglaé (Mary) 1855 – décédée entre 1901 et 1910

4   Caroline (Carry) 1856 – 1943. Ép. : François-Xavier Choquet

5   Hilda 1856 – 1940

6   Gérardine 1858 – 1859

7   John (Joseph-Jean) 1860 – décédé après 1910

8   James-Ernest 1861 – 1862

9   Robertine 1863 – 1910

10 Évelyne 1864 – décédée après 1940

11 Marie-Claire 1866 – 1866

12 Marie-Claire-Géraldine (Clara-Blanche) 1870 – 1963. Ép. : Marius Honacker. Une enfant : Marie (1914 – 2009).

13 Jacques-Robert 1873 – décédé entre 1900 et 1910.

« Se représente-t-on ce que cela demandait de courage à une femme, il y a 45 ans, que de vouloir écrire dans un journal et s'en faire une carrière ? C'était le temps où il devait y avoir encore nombre de bonnes âmes qui condamnaient la lecture en bloc et les femmes qui aimaient à lire n'avaient pas la confiance de tout le monde. Et dans certains milieux, quelle opinion pouvait-on se faire sur un journaliste en jupon ? Tant de femmes à cette époque avaient à peine le droit de penser par elles-mêmes et pas plus celui de parler. Les pères, les frères et les maris pensaient et parlaient pour toutes les femmes de leur entourage. Et voilà que l'une d'elles allait écrire dans une feuille publique ce qu'elle pouvait dire en dehors de la mode et de la cuisine ! C'était assez pour faire scandale. » Germaine Bernier, extrait du texte d'une causerie donnée à la radio et publiée dans *Le Devoir*, vers 1936[1].

---

1. « Françoise, journaliste et femme de lettres », extrait du texte de la causerie donnée à la radio par la directrice de la Page Féminine, sous les auspices du programme féminin, publié dans *Le Devoir* vers 1936. Source : Fonds Robertine Barry. P093/003/01/002.

Avant-propos

Robertine Barry : Un prix du journalisme porte son nom ainsi qu'une rue à Montréal et un canton en Abitibi[2]. Le manoir où elle a passé une partie de son enfance, aux Escoumins, est aujourd'hui une auberge – le Manoir Bellevue – dans laquelle un salon a été baptisé en son honneur. Au cœur du village de L'Isle-Verte, dans le Bas-du-Fleuve, une plaque commémorative rappelle qu'elle y est née. Pourtant, malgré ces honneurs posthumes, la majorité, hormis quelques chercheurs et chercheuses, ignore qui est cette femme.

Robertine Barry mérite d'être sortie de l'ombre. En plus d'avoir été la première femme journaliste canadienne-française, elle a été écrivaine, a fondé et dirigé un magazine, a été la première femme à inaugurer un courrier du cœur et un forum de discussions[3].

Non seulement Robertine Barry est inconnue de la plupart des gens mais, parmi ceux qui en font mention, il s'en trouve

---

2. Il y a aussi des salles de classe qui portent son nom dont, entre autres, l'une au Collège Marie-de-l'Incarnation. www.cmitr.qc.ca/fl-projet2.html.

3. Dans l'article intitulé « Joseph-Damase Chartrand (1852-1905). La curieuse histoire de l'éclipse d'un géant », Cosette Marcoux et Jacques Boivin mentionnent pertinemment qu'avec sa tribune de lecteurs, Robertine a inauguré un genre de forum de discussions avant la lettre. *Cap-aux-Diamants*, n° 91, automne 2007.

plusieurs qui la sous-estiment grandement. Il n'est pas rare en effet de lire qu'elle a réussi à pénétrer cette chasse-gardée masculine qu'était le monde journalistique en se faufilant dans les pages féminines. Si cela fut effectivement le cas pour la grande majorité des pionnières en journalisme, il en alla tout autrement pour elle. Dès ses premiers articles, publiés à la Une, elle revendique haut et fort l'instruction supérieure pour les femmes. Revendications qui, au XIXe siècle, annonçaient une véritable révolution. Il est pour le moins étonnant aussi que Robertine Barry soit si peu souvent mentionnée comme ayant fait partie des premières féministes canadiennes-françaises. Certains vont même jusqu'à dire qu'elle n'a rien fait pour la cause des femmes. Or, plusieurs des idées qu'elle défendit publiquement étaient bien en avance sur celles véhiculées par les premières féministes dont on a retenu les noms, telles, entre autres, Joséphine Marchand-Dandurand et Marie Gérin-Lajoie.

Plus encore, non seulement ses écrits, mais aussi la vie de Robertine Barry, témoignent de son avant-gardisme. Elle voyagea beaucoup, et seule – ce qui était alors objet de curiosité et de scandale – ; fit ce que peu de femmes osaient expérimenter, comme descendre dans une mine ; fréquenta des francs-maçons ; critiqua le clergé, tout cela à une époque où le mépris et les mots-assassins cherchaient à museler et à faire rentrer dans le rang les femmes rebelles et insoumises. Dans un siècle particulièrement féroce envers les femmes célibataires, Robertine combattit les préjugés à leur endroit et parla, ô scandale !, des joies du célibat qui était pour elle synonyme d'émancipation de la femme.

Dans un siècle où l'on imposait le silence aux femmes, Robertine Barry refusa de se laisser museler et fit de sa plume son porte-voix. Sa vie professionnelle coïncide avec l'arrivée, presque partout dans le monde, des *femmes nouvelles*, ainsi qu'on appelait alors celles qui étudiaient dans des universités ou qui, à l'instar de Robertine, refusaient de se soumettre, défendaient leurs droits bec et ongles et prenaient leur place dans des domaines jusque-là réservés aux hommes.

À travers la vie de Robertine, c'est la vie de ces femmes nouvelles mais aussi celles des écrivaines et des premières journalistes qui se déroulent sous nos yeux. Cela est d'autant plus intéressant que très peu d'écrits ont, jusqu'à présent, révélé les difficultés auxquelles étaient confrontées ces dernières[4].

Écrire la biographie de cette femme exceptionnelle n'a pas été une mince tâche et, devant l'ampleur et la complexité du travail à accomplir, j'avoue avoir été souvent tentée d'abandonner. Reconstituer sa vie et en faire un tout cohérent fut d'autant plus difficile que les détails sur sa vie privée sont éparpillés aux quatre vents. Chaque trouvaille, qui parfois m'avait demandé plusieurs heures de recherches, ne m'apportait souvent à peine de quoi écrire quelques lignes. Elle n'était qu'un infime morceau d'un immense casse-tête dont il a fallu bien du temps avant que se dessine une image globale et que chaque élément trouve sa place.

Outre une courte biographie publiée en 1949[5] par Renée des Ormes et dont l'intérêt réside surtout dans les informations

---

4. Comme l'a souligné Lyne Gosselin dans sa recherche sur les journalistes québécoises : « Les travaux des historiennes québécoises ont peu approfondi la connaissance des femmes journalistes. » Elle ajoute qu'on s'entend pour dire qu'elles étaient confrontées à des difficultés sans toutefois mentionner lesquelles. *Les journalistes québécoises. 1880-1930.* UQAM., p. 8.

5. Renée des Ormes, *Robertine Barry, en littérature Françoise*. Renée des Ormes est le pseudonyme de Léonide Ferland, enseignante et femmes de lettres née en 1881.

qu'on y trouve sur l'enfance de Robertine[6], ainsi que le Fonds Robertine Barry, qui contient quelques documents, photos et lettres intéressantes[7], j'ai glané d'autres renseignements dans quelques ouvrages portant notamment sur la littérature, le journalisme et le féminisme. J'ai fait d'autres découvertes sur la vie privée de Robertine Barry dans les biographies des personnes qu'elle a connues ou qui ont été ses amis. Celle, entre autres, d'Olivar Asselin, qui l'appelait sa « marraine littéraire », parce qu'elle lui avait ouvert, à Montréal, les portes du journalisme et celle d'Émile Nelligan dont elle a été l'égérie et, affirment certains, l'amante. Ainsi, raconter la vie de Robertine, c'est faire la rencontre de plusieurs personnages historiques intéressants qui nous révèlent, chacun à sa façon, un aspect de la vie de cette femme mais aussi de notre histoire. On croise, entre autres, Henri Bourassa avec qui elle eut de nombreuses prises de bec et qui, ironie du sort, fonda *Le Devoir* le jour même des funérailles de Robertine, le 10 janvier 1910.

---

6. Renée des Ormes a eu accès au journal intime de Robertine et elle en cite de larges extraits, ce qui a une valeur inestimable, d'autant plus que ce journal est encore à ce jour, malgré mes recherches soutenues, introuvable. Sans doute a-t-il été détruit. Robertine Barry semble avoir cessé de l'écrire dès le début de sa carrière, de sorte que, pour cette période, de 1891 jusqu'à sa mort en 1910, Renée des Ormes raconte sa vie en citant surtout des extraits d'articles rédigés par Robertine. Étant donné qu'elle ne mentionne jamais ses sources, ni les dates, et mélange parfois allègrement les époques, il faut avoir lu tout ce qu'a écrit la journaliste pour replacer les informations dans un ordre chronologique. Quelques notes de travail de Renée des Ormes ont été conservées dans des archives. Elle y livre des informations intéressantes, qu'elle ne pouvait, confie-t-elle dans une lettre, dévoiler dans son livre, et que je cite dans cet ouvrage et citerai aussi dans le deuxième tome de cette biographie.

7. Ce fonds d'archives a été retrouvé dans les fonds de la Société historique de la Côte-Nord par la directrice-archiviste de cette société, Danielle Saucier.

J'ai aussi eu le privilège de m'entretenir avec Lise Dugal, la petite-fille de la sœur de Robertine, Clara-Blanche. Les informations qu'elle m'a fournies sont inestimables, notamment en ce qui concerne la relation de Robertine avec Émile Nelligan. J'ai eu le privilège aussi de parler avec Marielle Corbeil, la petite-fille d'Émilie Hudon-Nelligan, pour qui l'amitié de Robertine fut extrêmement réconfortante lorsqu'elle eut la grande douleur de voir son fils poète interné.

J'ai aussi trouvé des lettres écrites par Robertine dans quelques fonds d'archives. Elles m'ont dévoilé certains aspects de sa vie intime ou m'ont servi de fil conducteur à des événements historiques. Par exemple, dans l'une des lettres qu'elle adressa à Marie Gérin-Lajoie, elle mentionne qu'elle ira à la léproserie de Tracadie. Je n'en sais pas plus mais cette simple phrase m'a conduite à faire des recherches sur la présence, au XIXe siècle, des lépreux au Nouveau-Brunswick. Outre mes lectures, je suis allée visiter le musée qui relate ce pan largement méconnu de notre histoire et j'ai estimé intéressant d'intégrer, dans cette biographie, des informations à ce sujet.

J'ai lu aussi, bien sûr, tout ce qu'a écrit Robertine, son recueil de nouvelles, ses articles ainsi que le *Journal de Françoise*, le bimensuel qu'elle a fondé et dirigé pendant sept ans. Toutes ces lectures, qui représentent des milliers de pages, m'ont permis de savoir ce que pensait Robertine de l'amour, du mariage, de la maternité, du féminisme, des qualités humaines qu'elle estimait importantes, bref, tout ce qui fait le sel de la vie ou lui donne un sens. Je l'ai citée souvent. Non seulement à cause de son humour, de la beauté de sa plume et de l'intelligence de ses propos, mais aussi parce que, comme l'a souligné pertinemment Sophie Doucet, « ce qu'elle donne à voir de son époque est beaucoup plus coloré et intéressant que ce qu'on a appris dans les cours d'histoire[8] ». Époque où plusieurs, à l'instar de Robertine, étaient fascinés par les découvertes scientifiques mais tout autant par le spiritisme. Parler de phénomènes surnaturels et faire tourner les tables étaient chose courante au XIXe siècle. De plus, la fascination qu'éprouvait Robertine envers la « magie » est intimement liée à son intérêt pour ses ancêtres celtes pour qui les rituels magiques étaient au cœur du quotidien.

On ne comprend pas les choses, encore moins les êtres, qu'avec sa tête. Ressentir est primordial si l'on veut pénétrer l'âme humaine et en saisir la quintessence. Parallèlement à mes recherches livresques, j'ai visité les endroits où Robertine a vécu. Aux Escoumins, c'est avec beaucoup d'émotion que j'ai mis mes pas dans les siens, marchant sur la grève où elle a joué quand elle était enfant, visitant la maison où ses rires ont résonné souvent. À L'Isle-Verte, j'ai marché, courbée en deux à cause de l'espace restreint, dans le sous-sol de la magnifique église de ce village. J'espérais y apercevoir la tombe de la petite sœur de Robertine, morte en bas âge. Une telle entreprise peut sembler bien superflue, mais chaque petit détail trouvé, chaque chose entrevue, comme la tombe d'une petite sœur, m'a donné le sentiment de m'approcher toujours un peu plus de la « vérité » de ce que fut Robertine. Marcher dans les pas de Robertine m'aidait à atteindre cet état d'imprégnation si chère aux biographes. Comme l'a souligné Pierre Assouline, auteur de plusieurs biographies, « quand on passe trois ans à enquêter sur quelqu'un et que l'imprégnation s'est vraiment bien faite, on atteint un état au-delà de l'empathie[9] ».

---

8. Sophie Doucet. « Écrire avant tout ! ». *La Gazette des femmes,* septembre-octobre, 2007, p. 42.

9. Cité par Catherine Lachaussée. « Le biographe. Entre détective et moine bénédictin ». *Le Libraire,* février-mars, 2008, pp. 28-29.

Première partie

L'enfance

Marie-Robertine Barry est née le 26 février 1863, par un jour de grande tempête, dans le village de L'Isle-Verte, dans le bas de Québec, comme on appelait alors le Bas-du-Fleuve. Ce matin-là, Euphrosine Rouleau[10], sa grand-mère, souleva pour la millième fois le rideau de dentelle qui ornait les fenêtres de l'imposant manoir Rouleau situé au cœur du village. Elle avait beau plisser les yeux, elle ne distinguait pas âme qui vive au-dehors.

Le vent soufflait de toutes ses forces, formant, de-ci de-là, d'immenses congères devant le manoir. Euphrosine ne voyait que du blanc, une blancheur aveuglante qui s'élevait en virevoltant avant de frapper violemment la vitre. Elle n'avait jamais vu une telle tempête. Elle était morte d'inquiétude depuis que son mari, Joseph Rouleau, était parti chercher la sage-femme. Elle était certaine que sa fille Aglaé allait accoucher dans l'heure car ses douleurs étaient maintenant très rapprochées. Tout allait si

---

10. Euphrosine Patoine est née à Trois-Pistoles en septembre 1805 et est décédée à L'Isle-Verte le 18 mars 1874. Elle a épousé Joseph Rouleau, né en 1796 à L'Isle-Verte et décédé au même endroit le 1er juin 1878. Ils eurent treize enfants : Marie Éléonore (1823) ; Édouard (1825) ; Joseph (1827) ; David (1829) ; Eulalie Aglaé (1831) ; Félix Victorien (1833) ; Alexis Désiré (1835) ; Bonaventure (1837) ; Luc (1837) ; Louis Onésime (1839) ; Charles Borromée (1840) ; Édouard-Hector (1843) ; Marie-Angèle Ophidie (1846).

vite. Il y avait à peine deux heures que, debout avant le lever du jour, Aglaé jouait du piano en chantonnant. Euphrosine s'en voulut de ne pas avoir alors deviné que sa fille allait accoucher ce jour-là. Aglaé ne jouait jamais du piano si tôt le matin. Elle aurait dû y voir un signe. Ayant eu treize enfants, elle était bien placée pour savoir que les femmes font bien des choses bizarres quand le temps est venu d'accoucher. Il y en avait même qui commençaient à faire du grand-ménage dans les grosses chaleurs de l'été.

Pour calmer sa nervosité, Euphrosine marchait de long en large dans le salon, mais ses pas la ramenaient invariablement près de la fenêtre où elle s'usait les yeux à essayer de discerner une ombre. Personne. Elle se prépara donc à l'éventualité qu'elle pourrait bien être seule, avec la bonne, à aider Aglaé à accoucher. Elle alla à la cuisine et fit bouillir de l'eau dans une grande cuve. Elle en remplit une autre plus petite et y déposa une paire de ciseaux et un bout de corde. Elle sortit de ses tiroirs un tissu dont la blancheur ne laissait aucun doute sur sa propreté. S'il était nécessaire de tourner la tête du bébé, elle mettrait le tissu propre autour de ses mains. En montant le grand escalier, elle se composa un visage serein. Elle prit une grande respiration et une bonne odeur de forêt chatouilla ses narines. La bonne avait, la veille, frotté le plancher avec des branches de sapin. Lorsqu'elle entra dans la chambre où sa fille allait donner naissance pour la neuvième fois, ses yeux mirent du temps à s'habituer à l'obscurité. De grandes couvertures de laine avaient été suspendues aux fenêtres afin de protéger la famille des mauvais sorts et d'éviter le passage du moindre souffle d'air.

Aglaé serrait dans ses mains la relique qui, elle l'espérait, les prémunirait, le bébé et elle, de tout danger. Entre deux contractions, elle reprenait son souffle. La dernière ayant été particulièrement violente, elle savait que son enfant ne tarderait pas à naître.

Elle avait peur.

Peur que le bébé soit infirme, difforme ou mort-né.

Peur surtout qu'il ne survive pas longtemps. Bien qu'elle fut encore jeune – elle n'avait que 31 ans –, Aglaé avait déjà perdu deux de ses enfants. Son petit James, d'abord, qui n'avait que quatre mois lorsqu'il avait été enterré aux Escoumains[11] où habitait la famille Barry. Sa belle Gérardine, ensuite, qui avait 17 mois lorsque la Grande Faucheuse était venue la lui ravir. *La petite*, comme l'appelait sa grand-mère Euphrosine, reposait maintenant dans le sous-sol de l'église de L'Isle-Verte.

Le souvenir des petites tombes blanches devant lesquelles Aglaé avait prié, percluse d'une douleur que les convenances muselaient, se mêlait ce matin-là aux craintes et à la douleur liées à l'accouchement.

Superstitieuse, Aglaé voyait comme un mauvais présage le fait que sa petite Gérardine soit née elle aussi un jour de février dans la même maison où elle s'apprêtait encore à donner naissance. La similitude des deux événements ne présageait-elle pas d'une même tragique destinée pour l'enfant qui s'apprêtait à naître ? Euphrosine y avait pensé elle aussi, un peu plus tôt ce matin-là. Mais une grande émotion s'emparait maintenant d'elle et chassait ses idées moroses. Elle avait beau avoir donné naissance à treize enfants, la magie de l'instant l'émouvait encore autant. Voir un être sortir du corps d'une femme était, à ses yeux, la chose la plus extraordinaire et la plus émouvante qui soit.

---

11. Escoumains s'écrivait, à cette époque, de cette façon, mais dans la suite de cet ouvrage, j'ai respecté l'orthographe actuelle. Notons aussi que le nom de ce village s'est orthographié, au fil des ans, de plusieurs façons différentes dont, notamment, Uscamin, Essuis-mains, Leschemins et Eskumunaak, signifiant « lieu de guet ».

Moins d'une heure plus tard, Aglaé caressait tendrement le visage de sa vigoureuse nouvelle-née. Elle fit une prière muette afin qu'elle passe le seuil critique des premières années d'enfance. Elle s'inquiétait à tort.

Dans cette grande et belle maison, assaillie de toutes parts par de violentes bourrasques, venait de naître une petite fille envers qui les fées avaient été plus que généreuses. Elles avaient déposé dans son berceau toutes les qualités qu'il lui faudrait pour mener une vie hors du commun : beaucoup de talent et tout autant de détermination, de courage, de vaillance, d'intelligence et d'esprit frondeur, car cela, oui !, il lui en faudrait beaucoup. Elle avait aussi la chance d'être née dans une famille qui lui offrirait la meilleure éducation pour les femmes de cette époque.

La nouvelle-née fut baptisée quelques heures seulement après sa naissance. Les cloches sonnaient lorsque sa marraine, Gracieuse Gauvreau[12], l'emmitoufla avant de l'exposer au grand vent qui soufflait avec toujours autant de force. Quelques minutes plus tard, le prêtre fit le signe de la croix sur le front du bébé. Marie-Robertine Barry faisait son entrée au sein d'une Église que, plus tard, elle osera contester ouvertement. Le prénom était choisi depuis des mois. Fidèle aux valeurs de ses ancêtres celtes, John Barry accordait beaucoup d'attention aux prénoms et à leurs significations. Les choisir consciencieusement pour ses enfants était, selon lui, le premier devoir des parents, car la signification du prénom avait un impact sur la destinée de celui qui le portait. Avant la naissance de Robertine, il en avait longuement discuté avec Aglaé et ils avaient convenu

---

12. Gracieuse Gauvreau était l'épouse du notaire Louis-Narcisse Gauvreau avec qui elle eut treize enfants, dont l'écrivain Charles. Le parrain de Robertine est son oncle, le chanoine Luc Rouleau, mais le jour du baptême, il ne put venir à L'Isle-Verte et fut représenté par Alexis Rouleau, un autre frère d'Aglaé.

qu'ils donneraient à l'enfant à naître le prénom de Robert ou Robertine. L'étymologie de ces prénoms était allemande et signifiait gloire et brillant. Le prénom que reçut Robertine présageait parfaitement de ce qu'elle allait devenir et du don d'intelligence qu'elle portait dans ses gènes.

Avant de sortir de l'église, les villageois qui, parmi les 3 000 qui peuplaient le village, avaient trouvé le courage d'affronter la tempête pour se rendre à l'église, voulurent voir de près la dernière-née de la famille Barry. Ils cherchaient déjà à discerner à qui elle ressemblait. On ne pouvait dire, sans mentir, que Marie-Robertine était un très beau bébé. N'empêche, elle avait tous ses membres, semblait en très bonne santé et chacun savait qu'elle était née avec une cuillère d'argent.

Son père, John Barry, avait grandi dans une somptueuse villa, la villa Belle-Vue de Fornoy, en Irlande. Il était encore un tout jeune homme lorsqu'il avait immigré au Canada avec sa famille, à l'instar de plusieurs milliers d'Irlandais qui fuyaient la famine. John avait d'abord travaillé quelques années pour William Price, un homme qu'enrichissaient les scieries qu'il possédait dans le Bas-Saint-Laurent et sur la Côte-Nord. Jusqu'en 1855, William Price fit le commerce du bois à L'Isle-Verte et posséda le tiers du moulin à scie de ce village, Le Platin. John était alors son homme de confiance, son bras droit.

John connaissait Joseph Rouleau qui, en plus d'exercer le métier de menuisier, était aussi un prospère marchand de bois qui faisait des affaires florissantes tant à L'Isle-Verte qu'à Fraserville – ainsi que l'on appelait alors communément Rivière-du-Loup – sous la raison sociale *Joseph Rouleau et ses frères*[13].

---

13. Les frères Rouleau dont il est question sont Félix et Alexis. Source : Robert Michaud, *La Cour de circuit de L'Isle-Verte*, p. 169.

Aglaé, la septième des treize enfants de la famille Rouleau, plut énormément à John dès qu'il la vit. Elle n'avait que vingt ans et lui presque trente-six mais l'amour de la littérature les rapprochait. Aglaé se délectait des classiques français[14]. John, tout autant. Il faisait d'ailleurs partie des bourgeois qui fondèrent, à L'Isle-Verte, un Institut littéraire dont le but, a écrit leur vice-président, le médecin Henry Desjardins, était de promouvoir « l'extension des lumières intellectuelles en donnant aux membres l'occasion de se réunir, pour s'instruire mutuellement en discutant sur des sujets scientifiques et pour donner des lectures[15]. » Des livres et des journaux étaient mis à la disposition des Islevertois qui pouvaient aussi assister aux conférences données par les membres de l'Institut ou par des invités de marque. Le frère d'Aglaé, Félix Rouleau, faisait lui aussi partie de cette Institut. John eut donc bien des occasions de rencontrer sa future épouse.

John appréciait aussi les qualités de musicienne d'Aglaé. Leur amour des arts qu'ils partageaient compta sans doute autant aux yeux d'Aglaé que les autres qualités de John qui faisaient de lui un « bon parti ». Ceux qui l'ont connu affirment qu'en plus d'être vaillant, débrouillard et cultivé, il « fait honneur à son origine par l'admirable générosité de son caractère et l'exquise délicatesse de ses procédés. Il est du nombre de ces hommes dont on dit qu'ils ont le cœur sur la main. D'une taille avantageuse, fort instruit, possédant également les langues française et anglaise, d'une conversation aussi agréable

---

14. Renée des Ormes. *Robertine Barry, en littérature Françoise,* pp. 13-14.

15. Extrait de la charte de la fondation de l'Institut cité par Robert Michaud dans *L'Isle-Verte vue du large,* pp. 216-217.

qu'intéressante, parfait de manières, il est le type de gentil-
homme canadien. Son hospitalité est proverbiale et il l'exerce
avec la largeur des anciens temps[16]. »

Le soleil brillait de tous ses feux lorsque, le 10 juillet 1851,
John et Aglaé s'épousèrent dans la magnifique église de L'Isle-
Verte. La mère de John, Mary Flynn, ne put s'empêcher de voir
un bon présage dans le fait que son fils, parti de l'Irlande – cette
île qu'on appelait la Verte Érin ou l'Ile Verte – épousait une fille
qui, dans le pays qui les avait accueillis, était née à L'Isle-Verte.

• • •

Deux des enfants Barry étant morts avant la naissance de
Robertine, celle-ci se retrouva au septième rang[17], après David,
11 ans, Edmond, 10 ans, Mary, 8 ans, les jumelles Hilda et
Caroline, 7 ans, et Jean, 3 ans. Robertine passa les premiers
mois de sa vie à L'Isle-Verte. Il fallait attendre que le fleuve soit
libéré de ses glaces avant de retourner aux Escoumins où vivaient les Barry depuis que John, en 1858, avait été nommé
gérant de la plus importante scierie de la Haute-Côte-Nord.
Cette scierie était la propriété des Têtu et des Boucher qui, venus de Rimouski, de Trois-Pistoles et de Rivière-Ouelle, étaient
devenus les marchands de bois les plus importants de l'époque
et avaient fait des Escoumins la capitale régionale de la Côte-
Nord. Ces hommes vendaient leur bois non seulement dans
tout le Canada mais aussi en Amérique du Sud, en Angleterre

---

16. Henri Têtu et Henri-Raymond Casgrain. *David Têtu et les raiders de Saint-
Alban. 1864-1865*, p. 138.

17. Robertine occupe le 7ᵉ rang comme sa mère Aglaé l'a occupé dans sa famille.

et en Australie. En 1860, John Barry implanta une scierie dans le village de Sault-au-Mouton afin d'augmenter sa production de bois et, ce faisant, ses revenus, déjà considérables. John Barry s'entendait très bien avec les Têtu, surtout avec Félix qui, en plus d'être un homme d'affaires prospère, était un homme imaginatif qui « dessinait admirablement bien » et qui pouvait écrire, avec ses patins, « son nom sur la glace d'une façon aussi parfaite que s'il l'eût écrit de sa main[18]. » C'est lui qui vendit à John sa magnifique résidence qui, construite sur un coteau, surplombait le fleuve. Les Escouminois l'appelaient « la grande maison des bourgeois ». Les riches draperies, les rosaces de plâtre ornant le plafond, le vitrail incolore qui surmontait la porte d'entrée, les tapisseries fleuries, tous les beaux objets d'art exposés sur les corniches ceinturant la pièce, l'horloge grand-père, les lins brodés à la française qui protégeaient le bois des tables de salon, les moelleux canapés de velours ; tout cela créait une chaude et riche ambiance qui plut à Aglaé la première fois qu'elle y mit les pieds. Située près du moulin, cette grande maison aux cinq lucarnes qui « dominait toutes les autres », avait comme voisine une charmante église qui se distinguait par ses splendides tourelles de style gothique lui donnant une allure médiévale. C'est dans cette église que fut chanté le service funèbre du petit James, né deux ans avant Robertine et qui avait été emporté par la Grande Faucheuse alors qu'il venait d'avoir quatre mois.

À quoi ressemblait les Escoumins à cette époque ? « À 5 ou 6 lieux de la Pointe-à-la-Carriole, une rivière qui sert de pouvoir moteur à une scierie, descend des montagnes et se

---

18. Henri Têtu et Henri-Raymond Casgrain. *David Têtu et les raiders de Saint-Alban. 1864-1865*, p. 12.

jette dans le fleuve, par un goulet resserré entre deux rochers. La marée qui y pénètre forme à l'intérieur un vaste estuaire étranglé par un cercle de montagnes. C'est au fond et à l'est de ce bassin, sur la berge, que s'élève, avec la chapelle de la mission, le petit village des Escoumins, dont la population, à l'époque de notre récit, se composait en partie de Sauvages. Les quelques familles canadiennes qui l'habitaient y avaient été attirées pour le service du chantier de bois que le père de David Têtu avait établi sur la rivière[19]. »

« Le roi du village », tel est le surnom que la population des Escoumins avait donné à John Barry. C'est lui qui « dirige l'usine, engage les hommes et fixe les salaires. Mieux encore, il paie ses hommes avec des "pitons", une monnaie locale valable seulement dans le magasin de la compagnie ! Il exerce donc un contrôle des salaires, des prix… et des profits[20] ». John Barry avait d'autant plus de mainmise sur la population, qu'il fut nommé juge, élu maire, et occupait les fonctions de marguillier et d'officier du gouvernement pour le recensement. Il devint même consul de Suède, « pour mieux vendre son bois à travers le monde[21] ». Il est significatif que la route de terre reliant les petits villages « qui s'enracinent de Tadoussac à Portneuf » fût nommée *Le chemin Barry*[22]. Une aura de toute-puissance entourait le père de Robertine et, avec lui, il fallait marcher sur des œufs car il était très susceptible. « Maître absolu du village, il peut expulser tout trouble-fête, même un Oblat[23]. » Ce qu'il fit en effet après qu'Aglaé eut reçu la visite de deux amies

19. *Ibid.*, p. 138.
20. Pierre Frenette et all. *Histoire des Côtes-Nord.* Bergeronnes, p. 23.
21. *Ibid.*
22. *Ibid.*, pp. 23-24.
23. *Ibid.*, p. 23.

venues de Montréal. Les trois femmes s'étaient rendues à la grand-messe vêtues de robes à crinoline, d'immenses crinolines qui pouvaient atteindre des dimensions si impressionnantes qu'elles emplissaient l'allée. Plus les crinolines étaient grandes, plus elles étaient un signe de réussite. Pouvant atteindre trois mètres de diamètre, elles nécessitaient jusqu'à 30 mètres de tissu. Seules les femmes des classes aisées pouvaient se les offrir et elles devaient parfois mobiliser une femme de chambre lorsqu'elles se rendaient aux lieux d'aisance[24]. Quand Aglaé et ses amies se présentèrent à la communion, le curé, estimant qu'elles ne portaient pas de tenues convenables, refusa de leur donner « le corps du Christ » et dénonça ensuite en chaire « l'indécence de leurs tenues ». Humiliée et insultée, Aglaé sortit de l'église la tête haute, tenant par la main ses plus jeunes, suivie des aînés, de ses amies « de la grande ville » et de John qui s'empressa, dans les minutes qui suivirent, d'écrire une lettre à l'archevêque. Un nouveau curé fut nommé dans la paroisse et Aglaé porta des crinolines tant qu'elle voulut et où elle voulut. Toute la population des Escoumins comprit deux choses : Aglaé n'était pas femme à se soumettre et nul, pas même le curé, ne devait s'attaquer à ceux que chérissait John Barry.

Robertine hérita du caractère rebelle de sa mère ainsi que de la susceptibilité de son père. Susceptibilité que certains qualifiaient de « peau fine[25] » alors que d'autres parlaient plutôt de « fierté un peu outrée[26] ». Derrière cette susceptibilité

---

24. Yvonne Knibiehler, « Corps et cœurs » dans *Histoire des femmes en Occident. Tome IV. Le XIXe siècle*, p. 394.

25. Notes de travail de Renée des Ormes. Centre d'archives du Saguenay-Lac-Saint-Jean, dossier 1328, pièces 1 et 4.

26. « *La caractéristique de Mlle Barry* ». *Biographies et portraits d'écrivains canadiens*. Études publiées dans *Le Propagateur*, p. 126.

se cachait une sensibilité que Robertine se garda bien, tout au long de sa vie, de trop afficher car elle avait le sentiment qu'elle se montrait ainsi trop vulnérable. Quand elle était blessée, elle ravalait ses larmes et affirmait plutôt, avec un air de défi, « j'aime l'odeur de poudre ».

• • •

Robertine avait un an lorsque ses parents hébergèrent des Sudistes, et cet événement nous permet d'en savoir plus sur le caractère de ses parents et l'ambiance familiale qui régnait chez les Barry. La guerre de Sécession sévissait aux États-Unis depuis trois ans lorsque, en octobre 1864, une trentaine de jeunes, surnommés les *Raiders,* se réunirent à Saint-Alban dans l'État du Vermont afin de préparer un plan visant à se venger de leurs ennemis du Nord. Ils mirent à exécution ce plan qui consistait à diminuer les ressources de leurs ennemis et ce, en volant des chevaux et en pillant des banques. Ils s'enfuirent ensuite vers le Canada où ils croyaient être à l'abri des lois. Mais averti par le président de l'une des banques pillées, le chef de police partit à leur recherche et le gouverneur général du Canada mit à la disposition du gouvernement tous les effectifs nécessaires à l'arrestation des fugitifs. Après une série de péripéties, quatre d'entre eux, Collins, Scott, Bruce et Doty, furent aidés, au début de l'année 1865, par David Têtu qui les amena à La Pointe-à-la-Carriole dans sa maison de pêche en attendant de les conduire en goélette jusqu'à Halifax dès que le printemps aurait eu raison des glaces qui figeaient le fleuve. La Pointe-à-la-Carriole, qui devait son nom à un rocher ayant la forme de l'avant d'une carriole et où avait habité la famille Barry avant de déménager aux Escoumins, était une « batture déserte et stérile adossée à d'âpres rochers qui servent de contreforts aux rivages ; ça et là, quelques sombres bouquets d'épinettes et de sapins à demi ensevelis sous la neige ». C'était un « coin de la Sibérie exposé à toutes les bourrasques du fleuve, sous un ciel presque toujours chargé de brouillard et de nuages de plomb[27] ».

La maison de pêche de David Têtu était abandonnée depuis longtemps et se trouvait dans un état de délabrement avancé. Lorsque les Sudistes s'y installèrent, l'hiver était des plus rigoureux et il n'y avait rien pour réchauffer la cambuse où ils avaient trouvé refuge. Connaissant « le bon cœur, la discrétion et l'honorabilité de John Barry[28] », David Têtu lui demanda son soutien. John l'aida à installer le poêle, à « calfeutrer les murs de la cabane, à amasser une provision de bois, à dépouiller les branches des arbres pour en faire d'excellents lits de sapins[29] ». Il apportait aussi régulièrement des provisions aux fugitifs mais ils ne demeurèrent pas longtemps dans leur repaire, car il fut convenu qu'ils seraient plus en sécurité et évidemment mieux logés chez *le roi du village* :

« Les quatre *raiders* n'eurent pas lieu de regretter le misérable taudis qu'ils avaient laissé à la Pointe-à-la-Cariole, en pénétrant dans la maison de leur hôte où s'étalait tout le confort de la civilisation. Entourés de toutes sortes de soins et d'attentions délicates et jouissant, autant qu'on peut jouir en exil, de toutes les commodités de la vie, ils se félicitèrent vite d'avoir accepté l'invitation de M. Barry qui était dans toute la force de l'âge et qui, ils le découvrirent, avait fait un bon choix en épousant Aglaé Rouleau. Plus jeune que son mari, madame

---

27. Henri Têtu et Henri-Raymond Casgrain. *David Têtu et les raiders de Saint-Alban. 1864-1865*, p. 119.

28. *Ibid.*, p. 94.

29. *Ibid.*, p. 123.

Barry est dans la seconde phase de sa beauté qui rappelle les charmes d'une jeunesse universellement admirée. À ces dons extérieurs, elle joint les grâces de l'esprit et les qualités plus précieuses du cœur. Une nombreuse et charmante famille groupée autour de ce couple heureux, donnait alors à cet intérieur de maison l'aspect d'une oasis au milieu du désert[30]. »

Le premier soir de l'arrivée des fugitifs, les Barry organisèrent un festin en leur honneur. « Pendant le repas, ce fut, entre les convives, une rivalité de courtoisie, d'agréables propos et d'amabilités. » Durant la soirée, les Barry et les Sudistes, qui avaient « d'excellentes voix », chantèrent, accompagnés, tantôt au piano « que sait très bien toucher madame Barry[31] », tantôt au violon dont savait parfaitement jouer l'un des Sudistes. Lovée dans son petit lit douillet, Robertine s'endormait au son des airs irlandais que sa mère jouait pour faire plaisir à son mari.

Robertine ne garda pas de souvenir des Sudistes mais on lui raconta plus tard qu'ils aimaient jouer avec « la p'tite dernière » de la famille Barry parce que c'était une enfant fort ricaneuse.

Trois de ces quatre Sudistes provenaient de familles aisées dont l'une possédait jusqu'à cinq cents esclaves. Semblant estimer légitime leur position d'esclavagistes, ils étaient accablés par la ruine que la guerre avait amenée dans leurs familles. Mais leur accablement était cependant moins lourd à supporter chez les Barry où régnait, jour après jour, une ambiance de paix et de bonheur[32].

Lors de ses visites hebdomadaires sur les chantiers, John Barry invitait les Sudistes à l'accompagner afin de les distraire

---

30. *Ibid.*, p. 139.
31. *Ibid.*, p. 139.
32. *Ibid.*, p. 144.

35

et calmer leurs inquiétudes. Même s'ils mesuraient pleinement leur chance d'avoir trouvé « d'excellents amis, une retraite aussi sûre, d'habiter sous un toit aussi hospitalier avec une famille aussi aimable », ils s'inquiétaient souvent des autres exilés qui avaient été arrêtés et dont ils étaient sans nouvelles. Un jour, enfin, ils apprirent avec joie que « les légistes anglais les avaient reconnus comme de véritables belligérants et les avaient ainsi lavés de l'accusation de voleurs et de meurtriers qu'on voulait faire peser sur eux[33] ». Ils quittèrent les Barry, après avoir partagé leur vie pendant deux mois. John et Aglaé, « qui les avait traités comme une véritable mère », les virent partir à regret. Ils s'étaient attachés à ces jeunes gens qui avaient chassé la monotonie des longues soirées d'hiver.

• • •

Robertine avait 20 mois lorsque sa sœur Évelyne vint au monde, un soir de novembre. Cette naissance marqua le début d'une véritable histoire d'amour entre les deux sœurs. Au lieu de manifester cette jalousie si fréquente chez les enfants qui perdent leur rang de benjamin, Robertine tomba amoureuse du nouveau bébé. Elle aimait sa sœur d'un amour incommensurable. Aglaé disait qu'elle avait deux vraies jumelles, Caroline et Hilda, et deux fausses, Robertine et Évelyne qui, même si presque deux ans les séparait, n'étaient pas moins souvent ensemble que si elles avaient été des siamoises.

Une autre petite fille naquit deux ans après la naissance d'Évelyne. Mais l'enfant, que l'on baptisa Marie-Claire, tomba gravement malade alors qu'elle avait à peine un mois. Il est

---

33. *Ibid.*, p. 147.

loin d'être certain qu'un médecin vint l'examiner, car à cette époque, plusieurs d'entre eux refusaient de se déplacer pour venir au chevet d'un enfant de moins de deux ans qui, soit dit en passant, n'aurait pas non plus été admis dans un hôpital. On répétait alors avec fatalisme qu'il fallait laisser faire la Providence : « Si Dieu décide de venir chercher votre bébé, c'est que vous avez besoin d'un ange au ciel pour vous protéger. Il sait ce qu'Il fait. » Mais peut-être s'en trouva-t-il un qui, touché par le désarroi qu'il lut dans le regard d'Aglaé, vint auprès de Marie-Claire et tenta de la soigner. Dans de pareils moments, Aglaé regrettait certainement que son frère et son beau-frère, tous les deux médecins, vivent éloignés, car ils auraient bien sûr tout fait pour sauver leur nièce.

Lorsque, des années plus tard, Robertine commença à publier ses écrits, elle mentionna souvent l'atmosphère superstitieuse qui régnait dans sa famille : « Élevée au sein des plus vieilles traditions, des antiques coutumes, je n'ai pas manqué de m'imprégner un peu de l'atmosphère superstitieuse où j'ai grandi[34]. » Les femmes apprenaient de la bouche même de leur mère et de leur grand-mère des rituels qui, l'espéraient-elles, auraient le pouvoir de déjouer la mort. On aspergeait d'eau de Pâques les enfants malades, faisait brûler nombre de cierges bénis, rallongeait considérablement le temps alloué à la prière en famille. Mais quoi que firent les Barry, leurs efforts pour ériger une forteresse contre la mort furent vains. Au début d'octobre 1866, Marie-Claire mourut dans les bras d'Aglaé et fut inhumée dans l'église des Escoumins, quatre jours avant qu'elle ait pu atteindre son deuxième mois.

---

34. Françoise (pseudonyme de Robertine Barry). « Chronique du Lundi », 15 mai 1893.

Marie-Claire étant morte durant les mois encore chauds, un voile recouvrait son visage. Lorsqu'un visiteur se présentait, il soulevait le voile, regardait un instant les traits que la mort avait figés et, rebaissant le voile, il se joignait aux autres pour les prières qui ne discontinuaient pratiquement jamais, de jour comme de nuit, durant tout le temps de la « veillée au corps ». Parfois, le voile était placé de façon à ce qu'on ne puisse pas le soulever, car il avait aussi, surtout ?, comme fonction de sous-traire au regard les œufs que les mouches pondaient parfois dans le nez de la dépouille et qui, dès le troisième jour, parfois même avant, étaient visibles et provoquaient une certaine répulsion. Les mouches devinrent d'ailleurs, à la fin du XIXᵉ siècle, les ennemies à combattre. Différents experts affirmaient haut et fort qu'elles étaient responsables du taux élevé de mortalité infantile à cause des microbes qu'elles transportaient. On organisa même, partout au Canada, des équipes anti-mouches. Des prix étaient décernés à celles qui en tuaient le plus. L'une d'elles remporta la palme en remplissant des tonneaux entiers !

Robertine avait donc un peu plus de trois ans et demi lorsqu'elle vit le corps froid et rigide de sa petite sœur exposé dans le salon familial. Ce fut le premier contact qu'elle eut avec la mort d'un membre de sa famille. Peut-être est-ce cette mort qui, en lui montrant brusquement la fragilité de la vie, lui apprenait à quel point il est important de ne pas en gaspiller un seul instant. Robertine a vécu très intensément et se révolta souvent du fait qu'autour d'elle, elle voyait bien des gens gaspiller les moments précieux de leur existence parce qu'ils ne croyaient pouvoir trouver le bonheur qu'après leur mort. Affirmer haut et fort, comme elle le fit, qu'il importe de rechercher le bonheur ici-bas, était une idée révolutionnaire pour l'époque.

Il est bien difficile de savoir ce que Robertine garda en mémoire de la mort de sa petite sœur. Étant donné son jeune âge, elle en retint peu de souvenirs conscients mais ce qu'elle a éprouvé alors s'est imprimé dans tout son être et elle les exprima plus tard dans ses écrits, sans toutefois toujours savoir sur quel triste terreau ils avaient fleuris. On peut voir une manifestation de souvenirs inconscients liés à sa mère endeuillée dans la description qu'elle fit, dans l'une de ses nouvelles, des femmes en deuil, écrivant que de « longs voiles d'endeuillement » s'épandaient autour d'elles « en frôlements sinistres pour marquer les trop fréquentes apparitions du malheur ». Ses yeux d'enfant ont vu sa mère qui, toute de noir vêtue et souffrant de la chaleur sous les voiles épais qui enveloppaient sa tête, allait marcher parfois le long du fleuve, indifférente aux forts vents qui fouettaient avec rudesse les larges biais de crêpe qui entouraient sa taille. Les voiles masquaient les larmes qu'elle n'essuyait pas de peur que, de loin, quelqu'un surprenne son geste. Aglaé n'aimait pas afficher sa tristesse, estimant qu'il n'est pas convenable « de se donner ainsi en spectacle ». Leçon qu'a bien apprise Robertine car, plus tard, elle écrira que seules les douleurs des femmes de petites conditions sont bruyantes, et se traduisent par « des pleurs et des lamentations sans fin[35] ».

Peut-être qu'à ceux et celles qui s'approchaient pour la consoler, Aglaé répondit, comme un des personnages d'une nouvelle écrite par Robertine : « Laissez-moi tranquille. Laissez-moi tranquille. » Robertine apprit très tôt que « dans les douleurs comme celles-là, les consolations sont des ironies puisqu'elles sont inutiles. Quand le malheur frappe subitement, ce qu'il faut alors, c'est le baume d'une sympathie sincère et affectueuse,

---

35. Françoise. « Le Noël de la Kite » dans *Fleurs champêtres*, p. 81.

c'est la pression d'une main amie qui vienne serrer la vôtre et vous dire : Tu pleures ? Pleurons ensemble[36] ». Seules les larmes versées dans l'intimité, auprès d'une véritable amie, peuvent être une vraie consolation. Les mères endeuillées qui avaient auprès d'elles de telles amies étaient rares, car elles n'étaient pas si nombreuses que cela les personnes qui versaient des larmes témoignant de leur véritable compassion. Aux familles durement éprouvées, plusieurs répétaient qu'il fallait remercier Dieu d'avoir emporté leurs enfants et de leur avoir ainsi épargné les luttes de l'existence. Aglaé était croyante et pieuse mais put-elle réellement se résoudre à Le remercier de lui enlever ses petits ? Trouva-t-elle quelque consolation dans la croyance que les épreuves étaient des occasions de se sanctifier ? Elle se sentait peut-être coupable. Peut-être croyait-elle, comme bien des parents éprouvés, qu'elle était punie parce qu'elle avait péché. Mgr Fabre répétait que les incendies dans les villages et l'épidémie de petite vérole qui avait fait plusieurs morts à Montréal prouvaient que le « Seigneur les avait visités pour les avertir qu'ils avaient à fléchir sa colère par une vie plus chrétienne et plus en harmonie avec ses commandements ». Il avait énuméré les sources de péché, nombreuses : les danses, les glissoires, les courses de raquettes et la luxure, le pire péché. Or, si on ignore ce qu'il en était de la sexualité du couple Barry, l'on sait cependant qu'il ne se privait pas des autres joies de l'existence qui scandalisaient bien des curés et qui, en des moments tragiques comme ceux que traversaient John et Aglaé, pouvaient alimenter leur sentiment de culpabilité.

• • •

---

36. Françoise. « Trois pages de journal » dans *Fleurs champêtres*, pp. 59-60.

Les mois passèrent. Comme le voulait la coutume, la pièce où un mort avait été « sur les planches » resta fermée pendant au moins douze mois. Au bout d'un an, quand la douleur du deuil fut moins vive, le petit salon où avait été exposée Marie-Claire fut rouvert. On nettoya, replaça les meubles et, comme le leur avait appris une Montagnaise, on fit brûler du cèdre afin de faire disparaître de la pièce toute forme d'énergie négative.

Aglaé semble avoir résisté pendant près de quatre ans aux discours des prêtres qui répétaient aux mères qu'elles devaient « se montrer dignes de la mission que Dieu leur avait dévolue » et, conséquemment, enfanter tous les ans. Robertine avait sept ans lorsque sa mère fut de nouveau enceinte. Aglaé fit les gestes qui, croyait-on alors, permettaient aux femmes enceintes de conjurer le mauvais sort : toucher son visage chaque matin en pensant à l'enfant afin d'éviter qu'il naisse avec des taches sur la peau. Porter une grosse ceinture de toile, la ceinture Sainte-Marguerite ; celle-ci était la protectrice des femmes enceintes et veillait au bon déroulement de l'accouchement. Ne jamais blasphémer afin de ne pas donner naissance à un monstre. Se garder des émotions fortes qui s'impriment sur le corps de l'enfant. Éviter la peur. La peur des chiens surtout, car l'enfant pourrait naître avec des pattes de chien. Ne jamais regarder quelque chose de laid, ou un infirme, car l'enfant en sera inéluctablement marqué. Ne pas sortir de la maison après le coucher du soleil à cause des mauvaises rencontres qui auraient pu l'effrayer. Ne pas regarder la lune, sinon l'enfant sera lunatique. Il fallait aussi, disaient certains, parler le moins possible de l'enfant à naître. Car en parlant de lui, le diable aurait pu exercer son emprise sur son âme sans défense. L'entourage de la femme enceinte « ignorait » donc le plus souvent son existence tant qu'il n'était pas baptisé.

L'accouchement était, lui aussi, un des moments forts des rituels « magiques ». Ces rituels étaient d'autant plus nombreux qu'ils étaient alimentés par un immense sentiment d'impuissance devant la Grande Faucheuse. Car, malgré tous les rituels qui entouraient la naissance, la mort les déjouait avec une cruelle constance. Plusieurs femmes mouraient en couches et le taux de mortalité infantile était fort élevé. Nulle famille, même parmi les plus aisées, n'était à l'abri des contagions même si plusieurs croyaient qu'elles ne frappaient que les familles pauvres et malpropres.

Plusieurs Irlandais croyaient qu'en libérant l'environnement, ils favorisaient la délivrance. Ainsi, le 20 août 1870, lorsque Aglaé entra dans les « grandes douleurs », sa servante fit le tour des nombreuses pièces de la grande maison afin d'ouvrir les serrures et les verrous, sans oublier les barres des portes et des fenêtres qu'il fallait aussi enlever. Elle était même montée au grenier afin de vérifier s'il n'y traînait pas quelques cordes avec des nœuds.

Une autre petite fille vint au monde, en parfaite santé. La famille Barry était maintenant composée de six filles et de trois garçons. Il n'est pas certain que cela plut à John, car on répétait « qu'avoir des garçons était le signe incontestable que Dieu bénit une famille ». C'étaient les garçons aussi qui, une fois devenus adultes, transmettaient le patronyme et pouvaient y faire honneur, tandis que les filles l'abandonneraient pour prendre celui de leur mari. John tenait sans doute à ce que le patronyme des Barry se perpétue au Canada, comme cela se faisait depuis des générations en Irlande.

Sur le certificat de baptême de la nouvelle-née, on écrivit les prénoms des deux autres fillettes qui n'avaient pas survécu : celui de Marie-Claire et celui, un peu modifié, de Gérardine.

La nouvelle-née portait le prénom Marie-Claire-Géraldine. S'ils donnent souvent le minimum d'informations, les documents d'archives révèlent parfois bien plus qu'ils ne le semblent à priori pour qui sait lire entre les lignes. Il est rare que l'on trouve la signature d'enfants dans les registres paroissiaux lors des baptêmes ou des funérailles des membres de leur famille. Or, c'est le cas chez la famille Barry. Dès qu'ils en sont capables, les fils et filles de John et Aglaé signent, comme les adultes, leurs noms dans les registres, ce qui tend à démontrer qu'ils jouissaient, au sein de leur famille, d'une considération certaine.

Celle qui venait d'être baptisée Marie-Claire-Géraldine ne porta jamais ce prénom, peut-être parce qu'il était trop chargé de tristesse et qu'il brandissait les ailes noires de la malchance. Tous l'appelaient Clara-Blanche, signifiant du même coup qu'elle n'était pas *une enfant de remplacement*, comme certains parmi ceux qui portent le prénom de leurs frères ou sœurs décédés.

• • •

Même si les Barry avaient des serviteurs, Aglaé, qui avait maintenant neuf enfants, ne trouvait guère le temps de se reposer. Chaque jour, comme le fera plus tard Robertine, Aglaé se rendait à l'église pour prier. Elle y trouvait le seul moment dans la journée où elle pouvait goûter un peu de calme et de ce silence qui lui permettait de laisser libre cours à ses pensées. C'étaient des moments précieux où elle n'avait pas à répondre aux incessantes questions de ses enfants. À celles de Robertine surtout qui, maintenant âgée de sept ans, était de plus en plus bavarde, espiègle et d'une curiosité infinie.

Robertine n'était pas une petite fille sage et docile qui, à l'instar de bien des fillettes, se préparaient, par leurs jeux, à leur futur rôle de mère. Jouer à la poupée n'était pas son passe-temps favori. Elle fut même très dépitée lorsqu'un ami de son père apporta, de Londres, des poupées pour les filles et des montres pour les garçons. Robertine aurait nettement préféré recevoir le même cadeau que ses frères[37]. Les poupées qu'elle possédait restaient dans sa chambre, au grand dam de ses amies qui ne comprenaient pas que des cadeaux si princiers soient ainsi délaissés. Peu de fillettes avaient la chance de posséder de belles poupées sorties tout droit des manufactures. La plupart d'entre elles devaient se contenter de celles, en chiffon, confectionnées par leur mère. Robertine aimait cependant s'occuper de sa petite-sœur Clara-Blanche. Sur une photo où Clara-Blanche a environ trois ans, cette belle enfant blonde est appuyée sur le corps de Robertine et celle-ci semble éprouver envers sa cadette une tendresse protectrice qui ne se démentira jamais car, plus tard, elle lui ouvrira les portes du journalisme.

Robertine manifesta, dès l'enfance, cet esprit rebelle et frondeur sans lequel elle n'aurait jamais osé s'aventurer, une fois adulte, hors de la sphère privée réservée aux femmes. Très tôt, elle voulut s'affirmer : « Elle se révèle volontaire et, à la stupéfaction de son entourage, se perd en discussions et querelles avec sa bonne[38]. » Sa bonne, c'est Cécile Lauzier, celle-là même que Robertine appellera affectueusement, une fois adulte, *notre vieille Cécile* et qui resta toute sa vie au service des Barry, les suivant dans tous leurs déménagements. Avec Cécile, Robertine se montre raisonneuse et fière, comme elle le restera tout au long de sa vie. Pour tenter de faire obéir l'enfant rebelle, Cécile essaie de lui faire peur en lui racontant que si elle n'est

---

37. Renée des Ormes. *Robertine Barry, en littérature Françoise,* p. 9.
38. *Ibid.,* p. 11.

---

pas plus sage, le Malin lui-même viendra la punir, ou que si elle joue dans la boue, ou déchire sa robe, monsieur le curé viendra lui couper les oreilles[39]. Robertine éprouvait une certaine crainte mais cela ne suffisait pas à la discipliner pour autant. Elle avait « un génie spécial pour accomplir ce qui était défendu, et pour oublier soudain les plus pressantes recommandations. [...] Comment résister au plaisir de poursuivre les papillons, de s'égratigner aux ronces des haies, d'entraîner ses sœurs dans une direction tout opposée aux ordres[40] ? »

En certaines occasions, Robertine est moins crâneuse et sent le besoin de se blottir dans les bras de ses parents. Surtout le « jour des morts », comme elle l'évoquera une fois devenue adulte : « Je me rappelle encore les épouvantes sans nom qui nous assaillaient au soir de cette lugubre journée. De tous les coins des vastes salles où la lueur des lampes ne projetait pas, on croyait voir des fantômes surgir soudain, se glisser lentement le long des murs et nous saisir dans une effroyable étreinte[41]. »

Le temps du carême apporte lui aussi son lot de peurs :

« La Semaine Sainte m'apparaissait lugubre et sombre, pleine d'une mystérieuse tristesse qui me glaçait jusqu'au fond de l'âme. À cet âge, ce sont les démonstrations extérieures qui frappent l'esprit et lui donnent cette note douloureuse ou gaie dont il devra à jamais conserver l'impression. À la campagne, où l'air est encore froid et humide, que la neige n'est plus éblouissante de blancheur comme en décembre, mais sale et infecte, que la petite église est assombrie par les tentures de deuil, ces jours de la Semaine Sainte jetaient la désolation

---

39. Françoise. « Chronique du Lundi », 8 mai 1899.
40. Renée des Ormes. *Robertine Barry, en littérature Françoise*, p. 15.
41. Françoise. « Chronique du Lundi », 6 novembre 1893.

et presque l'épouvante dans mon jeune cœur. Et les sermons du Vendredi Saint ! Comment pouvais-je oublier la pénible émotion qui faillit me suffoquer une fois, quand le prédicateur choisi pour la circonstance vint nous annoncer qu'il venait de se commettre dans notre petit village, jusque-là si paisible, si calme, un "meurtre horrible, épouvantable". Les fidèles écoutaient, haletants, et chacun tremblait pour l'un des siens. Vous devinez sans doute que c'était là une périphrase hardie pour les ramener à la mort du Christ, mais pendant quelques instants, l'on crut à une catastrophe qui venait d'avoir lieu parmi nous. Toute enfant que j'étais, j'en ressentis une telle angoisse que le souvenir seul m'en fait encore tressaillir malgré moi. Une autre année, toujours au même jour, au moment le plus pathétique de son sermon, le prédicateur sortit un long crucifix qu'il avait caché jusque-là et, l'élevant au-dessus de nos têtes, il fit une apostrophe foudroyante à la foule qui, subjuguée, s'agenouilla d'elle-même en pleurant. Cette autre scène est demeurée à jamais gravée dans ma mémoire. Je revois en fermant les yeux la toute petite place que j'occupais dans un coin du banc et j'éprouve le même malaise indéfinissable qui s'empara alors de moi et j'entends encore ce bruit de sanglots qui me faisaient tant mal[42]. »

Robertine arrivait à contenir ses larmes. Pleurer était à ses yeux un signe de faiblesse. Entêtée et rebelle, elle pleurait très rarement quand on la grondait, ravalant ses larmes et regardant droit dans les yeux ceux qui la punissaient avec ce même air de défi qu'elle aura plus tard, lorsqu'elle s'écriera, pour défier ceux qui s'opposaient aux femmes nouvelles, « j'aime l'odeur de poudre ». Comme pour mieux masquer sa sensibilité, elle

---

42. Françoise. « Chronique du Lundi », 8 avril 1895.

se montrait aussi révoltée que les révolutionnaires avant d'engager le combat.

Raisonneuse, rebelle, impétueuse, impatiente, Robertine s'en laisse de moins en moins imposer à mesure qu'elle grandit. Elle ne ressemblait toujours pas aux « vraies » petites filles que l'on voulait douces, obéissantes, et qui cherchaient toujours à être aimables et dociles. Plus elle vieillissait, plus son caractère s'affirmait et plus elle défiait l'autorité. Malgré cela, elle était non seulement aimée de tous, mais la favorite. Elle aura même « toujours les faveurs des personnes plus âgées, sans doute en raison de sa précoce intelligence et de sa rare maturité d'esprit[43] ». Elle était aussi la préférée de ses grands-parents parce qu'elle écoutait les histoires et les légendes qu'ils racontaient et leur posait mille questions sur leur passé.

Aglaé riait souvent des espiègleries de sa fille mais désespérait parfois de faire d'elle une jeune fille convenable. Un jour, les Escouminois virent Robertine et Évelyne qui se dirigeaient d'un pas mal assuré vers le fleuve afin d'y jeter le reste d'une bouteille de champagne que Robertine avait débouchée durant l'absence de leurs parents et que les deux sœurs avaient bue en partie[44]. Un autre jour, elle incita Évelyne à jouer au criquet sous une pluie battante et ce, pendant des heures. Mais ce qui inquiétait le plus Aglaé, c'était de la voir s'éloigner de plus en plus souvent de la maison. Plutôt que de « jouer à la madame », Robertine préférait nettement courir les grèves. Aglaé était d'autant plus inquiète depuis qu'on lui avait raconté qu'une petite fille avait été enlevée aux Escoumins. Aurore-Marie, la fille de Bismoute, l'agent des terres de la Couronne et

---

43. Renée des Ormes. *Robertine Barry, en littérature Françoise*, p. 5.
44. *Ibid.,* p. 16.

arpenteur, avait été kidnappée par les Montagnais et vivait avec eux. Lorsque Bismoute l'avait retrouvée, des années après l'enlèvement, il l'avait ramenée à la maison mais elle était si attachée aux Indiens qu'elle demandait sans cesse de retourner vivre auprès d'eux. Les parents durent s'y résoudre car elle refusait toute nourriture. Robertine, avec l'insouciance propre à son âge, était indifférente aux inquiétudes de sa mère. Elle était fascinée par les coutumes des Montagnais et recherchait leur compagnie. Ce sont eux qui lui lacèrent ses premières raquettes[45].

Robertine adorait la proximité de ce fleuve qui, tout au long de sa vie, aura le pouvoir de la réconforter :

« À mes heures de noire tristesse, la vue du grand fleuve me faisait toujours du bien ; quand je contemplais cette nappe d'eau si belle, si calme, si pure, je sentais mon âme se reposer et petit à petit, une douce quiétude s'emparait de tout mon être. Même à ses jours de révoltes, quand les vagues bouillantes crachaient leur écume aux nues, comme elle m'apparaissait puissante, imposante, cette majesté terrible de la mer[46] ! »

Durant les vacances scolaires, Robertine passait une partie de ses journées à courir sur la plage avec sa sœur Évelyne qui la suivait comme son ombre. Ensemble, elles essayaient de faire des ronds dans l'eau avec les galets rougeâtres qu'elles avaient sous la main. Robertine aimait ramasser toutes sortes de petites roches et lorsqu'elle en trouvait qui avaient une forme exceptionnelle, elle allait les cacher dans la crevasse d'un rocher et les recouvrait de mousse afin que personne ne les lui vole[47].

---

45. Françoise. « Chronique du Lundi », 1ᵉʳ juillet 1895.

46. Françoise. « Trois pages de journal », dans *Fleurs champêtres,* p. 54.

47. Comme elle le raconte dans sa « Chronique du lundi » du 14 novembre 1896.

Elle avait aussi, au cœur de la forêt, d'autres lieux secrets que même Évelyne ne connaissait pas : « Un bouquet de sapins couronne le promontoire et procure l'ombre et la solitude désirables. [...] Ce fut, de tout temps, ma retraite la mieux aimée ; enfant, je cachais dans le tronc des arbres mes pauvres poupées mutilées dans mes courses aventureuses, et mille riens qui n'avaient de valeur que celle que je leur accordais. Plus tard, j'y cachais encore, non plus des jouets, mais les désespérances d'une heure, mes bonheurs d'un jour. Ils m'en gardaient un secret inviolable et solennel et, quand la brise agitait au-dessus de ma tête leurs lourds rameaux vert foncé, on eut dit un sympathique murmure pour ces confidences, preuves indéniables d'une fidèle amitié[48]. »

Parfois, elle accompagnait son père dans ses promenades en forêt. Elle lui posait mille questions et, à l'école, lorsqu'on lui demandait où elle avait appris ceci ou cela, elle répondait : « De mon père. » Elle aimait par-dessus tout qu'il lui parle de leurs ancêtres celtes. Elle se régalait des contes où le héros recevait un don d'une femme de l'Autre-Monde. Tout en dessinant des spirales qui symbolisaient, chez les Celtes, le passage dans l'Autre-Monde, elle s'imaginait qu'elle était tantôt une magicienne, tantôt une prêtresse ou une prophétesse celte. Elle dessinait aussi des labyrinthes qui, chez les Celtes, représentaient le voyage de la vie et qui, du même coup, rappelaient combien il faut être attentif si l'on veut éviter de perdre, à travers tous les dédales de l'expérience terrestre, le fil d'Ariane indiquant le bon chemin, celui où l'on trouve ce que l'on doit réaliser.

Une fois adulte, Robertine rappela dans ses écrits combien l'élément féminin était fondamental dans la culture celte.

---

48. Françoise. « Trois pages de journal » dans *Fleurs champêtres*, pp. 55-56.

Comme elle le savait, son ancêtre la Gauloise jouissait jadis d'une liberté et de tous les droits qui furent jugulés par le droit romain et la méfiance chrétienne[49].

• • •

Jadis, des graines rouges – petits fruits s'apparentant aux bleuets – étaient si abondantes au bord de la plage des Escoumins que Champlain, dans ses récits de voyage, écrivit que le mot Esquemin – pour Escoumins qu'il avait visité en 1603 – vient de deux mots sauvages : ishko : *jusque-là* et min, *graine*. Robertine et ses sœurs ramassaient ces petits fruits et les faisaient sécher pour en faire des colliers. Parfois, elles en donnaient aux Montagnais qui, au printemps, s'en nourrissaient parce qu'ils avaient épuisé leurs réserves de nourriture de l'hiver. Dès la fonte des glaces, Robertine, Évelyne et Clara-Blanche accouraient sur la plage et ramassaient aussi des coquillages pendant que de grands aigles, plus nombreux lors de leur passage au printemps, tournoyaient au-dessus de leurs têtes. Robertine aimait d'autant plus ce grand oiseau depuis que John lui avait appris que leurs ancêtres celtes le considéraient comme un animal magique. Durant les belles journées d'été, les trois sœurs allaient s'asseoir sur les rochers que la mer avait sculptés au fil des ans, tant et si bien qu'ils avaient pris la forme de véritables fauteuils de style ancien. Les hauts dossiers de pierre sont encore de nos jours comme une invitation au doux farniente et à la contemplation du paysage qui s'offre, à cet endroit, grandiose et magnifique[50]. Robertine et ses sœurs, le dos confortablement

---

49. Comme le mentionne Jean Markale, cité par Manon B. Dufour dans *La magie de la femme celte*, p. 35.

50. Le lecteur et la lectrice pourront, s'ils le désirent, trouver ces fauteuils de

appuyé sur le dossier de pierre, s'y assoyaient pour lire et abandonnaient leur lecture lorsqu'elles entendaient le souffle des baleines qui passaient tout près. Mais les baleines, si agréables à observer soient-elles, étaient, dans l'esprit de Robertine, inextricablement liées à l'idée de la mort. Des centaines d'os de baleines gisaient près de la pointe des Escoumins où les Basques dégraissaient jadis ces mammifères marins ainsi que des loups-marins en grand nombre, comme ils le faisaient aussi à l'île aux Basques en face de Trois-Pistoles. Depuis le début de ces pratiques ancestrales, des milliers de mammifères marins avaient été tués. On racontait qu'en une seule nuit, plus d'une centaine avaient été capturés. Les baleines n'ont pas une très bonne vision. Elles se guident grâce aux sons et aux vibrations, devenant ainsi des proies faciles pour qui savaient faire la pêche à la fascine, une tradition vieille de plusieurs centaines d'années. De la grève ou de sa maison, Robertine voyait ces majestueux mammifères qu'elle aimait tant, emprisonnés à l'intérieur des enceintes faites avec des centaines de perches que les chasseurs avaient confectionnées avec du bois d'érable ou de bouleau et qu'ils avaient plantées dans la glaise. D'une nature très curieuse, elle s'approcha un matin des enceintes, avec sa sœur Évelyne sur les talons. Elles virent alors les hommes qui avançaient vers la grève, armés de pieux dont l'extrémité était faite d'espontons[51] et qui, ensuite, se dirigeaient vers la partie la plus profonde de la grande mare où s'étaient réfugiés les bélugas effrayés, incapables de se libérer de leur prison.

Le spectacle d'hommes qui frappent la tête des baleines afin de leur faire éclater le crâne est certainement quelque

pierre en face de l'ancienne maison de Robertine, aujourd'hui le manoir Bellevue, située à côté de l'église, aux Escoumins.

51. Pointes en acier.

chose qui engendre un sentiment d'une ineffable tristesse lorsqu'on en est témoin, surtout lorsqu'on est enfant et qu'on a une âme sensible comme celle de Robertine. La peur des chevaux qui refusaient d'avancer dans la vase pendant que d'autres, plus téméraires, tiraient les lourdes carcasses sur la grève ; l'éloquente immobilité des baleines qui gisaient et que des enfants chevauchaient en riant, insensibles, eux, à leur triste sort ; la joie des chasseurs qui, en groupe, tiraient tout ce qu'ils pouvaient de leurs prises : les muscles pour nourrir les cochons ainsi que la graisse, que les Inuits appelaient muktuk ; le cuir qu'ils transformeraient en vêtements ou en lacets de bottes, les plus solides qui soient ; tout cela s'imprégna dans la mémoire de Robertine. Et l'odeur aussi. Suffocante. L'air, chargé de miasmes, dégageait alors un parfum âcre insupportable. Les coquillages, le sable, les étoiles de mer prenaient une couleur rouge qu'on aurait pu admirer sans un pincement au cœur si on avait ignoré à quoi elle devait cette subite transformation.

Avec la longue-vue qu'un marin avait offerte à son père et que John avait fixée sur un socle face à la mer, Robertine pouvait voir avec une cruelle netteté, les lendemains de chasse, que le massacre atteignait parfois des proportions inouïes : la plage était jonchée de baleines mortes.

C'est là, sur le bord du fleuve, en face de leur maison, aux Escoumins, et plus tard dans le Bas-du-Fleuve où les Barry déménagèrent et où on faisait aussi la chasse aux baleines, que s'est développée sa sensibilité vis-à-vis la souffrance des animaux. Cette sensibilité est en filigrane de plusieurs de ses écrits. Elle se révolta, entre autres, contre les mauvais traitements infligés aux chevaux maltraités par les cochers et contre l'exposition des singes dans les cirques. Elle n'admettait pas que l'on puisse être insensibles à ce que peut représenter pour ceux-ci le fait d'avoir perdu leur liberté et d'être constamment l'objet de dizaines de paires d'yeux fixés sur eux.

• • •

Très tôt, Robertine Barry sut quel serait son destin. Même si elle ne pouvait pas encore imaginer qu'elle deviendrait une journaliste professionnelle, elle savait qu'elle était née pour écrire. C'était une conviction intime, une certitude, qu'elle n'aurait pu expliquer. Même si elle critiqua cette forme de fatalisme qui engendre un certain sentiment d'impuissance, elle croyait en la destinée : « Malgré le grand combat qui s'est livré entre le fatalisme et ce sens intime témoignant d'une liberté absolue dans toutes nos actions, qui peut affirmer que ce dernier soit victorieux partout ? Il est des événements indépendants de la volonté, prévus de toute éternité et dont les vaines précautions humaines ne sauraient empêcher le dénouement[52]. »

Quand on songe que plusieurs, jamais, n'entrevoient l'ombre de leur voie, de ce pour quoi ils sont nés, et qui, jamais, ne se sentent habités par la passion, on mesure combien Robertine était privilégiée de sentir, si tôt, la force qui la poussait vers une destinée qu'elle pressentait inéluctable.

Mais d'où lui venait cette conviction intime, cette certitude intérieure qu'elle était faite pour écrire ? Personne, ni dans la famille de sa mère ni dans celle de son père, ne vivait de sa plume ou avait mis une quelconque forme d'art au centre de sa vie. Deux de ses oncles, l'un Barry et l'autre Rouleau, étaient médecins et un autre avait étudié le droit et devint plus tard juge de la Cour suprême. Les frères de Robertine étudièrent,

---

52. Françoise. « Le mari de la Gothe » dans *Fleurs champêtres*, p. 41.

eux aussi, le droit. Quant à ses sœurs, elles aimaient certes la littérature, mais seule Clara-Blanche écrivit professionnellement et ce, quand, des années plus tard, Robertine elle-même lui ouvrit les portes du journalisme. Cependant, les Barry aimaient toutes les formes d'art. Le père de Robertine « dévorait les livres » et parlait souvent de littérature avec Aglaé qui passait la majeure partie de ses quelques temps libres à lire. Elle était aussi une très bonne musicienne qui apprit très tôt à ses enfants à jouer du piano. Les soirées familiales étaient souvent faites de musique, de lecture à voix haute et de petites pièces de théâtre que l'on jouait au salon, parfois devant des invités. Robertine avait accès à la bibliothèque familiale où étaient rangés les livres de Madame de Staël, de Lamartine, d'Alfred de Musset, du poète Louis Gresset, du fondateur de l'école parnassienne François Coppée, de La Fontaine et de Victor Hugo qui écrivit que le XIXe siècle proclamerait le droit de la femme, comme il avait proclamé celui de l'homme un siècle plus tôt. Cela, Robertine ne l'oubliera jamais.

Ainsi, le fait que Robertine soit née dans une famille où la culture était valorisée, et non dénigrée comme cela arrivait assez fréquemment à cette époque, favorisa son épanouissement intellectuel et artistique. Personne dans sa famille ne critiquait le fait qu'elle passait des heures à lire, même si la majorité des gens croyaient que c'était la pire des pertes de temps et que des médecins répétaient que la lecture nuisait à la santé des femmes. Selon eux, elle causait de la somnolence, de l'engorgement, des ballonnements, des occlusions intestinales, des affections pulmonaires, voire l'hystérie et la déviation de la colonne vertébrale[53]. Rien de moins.

---

53. Laure Adler et Stefan Bollman. *Les femmes qui lisent sont dangereuses*, p. 17.

•••

Robertine était pieuse, comme sa mère et comme la majorité des femmes de l'époque, mais étant d'une nature passionnée, elle ne faisait pas les choses à moitié. Elle priait avec une grande ferveur et devint même un peu mystique. Un dimanche soir, « restée seule avec une servante, et voulant célébrer les Vêpres à sa manière, elle alluma les bougies de son petit autel. L'allumette non éteinte, qu'elle jette derrière elle, tombe sur ses vêtements qui prennent feu et l'enveloppent de flammes. Elle court, elle crie. La servante se précipite, enroule l'enfant dans une couverture, la presse avec force, éteint la petite torche vivante. Mais le dos et les bras restent horriblement brûlés[54] ». Lorsque ses parents rentrèrent à la maison, ils la trouvèrent « sur un sofa, immobile et muette, mais diaphane, et des larmes inondent ses joues. Elle ne fait entendre aucune plainte pendant les cinq ou six semaines de cette douloureuse épreuve, bien qu'elle regrette amèrement la perte de sa longue chevelure, vivante, chatoyante et chaude parure. "Rien que ça de beau et les voilà brûlés[55] " », dit-elle simplement.

Robertine ne se trouvait pas belle et il est vrai qu'elle ne correspondait pas aux critères de beauté de l'époque qui glorifiait les traits fins dits féminins auréolés de doux cheveux bouclés. Elle était du « côté des Rouleau ». Elle avait leur mâchoire forte qui leur donnait un air autoritaire. Mais elle avait aussi leur bouche un peu renfoncée qui, tout en adoucissant le carré de la mâchoire, créait, dépendant de l'angle où on l'observait, l'illusion de l'esquisse d'un sourire. Ses cheveux avaient de beaux

---

54. Renée des Ormes. *Robertine Barry, en littérature Françoise*, pp. 11-12.
55. *Ibid.*

reflets roux, mais ce n'était pas à la mode à cette époque. Ses yeux étaient verts comme l'Irlande, mais elle n'aimait pas leur forme. Même si elle avoua à quelques reprises envier les femmes belles, elle se consolait en disant que « si la beauté séduit, l'intelligence retient[56] » et, utilisant une image encore plus percutante, elle disait aussi que « la beauté meurt, le squelette le dit partout[57] ». Mais, comme on le verra plus loin, une fois adulte, Robertine parut belle aux yeux de beaucoup d'hommes. Elle n'aura certes jamais la beauté d'une femme fatale, mais elle avait beaucoup d'esprit, brillait par son intelligence, avait un humour exquis, avait suffisamment d'originalité pour charmer et séduire les beaux esprits. Des beaux esprits seulement, car certains préféraient nettement que leurs femmes soient « bêtes » : à côté d'elles, ils avaient nécessairement l'air intelligent.

Les brûlures mirent du temps à guérir et les cicatrices restèrent visibles longtemps. Ses parents répétaient qu'elle n'était pas *plaignarde,* car jamais ils ne l'entendaient geindre sur ce qu'elle avait perdu. Enfant, elle avait déjà cette volonté farouche, qu'elle conserva jusqu'à sa mort, de garder secrète sa peine et de ne pas « servir d'éteignoir à toutes les explosions de gaîté » et rendre ainsi à l'entourage « la vie plus dure qu'elle ne l'est ». La paix et le bonheur sont choses précieuses, écrivit-elle, et « tous nos efforts devraient tendre à nous rendre la vie plus agréable les uns aux autres[58] ». Elle n'ignorait pas combien cela peut être difficile, car les « natures ardentes et superbes[59] » comme elle, ressentent avec acuité la souffrance tout autant que la joie.

56. Extrait du journal intime de Robertine Barry cité par Renée des Ormes dans *Robertine Barry, en littérature Françoise,* p. 16.

57. Françoise. « Légende irlandaise » dans *Fleurs champêtres,* p. 174.

58. Françoise. « Chronique du Lundi », 3 octobre 1892.

59. Françoise. « Chronique du Lundi », 1er octobre 1894.

Immobilisée pendant plusieurs semaines, Robertine trouva dans les livres le meilleur des réconforts. Tout le temps de sa convalescence, elle lut beaucoup. Elle ne faisait que cela, lire. Les livres furent, très tôt dans sa vie, des objets sacrés : « Le livre, n'est-ce pas le meilleur ami, le moins égoïste, le plus constant, celui qui ne se blesse jamais d'un délaissement, que vous retrouvez toujours souriant et tendre, sérieux ou gai, bon et serviable comme vous l'aviez laissé ? Sans arrière-pensée, il vous donne la science qu'il possède, la sympathie qu'il vous faut, et si vous savez être sage, il vous consolera de tout. Les bienfaits d'une bibliothèque, se peut-il qu'on puisse les mésestimer[60] ! »

Ses lectures polirent au fil des ans le talent d'écrivaine qu'elle possédait à la naissance. Mais pas seulement ses lectures. Entourée de nombreux frères, sœurs, oncles et tantes, elle avait la chance d'observer la nature humaine. D'autant plus que la porte de la maison des Barry était ouverte à de nombreux amis provenant de milieux divers et chez qui se concentraient autant les défauts qui avilissent la nature humaine que les qualités qui la grandissent. Elle dévisageait les gens sans retenue, ce qui en mettait plus d'un mal à l'aise. Fine observatrice, elle décelait sans doute déjà les contradictions qui nous habitent tous et qu'elle révéla plus tard dans ses écrits, tantôt avec finesse, tantôt avec une percutante ironie, voire parfois avec une trop cruelle franchise.

Robertine n'aimait pas vraiment l'école. Son caractère rebelle s'adaptait mal à cette discipline rigide qu'elle critiqua plus tard comme étant la manière d'éduquer dans les couvents. Elle aimait apprendre cependant, ce qu'elle fit toute sa vie : « C'est si agréable d'acquérir des connaissances et d'avoir des aperçus

---

60. Françoise. *Le Journal de Françoise,* 16 mai 1903.

de tout et sur tout. C'est bien là la meilleure jouissance de la vie et qui ne s'épuise jamais[61]. »

Afin de se soustraire à l'animation bruyante qui règne dans les grandes familles, elle sentait le besoin parfois de s'isoler. Livre ou cahier de notes à la main, elle s'éloignait de la maison et s'en allait, seule, pour lire tranquille, rêvasser ou même écrire, ce qu'elle fit très tôt, rédigeant son journal intime ou notant toutes sortes de réflexions sur des sujets qui la préoccupaient, l'étonnaient ou la séduisaient. Comme l'écrivaine Lucy Maud Montgomery, Robertine était de celles dont « l'imagination nimbait de magie des choses auxquelles les autres ne voyaient rien d'extraordinaire[62] ».

Si elle avait un besoin irrépressible de solitude, elle n'était pas de ces solitaires qui fuient constamment la compagnie des autres. Elle aimait aussi les soirées où l'on faisait de la musique, où l'on chantait et dansait, comme cela arrivait souvent chez les Barry. Elle se souviendra longtemps du rythme joyeux d'un air composé exprès pour « La Belle Catherine ». Elle aimait aussi les anniversaires et les fêtes. La fête des « vieilles filles » – ces filles honnies que plus tard, elle allait défendre bec et ongles – était une date anniversaire « qu'elle aurait voulu célébrer plusieurs fois l'an ». Jour de congé, il associait dans « sa jeune intelligence, tout ce qu'il y avait de beau, de gai et de bon[63] ». D'une nature très gourmande, ce qu'elle sera toute sa vie, même si, ô chance inouïe !, elle n'eut jamais une once de graisse superflue, elle mangeait de la tire jusqu'à satiété. La fête des vieilles filles n'en était que plus réussie quand la neige

---

61. Françoise. « Causerie fantaisiste », 14 janvier 1899.

62. Bruce Harry. *Maud. La vie de Lucy Maud Montgomery,* p. 36.

63. Françoise. « Chronique du lundi », 23 novembre 1891.

venait se mettre de la partie « et danser en gros tourbillons dans les grands champs, s'engouffrant dans les larges cheminées pour voir un peu ce qui se passait à l'intérieur de ces demeures d'où s'échappaient de si bruyants éclats de rire[64] ».

• • •

Aglaé avait 42 ans lorsqu'elle donna naissance, en novembre 1873, à son dernier enfant, le petit Jacques-Robert. Elle avait mis au monde treize enfants, comme sa mère. John, lui, avait 58 ans, et il estima qu'il était temps de prendre sa retraite. Ils décidèrent de s'installer à Trois-Pistoles. Aglaé était heureuse de se rapprocher de ses parents. Hélas, Euphrosine, sa mère, mourut au printemps[65], quelques semaines à peine avant qu'ils déménagent.

Pendant qu'Aglaé s'occupait de sa famille et consolait son père du mieux qu'elle pouvait, John se rendait utile en occupant bénévolement la fonction de surintendant du feu[66]. Il décida d'élever des chevaux malgré le fait que, l'année précédente, une épidémie d'influenza avait frappé la race chevaline sur toute la côte est de l'Amérique du Nord. Les chevaux de toutes les grandes villes, dont Montréal, furent atteints par la maladie, dite « la maladie des yeux roses », privant ainsi la population de transport en commun. À New York, ce furent des itinérants et des chômeurs qui tirèrent les tramways à la place des chevaux !

---

64. *Ibid.*

65. Née en septembre 1805, Euphrosine est décédée en mars 1874.

66. Selon le recensement de 1891.

John et Aglaé décidèrent que Robertine, Évelyne et Clara-Blanche seraient pensionnaires, du lundi au vendredi, au Couvent des sœurs Jésus-Marie de Trois-Pistoles. Ils espéraient qu'ainsi, Robertine s'assagirait un peu. Mais au couvent, celles que l'on appelait les *deux inséparables*, Évelyne et Robertine, se retrouvèrent souvent dans le bureau de la mère supérieure. Malgré les remontrances, les « salles d'études restent le théâtre de joyeuses espiègleries ». Mais Robertine, « toujours à l'affût de taquineries et de bons tours, n'en demeure pas moins la pensionnaire intéressante, aimable, redoutable dans les concours par son heureuse mémoire et sa grande facilité d'assimilation[67] ».

Robertine n'aimait pas être pensionnaire. Lui manquaient, entre autres choses, l'intimité et le confort douillet de sa chambre. Elle se savait sans doute néanmoins privilégiée de pouvoir s'instruire. À Trois-Pistoles, comme partout au Québec, beaucoup d'enfants abandonnaient très tôt leurs études. Plusieurs étaient retirés de l'école dès la deuxième ou la troisième année afin d'aider leurs parents. Leurs journées étaient remplies de corvées. Des fillettes qui n'avaient pas encore sept ans lavaient des couches, cordaient du bois, s'occupaient de leurs cadets. Même si certaines d'entre elles affirmèrent plus tard qu'elles trouvaient parfois dans ces travaux une grande valorisation qui leur avait donné confiance en elles, d'autres auraient bien aimé pouvoir se révolter d'être condamnées d'avance à une vie de pauvreté. Plusieurs se sentirent piégées dès la naissance : *Nées pour un petit pain*. Peut-être que Robertine eut une pensée pour elles lorsque plus tard, elle dénonça dans ses écrits le travail des enfants et ceux qu'on exploitait dans les manufactures. L'instruction pour tous, filles et garçons, demeura, jusqu'à sa mort, son cheval de bataille.

---

67. Renée des Ormes. *Robertine Barry, en littérature Françoise,* p. 21.

Au couvent de Trois-Pistoles, les plus jeunes, dont Clara-Blanche et Évelyne, dormaient dans des lits placés les uns près des autres au milieu de la grande salle du dortoir. Celles qui avaient plus de dix ans, dont Robertine, disposaient de cellules qui ceinturaient la salle. Ces cellules n'étaient fermées que par un simple rideau mais elles avaient l'avantage d'offrir un minimum d'intimité, ce que Robertine appréciait infiniment.

Robertine eut toujours énormément d'humour et lorsqu'elle était enfant, elle adorait « faire le clown ». Très fière de ses origines celtes, elle décida, le jour de la Saint-Patrice, la fête des Irlandais, d'affubler Évelyne et Clara-Blanche de verdures, de trèfles et de rubans. Les deux sœurs firent ainsi leur entrée dans la classe, poussées par Robertine qui tenait dans une main un drapeau « vert orné d'une lyre ». Toute la classe riait. Sauf les religieuses qui cherchaient à discipliner cette comique. Cela leur était d'autant plus difficile que les sœurs de Robertine, qui étaient son meilleur public, s'esclaffaient devant toutes ses farces, l'encourageant ainsi à multiplier les bouffonneries. Durant la messe, Robertine faisait aussi pouffer les couventines, en chantant, haut et fort, *Hourrah pour Nobie*. Qu'importe qu'elle soit punie, ses pitreries éloignaient l'ennui et masquaient sa gêne. Car, sous des « dehors frondeurs et des saillies moqueuses », se cachait une grande timidité[68].

Les sœurs Barry attendaient impatiemment les fins de semaine qu'elles passaient dans leur famille. Robertine avait eu le coup de foudre pour l'un des chevaux achetés par son père. Elle le montait comme une « vraie jeune fille », c'est-à-dire en amazone. Elle adorait les costumes d'amazone dont la veste verte très cintrée mettait en valeur sa taille fine et le vert de ses

---

68. *Ibid.*, p. 92.

yeux. Elle estimait que l'équitation, en plus d'être « un intelligent exercice », était « l'un des sports les plus féminins[69] » qui soient. Même si l'on invoquait qu'il était plus élégant pour les femmes de monter en amazone, une autre raison, non dite celle-là, était en cause. Une jeune fille qui montait à califourchon sur un cheval pouvait déchirer le précieux hymen qui prouverait à son mari qu'elle était vierge et donc digne de confiance. À cette époque, la « perte de la virginité conduit à la déchéance sociale. Dans le langage populaire, on appelle débauchées celles qui, volontairement ou non, n'ont plus l'hymen réglementaire. Partout, on insiste sur la réputation : celles qui l'auront perdue ne trouveront pas de parti honnête et risqueront d'être condamnées au célibat[70] ». Une femme « déflorée pouvait se mériter l'épithète de putain[71] ». C'est son père qui lui apprit comment enrouler ses jambes autour des deux fourches de la selle et comment bien placer son mollet sur le garde-jambe afin d'être confortable.

À sa deuxième année de couventine, à la surprise générale, Robertine remporta quelques prix, dont la *Couronne de Mai*. La récompense lui fut remise au cours d'une cérémonie à laquelle étaient conviés tous les villageois. Le concours des Rosières qu'avait remporté Robertine était une tradition très ancienne, instituée par saint Médard au XVIe siècle. Cet évêque exigeait que les candidates fassent la preuve que leurs parents, en remontant jusqu'à la quatrième génération, étaient irréprochables. Leurs noms étaient lus en chaire, et c'était le seigneur du village qui choisissait celle qui serait couronnée. Les religieuses

---

69. Françoise. « Gymkhana », *Le Journal de Françoise*, 14 juin 1902.

70. Andrée Lévesque. *La norme et les déviantes*, p. 63.

71. *Ibid.*, p. 71.

de Trois-Pistoles avaient abandonné cette exigence, mais elles étaient certainement persuadées que la famille Barry et la famille Rouleau auraient pu faire la preuve de leur honorabilité si cela s'était avéré nécessaire. Durant la cérémonie, une religieuse déposa sur la tête de Robertine une couronne faite de roses blanches et lui remit une récompense en argent sonnant. Il n'est pas certain que Robertine ait été si fière que cela d'avoir remporté ce prix, car les rosières devaient être des modèles de jeunes filles bien, c'est-à-dire chastes, pures, pieuses, ainsi que dociles et soumises, deux qualités qui ne caractérisaient guère Robertine. Mais surtout, le fait que les récompenses et les honneurs reçus dans les couvents n'étaient pas toujours mérités l'horripilait au plus haut point : « Vous les connaissez toutes, écrivit-elle, les pensionnaires, à leurs petites mines éventées, à leurs yeux grands ouverts, pleins de curiosité, à leurs médailles toutes neuves et reluisantes, qu'un nœud de velours retient là, bien en vue, autour de leur joli col ou attachées sur la poitrine, comme les décorations des vieux grognards de la garde impériale. Ma foi ! Il n'y a rien à redire à cela ; elles leur appartiennent bien, ces décorations, payées qu'elles sont avec les beaux écus sonnants du papa. Cela semble un peu cocasse, de prime abord, qu'il faille acheter ainsi le mérite au poids des carats, mais vous comprendrez que ça deviendrait un peu onéreux pour les bonnes sœurs – surtout quand on considère le nombre fantaisiste des médaillées – de délier les cordons de la bourse chaque fois. C'est bien beau, très honorable, très émouvant même, de voir sa fillette recevoir tous les honneurs de son cours, mais quand on a à acheter tout cela, l'enthousiasme et l'orgueil paternels peuvent en éprouver un léger refroidissement. C'est ce qu'on pourrait appeler le revers de la médaille. Quand j'allais au couvent, on semblait avoir pris pour principe de ne jamais renvoyer, à la fin de l'année, aucune élève les mains vides à la maison paternelle ; pour rendre tout le monde content, on allait jusqu'au prodige, et on fondait des prix qui faisaient certainement plus d'honneur au bon cœur qu'au bon sens des fondatrices. C'est ainsi qu'on décernait des prix de gentillesse, d'amabilité et même d'hygiène. Je me rappelle d'un prix de complaisance, donné en faveur d'une compagne de mes premières années de pension, tellement dépourvue de talent. Pauvre Rébecca, elle débitait les bourdes les plus abracada-brantes qui soient au monde. Dire le plaisir que nous avions à l'entendre réciter ses leçons est impossible, et tous nos rires ne lui faisaient pas plus d'effet que de l'eau sur le dos d'un canard. À un examen de fin d'année, il lui fut demandé ce que c'était qu'un port de mer. "Un cochon, répondit l'imperturbable Ré-becca, d'un ton convaincu"[72]. »

---

72. Françoise. « Chronique du lundi », 4 juillet 1892.

Deuxième partie

Robertine cherche sa voie

Contrairement à bien des gens qui se méfiaient de l'éducation, surtout celle des filles, John et Aglaé envoyèrent leurs filles dans la plus prestigieuse maison d'enseignement privée qui soit à l'époque : les Ursulines. Robertine avait dix-sept ans lorsqu'elle quitta Trois-Pistoles, en septembre 1880, pour aller étudier à Québec. Le cœur serré, elle fit ses adieux à sa famille et à la gouvernante, Cécile, ainsi qu'aux deux autres domestiques qui travaillaient chez les Barry, Ernest Terriault, le fils de Cécile, qui avait seize ans, et Élisabeth Dumont[73] qui était du même âge que Robertine.

Le départ de Trois-Pistoles marqua la fin de cette période insouciante qu'était pour Robertine cette « spacieuse cathédrale de l'enfance ». Durant le trajet de Trois-Pistoles à Québec, elle se remémora avec une certaine nostalgie ce temps béni où elle prenait le petit sentier la menant aux rosiers sauvages qu'elle aimait tant et qui poussaient en abondance le long du fleuve d'où surgissaient « mille sons divers que seuls saisissent ceux qui ont grandi au bruit de sa musique cadencée[74] ». Pour elle, les souvenirs d'enfance, cette enfance qui trop vite à son

---

73. D'après les recensements, Élisabeth Dumont travailla pour les Barry jusqu'à leur départ de Trois-Pistoles en 1891. Notons aussi que le nom d'Ernest Terriault est parfois, dans les registres, écrit de cette façon : Theriault.

74. Françoise. « Chronique du lundi », 2 juillet 1894.

goût s'en était allée, étaient inextricablement liés à ces « jours tranquilles et heureux, où on a d'autres blessures que celles causées par les aiguillons des roses que l'on cueille[75] ». Elle essaya cependant de voir le beau côté des choses et réussit même à éprouver un « plaisir indicible » en songeant qu'elle allait voir, au monastère, les traces du « passage de son héroïne[76] ». Son héroïne, c'est Madeleine de Repentigny dont l'amoureux mourut dans des circonstances tragiques et dont les dernières paroles furent des mots d'amour à son intention. Inconsolable, Madeleine entra chez les Ursulines pour s'y faire religieuse.

Sur la rue du Parloir, le monastère des religieuses, entouré d'une clôture de fer forgé, lui apparut bien austère et elle avait le cœur d'autant plus serré que, pour la première fois, elle était séparée de sa sœur Évelyne[77]. Comme en écho à sa peine, un grincement lugubre se fit entendre lorsque la religieuse lui ouvrit la grande porte du couvent. Robertine avait le sentiment d'entrer en prison. La sœur-portière referma la porte et la barra aussitôt. Sans prononcer un mot, elle fit signe à Robertine de la suivre. Une autre religieuse, tout aussi silencieuse que la première, était attachée à leurs pas. Les clés de la portière, qui pendaient à sa ceinture, laissaient entendre un léger tintement lorsqu'elles parcoururent le long couloir brillant d'une propreté immaculée. Aucun autre bruit n'était perceptible, car les religieuses avaient appris à marcher sans faire de bruit et Robertine eut du mal à les imiter, habituée qu'elle était à taper ses talons sur le sol. « Tu marches comme un soldat », lui disait souvent John. Les trois femmes montèrent le vieil escalier dont

---

75. *Ibid.*

76. Françoise. « La lampe qui ne s'éteint jamais » dans *Fleurs champêtres,* p. 149.

77. Évelyne étudia chez les Ursulines de septembre 1883 à juin 1884. Clara-Blanche, de septembre 1889 à juin 1890. Robertine, de septembre 1880 à juillet 1882.

les marches usées témoignaient du passage de toutes les religieuses et pensionnaires qui, depuis plus de deux cents ans, l'avaient emprunté. Les religieuses l'escortèrent jusqu'au dortoir où des dizaines de filles se préparaient à se coucher, car neuf heures allaient bientôt sonner aux horloges de la ville. Le lit de Robertine était situé au milieu de la salle. Robertine ne s'attendait pas à dormir dans un dortoir. Dans ce monastère, contrairement au couvent de Trois-Pistoles, nulle intimité n'était possible. Afin de soustraire sa nudité aux regards des autres pensionnaires, Robertine dû apprendre à enlever ses vêtements seulement après avoir enfilé une longue jaquette. Ce qui n'était pas très facile. Les premiers soirs, entortillée dans sa robe et son jupon, elle se débattait comme un diable dans l'eau bénite. La jeune fille qui occupait le lit voisin lui jeta un regard moqueur mais ne dit mot, le silence étant une des règles auxquelles les couventines devaient se soumettre.

Le lendemain matin, lorsqu'à l'aube la clochette teinta doucement, Robertine n'eut aucune peine à se lever. Ayant été toute sa vie d'une nature insomniaque et ayant de toute façon besoin de peu d'heures de sommeil, elle était déjà éveillée depuis au moins une heure. Quelques instants plus tard, elle entra, avec les autres couventines, dans la chapelle du monastère. Robertine a toujours aimé l'ambiance des lieux saints. En entrant dans cette chapelle, elle fut éblouie par le spectacle de dizaines de religieuses qui, dans la pénombre, chacune assise dans une haute et imposante stalle de bois magnifiquement sculptée, psalmodiaient d'une voix grave et solennelle les notes de leur office matinal. Elle admira la beauté de ces lieux dont elle se souviendra encore avec précision des années plus tard :

« L'antique maître-autel – noyer à filets d'or – qui, en entrant, frappe toujours notre vue. Tout en haut, sont encore les boiseries sculptées, dissimulant les ouvertures, au moyen desquelles on parvient, de l'intérieur du cloître, à surveiller la chapelle. C'est la même chaire, dont les ors ternis détonnent un peu sur la blancheur trop fraîche des plâtres. Sur les murs, l'œil caresse les vieux tableaux d'un autre siècle qu'il a toujours été habitué d'y voir […] Puis, du côté de l'Épitre, à cet endroit même où un boulet creusa sa tombe, l'imposante tablette de marbre où se lit l'épitaphe composée par l'Académie française pour ce héros qui fut le marquis de Montcalm. La pierre tumulaire, scellée de nouveau, semble n'avoir subi aucun déplacement[78]. »

Mais surtout, elle fut éblouie de voir, « dans la pénombre d'un grand jubé, vis-à-vis l'autel de Notre-Dame-du-Pouvoir, une petite flamme qui brillait doucement. C'était la lampe qui ne s'éteint jamais parce que, comme les registres du cloître en font foi, Madeleine de Repentigny laissa une somme d'argent destinée à l'entretien perpétuel de cette lampe[79] ». Chaque fois que le règlement de la communauté réunissait les couventines dans la chapelle, c'était, pour Robertine, un plaisir de « retrouver sa vieille amie, de lui parler et de deviner ce que pourrait lui dire sa lueur mystique ». Je chérissais son histoire, raconte-t-elle, et la gardais avec un soin jaloux, « depuis le jour où j'avais confié le roman de mademoiselle Repentigny à ma maîtresse de littérature, qui l'accueillit avec un haussement d'épaules et un sourire d'incrédulité. En effet, ce n'était pas tout ce que la sévérité des règles monastiques pouvaient désirer, et je ne m'exposais plus à ce qu'on détruisît ma légende ou qu'on doutât de son authenticité[80] ».

---

78. Françoise. « Au vieux monastère », *Le Journal de Françoise,* 6 juin 1903.

79. Françoise. « La lampe qui ne s'éteint jamais » *dans Fleurs champêtres,* p. 149.

80. *Ibid.,* p. 150.

Durant les deux années qu'elle passa au monastère, Robertine apprit la couture, la broderie, l'économie domestique, les mathématiques, les sciences naturelles, la chimie, la physique, l'écriture et l'histoire, une matière qu'elle adorait autant que le français et la musique. La musique figure d'ailleurs parmi les meilleurs souvenirs de son séjour chez les Ursulines :

« Toutes nos années de pensionnat avaient été bercées de ces rythmes classiques auxquels se mêlaient, en un concert unique, les voix des orgues, des harpes – encore une autre tradition, – et des guitares[81]. »

Pour elle, c'étaient des moments magiques. À ses yeux, la musique était le langage des dieux. « Les philosophes de l'antiquité disaient, écrit-elle, que "notre âme n'était formée que d'harmonies". » Elle déplorait le fait que dans des salons, la musique ne servait que de « préludes aux conversations animées[82] » et se remémorait souvent l'époque où, avec sa mère ou l'une de ses sœurs, elle jouait à quatre mains. Chez les Ursulines, seules quelques filles destinées à faire partie de l'élite de la société reçurent une éducation musicale plus poussée[83] et Robertine en faisait partie. Ce qui ne signifie pas pour autant qu'une femme qui aurait voulu être une musicienne professionnelle aurait été bien vue dans la société. « Les femmes, disait-on, ne doivent pas s'adonner à des connaissances qui contrarient leurs devoirs. » Un critique anglophone avait même

---

81. Françoise. « Au vieux monastère », *Le Journal de Françoise*, 6 juin 1903.

82. Françoise. « Chronique du Lundi », 27 février 1893.

83. Dans un article faisant état de sa recherche sur les auteures-compositeurs-interprètes, Diane Marleau souligne : « Parmi celles qui ont eu une éducation musicale plus poussée, on retrouve les premières féministes : Joséphine Dandurand, Marie Gérin-Lajoie, Caroline Béique et trois journalistes, Robertine Barry, Gaétane de Montreuil et Madeleine Huguenin. » *Auteures-compositeurs-interprètes*. L'autre Parole, n° 89, printemps 2001, pp. 7-8.

écrit : « Une femme qui compose est comme un chien qui marche sur ses pattes de derrière. Ce qu'il fait n'est pas bien fait mais vous êtes surpris de le voir faire[84]. » Cet homme a publié cela en 1928, presque cinquante ans après les études de Robertine chez les Ursulines. Il croyait que la musique était une science et, à l'instar de bon nombre de ses contemporains, il était convaincu que les femmes n'avaient pas les capacités intellectuelles pour comprendre quelle que science que ce soit.

Robertine estimait que les Ursulines formaient des « femmes qui sauront affronter la vie sans forfanterie mais sans peur, sans lâcheté ni défaillance ». Elle aurait aimé avoir cependant plus d'enseignement sur la critique littéraire ainsi que des cours « d'exercices hygiéniques[85] ». Ceux-ci n'étaient pas très populaires en son temps. C'est un euphémisme de le formuler ainsi car, en réalité, la pratique du sport chez les femmes a suscité beaucoup de résistance et parfois même une « violente hostilité. Les observateurs dénonçaient la laideur de la femme en plein effort, regrettaient sa gracieuse faiblesse, redoutaient qu'un développement musculaire excessif n'endommageât la future procréatrice[86] ». Ce qui n'empêchait pas les femmes de milieux aisés de jouer au tennis et de faire de la natation.

Robertine se démarqua des autres pensionnaires en partie à cause de sa facilité à parler et à écrire l'anglais. John parlait souvent cette langue avec ses enfants, car il estimait qu'elle était un gage de réussite dans la vie. C'était la langue des riches

---

84. Diane Marleau. *Auteures-compositeurs-interprètes. L'autre Parole,* n° 89, printemps 2001, pp. 7-8.

85. Cité par Diane Thibeault. *Premières brèches dans l'idéologie des deux sphères. Joséphine Marchand-Dandurand et Robertine Barry, deux journalistes de la fin du XIXe siècle.* Thèse (M.A.), p. 63.

86. Yvonne Knibiehler. « Corps et cœur » dans *Histoire des femmes en Occident. Le XIXe siècle.* Tome IV, p. 406.

bourgeois auxquels il s'identifiait. Les aînés de la famille Barry n'avaient d'ailleurs été éduqués qu'en anglais et leur prénom avait une consonance anglophone. C'était avant l'arrivée de Cécile Lauzier. Étant donné qu'elle ne connaissait pas un traître mot de la langue de Shakespeare, c'était le français qui avait résonné dans toute la maison depuis qu'elle était au service des Barry, soit un peu avant la naissance de Robertine. Dès lors, Carry s'appela Caroline et Mary, Marie.

Les Ursulines constatèrent très vite que Robertine était très douée pour écrire. Six de ses compositions furent publiées dans le journal des étudiantes, *L'Écho du Cloître*. Dans l'une d'elles, Robertine relate l'histoire de Trois-Pistoles et révèle du même coup son côté mystique lorsqu'elle mentionne la présence dans ce village d'une roche miraculeuse :

« Que celles d'entre vous qui aiment les pèlerinages me suivent à la roche miraculeuse ! Qui n'a entendu parler du Père Labrosse ? On sait qu'à la mort du saint missionnaire, la petite cloche apportée de Tadoussac est supposée avoir annoncé mystérieusement la mort du Père Labrossse dans la nuit du 11 avril 1782. Les cloches des paroisses qu'il avait desservies durent faire entendre leurs lugubres gémissements. Un hiver, comme le Père Labrosse revenait d'une pénible mission, une tempête s'éleva tout à coup et le surprit en chemin ; le saint lutta longtemps contre les brouillards et la neige qui obscurcissaient sa vue, mais épuisé par tant d'efforts et se croyant bien loin de toute habitation, il se coucha pour mourir.

« Dieu ne permit pas qu'il reçut si tôt la récompense de ses travaux. Les habitants, inquiets de cette absence prolongée, commencèrent d'actives recherches et le trouvèrent enfin, appuyé sur un rocher, non loin du rivage. Mais, ô merveille ! La pierre avait cédé sous lui : un bras et un pied droits avaient fait une marque profonde bien avant dans le roc et les raquettes étaient parfaitement empreintes sur ce rocher. Ce fait est authentique. Je l'ai vu moi-même bien des fois, et c'est avec une émotion toujours nouvelle que je contemple ces saints et précieux vestiges d'un élu du bon Dieu[87]. »

Non seulement Robertine reçut un diplôme d'honneur pour cette composition mais un journal de Québec l'édita. Ce fut sa première publication. Elle en éprouva certes une grande joie, mais surtout, ce fut pour elle comme une révélation. Elle voulait devenir journaliste. Ou plutôt, elle serait, comme Maupassant, une journaliste et une écrivaine. Lorsqu'elle allait dans sa famille ou que celle-ci la visitait au monastère, elle ne parlait que de tous les événements qui pouvaient faire l'objet d'articles et de toutes les choses qu'il fallait dénoncer[88]. Elle était persuadée qu'elle était destinée à faire de sa plume un outil de changement des mentalités.

Il n'était guère facile de se faire des amies au monastère. Les religieuses, voulant éviter les « amitiés particulières », surveillaient les jeunes filles afin qu'elles soient toujours par groupe de trois durant leurs moments libres. Ne jamais être seule avec une autre fille était l'une des règles à laquelle il ne fallait pas déroger. L'atmosphère n'en était pas moins parfois *bon enfant*. Les autres couventines taquinaient souvent Robertine parce qu'elle était gourmande. Elles se moquaient de la voir engouffrer, en un temps record, une grande quantité de « pains d'épices appétissants, croquignoles croustillants, galettes savoureuses[89] ».

---

87. Extrait de Renée des Ormes. *Robertine Barry, en littérature Françoise*, pp. 26-27.

88. Renée des Ormes, *Robertine Barry, en littérature Françoise*, p. 29.

89. Françoise. « Au vieux monastère », *Le Journal de Françoise*, 6 juin 1903.

Malgré la rigueur des règlements, Robertine réussit à se faire des amies et à créer des liens solides qui durèrent toute la vie. Certaines des filles avec qui elle se lia d'amitié devinrent même, une vingtaine d'années plus tard, des collaboratrices au *Journal de Françoise* qu'elle fonda, dont la femme de lettres Louyse de Bienville[90]. Celle-ci a dit de Robertine que « la voir et l'entendre causer une fois, c'était l'aimer toujours[91] ». L'amitié fut très importante et prit beaucoup de place dans la vie de Robertine. Elle avait une grande facilité à créer des liens solides et durables : « Elle semble avoir eu le don de faire éclore les fleurs de l'amitié sur son chemin, par la magie de ses qualités personnelles et de son charme. Elle ne faisait pas que plaire, elle retenait[92]. » Robertine savait attirer les amitiés en partie grâce à son sens de l'humour. Elle les retenait ensuite parce qu'elle connaissait le sens véritable de la compassion et de la bienveillance. Elle s'intéressait sincèrement aux autres et avait une grande capacité d'écoute et d'empathie. Même si elle était très franche, elle s'efforçait, sans toutefois toujours réussir, de faire en sorte que sa franchise ne soit trop brusque. Elle disait souvent que, certes, il faut dire ce que l'on pense, mais qu'il faut surtout penser à ce que l'on dit et qu'en amitié, il n'est pas toujours nécessaire d'énoncer une vérité quand l'autre ne l'a pas sollicitée. Cependant, même si elle attachait un grand prix à l'amitié, Robertine garda, toute sa vie, une certaine distance avec ses amies. Elle n'était pas de celles qui confient tout. Elle avait

---

90. Nom de plume de Marie-Louise Marmette.

91. Louyse de Bienville, femme de lettres canadienne. Source : Germaine Bernier, *Françoise, journaliste et femme de lettres,* publié dans *Le Devoir* vers 1936. Fonds Robertine Barry.

92. Extrait de l'article de Germaine Bernier, « Françoise, journaliste et femme de lettres », publié dans *Le Devoir* vers 1936. Fonds Robertine Barry.

son jardin secret où elle gardait jalousement ses plus grandes peines, ses plus intenses déceptions, ses plus chers désirs.

Il semble que Robertine se soit assagie chez les Ursulines. Elle devint même *enfant de Marie*, ce qui implique qu'elle a eu, pendant huit mois consécutifs, une conduite irréprochable. Mais il faut savoir qu'elle n'avait guère le choix de s'assagir, car les couventines qui ne réussissaient pas à obtenir le titre *d'enfant de Marie* ne pouvaient obtenir leur diplôme. Or, elle tenait à ce diplôme. Son père avait payé afin qu'elle s'inscrive aux examens de fin d'année. Peu de couventines s'y présentaient. Et ce, parce qu'on ridiculisait pour leur snobisme intellectuel celles qui désiraient apprendre et aussi parce que plusieurs parents disaient qu'un diplôme était superflu puisque l'instruction que leurs filles avaient reçue ne servait qu'à parfaire leur éducation bourgeoise et n'ouvrait sur aucun débouché, les portes des universités francophones étant fermées aux femmes[93]. Nul besoin de faire des examens pour cela. Quant à celles qui, comme Robertine, s'y étaient inscrites, elles se dirigeaient, pour la plupart, vers l'enseignement, une voie qui ne l'attirait pas du tout. Même si leur fonction était plus prestigieuse que celle qu'occupaient les travailleuses dans les usines, les institutrices gagnaient moins cher qu'elles et enseignaient, pour un salaire de famine, dans des écoles mal isolées, souvent glaciales. Elles devaient même parfois acheter le bois de chauffage qui leur permettrait de passer l'hiver. Elles devenaient une proie facile pour des hommes qui pouvaient les violer en toute impunité dans l'une de ces petites écoles de campagne où elles vivaient

---

93. En 1884, l'École normale de l'Université McGill ouvre ses portes aux femmes et les accepte à la faculté des arts. En 1890, la faculté de médecine de l'Université Bishop leur est ouverte. En 1893, elles sont admises aux deux premières années du Collège Royal Victoria.

souvent seules, parfois à des milles du plus proche voisin. Lorsque cela arrivait, aucune n'osait porter plainte, et si d'aventure l'une d'elles se confiait au curé, il lui conseillait, la plupart du temps, de se taire.

La nature indépendante de Robertine exigeait bien trop de liberté pour que ses années de couvent comptent parmi les plus belles :

« Qu'on ne s'attende pas à ce que je déclare les années du couvent les plus heureuses de toutes, écrivit-elle. Non, même après les rudes leçons de l'expérience, les batailles perdues ou gagnées, en dépit des peines et des pâles joies de la vie, je ne suis pas prête à reconnaître que l'année du couvent est le plus beau temps. Je ne suis pas de celles qui traitent à la légère les chagrins d'enfants ; trop de ces douleurs-là laissent après elles la cicatrice indélébile des blessures que le temps n'a pu effacer. D'ailleurs, les années d'études sont une tâche imposée à un âge où nous n'en comprenons ni la nécessité, ni les avantages qu'on peut en retirer. Dans ces conditions, les devoirs de la pensionnaire pèsent comme un joug aux natures indépendantes et pleines d'aspirations vers la liberté. Plus tard, ces années de réclusion forcée ne nous apparaissent pas dépourvues de charme. À mesure que nous avançons dans notre voyage, nous aimons à nous y reporter ; c'est que nous comprenons mieux certaines bontés dont nous avons été l'objet ; c'est qu'elles ont gardé, ces années écoulées, ce que nous ne retrouvons plus : la fraîcheur et la naïveté de ce qui fut notre jeunesse[94]. »

En quittant le monastère, après avoir réussi ses examens, Robertine jeta un dernier regard vers « ces grilles de fer que la

---

94. Françoise. « Au vieux monastère », *Le Journal de Françoise*, 6 juin 1903.

rigueur du règlement claustral tient constamment fermées[95] »
au monde et qui avait rétréci son espace comme jamais auparavant. Dans quelques mois, elle aurait vingt ans et une furieuse envie de vivre l'habitait. Elle voulait goûter à cette
liberté qui, au fil des deux années passées au monastère, lui
avait tant manqué. Fini l'horaire rigide où chaque heure était
réglée à l'avance. Libre, enfin libre ! En retournant à Trois-
Pistoles, elle exultait.

• • •

Allongée sur son lit, Robertine flattait d'une main distraite
son gros chat noir[96] qui, mécontent de ne pas avoir toute son
attention, griffa la page du journal qu'elle venait de tourner. La
jeune fille n'y prêta nulle attention. Rien ne pouvait la distraire
de sa lecture. Les Barry étaient abonnés à plusieurs journaux et
magazines édités en France et aux États-Unis et, lorsqu'ils arrivaient à Trois-Pistoles, avec plusieurs jours de retard, toute la
famille savait que Robertine s'enfermerait dans sa chambre et
n'en ressortirait qu'après les avoir tous lus.

Robertine jeta un coup d'œil rapide sur les chroniques féminines dans lesquelles des journalistes françaises donnaient
des conseils aux femmes en décrivant, avec moult détails, ce
qu'elles devaient faire pour respecter les convenances, plaire à
leur mari ou en attraper un. Cela ne l'intéressait guère. Ce qui
l'intéressait vraiment, c'était la « presse qui avait mauvaise
presse » et qui « provoquait le mépris amusé ou indigné des

---

95. *Ibid.*

96. Robertine adorait les chats. Des photos de chats firent la une du *Journal de
Françoise* et elle leur consacra quelques articles.

hommes[97] ». Les femmes journalistes françaises qui avaient toute son admiration et toute son attention étaient celles qui revendiquaient le droit de recevoir la même instruction que les hommes, d'avoir accès aux mêmes carrières, de gagner un salaire égal, d'être reconnues comme des personnes à part entière, d'avoir de meilleures conditions de travail. En un mot, Robertine admirait les femmes journalistes qui se servaient de leur plume pour « aller à l'encontre des attitudes misogynes et transformer l'image de la femme dans toutes les couches de la société[98] ». Elle déplorait le retard que les Canadiennes avaient sur les Françaises. Celles-ci pouvaient être bachelières[99], ouvrir un compte en banque[100], et exercer leur liberté dans bien d'autres domaines encore interdits aux Québécoises.

Le gros chat vint se coucher sur le journal que Robertine avait mis à plat sur son lit. Elle le laissa faire. Elle lisait depuis des heures et ses membres endoloris criaient grâce. Elle se leva, se dirigea vers la fenêtre et pensa à Séverine, la première journaliste française à vivre de sa plume et pour qui Robertine avait beaucoup d'admiration[101]. Séverine, que le peintre Rodin avait immortalisée et dont le portrait avait été reproduit dans un journal français. Sur cette peinture, de magnifiques cheveux blonds frisés encadraient le visage de la journaliste dont la bouche pulpeuse et les yeux, à la singulière couleur de pervenche

97. Diane Thibeault. *Premières brèches dans l'idéologie des deux sphères. Joséphine Marchand-Dandurand et Robertine Barry, deux journalistes de la fin du XIXᵉ siècle*, p. 38.

98. Mary Louise Robert. *Le journalisme féministe en France à la fin du siècle dernier*. Mai 1997. http/clio.revues.org/document390.html.

99. Depuis 1861.

100. Depuis 1881.

101. Hélène Pelletier-Baillargeon. *Olivar Asselin et son époque*, p. 99.

et pétillants d'intelligence, étaient en parfaite harmonie avec un nez droit bien dessiné. Elle avait cette beauté que Robertine se surprenait à envier parfois. Car elle avait beau se consoler de n'être point belle en se disant qu'elle avait de l'esprit, elle savait bien que « rien au monde, pas même l'esprit, ne charme autant que la beauté[102] ». Elle disait avec une pointe d'humour que « pour les femmes, la laideur, c'est comme la pauvreté : ce n'est pas un vice, mais une grande incommodité[103] ». Elle était parfaitement consciente qu'un « joli visage aide une femme partout : dans les affaires, dans les cours de justice, dans la société et au mariage ». Lorsqu'un homme affirme qu'il serait « absurde de complimenter » une femme « sur des avantages extérieurs » qu'elle ne possède pas, mais qu'il préfère une femme qui a « quelques idées en tête », vous l'écoutez, écrit-elle, avec votre « meilleur sourire, en pensant pour l'excuser que ses intentions sont bonnes, bien que la forme en soit gauche, et vous cherchez à être reconnaissante de son appréciation ; mais, tout au fond, une petite douleur fine et aiguë vient de vous mordre au cœur ; pendant quelques instants, que ne donneriez-vous pas pour posséder les charmes extérieurs de ces jolies coquettes dont on vient de vous parler[104] ».

Séverine était belle mais elle était surtout, aux yeux de Robertine, un modèle de détermination. Elle n'avait pas hésité à utiliser les grands moyens pour devenir journaliste. Ses parents, qui avaient supporté sans sourciller qu'elle se sépare de son mari, qu'elle place son enfant en nourrice, qu'elle ait une liaison avec un homme et se retrouve de nouveau enceinte, ses

---

102. Françoise. « Chronique du Lundi », 16 octobre 1893.
103. Françoise. « Chronique du Lundi », 15 avril 1895.
104. *Ibid.*

parents, dis-je, qui avaient accepté tout cela, s'opposaient à ce qu'elle exerce le métier de journaliste qui était, à leurs yeux, une déchéance plus grande que tout ce qui avait précédé. Devant leur opposition, Séverine tenta de se suicider. Confrontés brutalement au désespoir qu'elle ressentait de ne pouvoir devenir journaliste et impuissants devant une telle détermination, ses parents cédèrent. Mais Séverine avait bien failli y laisser la vie ; la balle qu'elle s'était tirée avait frôlé son cœur.

Séverine suscitait l'admiration des femmes nouvelles, ainsi qu'on appelait souvent les premières féministes, car elle avait apporté une autre vision du journalisme et avait montré une autre voie. Séverine « faisait la distinction entre la génération précédente de femmes journalistes qui, disait-elle, ne se mêlait à la vie normale contemporaine que dans le domaine de l'abstraction et sa génération qui s'en prend aux faits[105] ». Ce « nouveau » journalisme forçait la femme « à sortir de chez elle, à voir, à écouter, à observer... en dehors du cercle restreint de la famille ». Séverine ne se préoccupait guère du fait que ces nouvelles journalistes s'exposaient au mépris. « Une femme qui s'aventurait en public était, en effet, culturellement associée dans l'esprit des contemporains aux prostituées. » C'était leur respectabilité qui était en jeu[106]. Même si Séverine avait écrit ses articles sans mettre le pied dehors, on l'aurait quand même désapprouvée. Une fille de la bourgeoisie qui travaillait, n'était, disait-on, pas mariable[107].

---

105. Mary Louise Robert. *Le féminisme selon l'encyclopédie ENCARTA. Les femmes contemporaines.* fr.encarta.com/encyclopédie. Les sites internet de cette encyclopédie numérique créée par Microsoft sont fermés depuis octobre 2009.

106. Marguerite Durand. *Le féminisme selon l'encyclopédie ENCARTA. Les femmes contemporaines.* fr.encarta.com/encyclopédie.

107. Joan W. Scott. « La travailleuse » dans *Histoire des femmes,* tome IV, p. 488.

Séverine était pour Robertine une source d'inspiration plus grande que ne l'étaient les femmes de langue anglaise qui avaient inauguré le journalisme féminin au Québec[108]. Outre Annie L. Hayr qui écrivait de la poésie, des chroniques sur l'horticulture ainsi que des articles sur différents thèmes sociaux pour le *Montreal Witness*, les quelques autres Anglophones qui publiaient des articles restaient confinées aux pages féminines.

Robertine se leva et chercha dans sa bibliothèque une vieille revue trouvée chez sa grand-mère, *The Montreal Museum or Journal of Literature and Arts*[109]. Ce périodique, dont le premier numéro avait été publié en anglais et les autres en français, avait été dirigé, de 1832 à 1834, par Mary Graddon Gosselin et visait à promouvoir la littérature canadienne. Robertine avait beaucoup d'admiration pour cette pionnière qui fut la première femme à éditer un journal en Amérique. Elle regarda, songeuse, la page frontispice où un ange, protégé des éclairs par un bouclier, tient une plume et un livre ouvert.

Du côté francophone, pas une femme n'avait encore véritablement pris sa place dans les journaux. Il était rare d'y voir des articulets signés de prénoms de femmes et quand il y en avait, ils étaient souvent rédigés par des hommes qui prenaient un pseudonyme féminin afin de se donner une certaine crédibilité dans des sujets qu'on croyait réservés aux femmes. Ainsi, la chronique *La politique d'une mère de famille*, publiée dans *L'Étendard* chaque samedi entre 1883 et 1890, était signée Lisette mais était en réalité rédigée par un homme, Benjamin-Antoine Testard de Montigny[110].

---

108. Lyne Gosselin. *Les journalistes québécoises. 1880-1930*, p. 72.

109. Jean de Bonville. *La presse québécoise. De 1884 à 1914. Genèse d'un médium de masse*, p. 75.

110. Sous la direction de Maurice Lemire et Denis Saint-Jacques. *La vie littéraire*

Robertine en lisait une cependant qui signait occasionnellement des articles dans différents journaux. C'était Joséphine Marchand, la fille du notaire et futur premier ministre Félix-Gabriel Marchand[111], un homme à l'esprit ouvert qui, très tôt, l'avait encouragée à écrire. Joséphine avait à peine 17 ans lorsqu'elle publia ses « petites chroniques » dans le journal que son père avait fondé, *Le Franco-Canadien*. Ensuite, *L'Opinion Publique*, *Le Ralliement*, *L'Électeur* et *La Patrie* en publièrent aussi quelques-uns mais la majorité du temps, la journaliste n'était pas payée pour ses articles.

En fait, pas une seule Canadienne-française ne gagnait sa vie en exerçant le métier de journaliste et aucune femme n'avait écrit un seul article comme en écrivaient les journalistes françaises féministes. Des articles revendicateurs, contestataires, avec du mordant.

Ce que Robertine souhaitait, c'était non pas d'être une journaliste occasionnelle, mais de travailler, comme les hommes, six jours sur sept, pour un journal. En d'autres mots, elle voulait faire partie du personnel de rédaction d'un journal. Elle s'imaginait vivant à Montréal, se levant tôt chaque matin afin de se rendre d'un pas pressé vers la salle de rédaction d'un grand journal pour y travailler toute la journée dans le bruit des machines à écrire. Voilà ce dont elle rêvait. Elle ne voulait pas se contenter d'écrire des articulets qui se retrouveraient, comme dans les journaux anglophones, dans les pages féminines.

Maintenant qu'elle avait terminé ses études, Robertine estimait qu'il était temps de concrétiser ce rêve qu'elle caressait depuis l'enfance. Comme elle disait, il n'était pas question de

---

au Québec. Tome IV, p. 266.

111. Félix-Gabriel Marchand fut premier ministre de 1897 à 1900.

rester dans cette « écœurante oisiveté » des jeunes filles bourgeoises qui gaspillent ainsi leurs plus belles années et qui périssent d'ennui parce qu'elles sont désœuvrées.

Lorsque Robertine avait vingt ans, il n'y avait pas encore au Québec d'association féministe, mais en eut-il eu qu'il n'est pas certain qu'elle aurait consacré le plus clair de son temps à militer. Elle était plus une femme d'action qu'une militante. Vivre, plutôt que prêcher. Indiquer aux autres femmes ce qu'il est possible de faire. Ne pas seulement montrer la voie, mais l'ouvrir, avec fracas s'il le faut. C'était cela qu'elle voulait, ouvrir, pour elle-même d'abord, les portes du journalisme et, ce faisant, montrer aux autres femmes que cela était réalisable. L'attitude féministe par excellence, c'était de naître à soi-même, en dépit des convenances, en dépit de ce qu'on penserait et dirait d'elle, en dépit surtout de ce qu'on jugeait possible pour une femme. Voilà ce que Robertine se disait les jours où rien ne lui semblait impossible.

Mais il y avait les autres jours, des jours noirs, où tout cela lui semblait irréalisable. Il n'est pas facile de se voir autrement que ce que le milieu inculque. Les croyances et les conditionnements d'un environnement donné s'enracinent si profondément en chaque personne qu'ils lui apparaissent la plupart du temps comme des évidences indéfectibles. Le XIXe siècle était fortement imprégné de « l'idéologie des deux sphères » qui délimitait bien distinctement les activités des hommes et des femmes. Le domaine public et productif était l'affaire des hommes tandis que le privé et la reproduction était celui des femmes. En clair, les femmes devaient rester là où « la Providence les avait destinées », à la maison, à s'occuper des enfants qu'elles *devaient* mettre au monde.

Peu de femmes songeaient donc à une carrière. Non seulement les occasions étaient rares pour celles qui voulaient s'affirmer, mais il fallait être extrêmement déterminées pour exercer une profession qui menait à la réprobation publique.

Robertine, en choisissant le métier de journaliste, démontrait qu'elle avait une force de caractère remarquable : elle transgressait bien des tabous et pulvérisait bon nombre de préjugés. Elle aurait pu faire sienne la phrase éloquente de la femme de lettres d'origine suisse née en 1861, Lou Andreas-Salomé : « Le monde ne te fera pas de cadeau, crois-moi. Si tu veux une vie, vole-la. » Elle allait donc « voler » cette vie dont elle rêvait. Elle envoya des articles à quelques journaux et attendit.

• • •

Robertine n'avait confié à aucun membre de sa famille les démarches qu'elle avait faites auprès d'éditeurs de journaux. Elle était superstitieuse et croyait qu'il valait mieux, en certaines circonstances, taire ce qu'on désire si on voulait le voir se réaliser. Elle craignait aussi leurs réactions et préférait les mettre devant le fait accompli. Elle même doutait du bien-fondé de sa démarche. Par moments, elle sentait des vagues de bonheur l'envahir rien qu'à l'idée qu'elle serait journaliste. À d'autres moments, des pensées angoissantes l'assaillaient. Elle avait alors en tête tout ce qu'on disait des bourgeoises qui gagnent leur vie. Il n'y avait rien là pour la motiver à s'aventurer au-dehors de son foyer. On ânonnait que le travail intellectuel n'est pas fait pour une femme, qu'il épuise ses nerfs, la rend neurasthénique de façon incurable. Que si elle travaille, la femme peut faire une croix sur le mariage, car le succès des femmes offusque les maris et les rabaisse aux yeux des autres qui les jugent incapables de « faire vivre leur famille ». Que les seules femmes qui travaillent y sont obligées et qu'elles usent leur vie, le plus souvent dans les manufactures, et qu'elles aimeraient bien ne pas devoir y aller chaque matin. Qu'une bourgeoise qui s'expose sur la place publique blesse la pudeur. Qu'il est dans la nature des femmes de se marier, d'avoir des enfants et de rester à la maison. Que non seulement les femmes ne sont pas assez intelligentes pour effectuer un travail intellectuel mais que certains médecins affirment que cerveaux et utérus ne peuvent se développer conjointement et que les femmes qui veulent des enfants ne devraient pas travailler parce que leur travail pervertit les organes reproducteurs. Que les vraies femmes ne travaillent pas hors de leur foyer et que celles qui n'ont aucune ambition sont *trop femmes* pour en avoir. Bref, elles étaient « déconsidérées celles qui osaient remettre en cause les prérogatives masculines dans les métiers nobles, au barreau, en médecine, ou dans l'écriture[112] ».

Robertine avait peine à chasser ses noires pensées. Pour calmer ses nerfs, elle marchait, seule, le long du fleuve. La force avec laquelle elle lançait des cailloux dans l'eau trahissait sa colère. Pourquoi n'était-elle pas née homme ? Tout aurait été plus simple. Au loin, une femme lançait dans la mer des morceaux de pain. Voulait-elle nourrir les oiseaux ou bien lançait-elle des morceaux de pain bénit afin que l'on retrouve le corps d'un noyé ? Peut-être venait-elle de subir une grave perte. Il est des malheurs plus grands que les siens, pensa Robertine en l'observant. Mais les malheurs des autres, s'ils aident à relativiser les nôtres, ne consolent guère.

---

112. Jean-Claude Bologne. *Histoire du célibat et des célibataires,* p. 306.

Au cours d'une même journée, les pensées de Robertine passaient de l'allégresse à la tristesse.

On ne mesure souvent pas à sa juste valeur l'immense courage qu'il a fallu à Robertine pour oser affronter tous les préjugés advenant le cas où, par bonheur – ô mon Dieu, faites que cela arrive !, priait-elle chaque soir – un éditeur, un jour, lui ferait signe. Elle, l'impatiente, dut attendre cette réponse qui ferait d'elle, dans un avenir qu'elle souhaitait proche, la première femme journaliste canadienne-française. Les jours s'écoulaient trop lentement à son goût. Comme l'écrivaine Gabrielle Roy, elle se disait sans doute : « Comme c'est long d'arriver à ce qu'on doit devenir. » On l'imagine trépignant d'impatience, se répétant : « Basta ! Vont-ils finir par me répondre ? C'est trop long à la fin. » Basta !, elle avait souvent ce mot à la bouche et il sera, tout au long de sa carrière, présent dans quelques-uns de ses articles. C'était une expression d'origine italienne qui exprimait à la fois l'impatience, la déception, la résignation et même l'indifférence[113]. Robertine l'utilisait à toutes les sauces, mais surtout lorsqu'elle s'impatientait, ce qui lui arrivait assez fréquemment. Savait-elle alors que c'était l'une des expressions préférées de Séverine[114] dont elle voulait suivre les traces ? Ou bien s'agit-il d'un élément de plus qui, s'ajoutant aux autres, si nombreux, comme nous le verrons plus loin, font en sorte que Robertine et Séverine nous semblent être de véritables *jumelles cosmiques* ?

• • •

113. Anne Carrier. *Françoise, pseudonyme de Robertine Barry : édition critique des* Chroniques du Lundi. Thèse. Université Laval, p. 74.

114. *Séverine. Correspondance.* Préface et notes de Lucien Scheler, p. 33.

Tous les membres de sa famille remarquèrent que Robertine était plus nerveuse et qu'elle guettait, avec un intérêt inhabituel, l'arrivée du courrier. À force de la questionner, ils réussirent à savoir ce qui se passait.

Comment ont réagi les Barry devant cette fille qui non seulement voulait gagner sa vie, mais voulait le faire en s'aventurant dans une chasse-gardée masculine ? Un monde d'hommes qui était de surcroît réputé pour sa verdeur et sa férocité. Les journalistes de ce temps ne mettaient pas de gants blancs pour donner leur opinion.

Les sœurs de Robertine, Clara-Blanche et Évelyne, ont confié à Renée des Ormes que toute la famille Barry avait été fière de ce qu'elle avait accompli. Elles étaient, écrit des Ormes dans ses notes de travail, « sensibles à la gloire ». Mais elles firent ces confidences plusieurs années après la mort de Robertine. Il est plus facile d'être fière de quelqu'un lorsqu'on voit, a posteriori, la place enviable qu'il s'est taillée dans la société. Mais avant que Robertine ne devienne une journaliste respectée, comment a été accueilli son désir de le devenir ? Lorsqu'un membre d'une famille s'éloigne de la façon d'agir et de penser de son clan, il n'est pas rare qu'il soit rejeté et ce, après plusieurs vaines tentatives visant à le faire rentrer dans le rang. Les attaques les plus dures viennent souvent de membres de la famille qui se sentent trahis par celui ou celle qui « ne tient pas sa place ». Est-ce que les parents, les sœurs et les frères de Robertine tentèrent de la maintenir à sa place, celle socialement acceptée pour les femmes ?

John et le reste de la famille Barry pressentaient-ils l'envergure de Robertine ? Nul n'est prophète dans son pays et elle n'aurait pas été la première dont les talents ne soient pas reconnus par les membres de sa famille avant qu'ils ne soient acclamés hors du cercle familial. Rien ne permet de croire cependant que Robertine ait été découragée de devenir journaliste, mais on peut imaginer que cela a pu causer quelques tensions chez les Barry. Il est presque certain qu'il s'en est trouvé au moins un parmi les membres de sa famille, ne serait-ce qu'un oncle, pour lui rappeler que gagner sa vie, pour une femme de la bourgeoisie, était « une monstruosité » et que la bourgeoise qui travaille, non seulement se déclasse – une déclassée, disait-on avec du mépris plein la voix –, mais qu'elle déclasse aussi toute sa famille. Bien des femmes, et pas seulement des hommes, pensaient de cette façon. Robertine avait bien des arguments pour les convaincre du contraire. Elle répétait souvent que « le travail, jamais n'abaisse » ; qu'il est bien plus dur de mendier son argent à un mari ou à un père que de le gagner[115] ; que « le pain de la dépendance est amer et remplit la bouche de gravier[116] » ; qu'une « femme vaillante et brave comprend que sa dignité, sa fierté, est surtout dans l'indépendance que donne le labeur honnête[117] ».

Il est bien possible qu'elle n'eut pas trop à argumenter. Elle vivait au sein d'une famille cultivée et ouverte à ce qui se passait ailleurs dans le monde. Une famille qui ne partageait pas toutes les idées reçues de l'époque concernant les femmes qui travaillent.

Sa mère, Aglaé Rouleau, était une femme qui, comme en témoigne « l'affaire crinoline », ne s'en laissait pas imposer. D'autres de ses actions révèlent son côté avant-gardiste. Par exemple, à la naissance de David, elle fit inscrire sur son acte

---

115. Françoise. « Chronique du lundi », 17 décembre 1894.

116. *Ibid.*

117. Françoise. « Une femme », *Le Journal de Françoise,* 13 septembre 1902.

de baptême les deux noms de famille, Rouleau-Barry, ce qui était très rare. Il est donc probable qu'elle était fière que l'une de ses filles veuille travailler dans un « monde d'hommes », mais elle pouvait tout de même s'inquiéter pour elle. Elle savait que Robertine ne se préparait pas une vie facile et qu'elle démériterait dans l'opinion publique.

Il est probable aussi que son père l'ait encouragée. Dans son passionnant ouvrage, *Elle sera poète elle aussi*, Liliane Blanc démontre combien l'assentiment du père joua, par le passé, un rôle déterminant pour les femmes créatrices. « La présence à leurs côtés de ces hommes attentifs est si constante que l'on peut dire que rares sont les créatrices qui ont atteint leurs objectifs en transgressant la volonté paternelle [...]. L'attitude du chef de famille envers la petite fille qui ne veut pas se trouver coincée dans la chambre des dames ou jouer le faire-valoir est donc un élément capital à considérer. Dans le meilleur des cas, il va l'épauler. Ou bien son indifférence passive devant les rêves de sa fille jouera en faveur de celle-ci si elle a du caractère. L'indifférence vaut mieux que l'opposition radicale[118]. » Mais l'indifférence a un prix, écrit Laure Adler en parlant des femmes qui écrivent. « Une écrivaine qui sent que son entourage immédiat considère son activité comme inconvenante et insignifiante puisqu'elle est une femme, et qu'une femme a des choses plus urgentes à faire qu'écrire des livres, n'est pas seulement blessée psychologiquement. Son œuvre peut en pâtir : dans l'immodération de celle-ci, nous percevons sa colère, dans son imprécision, nous sentons sa peur et dans son esprit polémique, son amertume[119]. »

---

118. Liliane Blanc. *Elle sera poète elle aussi,* pp. 99-100.

119. Laure Adler et Stefan Bollman. *Les femmes qui écrivent sont dangereuses,* p. 37.

Si, à cause des conditions sociales moins étouffantes, l'on voit plus fréquemment aujourd'hui des femmes qui deviennent créatrices malgré l'indifférence ou la désapprobation de leur entourage, c'était bien différent autrefois. Liliane Blanc précise que « parmi toutes les femmes qui réussirent à se faire un nom par le passé, bien rares sont celles qui eurent à lutter contre la volonté paternelle[120] ». L'appui du père est primordial, insiste-t-elle, et « l'indifférence face aux aptitudes de l'enfant ou plus tard, un simple "non" et c'est souvent l'avortement d'une vocation. Alors on peut donner raison à Stendhal : "Tout génie né femme est perdu pour l'éternité"[121] ».

Bien sûr, toutes ces créatrices qui transgressaient les normes de leur époque, avec tout ce qu'il leur en coûtait, devaient avoir une forte personnalité et une détermination farouche et sans bornes, mais, « au-delà du tempérament souvent hors du commun qui les habitait, [elles] ont bénéficié d'éléments extérieurs exceptionnels et très favorables à leur réalisation totale. […] Pour ce faire, il leur fallait un allié essentiel qui, dans bien des cas, leur servait d'initiateur et de guide : leur père[122] », répète Liliane Blanc, tant cet élément est important.

Il est probable que John Barry encouragea Robertine. Souvenons-nous : il aimait la littérature et faisait partie de l'Institut littéraire de L'Isle-Verte. Robertine était très proche de lui. Lorsqu'elle était enfant, elle le suivait dans ses promenades et lui posait mille questions. Ils causaient comme de vieux amis et il aimait lui apprendre tout ce qu'il avait lui-même appris dans les livres.[123] Leur connivence ne se démentit jamais.

---

120. Liliane Blanc. *Elle sera poète elle aussi*, p. 88.

121. *Ibid.*

122. *Ibid.*, p. 77.

123. Renée des Ormes. *Robertine Barry, en littérature Françoise*, pp. 13-14.

• • •

Même si sa famille ne la désapprouva pas, la partie n'était pas gagnée pour autant. C'étaient les éditeurs de journaux qui avaient un certain pouvoir sur la destinée de Robertine. Elle, l'impatiente, l'impétueuse Robertine, n'avait d'autres choix que d'attendre qu'ils répondent à son offre de services. Or, attendre lui a toujours été pénible et a le don de la rendre anxieuse. Quand elle songeait à toutes les carrières qui étaient fermées aux femmes, un sentiment d'étouffement s'emparait d'elle. Qu'allait-elle faire si personne, jamais, n'acceptait de publier ses articles ? Afin de faire échec à l'angoisse et éviter de penser à ce qu'il adviendrait d'elle si son rêve ne se réalisait pas, elle s'occupait du matin au soir. Elle lisait beaucoup, faisait de la broderie et même de la couture, car elle aimait mettre ses robes au goût du jour et elle détestait jeter ce qui pouvait être transformé. Elle jouait souvent de la harpe et du piano et sa mère remarqua qu'elle était devenue bien meilleure qu'elle-même, pourtant qualifiée d'excellente musicienne. Beethoven, Mozart, mais surtout Schubert, étaient ses préférés[124]. Elle faisait aussi de longues promenades à pied ou à cheval, souvent en forêt. C'était l'endroit qui lui donnait ce sentiment de paix et de bien-être qu'elle ne ressentait nulle part ailleurs :

« Allons au bois ! écrit-elle. Le gazon est tendre, l'herbe soyeuse et, dans la ramure, les feuillus épais forment des bosquets charmants, des solitudes pleines de silence et de mystère. Dans les sentiers ombreux, arrachés aux arbres en pleine éclosion, il pleut des pétales roses et blancs, qui tombent, en tournoyant gracieusement, sur la tête des jeunes couples qui s'y

---

124. *Ibid.*, p. 30.

promènent en balbutiant la douce maïeutique de l'amour. Les arbustes sont chargés de fleurs ; partout les épines sont cachées sous la pousse nouvelle et l'on n'aperçoit plus que des rameaux enguirlandés, souples, flexibles comme des baguettes de fées [...]. Les oiseaux, la verdure, les bois, l'air pur, la jeunesse, le printemps ! Mon Dieu !, qu'il fait bon vivre[125]. »

Robertine profitait aussi de toutes les belles journées pour prendre des bains de mer. Trois-Pistoles, un « Arcachon en miniature[126] », dit-elle, s'y prêtait magnifiquement bien.

On peut se demander aussi si, durant cette période d'attente, elle n'a pas été écrivain public comme dans cette nouvelle qu'elle a écrite et qui décrit avec tant de réalisme cette activité. Elle y met en scène une certaine Lisette venue demander les services d'une écrivaine publique pour écrire une lettre à son amoureux :

« "Mon cher ami, commença donc Lisette, j'mets la main à la plume pour vous faire assavoir de mes nouvelles qui sont très bonnes, Dieu merci ! J'espère quc la présente vous trouvera telle qu'elle me laisse, c'est-à-dire en bonne santé..." Lisette s'arrêta, essoufflée. Elle avait débité ce bout de lettre comme une chanson depuis longtemps apprise par cœur et maintenant qu'elle avait si prestement disposé de la formule épistolaire habituelle, elle restait court. "Je m'fie à vous pour le reste, dit-cllc, vous savez aussi ben que moé c'qui faut dire"[127]. »

---

125. Françoise. « Chronique du Lundi », 14 juin 1892.

126. Arcachon est une ville de France où beaucoup de personnes se baignaient dans le bassin d'Arcachon. Robertine décrit Trois-Pistoles en ces termes dans l'une de ses compositions. Extrait de Renée des Ormes. *Robertine Barry, en littérature Françoise,* p. 27.

127. Françoise. « Une lettre d'amour au village » dans *Fleurs champêtres,* p. 77.

Mais quoiqu'elle ait pu faire durant cette période pour tromper l'attente, Robertine guettait chaque jour avec anxiété l'arrivée du courrier. Une lettre, une seule, enfin !, arriva. Un éditeur acceptait de la publier, mais à la condition que les textes ne soient pas signés. « Ce que j'écris, je le signe[128] », rétorqua aussitôt Robertine. Elle n'allait tout de même pas faire comme Madame de La Fayette qui n'osait pas signer ses manuscrits et qui n'avouera que peu de temps avant sa mort, et du bout des lèvres, qu'elle était l'auteure de *La Princesse de Clèves*. Elle voulait signer, ne serait-ce qu'avec un pseudonyme qui lui donnerait au moins une existence. Alors que des femmes, ailleurs dans le monde, envoyaient pendant des années des textes à des journaux sans jamais être payées, telle Lucy Maud Montgomery qui le fit pendant six ans, Robertine, elle, refusait d'emblée qu'on ne reconnaisse pas son travail à sa juste valeur. Il lui fallut du culot, une certaine assurance et sans doute une confiance en sa bonne étoile, pour refuser cette offre, la seule, qui lui ouvrait les portes du journalisme dont elle rêvait tant. Peut-être croyait-elle que d'autres éditeurs accepteraient son offre de service, mais aucun ne lui fit signe.

Leur silence l'anéantissait.

• • •

Robertine était certes atterrée – le mot est peut-être faible – mais elle ne se laissa pas abattre longtemps et songea à écrire un livre. N'ayant pas suffisamment confiance en elle pour s'aventurer, seule, en littérature, elle tenta de convaincre sa sœur Évelyne, qu'ensemble, elles pourraient consacrer leur

---

128. Germaine Bernier, qui mentionne ce fait, ne révèle pas le nom de l'éditeur. « Françoise. Journaliste et femme de lettres » dans *Le Devoir*. Fonds Robertine Barry.

temps à l'écriture, comme les sœurs Brontë dont les livres figuraient en bonne place dans la bibliothèque familiale aux côtés de ses autres auteurs préférés, Victor Hugo, Maupassant, de Musset, Jane Austen, Balzac, Lamartine, Madame de Staël, George Sand, l'écrivain britannique Bulwer Lytton, le poète américain Longfellow et le poète britannique Tennyson, qualifié du plus grand poète de l'ère victorienne.

C'était, là encore, une décision courageuse. Être écrivaine était encore, au XIXᵉ siècle, un geste hardi pour les femmes. On se moquait beaucoup de celles qui avaient des prétentions littéraires. Des bas-bleus, disait-on, des pédantes, des femmes orgueilleuses qui manquent de pudeur et de modestie, des précieuses, des neurasthéniques et des folles, voilà ce qu'elles étaient. Ce n'était pas seulement les hommes incultes qui pensaient cela. On en trouvait aussi parmi les plus cultivés. L'un d'eux, Arthur Buies, écrivit que le bas-bleu, c'est le « hanneton, le vésicatoire, la mouche-à-miel de l'homme de lettres ». Il en avait rencontré une dans un train, raconta-t-il dans l'une de ses chroniques : « Dès qu'elle vit que j'étais écrivain, je fus perdu. Le vernis de lecture et de savantisme jeté sur cette couche raboteuse ! », s'exclama-t-il en parlant d'elle, ajoutant : « Le bas-bleu est la seule femme qui ne se sauve pas de l'homme. […] Le bas-bleu est un être qui ne mange pas, qui ne dort pas, qui méprise toutes les nécessités de notre pauvre nature, et dont les caprices sont formidables par le nombre et la variété. […] Elle était maigre et sèche et disait que le lait fait engraisser, mais elle se gardait bien d'en prendre ; au reste, créature d'une intelligence réelle et qui aurait pu plaire sous certains rapports comme femme, si elle avait voulu consentir à être moins homme[129]. »

---

129. Arthur Buies. *Chroniques II*, pp. 128-129.

Une femme-homme, voilà comment était souvent perçue la femme qui se mêlait d'écrire.

Ce mépris entourant les écrivaines minait bien des volontés, parmi les plus farouches. Le risque était « grand de subir les sarcasmes », car l'écriture était considérée comme un domaine que « ni la nature ni la constitution civique n'avaient attribué aux femmes ». C'était là « l'attitude générale vis-à-vis des femmes auteurs au cours de tout le XIXᵉ siècle : un regard critique, voire réprobateur ». Comme l'a écrit le polémiste, philosophe et sociologue français P.-J. Proudhon, « la femme auteur n'existe pas ; c'est une contradiction. Le rôle des femmes dans les lettres est le même que dans la manufacture ; elle sert là où le génie n'est plus de service[130] ». Plus clairement encore : « Une femme ne doit pas faire de la littérature un métier, elle ne doit pas s'aventurer dans les domaines de l'érudition[131]. »

Lorsque les femmes s'aventuraient en littérature, ce qu'elles écrivaient était souvent d'emblée dévalorisé et ridiculisé. Heinrich Heine, qui vécu au XIXᵉ siècle et dont la pensée reflète l'opinion générale sur les écrivaines, affirma que les femmes qui écrivent ont « un œil rivé sur le papier, l'autre sur un homme » et qu'elles se caractérisent par un certain goût pour le « cancan et la coterie, qu'elles font aussi passer en littérature ». Les hommes, en revanche, ne prenaient la plume que pour l'amour de l'art, affirmait-on avec conviction. « En diffamant les écrivaines et en les accusant de frivolité, Heine défendait la créativité, apanage masculin. De l'avis général, les femmes étaient là pour

---

130. Marie-Claire Hoock-Demarle, « Lire et écrire en Allemagne » dans *Histoire des femmes en Occident. Le XIXᵉ siècle*, p. 194.

131. Pierre-Joseph Proudhon, cité par Laure Adler et Stefan Bollman. *Les femmes qui lisent sont dangereuses*, p.16. Pierre-Joseph Proudhon (1805-1865) est un polémiste, philosophe et sociologue français.

incarner la beauté et non pour faire de l'art. Aussi Heine tenait-il les jolies femmes pour moins dangereuses que celles qui possèdent plus d'avantages intellectuels que physiques[132]. »

Même si elle était née dans un milieu qui lui permettait d'avoir des ambitions littéraires, Robertine n'était pas pour autant convaincue qu'elle pourrait devenir écrivaine. Comme bien des femmes de cette époque, elle avait intériorisé les jugements charriés par la mentalité ambiante à propos des femmes qui, disait-on, n'étaient pas intelligentes et que s'il s'avérait que quelques-unes l'étaient, elles devaient avoir l'intelligence de ne pas le montrer. Ces jugements, parce qu'ils étaient entendus par les femmes dès leur jeune âge, laissaient des traces indélébiles. La plupart des femmes avaient de la difficulté à se libérer de la lourdeur d'un conditionnement qui faisait partie intégrante de leur vie depuis leur plus tendre enfance. Plusieurs d'entre elles étaient fermement convaincues qu'il n'y avait, pour elles, pas d'autre place dans le monde que celles qu'on leur désignait. Elles ne songeaient donc pas à se battre pour qu'il en soit autrement. Ainsi, pendant des siècles, « être femme et écrire fut un combat extrême. Il en résulta que même dans les milieux les plus riches, les femmes qui savaient lire éprouvaient beaucoup de difficultés à croire qu'elles pouvaient écrire et à se persuader qu'elles étaient les auteurs de ce qu'elles avaient rédigé. Tant l'impossibilité même qu'une femme fut auteur productrice d'imaginaire, féconde de mondes non réels était, à proprement parler, intolérable et inenvisageable[133] ».

---

132. Henrich Heine (1797-1856), cité par Laure Adler et Stefan Bollman. *Les femmes qui écrivent sont dangereuses,* p. 48.

133. Laure Adler et Stefan Bollman. *Les femmes qui écrivent vivent dangereusement,* p. 9.

Robertine avait une force de caractère exceptionnelle et elle sut trouver des modèles inspirants qui lui donnaient espoir et courage. Certaines écrivaines qu'elle admirait avaient obtenu le succès après avoir transgressé *l'interdit* d'écrire. Aurore Dudevant, connue sous le pseudonyme de George Sand, avait reçu au début de sa carrière le conseil d'un romancier : « Je serai franc, une femme ne doit pas écrire… Suivez mon conseil : ne faites pas de livres, mettez des enfants au monde[134]. » Sand, heureusement, écouta sa propre voix plutôt que les conseils des misogynes.

Certains personnages de romans influençaient aussi Robertine. Ceux de Jane Austen, entre autres. Certains d'entre eux menaient leur vie, non pas en se soumettant aux conventions, mais en étant fidèles à ce pour quoi ils étaient nés. Robertine avait aussi quelques modèles d'écrivaines courageuses et déterminées. Les premières, les sœurs Brontë, avaient fait preuve d'une persévérance remarquable. Les premiers livres qu'elles avaient publiés et qui avaient été édités sous les pseudonymes de Currer, Ellis et Acton Bell, n'avaient été vendus qu'à deux exemplaires ! Elles s'attelèrent néanmoins de nouveau à la même tâche, écrivant plusieurs heures par jour, sans relâche, pendant plus d'une année, affrontant par la suite les refus de nombreux éditeurs avant d'en trouver un qui, avait-il dit, « prenait le grand risque de les publier ». Ce qu'il ne regretta pas. Loin de là ! *Jane Eyre*, de Charlotte, *Agnès Grey* d'Anne, *Wuthering Heights* d'Emily, devinrent tous les trois des best-sellers. Le préféré de Robertine était *Jane Eyre.*

Certes, au Québec, les modèles étaient rares. Outre la poétesse Anne-Marie Duval Thibault et Adèle Bibaud[135] qui écrivait

---

134. *Ibid.,* p. 27.

135. Adèle Bibaud (1857-1941) collabora au *Journal de Françoise* que Robertine fonda en 1902. Adèle est la petite-fille de l'historien Michel Bibaud et la fille du

des romans historiques, Robertine ne connaissait qu'une autre écrivaine[136], Félicité Angers dont le nom de plume était Laure Conan[137] et dont la première nouvelle, « Un amour vrai », avait été publiée, en 1878, dans un journal. Son roman *Angélique de Montbrun* avait ensuite paru, en feuilleton, dans la *Revue Canadienne de Montréal* en 1881-1882, avant d'être publié en livre.

Robertine avait beaucoup d'admiration pour cette écrivaine. Elle aimait le style de Laure Conan, sobre, impeccable de forme, d'une élégance toute française au service d'une pensée originale et concise. Elle affirma que cette écrivaine savait exprimer ses idées « avec un incomparable bonheur d'expression et un charme pénétrant ». Un mot, ajouta-t-elle avec sincérité, « une tournure de phrase, un simple trait descriptif ont, sous votre plume, le don de remuer le cœur jusque dans ses fibres les plus intimes[138] ».

Des dissertations de Laure Conan étaient conservées dans *Le Papillon littéraire*, organe de la société littéraire des Ursulines à Québec, et celle de Robertine dans *L'Écho du Cloître*, le journal des couventines. Le fait que les religieuses aient conservé ses textes et ceux de cette écrivaine qu'elle vénérait la

---

médecin Jean-Gaspard Bibaud et de Virginie Pelletier. Elle est l'auteure de plusieurs romans, nouvelles, contes de Noël et récits.

136. Notons que « sans être une écrivaine de métier », Éliza Anne Baby, la mère d'Henri-Raymond Casgrain et cousine de Philippe Aubert de Gaspé, publia, à Rivière Ouelle, en 1869, *Mémoires de famille*. Cette œuvre, écrit Claude La Charité, était « destinée à réhabiliter auprès de ses enfants la mémoire de son défunt mari » le patriote, mais « ennemi de la violence », Charles-Eusèbe Casgrain. D'abord édité pour les membres de la famille immédiate, l'ouvrage fut réédité en 1891 et connut une plus large diffusion. Source : Claude La Charité. « Les mémoires de famille (1869) d'Éliza Anne Baby ». *Le Mouton Noir*, mars-avril 2008, p. 9.

137. Nom de plume de Félicité Angers (1845-1924).

138. Des années plus tard, en 1900, Robertine a commenté en ces termes l'œuvre de Laure Conan dans *Les femmes du Canada : leur vie et leurs œuvres*.

---

flattait et présageait de cet avenir qu'elle espérait pour elle mais qui lui semblait encore bien improbable. C'était comme si le Destin lui envoyait un signe : elle aussi pouvait publier un livre.

• • •

Robertine s'était liée d'amitié avec Laure lorsqu'elle avait accompagné ses parents à La Malbaie où habitait l'écrivaine. L'industrie forestière était très florissante dans ce village de quatre mille habitants et John Barry y avait créé beaucoup de liens d'amitié et d'affaires lorsqu'il travaillait sur la Côte-Nord.

Laure Conan avait dix-huit ans de plus que Robertine mais cette différence d'âge n'avait rien changé à la sympathie qu'elles avaient éprouvée l'une pour l'autre à leur première rencontre. Robertine était intimidée, mais elle s'était vite détendue, car les deux femmes parlèrent presqu'aussitôt de leurs passions communes : la littérature et l'Histoire.

Robertine venait de prendre la décision d'écrire un livre avec Évelyne lorsque l'occasion de revoir Laure Conan se présenta. La famille Barry allait passer quelque temps à La Malbaie. Robertine écrivit à Laure afin de lui annoncer sa venue. Depuis quelques années, la rumeur courait que l'écrivaine était devenue très bizarre et Robertine ne savait pas trop à quoi s'attendre. Elle se demandait si Laure avait vraiment changé à ce point depuis leur première rencontre et si elle allait se retrouver face à une femme vraiment étrange. Mais dès qu'elle la revit, elle fut rassurée. Laure était, comme dans son souvenir, une femme d'une simplicité désarmante qui n'avait rien d'effrayant. Robertine comprit sans doute que les gens du village la trouvaient bizarre simplement parce qu'elle était une intellectuelle qui vivait parmi des gens dont l'intérêt pour la littérature était forcément limité puisqu'ils étaient, pour la plupart, analphabètes. Ils ne comprenaient pas que cette célibataire passe son temps dans la solitude. En dehors des membres de sa famille, Laure ne fréquentait pratiquement personne et consacrait sa vie à l'écriture. Robertine la comprenait. Elle estimait que ce travail était incompatible avec les bruits du monde et les activités mondaines.

Mais ce qui est une nécessité pour un écrivain peut être qualifié de sauvagerie par les autres. Lorsque Laure devait sortir, les gens la dévisageaient sans retenue. Afin de se soustraire à ces regards inquisiteurs, elle portait des chapeaux aux larges rebords et relevait le col de son manteau, ce qui était interprété comme un signe supplémentaire de sa bizarrerie ou, dans le meilleur des cas, de son excentricité d'artiste.

La sincère admiration que lui manifesta Robertine eut sans doute l'effet d'un baume pour l'écrivaine. Après la publication de son roman, Laure Conan n'avait pas reçu que des éloges. Ce qui n'avait guère contribué à diminuer la gêne qu'elle éprouvait lorsqu'elle publiait. Non seulement les femmes de son temps ne pouvaient écrire n'importe quoi, mais si elles avaient le courage de s'aventurer en littérature, elles s'en excusaient presque, comme l'a fait Laure Conan dans une lettre qu'elle écrivit à Pierre Chauveau. Elle affirma alors que sa manie d'écrire « était un peu ridicule », mais que ce qui lui donnait « l'extrême courage de s'exposer au ridicule, c'est tout simplement le besoin de gagner sa vie[139] ».

Robertine avait beaucoup d'admiration pour cette femme qui voulait vivre de sa plume malgré toutes les difficultés et les

---

139. Cité par Michel Gaulin. « De l'écriture comme entreprise d'approfondissement du moi » dans *Lettres québécoises,* automne 2008, p. 51.

renoncements que cela impliquait. Robertine et Laure pas-sèrent l'après-midi à discuter dans le jardin magnifiquement fleuri de l'écrivaine où s'étalaient « des massifs de chrysanthè-mes couleur de soufre, d'ambre et de cuivre[140] », tandis que leurs frères respectifs, Edmond Barry et Charles Angers, qui avaient tous les deux étudié en droit à l'Université Laval, se rendirent au presbytère où Charles avait coutume de donner rendez-vous à un autre de ses amis. Ils y rencontrèrent aussi l'abbé Paul Bruchési qui y passait ses étés. Bruchési était le di-recteur spirituel de Laure. Cet homme qui allait avoir avec Robertine des relations parfois houleuses, parfois conviviales, était réputé pour son intelligence et sa finesse. Mais ce n'était pas ce qui frappait d'abord la majorité des femmes qui le rencon-traient. L'abbé était un bel homme et en troublait plus d'une. Lorsqu'il entrait dans un salon, on pouvait observer que des femmes passaient nerveusement la main dans leurs cheveux, alors que d'autres rougissaient, pendant que les plus fantasques s'avançaient vers lui, la main tendue, lui offrant leur plus beau sourire. Le désir qu'il suscitait chez les femmes n'était pas étranger au fait qu'il était prêtre, plusieurs femmes étant atti-rées par les hommes d'Église. Ce n'était sans doute pas seule-ment le caractère illicite d'une éventuelle relation amoureuse qui attirait ces femmes, mais aussi le fait qu'être maîtresse d'un prêtre donnait à certaines d'entre elles le sentiment d'être plus fortes que Dieu lui-même. À leurs yeux, la qualité d'intouchable du prêtre représentait un défi excitant. Certaines croyaient sans doute aussi que les prêtres étaient des hommes bons, com-préhensifs et tendres, qualités qui manquaient cruellement aux conjoints de certaines. Quelques-unes enfin étaient sans doute

---

140. Renée des Ormes. *Robertine Barry, en littérature Françoise*, p. 33.

fières d'être choisies par ces hommes qui étaient « si près de Dieu ». Mais, le plus souvent, c'étaient les prêtres qui faisaient les premiers pas. La rumeur courait que les évêques eux-mêmes conseillaient *aux prêtres que le célibat dérangeait* d'engager des servantes belles et séduisantes. Ce qui n'empêchait pas les bonnes gens d'affirmer haut et fort, lorsqu'une telle relation était découverte, « que la femme avait fait tomber un homme de Dieu ». La femme, comme toujours, est la fautive, la seule responsable, se disait Robertine, révoltée d'un tel jugement.

Mais pour Laure Conan, Bruchési n'était rien d'autre que son conseiller spirituel. Non seulement cet abbé la conseillait spirituellement, mais il l'aida dans sa carrière d'écrivaine en la mettant notamment en contact avec un autre abbé, l'historien et critique littéraire Henri-Raymond Casgrain. L'abbé Casgrain fut le seul homme à la prendre vraiment au sérieux. Chose rarissime à l'époque, il écrivit même que « les femmes doivent tâcher d'avoir leurs succès littéraires, comme les hommes ont eu les leurs, dans notre pays[141] ». Il lui trouva un éditeur et incita plusieurs journalistes à faire une critique élogieuse du livre de Laure.

Il faisait une chaleur torride lors de la visite de Robertine chez Laure. On peut imaginer que la fragrance des fleurs embaumait l'air avec d'autant plus d'intensité qu'aucune brise ne venait chasser la chaleur écrasante de cette journée d'été. L'enceinte formée par les arbres protégeait les deux femmes des oreilles indiscrètes. Toutes les affinités qu'elles se découvraient favorisèrent sans doute les confidences. Une rumeur circulait sur les amours de Laure. On racontait qu'elle avait follement

---

141. Manon Brunet. « Félicité Angers », *Dictionnaire biographique du Canada en ligne*. www.biographi.ca/009004-119.01-f.php ?&id, p. 2.

aimé un homme, l'arpenteur Pierre-Alexis Tremblay, mais que celui-ci avait sans cesse retardé la date de leur mariage parce qu'il avait fait vœu de chasteté et qu'il attendait que le pape l'en délivre. Il avait proposé à Laure un mariage « en blanc », proposition qu'elle avait refusée. Mais d'autres disaient que c'était elle qui avait un rêve virginal et attendait l'homme qui partagerait ce rêve. Ce qui semble plus plausible, car Pierre avait épousé une autre femme. Il était mort quelques années plus tard, en 1879. Certains racontaient que c'était parce que Laure ne s'était jamais remise de cette peine d'amour qu'on la voyait si souvent se promener seule le long du fleuve, les larmes aux yeux. Par contre, d'autres savaient qu'elle avait écrit à sa confidente et conseillère spirituelle, Mère Catherine-Aurélie du Précieux-Sang, qu'elle n'avait aucune inclination pour le mariage. « Ah ! que j'y souffrirais[142] ! », avait-elle confié alors.

Lorsqu'elles se quittèrent, Robertine et Laure promirent de s'écrire. Leur amitié fut indéfectible. Des années plus tard, Robertine organisa une grande fête en son honneur et Laure devint aussi l'une des collaboratrices du *Journal de Françoise* fondé par Robertine.

Edmond et Robertine s'en retournaient, à pied, rejoindre leurs parents qui logeaient à proximité de chez Laure, lorsqu'ils rencontrèrent en chemin une de leurs connaissances qui était dans un état d'ébriété assez avancé. Edmond, qui cherchait toujours à faire plaisir, le complimenta néanmoins sur sa stature :

– Tu ressembles à un chêne.

L'ami, titubant, avait essayé de lui mettre le bras sur l'épaule en guise d'amitié, mais sa main avait frappé le vide et il serait tombé face contre terre si Edmond n'avait eu le temps de le retenir.

---

142. *Ibid.*

– Un chêne ! s'esclaffa Robertine, une fois qu'ils furent éloignés. Il ressemble à un chêne souvent arrosé, oui !

– Tu ne rates jamais une occasion de te moquer, répondit son frère mi-figue, mi-raisin.

– Il me fait penser au mourant qui, durant les dernières années de sa vie, n'avait bu que du vin. Sur son lit de mort, il réclama un verre d'eau à sa femme et dit : "Eh ! bien, avant de mourir, il faut se réconcilier avec ses ennemis[143]".

Edmond sourit à peine. Sans être nécessairement compassé, il n'avait pas l'humour de sa sœur. Réputé pour être un jeune homme sérieux, il avait été choisi pour offrir à l'ex-impératrice Eugénie une magnifique couronne de fleurs lors de son passage à Québec.

La famille Barry resta quelques jours à La Malbaie, une station balnéaire courue. Robertine adorait la Côte-Nord où elle avait passé son enfance et qui, écrivit-elle plus tard, a « ce privilège particulier de ne ressembler en rien au reste de la création. Je ne sais quels épouvantables cataclysmes, quelles effrayantes convulsions ont agité ce coin de terre, mais partout on retrouve les traces du travail terrible qui s'est opéré au temps où les mondes subissaient leur formation. On dirait que le feu et l'eau se sont longtemps disputés cette possession, et s'il est vrai que des volcans grondent parfois dans leurs prisons souterraines, on retrouve encore – à La Malbaie notamment, où j'ai constaté le fait – des coquillages et des restes de végétation sous-marine sur les montagnes très élevées et situées loin de la mer ». Pour jouir du spectacle, « si plein de sauvage splendeur[144] ! », Robertine, téméraire, n'hésitait pas à descendre les

---

143. Ces dialogues sont extraits de Renée des Ormes dans *Robertine Barry, en littérature Françoise*, p. 34.

144. Françoise. « Chronique du Lundi », 17 septembre 1894.

bords très escarpés des chutes, risquant de tomber sur les pointes de rocher, au grand dam de sa mère.

• • •

Les Barry revinrent à Trois-Pistoles à bord de leur bateau[145]. Lors de ses déplacements, John invitait souvent ses connaissances et amis à l'accompagner. Il avait une totale confiance envers son capitaine[146] qui n'allait pas en mer sans avoir d'abord pris mille précautions. Comme la plupart des capitaines, il prenait le temps d'enrouler le cordage en superposant scrupuleusement les cercles de gauche à droite pour conjurer le mauvais sort, surtout s'il y avait une femme rousse à bord. Une médaille était généralement placée dans la coque du bateau lors de la cérémonie de bénédiction. Une fois toutes ces précautions prises, on s'aventurait sur l'eau où chacun, tout en respirant à pleins poumons le revigorant air du fleuve, pouvait s'émerveiller du souffle puissant des baleines, de l'éclat du soleil couchant sur le fleuve, de la beauté majestueuse des montagnes qui, au loin, découpaient l'horizon.

À son retour de La Malbaie, Robertine était indifférente à toute cette beauté qui habituellement la ravissait. Elle enviait Laure Conan qui consacrait tout son temps à l'écriture. Cette écrivaine l'inspirait. Elle savait, bien sûr, qu'écrire est, en soit, loin d'être la tâche facile que la majorité imagine, et que de nombreuses difficultés jalonnent le chemin des écrivains. Surtout au Canada-français de cette époque. Comme elle l'écrivit quelques années plus tard, « il n'y a pas de pays au monde où

---

145. John Barry a aussi possédé des chalands lorsqu'il faisait le commerce du bois.
146. L'un des capitaines ayant travaillé pour John Barry s'appelait Romain Lemieux.

les littérateurs sont plus laissés à leurs propres ressources que le nôtre. […] Tout est encouragé ici, sauf les lettres. Il y a des prix pour tout : pour le meilleur fromage, pour le plus beau saucisson, il n'y a rien pour le bon livre. Toutes les races, chevaline, porcine, etc, reçoivent, chaque année, aux foires et aux expositions, des sommes d'argent qui récompensent leur mérite, mais la race des littérateurs, elle, doit être la quantité négligeable, puisqu'elle est la seule oubliée des libéralités gouvernementales et municipales[147] ».

Les gens d'Église, loin d'encourager les carrières littéraires, faisaient la guerre aux livres. Mgr Bourget avait rédigé une *Annonce à faire au prône* qui fut lue dans toutes les églises, dont celle de Trois-Pistoles, le 29 août 1869. À l'instar de la majorité des prêtres, il mettait en garde ses fidèles, répétant *ad nauseam* que « les bons livres donnent le goût de lire les mauvais ». Cela, on n'avait jamais cessé de le répéter depuis.

Il était impensable de vivre de sa plume au Québec. Un grand nombre de personnes étaient analphabètes et le reste lisait peu. Plus encore, ceux qui lisaient préféraient les auteurs français et se vantaient de ne pas lire les quelques écrivains québécois qui osaient publier.

Les rares écrivains québécois, presque tous des hommes, exerçaient un autre métier afin de gagner leur vie. Ils étaient pour la plupart avocats ou notaires. L'eût-elle voulu, Robertine n'aurait même pas pu espérer exercer une profession de son choix, les portes des universités francophones lui étant fermées. Quant aux rares filles qui allaient étudier aux États-Unis, elles ne pouvaient revenir au Canada afin d'exercer leur profession. Il y avait l'Université McGill qui acceptait les femmes à sa

---

147. Françoise. *Le Journal de Françoise,* 7 mars 1908.

faculté des arts, mais ces études n'ouvraient sur aucune carrière pouvant les rendre indépendantes financièrement. Or, Robertine tenait à cette indépendance. Elle fut d'ailleurs la première femme au Québec à écrire qu'il fallait que les femmes cessent de compter sur leur mari pour gagner leur pain.

Même si elle connaissait toutes les embûches qui se trouvaient sur le chemin des femmes écrivaines, son désir d'écrire était plus fort que tout. Elle se raisonna. « L'écrivain hésitant n'avance à rien », tel était, et fut, tout au long de sa vie, son leitmotiv. Les personnages des romans, la vie de certaines romancières, sa rencontre avec Laure Conan, cet amalgame complexe d'éléments dont il est bien difficile de déchiffrer l'écheveau, lui donnait la confiance nécessaire pour s'aventurer dans ce domaine si peu valorisé pour les femmes et l'aidait à transgresser *l'interdit* d'écrire. Elle avait d'autant plus confiance qu'elle n'était pas seule. Elle se détendit. Évelyne exercerait le même métier qu'elle. Elle ignorait encore qu'Évelyne avait d'autres plans en tête. Celle-ci trouvait dans la prière le même état de grâce que Robertine ressentait en écrivant. Évelyne sentait l'appel de Dieu. Depuis quelques mois, elle Lui demandait de l'éclairer afin qu'elle sache si elle avait véritablement la vocation. En attendant, elle faisait chaque jour l'effort d'écrire au moins quelques lignes, essayant ainsi de ressembler à l'une des sœurs Brontë pour faire plaisir à Robertine. Parce qu'elle l'aimait et ne savait pas lui résister, elle mettait ses pas dans les siens, comme elle le faisait, enfant.

Robertine, elle, était heureuse d'avoir trouvé un sens à sa vie. Elle écrivait chaque jour, le matin, quand tout était tranquille. Qu'elle se sentit inspirée ou pas, elle s'installait à sa table de travail et écrivait jusqu'à ce que les bruits de la maisonnée viennent la distraire.

· · ·

Une animation joyeuse régnait dans la maison des Barry en ce mois de juin 1884. Tantôt en chantant, tantôt en se taquinant, on s'affairait aux derniers préparatifs du mariage de Caroline, la sœur de Robertine.

Dans un froufroutement de jupons, Robertine dévalait les escaliers à toute vitesse, les bras chargés de lampes chinoises qu'on allait bientôt installer dans la cour arrière. Âgée de vingt-huit ans, Caroline allait épouser l'avocat François-Xavier Choquet, de cinq ans son aîné. François était né à Varennes et ses parents étaient, chose rarissime à l'époque, des cultivateurs qui accordaient une grande importance à l'instruction. D'allégeance libérale, François possédait à Montréal son propre cabinet d'avocat. Peut-être a-t-il rencontré Caroline lorsqu'il est venu à L'Isle-Verte pour plaider une cause. En 1853, grâce à l'initiative du notaire Louis-Narcisse Gauvreau, l'époux de la marraine de Robertine, ce village était devenu le siège d'une Cour-de-circuit et on y avait construit un Palais de Justice. L'expression Cour-de-circuit venait du droit anglais où l'on disait *Circuit*. Anciennement, les rois s'arrêtaient dans différents villages afin d'administrer la justice. On parlait alors de Cour-de-circuit.

Caroline était la première enfant de la famille Barry à se marier. Clara-Blanche était encore une jeune adolescente, Évelyne passait plus de temps à prier qu'à rêver d'amour et les trois autres sœurs Barry cherchaient à donner un sens à leur vie en dehors du mariage. Aucune n'avait pour autant envie de devenir celle qu'on appelait alors *la sacrifiée*, une « vieille fille » destinée à s'occuper de ses parents vieillissants jusqu'à leur mort. *La sacrifiée !*, ce mot, chargé de sens, les faisait frémir.

Fautive de ne pas répondre à sa mission de reproductrice, elle se sacrifiait afin d'expier *son péché.*

Quant aux frères de Robertine, ils avaient, semble-t-il, été trop occupés par leurs études et leur travail pour songer à se marier. Robertine tentait du mieux qu'elle pouvait de consoler sa sœur Hilda qui ne pouvait se faire à l'idée qu'elle serait séparée de sa jumelle. Caroline avait beau lui dire qu'elle pouvait venir passer des semaines, voire des mois, chez elle et François, à Montréal, si elle le désirait, Hilda restait inconsolable. Elle avait le sentiment d'avoir été trahie. Elle s'assoyait au piano et le lamento qui emplissait la maison criait sa peine mieux que tous les mots.

• • •

La veille du mariage, une « animation, un bouleversement inusité remplissent la maison. Ici, on retire des longues armoires du linge de maison parfumé de palmettes de cèdre ; là, on dépose dans les caisses entrouvertes des potiches, des menus vases, des statuettes de terre cuite[148] ».

Robertine regardait les cadeaux disposés sur une grande table dans le salon et songeait à son mariage avorté. De ce fiancé, dont on sait peu de choses, elle ne parlait jamais. Il ne restait de lui que des initiales, M.B., et quelques lignes dans son journal intime :

« Il a été question d'un mariage entre M.B. et moi, mais les circonstances présentes me semblent peu favorables à l'accomplissement de ce projet. Je ne suis pas de celles qui considèrent

---

148. Comme elle l'a décrit dans une de ses nouvelles, « Le Patriote », *Fleurs champêtres*, p. 241.

le mariage comme le but vers lequel doivent tendre les plus nobles efforts de toute une vie. Il est inutile de nier l'instabilité de la nature humaine : j'en ai fait l'expérience trop de fois moi-même pour ne pas y croire. Qui a dit que l'amour est toute la vie d'une femme et qu'il n'est qu'un incident dans la vie d'un homme[149] ? Rien de plus vrai. Le vrai but, c'est Dieu ; diverses voies nous conduisent à Lui[150]. »

Robertine avait rendu son anneau à M.B., ce « gage tangible de leur amour mutuel », et ne parla plus de lui. Aux yeux de son entourage, elle ne semblait pas beaucoup affectée par cette rupture. Mais sa mère savait bien qu'elle ne pouvait guère se fier à cette apparente sérénité. Elle-même lui a appris que les jeunes filles doivent cacher leurs peines de cœur afin « de ne pas faire rire d'elles ». C'était une question de convenances. Elle lui a appris aussi qu'il est vulgaire d'afficher sa peine, quelle qu'en soit la cause. Leçon que Robertine avait bien assimilée : « Il est, écrivit-elle, des drames intimes dont on ne soupçonne pas toute l'étendue : des luttes qui se livrent avec le devoir et d'où celui-ci sort victorieux, mais au prix de bien des souffrances. Qui dira les douleurs secrètes, les déchirements intérieurs qui agitent une âme quelquefois, et qui se cachent soigneusement, semblables à ces volcans sous-marins dont l'éruption ne se manifeste pas au dehors. Il est bien difficile d'accuser le cœur, et on ignore souvent toutes les larmes que cache un sourire[151]. »

« Les grandes douleurs sont muettes », répéta-t-elle souvent dans ses écrits.

---

149. C'est madame de Staël, que Robertine lisait, qui a écrit : « L'amour est l'histoire de la vie des femmes ; c'est un épisode dans celle des hommes. »

150. Extrait du journal intime de Robertine cité par Renée des Ormes. *Robertine Barry, en littérature Françoise*, p. 47.

151. Françoise. « Chronique du lundi », 9 mai 1892.

Mais la peine et la déception de cette rupture furent bien réelles et les traces, encore visibles plusieurs années plus tard, comme en témoigne la réponse qu'elle fit alors à l'une de ses lectrices : « Un premier amour déçu, ça fait bien mal et il nous reste dans l'esprit de si vilains doutes sur la constance et l'honnêteté des hommes ; heureusement que ces images se dissipent avec le temps et que le cœur se reprend à aimer – le croirez-vous, Danielle ? – aussi fort peut-être que la première fois[152]. »

Lorsqu'un de ses lecteurs lui demanda de commenter le deuil de la princesse Marie après la mort du duc de Clarence, elle écrivit : « Son fiancé est mort avant que son amour pur et frais ait connu les désenchantements, les désillusions et tant d'autres souffrances qui déchirent l'âme et broient le cœur plus que mille morts. Son fiancé n'est plus mais dans la chapelle que lui a consacré son affection, il vivra toujours jeune et beau, tendre et fidèle, respecté et regretté[153]. »

Le mystérieux M.B., lui, n'était pas mort et leur histoire d'amour connut des désenchantements. Peut-être que leur rupture a été causée par l'instabilité de M.B., son inconstance, son infidélité, son « éternel égoïsme[154] », bref toutes ces caractéristiques dont Robertine affubla assez souvent les hommes. Lorsqu'elle fut invitée à un mariage syrien, où le marié, « tout le temps que dura la cérémonie, garda sa tête inclinée sur la poitrine comme un homme qu'on traîne à la potence », elle aurait voulu demander au père Chamy qui célébrait le mariage si « dans le mariage syrien, l'homme était plus constant », les époux plus fidèles. Elle se demandait aussi si les yeux de gazelle

---

152. Françoise. « Le Coin de Fanchette », 12 février 1898.
153. Françoise. « Chronique du Lundi », 15 février 1892.
154. Françoise. « Au vieux monastère », *Le Journal de Françoise,* 6 mai 1903.

de la mariée pleureront un jour, « comme tant d'autres beaux yeux, sur un bonheur perdu[155] ? »

Il ne serait pas étonnant d'apprendre qu'après leurs fiançailles, M.B. se soit montré hostile à l'idée qu'elle écrive. Peu d'hommes voyaient d'un bon œil que leur épouse soit écrivaine et si, à l'instar de Robertine, elles espéraient vivre de leur plume, c'était encore pire. Cela signifiait, aux yeux de la société, qu'ils étaient incapables d'assurer la subsistance de leur famille. Une femme qui écrit apparaissait d'autant plus dangereuse que les mauvaises critiques que pouvaient attirer ses œuvres rejaillissaient sur l'époux. On racontait aussi que celles que l'on nommait les bas-bleus françaises provoquaient, exprès, des scènes de ménage à leur mari afin de voir leur réaction et pouvoir la décrire ensuite dans un roman. Ils ne furent pas rares, les hommes qui, jadis, exigeaient de leur épouse qu'elle choisisse entre leur art ou eux. Peut-être que M.B. a d'abord laissé croire à Robertine qu'il avait l'esprit ouvert, mais qu'elle a compris ensuite qu'il pensait exactement comme le législateur français Jules Simon qui a écrit : « Une femme qui se met à travailler n'est plus une femme. » Comme l'a souligné le philosophe et célèbre écrivain Joseph de Maistre (1754-1821), que Robertine cita à quelques reprises, « une coquette est plus aisée à marier qu'une savante, car pour épouser une savante, il faut être sans orgueil, ce qui est très rare, au lieu que pour épouser une coquette, il suffit d'être fou, ce qui est très commun[156] ». Non seulement, pour épouser une savante, il fallait être sans orgueil, il fallait surtout être avant-gardiste et sûr de soi, car « la femme savante fait peur, elle est une "singularité", elle

---

155. Françoise. « Chronique du Lundi », 19 novembre 1894.
156. *Le Journal de Françoise,* 19 décembre 1908.

n'est plus femme ou alors, et c'est là plutôt un regard d'homme, elle est ridicule », un épouvantail qui donne à certains « des frissons de fièvre[157] ».

Plusieurs hommes voulaient tout apprendre à leur fiancée, exigeant que leur esprit soit aussi vierge que leur corps. Il est bien possible que Robertine paraissait trop savante aux yeux de son fiancé. Car elle mentionna souvent combien une femme qui écrit, donne son opinion, parle d'autres choses que de colifichets, éloignait les hommes, leur faisait peur[158].

Les femmes mariées étaient des mineures aux yeux de la loi et n'avaient aucun droit. Que serait devenue Robertine si elle était passée de la tutelle légale d'un père à celle d'un mari ? Si elle avait eu des enfants ? Aurait-elle pu naître à elle-même ? Peut-être aurait-elle réussi à écrire, mais elle n'aurait certainement pas trouvé le temps d'accomplir tout ce qu'elle a accompli ni de mener une vie libre, remplie de voyages et de loisirs, comme celle qui a été la sienne.

Mais renonce-t-on facilement à l'amour, aux plaisirs de l'amour ? Robertine les connaissait-elle ? Sa relation avec M.B. semble avoir été bien chaste. Toute avant-gardiste soit-elle sur bien des aspects, Robertine semble s'être soumise, lorsqu'elle était jeune fille, aux nombreuses règles qui régissaient les relations amoureuses. Non seulement elle les fit siennes, mais elle conseillait à ses lectrices de s'y soumettre aussi : « On ne dit pas à un homme qu'il est beau, c'est absurde[159] », écrivit-elle.

---

157. Marie-Claire Hoock-Demarle. « Lire et écrire en Allemagne » dans *Histoire des femmes en Occident*. Tome IV, p. 183.

158. « Les femmes qui parlent d'autres choses que de colifichets, vous vous en éloignez, elles vous font peur », écrit Robertine dans sa « Chronique du Lundi », 30 mars 1896.

159. Françoise. « Le Coin de Fanchette », 12 février 1898.

Au nom de la dignité féminine, elle ne doit pas dire non plus qu'elle l'aime, du moins pas avant d'être certaine de l'épouser : « Parce que les mots qui caressent nous viennent aisément aux lèvres, il faut les taire[160]. » Durant le temps des fiançailles, il fallait que les jeunes filles préservent leur réputation et leur dignité. Dans l'esprit de bien des gens, un seul rapport sexuel en dehors du mariage assimilait une jeune fille à une prostituée. Citant les manuels d'étiquette, Robertine précisa que ce sont les hommes qui devaient faire les « avances et les démarches et non point les jeunes filles » et que c'étaient eux aussi qui devaient « faire les demandes en mariage ». Elle recommanda aussi aux jeunes femmes de ne pas embrasser leur amoureux : « On n'embrasse que son fiancé, et encore il ne faut pas que cela arrive trop souvent[161]. » La chasteté était de rigueur : « Une femme, qu'elle soit riche, belle, puissante, douée de tous les dons de l'esprit, ne possède qu'une seule chose : son honneur et sa bonne réputation qui sont synonymes. Si par ses légèretés, elle compromet l'un ou l'autre, tous les biens de la terre ne sauraient compenser le mal qu'elle s'est fait à elle-même[162]. » Elle conseilla aux mères d'enseigner à leurs filles « la grandeur d'un amour chaste qui se place au-delà de la matière ».

Si Robertine faisait ce qu'elle prônait, il semble bien improbable qu'elle eut des relations sexuelles avec M.B. Pour

---

160. Françoise. « Restitution » dans *Fleurs champêtres*, p. 227.

161. Diane Thibeault. *Premières brèches dans l'idéologie des deux sphères. Joséphine Marchand-Dandurand et Robertine Barry, deux journalistes de la fin du XIXᵉ siècle*, pp. 54-55.

162. Robertine a donné ces conseils, en 1895, dans les revues *Modes et Monde* et dans la *Revue Nationale*. Citée par Diane Thibeault. *Premières brèches dans l'idéologie des deux sphères. Joséphine Marchand-Dandurand et Robertine Barry, deux journalistes de la fin du XIXᵉ siècle*, p. 55.

Robertine, le flirt, qu'elle nomme la « flirtation », est chaste, il « anime la conversation, aiguise l'esprit qu'on tient en éveil, charme les loisirs d'une longue soirée et rend les rapports beaucoup plus agréables entre les deux sexes[163] ». L'amour chaste était, selon elle, la « preuve la plus convaincante de l'immortalité de l'âme, qui s'élève au-dessus de la matière, qui vit sans les baisers et les serrements de main, purifiant et sacré comme les eaux du baptême[164] ».

S'il est réducteur de penser que toutes les femmes de l'époque victorienne étaient frigides ou prudes, il n'est pas faux d'affirmer que plusieurs se mariaient sans rien connaître de la sexualité et que d'autres avaient lu ou entendu des descriptions de la nuit de noces qui étaient peu invitantes. Robertine, qui avait lu tout Balzac, savait certainement qu'il avait fait dire à l'un de ses personnages de roman : « Ne commencez pas votre mariage par un viol. » Ce conseil en dit long sur la brusquerie de certains hommes qui ne se préoccupaient guère du plaisir de leur épouse.

Les livres qui auraient pu informer les femmes sur la sexualité étaient rares ou proscrits par l'Église. Celle-ci a condamné, entre autres, l'ouvrage *Hygiène et physiologie du mariage, histoire naturelle et médicale de l'homme et de la femme mariés,* affirmant que cette « publication infecte avait pour but de faire connaître aux âmes chastes le vice honteux que la pudeur ne permet pas de nommer[165] ».

Comme Robertine l'a écrit dans son journal intime lors de sa rupture avec M.B., « bien des voies mènent à Dieu ». Elle

---

163. Françoise. « Chronique du Lundi », 25 mars 1895.

164. Françoise. « Chronique du Lundi », 11 février 1895.

165. Circulaire au clergé. MÉM, vol. 6. pp. 213-214, cité par Pierre Hébert dans *Censure et littérature au Québec,* p. 190.

estimait que l'écriture était l'une de ces voies. Les très rares bourgeoises qui, à cette époque, sortaient de la sphère privée où on les confinait, affirmaient haut et fort qu'elles voulaient être utiles. Leurs motivations étaient sans doute sincères, mais il faut comprendre qu'elles se justifiaient ainsi de s'aventurer dans le domaine public. Robertine n'était pas différente sur ce point. Elle voulait écrire pour rendre service, être utile, faire le bien, éveiller les consciences.

D'avoir rompu avec M.B. lui évita d'avoir à faire, du moins à court terme, le choix, déchirant pour plusieurs femmes, entre devenir écrivain ou avoir des enfants. *Aut liberi, aut libri*[166] : Ou des enfants ou des livres. Comment écrire parmi une grouillante marmaille ? « Si l'enfant est rare dans la vie des créatrices c'est que, dans bien des cas, sa venue sonne le glas de toutes les ambitions personnelles », écrit Liliane Blanc, citant, plus loin, l'écrivaine Julia Kristeva : « C'est extrêmement épuisant d'arriver à faire marcher sa tête quand on est toute la journée obsédée par des tâches concrètes[167]. » Des hommes, et pas seulement des femmes, ont fait le même constat. Les frères Goncourt, tous deux célibataires, font dire au héros de *Manette Salomon* : « Le travail de l'art, la poursuite de l'invention, l'incubation silencieuse de l'œuvre, la concentration de l'effort lui paraissaient impossibles avec la vie conjugale[168]. »

Robertine avait l'exemple de sa mère et de sa grand-mère qui, toutes deux, avaient mis au monde treize enfants. Comment auraient-elles trouvé le temps et l'énergie de faire autre chose ? Elles avaient été enceintes pendant presque dix ans

---

166. Principe énoncé par Socrate.
167. Liliane Blanc. *Elle sera poète elle aussi*, p. 125.
168. Cité par Jean-Claude Bologne. *Histoire du célibat et des célibataires,* p. 266.

durant lesquelles elles avaient ressenti les malaises physiques liés à la grossesse ! Les accouchements, les relevailles, les deuils répétés, les nuits passées, inquiètes, à bercer des enfants malades. Les jours qui s'écoulent trop vite, remplis d'instants à changer des couches, à nourrir toute une marmaille, à les surveiller, à les laver, à les éduquer. Et avoir mille occasions de se réjouir de leur présence, aussi. Tout n'était pas que corvée. Mais, même avec l'aide d'une gouvernante et d'une servante, Aglaé avait peu de temps pour elle. Robertine voyait bien que cette vie-là n'était pas compatible avec le travail d'écriture qui demande beaucoup de concentration, de disponibilité d'esprit et de longues heures de travail ininterrompu. Bien sûr, il y a eu, et il y a encore, des femmes écrivaines qui élèvent des enfants. Mais si elles n'ont pas sacrifié leur vie de couple et de mère, elles ont souvent abandonné, en cours de route, leurs loisirs, leurs amitiés, leurs voyages, grugeant même sur leurs maigres heures de sommeil afin de consacrer tout leur temps « libre » à l'écriture. Robertine, elle, n'a pas abandonné tout cela sur l'autel de la création. Ce fut le mariage et les enfants qu'elle « sacrifia », si tant est que, pour elle, il s'agissait d'un sacrifice, ce qui est loin d'être certain.

Robertine était consciente aussi de la chance qu'elle avait de ne pas être dans la situation des pauvres qui se mariaient afin d'alléger le fardeau financier de leurs parents qui leur répétaient qu'ainsi ils auraient une bouche de moins à nourrir. Les Barry ne poussèrent pas non plus Robertine à faire un mariage de raison, encore fréquent au XIXe siècle.

Consciente d'être privilégiée, Robertine se remit de plus belle au travail, écrivant sans relâche. Parfois, totalement concentrée, elle se sentait en état de grâce, un état semblable à celui que ressentait Évelyne lorsqu'elle priait Dieu. Mais plus Évelyne s'approchait de Lui, plus le plaisir d'écrire, si tant est qu'il ait véritablement existé, s'éloignait d'elle. Sa décision était prise, elle prendrait le voile.

• • •

Robertine fut atterrée lorsqu'elle apprit qu'Évelyne entrait au couvent. Les *deux inséparables* avaient partagé tant de choses. Les rires, le pensionnat, les joies et les peines d'enfants, le deuil de leur petite sœur. En prenant le voile, Évelyne faisait avorter leur projet d'écriture. Projet qui était bien plus celui de Robertine que celui d'Évelyne. Pour cette dernière, c'était la prière, et non l'écriture, qui allait sauver le monde.

Évelyne entra au couvent le 29 janvier 1890. Ses parents s'étaient sans doute réjouis de sa décision. Certes, des filles ont été déshéritées parce qu'elles prirent le voile malgré la désapprobation de leurs parents[169], mais pour la majorité d'entre eux, c'était une bonne chose d'avoir une religieuse dans la famille. Bien sûr, on estimait qu'un garçon qui se faisait prêtre ouvrait assurément toutes grandes les portes du ciel à toute sa famille. Mais une fille avait quand même un certain pouvoir. En se faisant religieuse, elle pouvait elle aussi, mais dans une moindre mesure croyait-on, « gagner toute sa famille à Dieu ».

Le départ d'Évelyne créa un vide immense dans le cœur de Robertine. Elles s'écrivirent, bien sûr, mais sa présence lui manquait terriblement. Robertine abandonna son projet d'écrire un roman. Comme si, avec le départ d'Évelyne, s'était envolé le courage qu'il lui fallait pour s'aventurer dans cette voie.

---

169. Comme en témoigne une des lettres recensées par Renée Blanchet et Georges Aubin. *Lettres de femmes au XIXe siècle*, p. 118.

Le jour de l'anniversaire de Robertine, un mois après le départ d'Évelyne, elle écrivit dans son journal intime :

« La nuit s'avance. Bientôt cet anniversaire s'en ira rejoindre les précédents dans le gouffre du passé. Fidèle à mon habitude, je vais noter mes souvenirs de l'année. Pour moi, un événement domine tous les autres ; le dernier, le plus grand, le plus triste et le plus cruel : le départ d'Évelyne. Un mois demain, et je ne suis pas encore relevée de ce coup terrible. Mais non, je ne veux pas écrire sur ce sujet qui me brise. Je n'essayerai pas de mesurer la profondeur de ce chagrin qui me cause encore tant de défaillances. Je me préparerais encore une déprimante nuit d'insomnie. Évelyne m'a envoyé ses pensées intimes et c'est à la suite de ces pages que j'inscrirai quelques-unes de mes tristes pensées à moi[170]. »

Robertine se sentait amputée d'une partie d'elle-même. Elle perdit l'appétit et le sommeil, ne sortait plus, n'écrivait plus, ne lisait plus, ne jouait ni du piano ni de la harpe, n'allait plus voir les chevaux à l'écurie, ne faisait plus de promenade en forêt.

Dans les semaines qui suivirent, son état empira. Elle restait couchée une grande partie de ses journées et pleurait sans pouvoir endiguer ce flot de larmes qui n'en finissaient plus de couler. Ce fut sa première dépression, qu'on qualifiait souvent à l'époque de mélancolie ou de neurasthénie.

Comme bien des artistes, Robertine était hypersensible et souvent tendue. Elle ressentait intensément la joie comme la peine. Elle s'efforçait cependant de dissimuler sa tristesse, ayant à cœur de toujours cacher son désarroi afin de ne pas nuire au bonheur des autres. Avant cette première dépression,

---

170. Extrait du journal intime de Robertine Barry cité par Renée des Ormes. *Robertine Barry, en littérature Françoise,* pp. 35-36.

les moments de tristesse étaient passagers parce que Robertine, d'un tempérament taquin et joyeux, aimait profondément la vie et voyait de la beauté là où d'autres n'apercevaient que de la banalité. Mais la dépression peut affecter tout le monde, même ceux qui, comme Robertine, sont doués pour le bonheur. Ce don ne suffit pas toujours – le peut-il même parfois ? – à ériger une forteresse contre les états dépressifs.

Peu de gens autour d'elle pouvaient réellement comprendre l'intensité de sa souffrance. Certes, elle n'était pas dans un état dépressif profond qui lui aurait fait ressentir des douleurs bien plus intenses que la majorité des douleurs physiques, mais sa souffrance était bien réelle et elle en fit allusion dans l'une des nouvelles qu'elle publia des années plus tard et dans laquelle elle tente de mettre des mots sur ce qui demeure en grande partie indicible :

« Je broie du noir depuis trois jours… Comme c'est horrible, cette sensation qui vous serre le cœur, vous suffoque, vous étouffe sans que vous puissiez au juste la définir. On dirait qu'un grand malheur a passé dans la vie, que demain, demain encore, tous les lendemains, on subira, au réveil, cette même impression douloureuse et irraisonnée ; on lutte, on essaie de croire à un mauvais rêve, on ne veut point reconnaître que ce spectre matinal est là, parce que c'est là qu'il a été laissé la veille. Cela me rappelle Lucie Devery, cette jeune amie dont le mari est mort si tragiquement. Quand elle avait enfin pu s'endormir, ce n'était que pour se réveiller toujours trop vite, en murmurant dans son demi-sommeil : "Mais qu'ai-je, Mon Dieu !, qu'ai-je donc que je ne puis dormir !"

« C'est au chevet de son lit que je compris cette étreinte de la douleur s'emparant des facultés encore assoupies et les tourmentant jusque dans leur inconscience. Mais moi, je suis folle.

Je n'ai rien, rien et cependant, je ne puis me débarrasser de cette impression pénible que donne seule une grande souffrance ; j'ai pensé qu'en écrivant, cela me soulagerait peut-être. Et puis, tous ces rêves affreux, dans lesquels cette eau montante me poursuit sans cesse et va toujours m'atteindre… Décidément, je suis nerveuse et très malade. Il faudra me soigner avec trois grains d'ellébore, comme autrefois[171]. »

Outre les graines de ces fleurs qui ne fleurissaient qu'en hiver et dont on croyait qu'elles pouvaient guérir la folie, quels étaient les remèdes disponibles alors ? À en croire les publicités dans les journaux, les « petites pilules rouges » étaient censées être une panacée. L'on croyait aussi que plusieurs maladies dites féminines étaient la conséquence de trop de lectures, et qu'à force de lire, « les femmes souffrent de plus en plus d'hystérie, de déviation de la colonne vertébrale, d'affections pulmonaires et de chlorose ». Bien des médecins d'alors étaient à des lieues de penser comme Montesquieu pour qui « il n'est pas de grand chagrin qu'un livre ne peut consoler ».

Il est un « traitement » jadis utilisé mais dont on entend plus guère parler. Aussi étonnant que cela puisse paraître, « entre une réclame de fil mercerisé et un modèle à reproduire au point de croix, vous tombez sur une publicité de vibromasseur ! » Rachel P. Maines, l'auteure de *The Technology of Orgasm*, explique que le « plaisir féminin était si négligeable qu'il était relégué à la médecine et aux machines ». C'est au début des années 1880 qu'est apparu le premier vibromasseur électrique. À l'époque victorienne, toutes les femmes atteintes de troubles nerveux étaient qualifiées d'hystériques. Or, les

---

171. Françoise. Extrait de « Trois pages de journal » dans *Fleurs champêtres*, pp. 51-52.

médecins soignaient l'hystérie en faisant un massage de la vulve jusqu'à ce que leur patiente atteigne l'orgasme qu'ils nommaient alors le « paroxysme hystérique ». Les médecins, estimant que ce « traitement » grugeait beaucoup de leur temps, furent ravis lorsqu'une machine, le vibromasseur, fut mise sur le marché. À l'Exposition universelle de Paris, où Robertine fut déléguée au tournant du siècle, une douzaine de modèles y étaient exposés. Le vibromasseur fut « le 5ᵉ appareil électrique offert aux ménagères. Il apparaît après la machine à coudre, le ventilateur, la bouilloire et le grille-pain, mais près de 10 ans avant l'aspirateur et le fer à repasser. Décidément, nos grands-mères avaient le sens des priorités ! » Ce n'est qu'à partir de 1920 que l'appareil « disparaît des cabinets médicaux et des catalogues des grands magasins pour tomber dans la clandestinité. Pourquoi ? Peut-être parce qu'on en voit désormais dans les films érotiques, ou parce que la médecine comprend mieux la sexualité féminine[172] ».

Pour des raisons évidentes, on ignore si Robertine utilisa ce traitement si populaire. Si ce fut le cas, il eut été impensable qu'elle écrive à ce sujet.

• • •

Les jours où le moindre effort ne lui semblait pas aussi exigeant que d'atteindre le sommet de l'Himalaya, Robertine tentait de distraire sa sœur Hilda qui était comme une âme en peine depuis le départ de sa jumelle. Parfois, Robertine allait à L'Isle-Verte y voir sa parenté. Après s'être recueillie sur la

---

172. Toutes les citations concernant le vibromasseur sont extraites de l'article « L'histoire secrète du vibromasseur » d'Ariane Krol, *Châtelaine*, novembre 1999, p. 106.

tombe de ses grands-parents – son grand-père étant mort quatre ans après son épouse, Euphrosine – elle s'arrêtait chez sa marraine, Gracieuse Gauvreau, dont la magnifique maison, située juste en face de la Cour-de-circuit, était entourée de beaux arbres centenaires. Les deux femmes s'assoyaient dans la balançoire à l'ombre du gros bouleau et Robertine s'informait des enfants de sa marraine. Gracieuse lui parla des ambitions littéraires de son fils Charles[173] et, connaissant le talent de sa filleule, encouragea Robertine à ne jamais cesser d'écrire.

Robertine alla ensuite se promener sur la plage, mettant ses pas dans ses pas d'enfant, trouvant déjà bien lointain ce temps où elle savait ce qu'elle ferait de sa vie et avait confiance d'obtenir tout ce qu'elle voulait. Au loin, des hommes revenaient des battures de l'îlet Rond où ils allaient ramasser la mousse de mer. Cette herbe marine, appelée aussi herbe à bernaches parce que ces oiseaux en raffolaient, donnait de l'ouvrage à beaucoup de villageois. La mousse servait à rembourrer les sièges et à confectionner des matelas. Une grande quantité était acheminée partout au Canada et même aux États-Unis. Parfois, des hommes impatients n'attendaient pas l'arrivée des grandes marées et mettaient trop tôt leur bateau à l'eau. Ils ne tardaient pas à maudire leur impatience quand leur chaland s'embourbait ensuite dans la vase. On pouvait voir des femmes, qui, venues à la rencontre de leur mari, plissaient les yeux afin de discerner lequel de ces impatients cherchait à regagner le rivage à pieds, marchant dans l'eau jusqu'aux genoux et s'attirant les moqueries des autres hommes.

---

173. Charles Gauvreau fut député, poète et écrivain. Il épousa Gertrude Gauthier, la fille du docteur Gauthier de Montréal. Elle eut comme gouvernante la future épouse de Wilfrid Laurier, Zoé Lafontaine. Robert Michaud. *La Cour de circuit de L'Isle-Verte*, p. 22.

De retour au village, Robertine allait s'agenouiller devant la statue de la Vierge du Carmel qui avait été transportée à L'Isle-Verte en 1854. C'est devant cette statue que son cousin, Félix Rouleau, avait eu la vision qu'il deviendrait prêtre et qu'il était même destiné à occuper de hautes fonctions au sein de l'Église. Ce qui s'avéra, car il devint archevêque et cardinal[174]. À genoux devant la statue, Robertine supplia Dieu de l'aider et de l'éclairer, car elle commençait à douter que sa destinée était de gagner sa vie en écrivant. En pensant à Évelyne, elle se dit qu'elle pourrait être utile aux autres en devenant religieuse. Celles-ci enseignaient, soignaient les malades et s'occupaient des déshérités. Les religieuses lui apparaissaient comme étant les seules femmes qui avaient un certain pouvoir. Elles créaient des institutions, les géraient et les dirigeaient.

Après en avoir parlé à ses parents, elle choisit d'aller réfléchir à l'éventualité de prendre le voile chez les Sœurs de la Charité de Rockingham, à Halifax. Cette communauté avait été fondée par Elisabeth Seton, afin de répondre aux besoins des immigrants irlandais. Les religieuses enseignaient aux filles mais aussi, le soir, à des adultes analphabètes, hommes autant que femmes. Elles avaient ouvert les portes de leur couvent, le Mount Saint Vincent Academy, à des dizaines d'orphelins irlandais dont les parents étaient morts durant la traversée de l'Atlantique après avoir quitté leur pays frappé par la famine. Le père de Robertine étant d'origine irlandaise, les Barry ne pouvaient qu'être favorables au choix de leur fille. Mais ce qui attirait le plus Robertine, c'était le fait que les religieuses donnaient une grande place à la musique dans leur enseignement et aussi

---

174. Le cardinal Raymond-Marie Rouleau né Félix Rouleau (1866-1931) fut archevêque de 1926 à 1931, évêque de Valleyfield en 1923 et cardinal en 1927.

que les enfants rebelles, comme elle l'avait été, y étaient mieux traités qu'en bien des endroits, comme elle l'écrivit des années plus tard :

« La communauté fondée par les sœurs est une institution qui me réconcilie avec le couvent. L'éducation y est supérieure – j'ai bien le regret de le constater – à celle de la plupart de nos maisons d'éducation. Là, pas de longs pensums et de sévères retenues : on ne brise pas le caractère d'une enfant rebelle par une discipline outrée ; on se contente de l'assouplir à force de bonté et de bienveillants encouragements. C'est une méthode salutaire que je voudrais introduite en plus d'un endroit. Et la récréation arrivée, quand je voyais les élèves s'organiser en danses et décrire sur le parquet ciré de la grande salle les pas gracieux d'une valse ou d'une polka sous l'œil souriant d'une surveillante, je pensais en moi-même à la tête que feraient les religieuses canadiennes devant un pareil spectacle. Les élèves de ces dernières en sont-elles meilleures pour tout cela ? Je serais charmée de pouvoir le constater. Le souvenir que l'on en rapporte demeure dans l'âme aussi pur que son ciel, aussi charmant que ses bosquets[175]. »

Robertine croyait avoir pris la bonne décision en allant s'enfermer dans un couvent aux méthodes d'enseignement avant-gardistes. Elle ne savait pas encore qu'elle confondait sa mélancolie avec l'appel de Dieu.

Elle tomba sous le charme de Rockingham. « C'est, écrit-elle, un des coins les plus délicieux de la création. » Elle aima tout de cet endroit : « La mer, la verdure, les arbres, les coquettes habitations sur les collines et les chemins superbes qui côtoient le bassin par moments ou s'enfoncent dans la forêt[176]. »

---

175. Françoise. « Chronique du Lundi », 23 septembre 1895.
176. *Ibid.*

On ignore si, à ce couvent, Robertine s'occupa des orphelins ou enseigna, mais on sait cependant qu'elle n'y resta pas longtemps. Elle n'était pas faite pour vivre dans un couvent, même celui de Rockingham dont les règles étaient moins rigides. Robertine était un être à l'esprit si foncièrement libre que toute forme d'enfermement lui faisait violence. Mais son séjour chez les religieuses lui fit quand même du bien. Le temps, qui guérit bien des blessures, l'omniprésence de la musique, la paix et l'atmosphère joyeuse qui régnait au couvent ainsi que le sentiment d'être utile, l'aidèrent à guérir de sa mélancolie. Son désir d'écrire avait ressurgi, intact, plus fort encore. Lorsqu'elle écrivait, elle oubliait tout. La faim, la soif, le froid, la chaleur. Elle était comme en état de grâce. Robertine vivait quelque chose de similaire à ce que ressentait, sensiblement à la même époque, une écrivaine tchèque, Bozena Nemcova qui, à la suite d'une peine d'amour, avait écrit à un ami : « Alors que je touchais le fond du désespoir, j'ai aperçu une étoile. Cette étoile était la littérature. Elle a éclairé mon chemin et je l'ai suivie. J'ai pris la plume et j'ai été littéralement transportée dans un autre monde[177]. »

Durant la journée, Robertine n'avait qu'une hâte, que la nuit arrive afin qu'elle puisse écrire et retrouver cette joie intense qui l'habitait lorsqu'elle réussissait à décrire parfaitement un personnage ou une situation. Cette joie profonde, rien d'autre que l'écriture ne la lui apportait. Pas même la proximité de Dieu. Il lui avait donné un talent d'écrivaine, elle devait Lui exprimer sa gratitude en écrivant et non en passant ses journées à prier.

---

177. Cité par Laure Adler et Stefan Bollman, *Les femmes qui écrivent sont dangereuses*, p. 67.

Troisième partie

Ses débuts
dans le journalisme

Lorsqu'elle revint à Trois-Pistoles, Robertine profita pleinement des joies de l'hiver, cet hiver qu'elle aimait tant, « avec ses froidures, ses frimas, ses neiges, et son atmosphère pure, exhilarante, débarrassée de miasmes "morbifiques", de microbes de grippes et de fièvre[178] ».

Elle marchait au moins une heure chaque jour dans la campagne et, hormis la joyeuse sonnerie des grelots de cuivre qu'elle entendait au loin, seul le crissement de ses pas sur la neige durcie déchirait le silence. Là, elle se sentait en paix avec elle-même.

Après ses promenades, assise au coin du feu, elle ouvrait un journal, le lisait en entier, y compris la colonne des décès, des mariages et des naissances, non sans avoir d'abord cherché d'éventuelles signatures féminines, craignant qu'une autre ait pris *sa* place. Elle sentait de nouveau avec force que là était sa destinée. Huit années s'étaient écoulées depuis qu'elle avait refusé à un éditeur d'écrire pour lui sans signer ses articles et elle avait été souvent taraudée par l'idée qu'elle avait peut-être eu tort d'agir ainsi. Les autres éditeurs à qui elle s'était adressée n'avaient pas daigné lui répondre. Elle craignait n'avoir guère

---

178. Françoise. « Chronique du Lundi », 11 janvier 1892.

plus de succès maintenant mais, d'une nature persévérante, elle se dit qu'elle se devait au moins de réessayer. Elle songea aux différents moyens à prendre pour devenir une journaliste professionnelle. Elle pensa qu'elle pourrait s'immiscer dans cette chasse-gardée masculine en occupant d'abord le poste de secrétaire – ce que des femmes firent des années plus tard – mais, n'ayant pas l'habitude de se contenter de demi-mesures et étant impatiente de nature, elle rejeta cette idée. Elle voulait entrer par la grande porte. Elle avait vingt-huit ans, s'estimait vieille, et n'avait plus de temps à perdre.

Révoltée à cause des difficultés rencontrées par les filles qui voulaient s'instruire, elle écrivit un article sur l'éducation et l'envoya à *La Patrie*. Ce journal, fondé en 1879 par Honoré Beaugrand[179] en collaboration avec des membres influents du Parti libéral, avait progressivement misé sur la publicité afin

---

179. Honoré Beaugrand est né en 1848 dans le village de Saint-Joseph-de-Lanoraie, au Québec. Il a œuvré dans le domaine du journalisme en Nouvelle-Orléans. Il a ensuite écrit pour des journaux américains à Boston, Fall Rivers, Saint-Louis. En 1873, il a épousé une protestante, Éliza Walker (1854-1934) et est devenu franc-maçon. Ils eurent une fille, Estelle. Il fut maire de Montréal de 1885 à 1887. Il a fondé différents journaux avant *La Patrie* dont il fut propriétaire jusqu'en 1897. Cette année-là, il fonda la loge maçonnique *L'émancipation*, de tendance radicale. Il fut aussi écrivain et a reçu la croix de la Légion d'honneur française. Il est décédé le 7 octobre 1906. « Dans le Québec intellectuel de la fin du XIXᵉ siècle, voici un des personnages les plus forts qu'on puisse rencontrer. Défenseur de la liberté de conscience et d'opinion la plus large, curieux de tout ce qui se dit et se pense à son époque ici comme ailleurs, soucieux de contribuer lui-même à la création intellectuelle et artistique, ouvert à la nouveauté et au modernisme, Beaugrand n'a rien à voir avec l'image compassée que l'on donne trop souvent de l'intellectuel canadien-français de la fin du XIXᵉ siècle, et dont les Tardivel, Chapais ou Basile Routhier seraient les prototypes. Bourgeois et homme d'affaires montréalais plutôt que médecin ou notable de village, nationaliste sans être dévot ni passéiste, ardent francophile, amateur de culture scientifique aussi bien que littéraire, partisan du progrès et féru d'ethnologie, c'est, au sens plein du terme, un Occidental de son temps », écrit François Ricard dans *La chasse-galerie et autres récits*, pp. 9-10.

de cesser d'être à sa remorque. Romancier, journaliste et libre-penseur dans l'âme, Honoré Beaugrand était maintenant maître de penser et d'agir comme il l'entendait, mais il avait perdu la sympathie à la fois du chef du Parti libéral, Wilfrid Laurier[180], et du premier ministre Honoré Mercier[181]. Même si Beaugrand s'affichera toujours d'allégeance libérale, il était déterminé à ce que tous sachent que *La Patrie* n'était pas l'organe du Parti libéral[182]. Les libéraux se trouvèrent d'autres porte-parole et même si Mercier versa 600 $ par jour au directeur de *La Minerve* pendant un mois, Beaugrand ne broncha pas et resta sur ses positions.

Robertine avait beaucoup d'admiration pour cet homme intègre à l'esprit indépendant. Elle savait qu'il n'était pas homme à croire qu'une femme, dans une salle de rédaction, portait malheur et semait la pagaille, pas plus qu'il ne croyait que, jadis, elle amenait la poisse parmi l'équipage d'un navire. Robertine pensa sans doute que seul un homme comme lui pouvait embaucher une femme. Elle n'ignorait certes pas qu'il avait été très impopulaire lorsqu'il avait été maire de la ville de Montréal. Cette impopularité, il la devait, en partie, au fait qu'il avait osé, lors d'une épidémie de variole, imposer la vaccination à une population francophone qui s'y opposait farouchement même si au moins trente personnes mouraient chaque jour de cette infection et que d'autres risquaient de porter à jamais

---

180. Wilfrid Laurier fut élu chef du Parti libéral en 1887. Il avait d'abord refusé, croyant qu'un Canadien-français ne pouvait remplir une telle fonction. Le caucus s'étant obstiné, il se ravise et, en 1896, il devint le premier Canadien-français à accéder au poste de premier ministre du Canada.

181. Honoré Mercier fut premier ministre (libéral) du Québec de 1887 à 1891.

182. Honoré Beaugrand. *La Patrie,* 4 novembre 1895.

de disgracieuses cicatrices[183]. Les journaux anglophones traitaient les francophones d'arriérés et de malpropres que l'on devait tenir responsables de cette maladie. Ceux-ci protestèrent violemment contre la vaccination obligatoire imposée par Beaugrand. Il y eut des émeutes à Montréal. Des manifestants brisèrent les vitres des magasins, la foule mit le feu au Bureau de santé et menaça les maisons des médecins vaccinateurs. Durant cette période tumultueuse, Beaugrand, souffrant d'asthme, avait dû s'aliter. Fiévreux, il se leva néanmoins, sortit de chez lui et fit appel à six cents militaires pour rétablir l'ordre dans les rues. Il imposa du même coup l'isolement des malades. Des policiers accompagnèrent les médecins-vaccinateurs qui se rendaient vacciner à domicile. Malgré leurs divergences d'opinions, Mgr Fabre s'était allié au maire Beaugrand et se fit vacciner deux fois en public afin de démontrer que ce n'était pas dangereux. Mais l'évêque n'étant guère plus populaire que le maire, son effort ne donna pas les résultats escomptés. Beaugrand autorisa des policiers à aller chercher des enfants chez des parents qui s'opposaient à ce qu'ils soient vaccinés. Le frère d'un des jeunes malades tira sur les policiers et ceux-ci, en prenant la maison d'assaut, causèrent accidentellement la mort d'un enfant. Beaugrand fut tenu responsable de cette mort et ne se remit jamais véritablement du sentiment de culpabilité qu'il ressentit alors.

Beaugrand était impopulaire aussi parce que, outre la vaccination, il souscrivait à d'autres causes haïes par la majorité. Il réclamait le droit d'incinérer les défunts, était « pour l'enseignement universel et laïque » et « contre l'intervention des

---

183. Entre 1885 et 1887, l'épidémie de variole fit plus de 3 000 victimes.

prêtres en politique ».[184] Ses actions aussi provoquaient le scandale. Il était un franc-maçon qui ne craignait pas de s'afficher comme tel, s'attirant ainsi la condamnation des hommes d'Église. Il était aussi dénigré par des hommes politiques, dont Thomas Chapais qui le traita de *faquin*[185], c'est-à-dire d'homme méprisable et impertinent.

Bref, même si Honoré Beaugrand était un écrivain de renom estimé par plusieurs de ses pairs et qu'il était, de surcroît, un fier partisan des droits de l'homme qui avait reçu la croix de la légion d'honneur française, travailler pour lui n'attirait pas d'emblée la sympathie de la majorité des Montréalais qui voyaient dans les francs-maçons des suppôts de Satan. Mais Robertine ne cherchait ni la sympathie ni l'approbation, mais un lieu où exprimer ses idées et, ce faisant, jouir d'une certaine influence sociale. Elle estima, à juste titre, qu'Honoré Beaugrand, un homme doté d'une grande ouverture d'esprit et aux idées avant-gardistes, pouvait être celui qui jouerait un rôle déterminant dans sa vie.

Elle aspirait à faire partie de cette race de combattants fougueux dont il faisait partie.

Il l'inspirait.

Il fut l'homme qui changea sa vie.

• • •

C'est un truisme de le souligner : être au bon endroit au bon moment peut faire toute la différence dans une vie. Robertine offrit ses services à Beaugrand au moment où de

---

184. François Ricard. *Honoré Beaugrand. La chasse-galerie et autres récits,* p. 10.
185. *Ibid.,* pp. 9-10.

grands changements s'amorçaient dans le monde du journalisme. Les lecteurs étaient de plus en plus nombreux à décrier la presse d'opinion où les querelles partisanes et toutes sortes de mesquineries remplissaient des colonnes entières : « Le public est fatigué de cette presse muselée, absolue, triste et systématiquement querelleuse, ne recevant son inspiration que de ceux qui ont intérêt à farder les faits, à fausser les événements et à mettre la lumière sous les boisseaux[186]. » On a peine à imaginer aujourd'hui à quel point les abus de langage étaient fréquents jadis. Louis Fréchette, celui-là même qu'on appelait le Victor Hugo canadien et qui avait été couronné par l'Académie française, qualifia un éditeur de journaux de « crétin, d'hypocrite, de cagot, d'escobar, de cafard et de tartufe » et ajouta : « On devrait enlever ça de la société comme un abcès, avec un bistouri. Ou plutôt avec une pelle, comme un fumier[187]. » Il signa cet article d'un pseudonyme, Cyprien, ce qui lui permettait d'insulter sans honte et sans crainte d'être poursuivi.

Les journaux faisaient aussi une large place aux potins : Untel a eu la diarrhée, un autre s'est cassé le bras. Les lecteurs en avaient assez. Ils voulaient des faits. Plus de faits. Des faits intéressants, écrits intelligemment. En 1889, soit deux ans avant qu'il n'engage Robertine, Honoré Beaugrand avait écrit dans un éditorial : « Quant à moi, je suis absolument décidé à faire abandonner à mon journal ce système de polémique qui consiste à frapper en aveugle, à droite et à gauche, dans le tas, sans s'occuper de salir les réputations les plus respectables ou de heurter par ricochet les sentiments les plus intimes de toute

---

186. Cité par Jean de Bonville dans *La presse québécoise de 1884 à 1914,* p. 139.
187. *Ibid.,* p. 218.

une famille, y compris les femmes et les enfants. On me dira que, pendant dix ans de luttes quotidiennes, *La Patrie* a fait comme tout le monde et qu'elle n'a pas toujours été tendre pour ses adversaires. Cela est aussi absolument vrai et je suis moi-même entré dans l'arène en acceptant l'axiome en vogue qui dit : Avec les loups, il faut hurler ! Eh bien, je suis fatigué, dégoûté de hurler et j'ai pris la ferme résolution de laisser aux cochers de fiacre le monopole des gros mots et des querelles d'Allemands. Et je vais voir s'il est possible de faire au Canada un journal politique, sans livrer la vie de ses adversaires aux médisances, aux calomnies, aux curiosités frivoles et viles d'une lutte acrimonieuse[188]. »

Lorsque Robertine offrit ses services à Beaugrand, l'idée d'être le premier directeur d'un journal à engager une femme sur une base régulière lui trottait sans doute dans la tête depuis quelque temps. Il savait qu'une femme insufflerait une nouvelle dimension à la presse. Il n'avait pas l'intention de créer une page féminine. Il était persuadé que ce n'est pas en proposant aux femmes des sujets strictement féminins qu'il s'attirerait des lectrices[189]. Il croyait qu'engager une femme fidéliserait son lectorat, non seulement féminin, mais aussi masculin, parce qu'une femme journaliste donnerait un autre ton et un point de vue différent. Il lui serait aussi plus aisé de convaincre les commerçants d'acheter des publicités qui s'adressaient aux femmes.

La Patrie était l'un des grands journaux de l'époque. Dix-huit journalistes et douze reporters – qu'on appelait aussi nouvellistes ou rapporteurs – y travaillaient, en plus des quatre personnes qui étaient chargées de la correction et de la traduction. Depuis

---

188. Honoré Beaugrand. *La Patrie,* 18 septembre 1889.
189. *La vie littéraire au Québec,* tome IV, sous la direction de Maurice Lemire et Denis Saint-Jacques, p. 275.

sa fondation, des articles étaient signés par des noms prestigieux : Louis Fréchette, qui avait toute l'admiration de Robertine et devint l'un de ses amis, Alphonse Lusignan, Arthur
Buies, Raoul Dandurand, entre autres[190].

Aucune femme ne faisait partie de l'équipe de rédaction
d'aucun journal, même les plus prestigieux. Non seulement
plusieurs se demandaient « comment il pouvait y avoir des
hommes assez intelligents et assez aimés des dieux pour être
admis dans d'aussi grands journaux[191], » mais il fallait être dou-
blement bénie des dieux et des déesses lorsqu'on était une
femme. Bénie et courageuse. À une époque où la « société
exigeait des femmes qu'elles soient utiles uniquement dans les
sphères domestiques et reproductives, ou qu'elles soient pure-
ment décoratives, il fallait en effet « un courage extraordinaire
pour vouloir faire carrière, car ce genre d'ambition féminine
faisait fi des règles établies[192] ». Plusieurs années après les journalistes françaises, Robertine transgressa ces mêmes règles qui
étaient encore en vigueur au Québec, provoquant ainsi une
véritable petite révolution[193].

---

190. Alphonse Lusignan (1843-1892) a étudié le droit et la théologie avant d'être
nommé secrétaire du ministère de la Justice à Ottawa. Il fut l'une des figures de
proue de l'élite intellectuelle de la fin du XIXᵉ siècle. Arthur Buies (1840-1901) a
étudié en Irlande, a vécu ensuite à Paris, entre autres, avant de revenir à Montréal
où il devint membre de l'Institut canadien. Il fonda un journal, rédigea de nombreuses chroniques et travailla pour le curé Antoine Labelle. Raoul Dandurand
(1861-1942) fut avocat, politicien, sénateur. Il a épousé Joséphine Marchand.

191. Olivar Asselin, cité par Hélène Pelletier-Baillargeon dans *Olivar Asselin et
son époque*, p. 102.

192. Nina Rattner Gelbart. « Les femmes journalistes et la presse », dans *Histoire des femmes en Occident*, p. 491.

193. Comme l'a constaté Diane Thibeault : « Les femmes qui réussissent à écrire
malgré les embûches d'un manque d'instruction et des préjugés masculins pro-
voquent de petites révolutions. Robertine Barry sera la première journaliste
féminine professionnelle. » *Premières brèches dans l'idéologie des deux sphères.*

Mais qu'importent les difficultés ! Qu'importe ce qu'on penserait d'elle ! Robertine était heureuse de faire enfin ce pour quoi elle était née. Pour elle, il n'y avait pas de plus beau métier que celui de journaliste. Opinion qui n'était pas partagée par tous, loin s'en faut. Le journalisme était jugé gratifiant par les uns, déshonorant par les autres.

Pour certains, cette profession de peu d'éclat n'attirait généralement pas les gens de l'élite ou, si elle les y attirait, ce n'était qu'une étape pour accéder à un autre poste. En d'autres mots, le journalisme n'était souvent qu'un pis-aller menant à une autre activité plus valorisée par la bourgeoisie. Dans bien des cas, c'était une voie d'accès à la politique. Certains disaient que ceux qui s'y adonnaient n'avaient pas le talent pour faire autre chose, car c'était une terrible galère, un travail de forçat. Arthur Buies a écrit que « cette carrière n'est guère autre chose chez nous que le pis-aller des avortons de l'intelligence et des fruits secs de toute nature[194] ». On racontait aussi que les journalistes se retrouvaient en enfer pour toutes les « mauvaises » choses qu'ils écrivaient et tout le mal qu'ils disaient des autres. En fait, « le journalisme d'autrefois n'était pas comme maintenant une carrière bien étiquetée, à laquelle on se préparait consciencieusement, mais un milieu mêlé et trépidant où, à côté de gens ayant vraiment la vocation d'écrire, échouaient un tas de bohèmes, de désaxés, ou au contraire, des jeunes en route vers les cimes par des sentiers un peu fantaisistes comme ceux de l'école buissonnière, et dont quelques-uns menaient à la taverne,

---

Joséphine Marchand-Dandurand et Robertine Barry, deux journalistes de la fin du XIXᵉ siècle, p. 37.

194. Arthur Buies, cité par Jean de Bonville. *La presse québécoise. De 1884 à 1914*, p. 161.

à la vie de bohème[195] ». Comme l'a souligné le journaliste Jules Fournier, dans un article qu'il signa du pseudonyme Picolo, les reporters étaient souvent d'une ignorance pitoyable[196].

Mais pour d'autres, dont Robertine faisait partie, c'était le plus beau, le plus gratifiant et le plus noble des métiers. Plus qu'un métier, c'était une « magnifique et véritable profession[197] ». Elle partageait l'opinion des hommes politiques français qui plaçaient cette profession au-dessus de celui d'homme d'État et qui disaient qu'il n'y avait pas de grands écrivains qui n'aient été d'abord journalistes ou chroniqueurs. Pour Robertine, « le but de la presse est surtout celui d'instruire et de mettre au courant des questions sociales et des graves événements du jour[198] ». Elle n'appréciait pas, et elle le dénoncera tout au long de sa carrière, les journalistes qui prenaient plaisir à dénaturer les faits ou à se complaire « dans des racontars malsains (suicides, pendaisons, meurtres) ou dans les inutilités (chien écrasé, cheval abattu)[199] ». Au lieu de parler de cette fille de joie qui a été arrêtée, ou de cet homme qui a été retrouvé ivre, au coin d'une borne, au lieu de les rendre méprisables aux yeux de la société, pourquoi, écrit-elle, ne pas remplacer cela par des « informations plus utiles, des conseils sur l'hygiène, quelques principes d'économie sociale, des indications sur les progrès de la science et des découvertes modernes[200] ».

---

195. Ernest Schenck, cité par Jean de Bonville dans *La presse québécoise. De 1884 à 1914*, p. 190.

196. Cité par Jean de Bonville dans *La presse québécoise. De 1884 à 1914*, p. 190.

197. Françoise. « Chronique du Lundi », 13 juillet 1896.

198. Cité par Diane Thibeault. *Premières brèches dans l'idéologie des deux sphères. Joséphine Marchand-Dandurand et Robertine Barry, deux journalistes de la fin du XIXᵉ siècle*, p. 31.

199. *Ibid.*

200. Françoise. « Chronique du Lundi », 26 février 1894.

···

Ce que Robertine voulait aussi, c'était mettre sa plume au service de la cause des femmes, ce qu'elle fit durant toute sa carrière. En France, c'était le rêve de beaucoup de féministes de devenir journalistes. « La presse des femmes est à la source même, l'origine du féminisme[201]. » Féministe, le mot était nouveau. Au Québec, seuls quelques rares intellectuels le prononçaient. La plupart parlait plutôt de la « femme nouvelle ». C'était une militante française, Hubertine Auclert qui, la première semble-t-il, utilisa le mot féminisme pour parler, en France, du droit des femmes. Il sonnait encore étrangement, car il avait d'abord désigné une maladie. On disait d'un homme qu'il souffrait de féminisme lorsqu'il était porteur de caractéristiques physiologiques féminines. Pour Robertine, il n'y avait pas de plus beau mot. Le journalisme lui permettrait de travailler à l'amélioration des conditions de vie des femmes à une époque où le féminisme n'était pas encore, au Québec, représenté par personne ni aucune association[202].

Lorsque, le jeudi 30 avril 1891, un petit vendeur de journaux s'époumonait en criant : « *La Patrie, La Patrie.* Achetez *La Patrie*, le journal indépendant interdit aux imbéciles. Il ne coûte qu'un sou ! », seul un œil averti pouvait discerner dans cette scène coutumière quelque chose d'inhabituel : la chronique, signée par une femme, était publiée en première page sous le pseudonyme que Robertine s'était choisi : *Françoise.* Les futurs lecteurs ignoraient encore que, pour celle qui se dissimule derrière ce prénom, sa plume sera non seulement son

---

201. Laure Adler. *À l'aube du féminisme. Les premières journalistes*, p. 11.

202. La première organisation féministe, le National Council of Women of Canada, fut fondée en 1893.

gagne-pain, mais aussi son arme. Il ne tarderait pas à l'apprendre, car cette arme, Robertine ne perd pas de temps avant de l'utiliser. D'emblée, dès son premier article, d'une plume pleine d'assurance, elle parle avec autorité d'éducation des filles, révélant ainsi publiquement son esprit frondeur et les idées féministes qu'elle voulait défendre. Plus encore, elle ose parler de laïciser l'éducation, ce qui risquait d'être interprété comme un rejet du religieux[203] puisqu'on disait que ceux qui revendiquaient cette laïcisation « voulaient sortir le Christ lui-même des écoles ». Robertine était donc inévitablement perçue dans l'esprit de plusieurs comme étant anticléricale.

Robertine ressentait une fierté indescriptible de voir son premier article publié en première page du journal. Honoré Beaugrand avait rédigé un court texte de présentation : « La question de l'éducation des jeunes filles est à l'ordre du jour. Chacun veut prendre part aux débats ; surtout les célibataires, que nous jugerions peu compétents en pareilles matières. Il serait temps que les femmes eussent, à leur tour, leur mot à dire sur un sujet qui les intéresse si vivement. Une d'elles qui a pris le pseudonyme de Françoise nous a envoyé l'écrit suivant, qu'on ne lira pas sans plaisir, car elle a su revêtir une bonne dose de bon sens d'un brillant vernis de causticité[204]. »

Qu'un homme comme lui écrive cela, non seulement flattait Robertine, mais était presque essentiel pour elle. C'est au début d'une carrière qu'une auteure, qu'elle soit journaliste ou qu'elle soit écrivaine, a le plus besoin d'encouragements et de reconnaissance. Or, la plupart du temps, les gratifications n'arrivent que bien plus tard, lorsqu'un concert de louanges s'élève

---

203. Françoise Mayeur. « L'éducation des filles. Le modèle laïque » dans *Histoire des femmes en Occident*. Tome IV, p. 284.

204. Honoré Beaugrand. *La Patrie,* 30 avril 1891.

autour de celle qui, des années plus tôt, n'était encore qu'une débutante dont personne ne parlait.

Premier article écrit par Robertine Barry,
publié dans *La Patrie*, le 30 avril 1891

Depuis quelque temps, on commence à soulever la grande question de l'éducation des jeunes filles. C'est la discussion à la mode : d'abord, on a risqué quelques idées sur le sujet, puis, en s'enhardissant, on en a rempli des colonnes de journaux, et finalement il s'est trouvé que chacun avait son mot à dire là-dessus, – les hommes, j'entends, car, celles qui y sont le plus intéressées, les femmes, les mères, on s'inquiète si peu de leurs opinions, de leurs idées que ce n'est pas la peine de les leur demander.

Au moment actuel le vent est au système d'éducation dans les couvents. Vous croyez qu'on blâme ? Non, vraiment. Qu'on admire, alors ? Pas davantage. Mais il y a gros de réticences dans les écrits de ces messieurs. Comme on sent qu'il a fallu d'efforts pour brider cette plume qui menaçait de s'emporter trop souvent ! Ose-t-on indiquer même par simple insinuation une défectuosité à corriger, une réforme à opérer, vite, on crée « d'heureuses, de nobles exceptions », pour adoucir les susceptibilités ombrageuses et tout le monde aimant à se ranger du meilleur côté, il s'en suit que la leçon ne profite à personne.

Voyons, vous trouvez le système que l'on suit généralement dans les maisons d'éducation, défectueux ?

Mais dites-le donc. À quoi bon parler de nos écoles et d'écoles primaires ? En France, où tout se laïcise, c'est le mot et c'est la chose, ici, on appelle cela couvents, académies, pensionnats. Chacun brûle d'aborder la question franchement, de nommer les choses par leur nom, mais il y a tant d'intérêts à ménager qu'on n'ose trop se prononcer. Avouons que le premier qui jettera ses gants blancs et parlera comme il pense, celui-là, s'il appartient à un camp politique, – et il y a cent chances à parier contre une que ce sera au camp libéral – celui-là, dis-je, sera traîné aux gémonies par la partie adverse, prête déjà à faire de la question une cause nationale.

Eh bien, oui, il faut une réforme, mais de quel côté l'entend-on ? Ce qu'il y a d'admirable, par exemple, c'est l'unanimité de ces messieurs à refuser aux jeunes filles une instruction supérieure et qui pourrait en faire les égales de leurs seigneurs et maîtres. Là-dessus, il n'y a qu'un cri. On aurait pu croire que ce qu'on reproche aux maisons d'éducation est de ne pas donner une instruction assez forte, assez profonde.

Mais non. Une fille en sait toujours assez, quand elle peut confectionner des petits plats qui flattent le palais de ces messieurs, les entourer de petits soins et, – l'amour tient si souvent, hélas !, à un fil – coudre les boutons qui manquent.

Monsieur le chroniqueur du *Monde* dit que « c'est l'erreur et la fatuité de notre temps de croire que l'instruction forcée crée des femmes supérieures », et demande, sans doute, avec le poète latin, un petit foyer, un toit simple, l'herbe de la prairie et une femme qui ne soit pas savante.

Cette herbe de la prairie me rappelle le proverbe vulgaire : bête à manger du foin. On cite encore Fénélon, recommandant la simplicité dans l'éducation des jeunes filles, mais l'illustre archevêque de Combrai conseille cependant l'étude du latin comme complément de l'éducation. (V. Fénélon. Ed. des filles, c.12).

L'éducation, qui rend les jeunes filles de nos jours insupportables ou trop dédaigneuses des devoirs de la vie, n'est pas la vraie, la bonne éducation. « Le peu que les femmes savent, dit madame de Maintenon dans ses *Entretiens*, les rend communément fières, causeuses, dégoûtées des choses solides ». Donc, elles ne savent pas assez, puisqu'il faut mettre ces défauts sur le compte de l'ignorance, plutôt que sur une trop grande science. Peu de savoir égare, beaucoup ramène.

Je ne vois pas que le bonheur des maris soit mis en danger pour tout cela, puisque « le nombre de femmes ignorantes et sottes qui ont perdu le cœur et peut-être la vertu de leurs maris en les ennuyant, est peut-être assez considérable… », écrit un des nos éminents contemporains.

Que l'instruction soit moins superficielle, plus sérieuse, – quand comprendra-t-on la valeur de cet adjectif ? – plus complète en un mot et nous aurons cette idéale éducation qui unit le travail intellectuel au travail manuel, et les fait employer à propos, chacun dans leur temps, sans que ni l'un ni l'autre se nuisent ou en souffrent.

Avec le programme que donne *L'Électeur* des travaux ménagers à enseigner dans les écoles, il reste peu de temps à l'orthographe. Je crains fort que dans ce système, nos petits enfants ne nous *embrâsent* en terminant leurs lettres. Enseignons quelques travaux ménagers dans nos écoles, mais n'oublions pas la part de la famille. Il ne faut pas décharger les mères si complètement de leurs obligations. L'éducation familiale, voilà la première et la plus importante de toutes, la base fondamentale sur laquelle doit reposer la régénération de la société[205].

• • •

Dès la première fois qu'il l'avait lue, Honoré Beaugrand avait aimé le style de Robertine dont les propos étaient à la fois clairs, incisifs, tranchants comme une épée. Il avait été séduit par son argumentaire. Même s'il avait renoncé à la rhétorique belliqueuse et qu'il donnait moins d'espace dans son journal à la polémique, il ne l'avait pas totalement fait disparaître pour autant. Il estimait que l'invective et l'ironie mettent du piquant et font réfléchir lorsque les arguments sont intelligents. Il partageait entièrement les vues de Robertine sur l'éducation des femmes, d'autant plus que la question de l'éducation était l'une des préoccupations centrales des francs-maçons dont il faisait partie. Il publia les quatre articles qu'elle écrivit sur le sujet, car

---

205. Françoise. *La Patrie,* 30 avril 1891.

Robertine en avait long à dire et ne pouvait le faire dans deux ou trois feuillets. Elle débuta le quatrième article sur le ton humoristique qui caractérise plusieurs de ses écrits : « Je pense que l'on va me croire toquée sur le sujet, mais, n'importe, j'en aurai dit une bonne fois ce que j'en pense et allégé ma conscience d'un bon fardeau[206]. »

Beaugrand avait beaucoup d'admiration pour le courage dont faisait preuve Robertine en abordant d'emblée un sujet aussi controversé. Il ne fut pas avare de compliments. Durant tout le temps qu'elle travailla pour lui, il en fut prodigue, la motivant ainsi à toujours faire mieux. « Je l'ai vu, écrivit-elle des années plus tard, souvent s'attendrir à la lecture d'un beau morceau. Un mot, une idée, provoquaient, chez lui, un bel enthousiasme[207]. » En agissant ainsi, il la poussait à donner toujours le meilleur d'elle-même.

Beaugrand savait combien il fallait d'audace pour parler de laïciser l'éducation, bravant ainsi, ce qui équivalait à s'opposer, non seulement la majorité de la population, mais surtout le pouvoir religieux qui contrôlait toutes les institutions d'enseignement. Robertine s'exposait donc à l'hostilité du clergé qui voulait en garder le contrôle. Un journal, *L'Électeur*, avait « fait les frais d'une des condamnations les plus célèbres[208] » venant des membres du clergé simplement parce qu'il minait l'autorité ecclésiastique. Robertine ne l'ignorait certainement pas. Qu'importe ! Elle n'avait pas peur.

Robertine bravait donc le clergé, mais aussi les ultramontains, plus catholiques que le pape, et les antiféministes qui

---

206. Le dernier de cette série de quatre articles portant sur l'éducation rédigée par Robertine a été publié le 16 juin 1891.

207. Françoise. « Honoré Beaugrand ». *Le Journal de Françoise,* 7 octobre 1906.

208. Jean de Bonville. *La presse québécoise. De 1884 à 1914,* p. 179.

constituaient la grande majorité de la population. Ainsi, pour mesurer à sa juste valeur son courage, il faut braquer le projecteur sur l'ardent catholicisme de l'époque et sur le très virulent antiféminisme. Un autre leitmotiv de Robertine, « Pas d'émancipation des femmes sans instruction », soulevait certes l'ire de l'élite cléricale, mais ne faisait pas l'unanimité dans la population, même chez les femmes. Robertine savait que le simple fait d'écrire *émancipation de la femme* pouvait lui aliéner bien des esprits. C'est une phrase, écrit-elle, que « quelques esprits ne tolèrent pas parce qu'elle signifie pour eux tout un monde d'idées subversives. À peu près ce que les mots anarchistes et dynamite suggèrent à un gouvernement[209] ».

Du point de vue de la majorité, l'éducation des femmes n'était ni souhaitable ni nécessaire, non seulement parce qu'elles étaient, « par nature », destinées à se marier et à élever des enfants, mais aussi parce que l'instruction nuisait à l'équilibre mental et physique des femmes et que les femmes instruites étaient dangereuses pour la famille et la société. Ainsi, Robertine attaquait-elle de plein fouet l'idéal de la bonne épouse et de la bonne mère, remettant du même coup en question la soumission des femmes : « Je ne suis pas de celles qui considèrent le mariage comme le principe et le but vers lequel doivent tendre les plus nobles efforts de toute une vie. On doit apprendre l'orthographe pour sa propre dignité d'abord[210] », écrivit-elle. Elle précise qu'une grossière orthographe ne rend pas justice aux plus beaux sentiments et « qu'il ne déplait pas à la plupart des hommes de dominer la femme sous un rapport quelconque… Il la remercie en secret de lui avoir fourni, par ses propres fautes

---

209. Françoise. « Chronique du Lundi », 29 juillet 1895.
210. Françoise. « Chronique du Lundi », 21 mai 1891.

de français, un piédestal sur lequel il pourra se poser en statue aux pieds de sa propre moitié. Comment aimez-vous l'idée ? Au moins n'allez pas trouver qu'il y a de l'égoïsme là-dedans. Qu'il est vraiment noble et grand l'homme qui s'élève ainsi grâce à l'ignorance de son entourage ! Comme il faut avoir de richesses intellectuelles et morales pour être réduit à ne briller que par l'usage bien employé d'une ou deux négations[211] ! » Après avoir précisé que son but n'était pas de faire la guerre à celles qui font des fautes de français, car elle n'en avait ni « la prétention, ni les talents », elle ajouta qu'elle se sentait le droit « d'élever la voix » afin qu'aucune jeune fille ne manque d'instruction[212]. Elle prônait l'indépendance des femmes et le faisait avec autorité : « On se suffit. C'est assez ! »

Robertine parlait non seulement de la nécessité d'étudier mais aussi du plaisir d'apprendre, notion peu populaire alors, plusieurs se vantant plutôt de ne jamais ouvrir un livre.

On constate que dès ses premiers articles, le ton de Robertine n'est ni mièvre ni quémandeur. Au contraire. Il est à la fois autoritaire et humoristique. Elle termine l'un de ses articles, par un « J'ai dit » tranchant, et écrit, avec une pointe d'humour : « Comment l'amour peut-il résister à une phrase comme celle-ci : "Nous sommes tous *maladent* de la grippe". C'est démoralisant. Il faut s'asseoir pour lire de pareilles énormités, debout ça foudroie. Ce ne sont pas là des contes pour amuser. J'ai sous les yeux quelques-unes de ces autographes où le participe fait une guerre acharnée à son bienfaiteur le régime direct. En revanche, les points d'exclamation se dressent aussi

---

211. *Ibid.*
212. Cet article a été publié le 21 mai 1891.

serrés, aussi nombreux que les navires qui remplissent le port de Montréal à la belle saison[213]. »

Existe-t-il, de par le monde, des esprits avant-gardistes qui n'ont pas souffert de l'incompréhension, voire du mépris de leurs contemporains ? S'il en est, ils furent rarissimes et Robertine n'en fait pas partie. Sa vie professionnelle et sociale est jalonnée d'embûches.

Les réactions des lecteurs de *La Patrie* aux articles de Robertine ne se firent pas attendre. Honoré Beaugrand reçut des lettres de protestation et les remit à Robertine. « Il paraît que j'ai gratté où ça démange. Tant mieux[214] ! », écrivit-elle au début du second article. Ces lettres ne semblent pas, hélas !, avoir été conservées. Il est d'autant plus difficile d'en deviner la teneur que Robertine n'est pas de celles qui passent beaucoup de temps à y penser et, encore moins, à en parler. Au contraire ! Même si tout allait mal, elle donnait très souvent l'impression que tout allait bien, qu'elle n'était l'objet d'aucune contestation et que rien ne l'atteignait vraiment. Elle a toujours été très discrète sur les réactions hostiles qu'a suscitées sa carrière de journaliste. Elle portait un masque en public, ce « masque habituel, écrit-elle, dont il faut se servir dans les rapports avec le public[215] ». « On joue partout, précise-t-elle, c'est la vie, et il ne faut pas trop se plaindre de cette dissimulation, car si les tempêtes intérieures ou la méchanceté humaine se laissaient trop clairement voir, on ne voudrait plus marcher dans le monde qu'avec le pistolet au poing[216]. »

---

213. Françoise. « Chronique du Lundi », 13 mai 1891.
214. *Ibid.*, 21 mai 1891.
215. *Ibid.*, 9 mai 1892.
216. *Ibid.*, 25 février 1895.

Ainsi, la réalité n'était pas aussi rose que Robertine voulait souvent le laisser paraître. Par exemple, elle écrivit que si « on a souvent reproché à *La Patrie* ses tendances par trop libérales dans le sens religieux du mot, jamais elle n'encourut la censure ecclésiastique. Seule, elle ne fut pas publiquement condamnée quand, dans la tourmente politique qui souffla sur notre province, il y a quelques années, *L'Électeur,* et autres journaux de son parti, furent mis au ban de l'Église[217] ». Or, il s'en est fallu de peu pour que Mgr Laflèche interdise en chaire la lecture de *La Patrie.* Il semble qu'il n'y ait renoncé qu'après avoir sollicité « l'avis juridique de T.C Casgrain pour savoir s'il s'exposait à des poursuites judiciaires[218] ». Il est vrai cependant que les journalistes de *La Patrie,* en usant de *subtilité,* réussirent à éviter le pire : « Les journaux libéraux soumis à la censure du clergé ou sous le coup de condamnations épiscopales ne désarment pas aisément. À l'instar d'Honoré Beaugrand, ils utilisent l'ironie pour mieux miner l'autorité ecclésiastique[219]. »

Renée des Ormes n'est guère plus loquace que Robertine sur la teneur des polémiques que suscitèrent les articles de la journaliste. Dans ses notes de travail, elle écrit : « Je n'ai guère parlé des polémiques retentissantes ou brûlantes, parce que, en pareil cas, il y a de bons samaritains dissimulés en arrière de la chroniqueuse[220]. » Nous ignorons de quelles polémiques elle parle et nous ne savons pas non plus de quels bons samaritains il est question. Il est possible qu'elle pensait à Wilfrid Laurier,

217. Françoise. « Honoré Beaugrand ». *Le Journal de Françoise,* 7 octobre 1906.

218. Jean de Bonville. *La presse québécoise. De 1884 à 1914,* p. 179.

219. *Ibid.*

220. Renée des Ormes. « Notes de travail ». Centre d'archives du Saguenay-Lac-Saint-Jean, dossier 1328, pièces 1 et 4.

alors chef du Parti libéral, avec qui Robertine et toute la famille Barry avaient des liens d'amitié.

Il y a fort à parier que certaines lettres envoyées à *La Patrie* après la publication des articles de Robertine, étaient signées par des hommes d'Église. Ceux-ci faisaient une lecture très pointilleuse des journaux. L'évêque interdisait même à des éditeurs de discuter des questions religieuses telles que l'administration ecclésiastique ou la moralité du clergé. Il ne se passait pas un mois sans qu'un éditeur reçoive une lettre parce que l'évêque jugeait que tel ou tel reportage contenait trop de « détails navrants » sur les affaires criminelles ou que les illustrations étaient offensantes pour la morale. Bref, c'était l'époque où « prendre ses distances vis-à-vis du discours clérico-nationaliste pouvait entraîner de sévères remises à l'ordre[221] ». Or, en préconisant la laïcisation de l'éducation, Robertine marquait on ne peut plus ouvertement ses distances.

Bien des gens prenaient un air scandalisé quand on leur parlait de l'éducation des filles. Une des amies de Robertine qui s'était un jour présentée au Cercle Catholique et avait demandé qu'on la conduise à la salle particulière réservée aux femmes qui veulent étudier, s'était fait répondre, d'un ton sévère et condescendant :

– Aux femmes qui veulent étudier !

Jamais l'amie de Robertine n'oublia « l'ahurissement et la stupéfaction du gardien de la salle[222] ».

Dans ce contexte, on imagine mal comment la série de quatre articles, ayant pour thème l'instruction des filles que Robertine écrivit, aurait pu ne susciter aucune réaction.

---

221. Benny Vigneault. *Idéologie, « plurigénéricité » et figure du destinataire dans Fleurs champêtres de Françoise (Robertine Barry)*, p. 5.

222. Françoise. « Chronique du Lundi », 10 avril 1893.

Afin de calmer les esprits, Beaugrand demanda à Robertine de publier quelques historiettes. Robertine fit mine de se soumettre et lui remit des contes en apparence inoffensifs. En apparence seulement, car le thème de la condition féminine y est omniprésent. Il est développé si subtilement que les contemporains de Robertine n'y virent que du feu. Il fallut attendre longtemps avant qu'on comprenne enfin « avec quelle violence cette problématique s'impose dès la première nouvelle[223] ». Dans celle, par exemple, intitulée « La Gothe », Robertine critique l'institution du mariage en mettant en scène une femme qui avait été violentée par son mari et qui, malgré cela, se remariait après la mort de celui-ci. C'est la mère de la femme battue, la mère Madeloche, qui raconte à deux visiteuses combien sa fille a été malheureuse lors de son premier mariage :

« Le père Duque, son défunt, avait déjà fait mourir deux femmes de cruautés et de misères ; on y a dit ça ben des fois, mais alle voulait écouter personne et elle l'a marié malgré Dieu et ses saints. »

Robertine met dans la bouche de la femme battue les mots suivants :

« Qu'il y en a des hommes mauvais ! C'est moi qui connais ça ! C'est moi qui connais ça ! Ben souvent que le mien m'a fait des bleus sur les bras et sur tout mon corps. I'm massacrait de coups ; ben souvent qu'y m'a cogné la tête en amont le mur et qu'y m'a renfermée dans son grand coffre sans me donner à manger. Sainte bénite ! Comme on peut faire pâtir une pauvre femme sans la faire mourir ! J'peux ben l'dire à c'te heure que c'est faite…

---

223. Neil Bishop, cité par Benny Vigneault. *Idéologie, « plurigénéricité » et figure du destinataire dans* Fleurs champêtres *de Françoise (Robertine Barry)*, p. 5.

« Avec ça qu'y était jaloux comme un pigeon, repartit la grand-mère.

« Comme j'l'haguissais ! Comme j'l'haguissais !, reprenait la Gothe, tandis qu'une lueur fauve s'allumait dans ses grands yeux pâles.

« Les années, la mort même, n'avaient rien fait oublier, tant l'épreuve avait été cruelle, et les épaules saignaient encore sous le joug de ce dur esclavage[224]. »

En écrivant cette nouvelle, Robertine se démarquait nettement de la majorité des écrivaines qui ne parlaient souvent que des joies du mariage et des maternités nombreuses. Malgré la gravité du sujet et le pathétique de la situation, elle termina sur une note humoristique qui n'enlève cependant rien au message principal de sa nouvelle. Après que les visiteuses eurent demandé si la femme battue était auprès de l'homme violent lorsqu'il est mort, la Gothe répondit :

« Non, je lavais au battoite à la petite rivière… ça m'a fouté une tape, allez ! quand on vint m'dire que l'défunt était trépassé… Mé, j'peux ben dire, ajouta-t-elle, retrouvant tout à coup son gros rire niais, que ç'a été la dernière qu'i m'a donnée[225] !… »

• • •

De nos jours, il n'est pas difficile de trouver, de ci de là, de courts articles dans lesquels les auteurs font l'éloge des qualités de journaliste et d'écrivaine de Robertine Barry : « Sa plume est drôle, imagée et acérée, un peu comme celle de

---

224. Françoise. « Le mari de la Gothe ». *La Patrie,* 20 juillet 1891.

225. « Le mari de la Gothe » a aussi été publié dans *Fleurs champêtres,* pp. 35 à 43.

Pierre Foglia d'une autre époque[226]. » On note qu'elle « écrit et réfléchit bien : érudition, langue vigoureuse, franchise et audace caractérisent ses textes[227] ».

Même au début de sa carrière, les qualités de journaliste et d'écrivaine de Robertine ne passèrent pas inaperçues. Loin s'en faut ! Elles étaient si évidentes que plusieurs croyaient que *le* journaliste, qui se cachait derrière le pseudonyme de Françoise, ne pouvait être qu'un homme. *Françoise* était trop compétente pour être une femme ! Ses propos étaient bien trop étayés pour cela ! Trop sensés ! Trop rationnels ! Ils contrastaient trop avec l'émotivité féminine ! Bref, elle était *trop* ceci ou *trop* cela alors que généralement on admettait que les femmes n'étaient pas *assez* ceci ou *assez* cela.

L'idée que les femmes n'étaient pas assez intelligentes pour être journalistes était si profondément ancrée que certains se demandaient : « Quel viril écrivain se cache derrière ce pseudonyme ? » et que d'autres affirmaient, sans l'ombre d'un doute, que « cette solidité de pensée, ce rare esprit d'observation ne peuvent être des qualités féminines[228] ».

---

226. Sophie Doucet. « Écrire avant tout ». *La Gazette des femmes,* septembre-octobre, 2007, p. 42.

227. Anne Carrier. *Françoise. Une pionnière du journalisme féminin. Françoise, pseudonyme de Robertine Barry : avec un choix de textes,* Les cahiers de recherche du GREMF, p. 4.

228. Ces deux commentaires sont rapportés par Renée des Ormes. *Robertine Barry, en littérature Françoise,* page. 41. En lisant la lettre que des Ormes écrivit à un prêtre, on peut remarquer qu'elle-même semble douter que Robertine ait pu écrire ses articles sans aucune aide : « Mlle Barry était débrouillarde, active ; mais le fait de travailler sous la direction de journalistes a donné l'essor à son talent de chroniqueuse, la première en date et en talent, c'est indéniable. » Je doute quant à moi que Robertine ait eu besoin d'être aidée à ce point. Ses nouvelles, publiées dans un recueil, ainsi que les nombreux articles qu'elle a écrits pour différents journaux, révèlent le même style d'écriture.

Si elle avait signé de son vrai nom, Robertine aurait mis fin à toutes ces suppositions. Pourquoi les femmes journalistes des siècles passés sentaient-elles le besoin de signer avec un pseudonyme ? C'était une « sage précaution, à une époque qui acceptait difficilement que les femmes expriment ouvertement leurs opinions et même, qu'elles en aient une[229] ». Sage précaution aussi dans un contexte où le journalisme n'était « pas considéré comme une profession convenable pour les femmes[230] » et où on demandait à nos grands-mères et arrière-grands-mères d'être modestes. Si elles *péchaient par orgueil* et osaient écrire, le pseudonyme les empêchait de trop s'enorgueillir.

Le pseudonyme était une armure protectrice. Surtout le pseudonyme masculin qui protégerait des jugements condescendants dont étaient l'objet les femmes qui écrivent. C'est d'ailleurs ce qui avait motivé la Française Caroline Rémy à signer, au début de sa carrière, du nom de Séverin. Ce n'est que plus tard qu'elle le féminisa et que Séverine est née.

En choisissant un pseudonyme féminin, Robertine voulait affirmer d'emblée haut et fort qu'elle n'était pas un homme. Elle n'avait pas envie d'imiter cette femme, James Barry, qui, racontait-on, mais ce n'était peut-être qu'une rumeur, s'était déguisée en homme afin de pratiquer la médecine à Montréal. Robertine voulait que tous sachent qu'une femme était capable d'écrire aussi bien que ses confrères journalistes, tous des hommes. Elle en avait assez d'entendre que les femmes ne sont pas assez intelligentes pour écrire des articles. Comme elle l'a mentionné quelques années avant sa mort, dans l'une de ses

---

229. Marie Lavigne et Yolande Pinard. *Travailleuses et féministes,* p. 185.
230. Lyne Gosselin. *Les journalistes québécoises. 1880-1930,* p. 100.

---

conférences, son pseudonyme lui a offert la liberté nécessaire « pour énoncer ses idées et exercer ce métier audacieux[231] ».

Robertine aurait pu choisir aussi un pseudonyme qui aurait laissé croire qu'elle était une Parisienne. Étant donné la mentalité de colonisé d'alors, elle n'ignorait certainement pas qu'un nom à consonance étrangère lui attirerait d'emblée l'estime publique et la mettrait à l'abri des jugements condescendants. Mais elle savait aussi que d'une manière ou d'une autre, on finirait bien par savoir qui elle était.

De 1891 jusqu'à sa mort, Robertine signa ses articles en utilisant toujours le prénom *Françoise,* sauf à quelques reprises où, pour certaines collaborations à d'autres journaux et magazines, elle utilisait le pseudonyme Feu Follet. Le pseudonyme Françoise « fut choisi en souvenir de Saint-François de Sales dont la fête tombe le 29 janvier, date du départ d'Évelyne pour le couvent. Sur une petite épingle d'argent que cette dernière lui laissa, et au-dessus de la date de cette inoubliable séparation, elle fit graver le nom : Françoise[232] ». Il fut choisi aussi parce que « ce nom, dans notre pays, écrivit Robertine des années plus tard, est en quelque sorte générique : il désigne souvent, dans le langage familier, la femme canadienne ; il évoque des consonances et des souvenirs du terroir[233] ».

Comme elle l'a dit elle-même, ce n'est qu'après avoir « fait ses classes », c'est-à-dire après que furent publiés ses quatre articles sur l'éducation, ainsi que quelques contes, qu'elle commença à écrire une série de chroniques qui furent publiées en première page de *La Patrie.* La ronde des « Chroniques du

---

231. Robertine Barry. « Rapport de l'Association des Journalistes » dans *Premier Congrès de la Fédération Nationale Saint-Jean-Baptiste,* p. 89.

232. Renée des Ormes. *Robertine Barry, en littérature Françoise,* p. 38.

233. Françoise. « Notre Programme ». *Le Journal de Françoise,* 29 mars 1902.

Lundi », qui devait durer près de dix ans, débuta en septembre 1891. Robertine y abordera, au fil des semaines, toutes sortes de sujets, car même si l'amélioration des conditions de vie des femmes a été son cheval de bataille, ses chroniques révèlent qu'elle se montre, « tout aussi insatisfaite du sort des hommes que celui des femmes : son féminisme fait partie de sa personnalité exceptionnelle et ses textes traitent tout aussi souvent du mauvais état des routes que de la condition économique des épouses[234] ». Elle aimait commenter l'actualité dans son style bien à elle :

« Elle introduit sa matière d'emblée, se perd dans des digressions et des parenthèses, donne moult détails, fournit statistiques et exemples, raconte diverses anecdotes, fait souvent fi des transitions, et conclut par une finale percutante et allusive, pleine d'humour. Elle cite abondamment divers auteurs, change de paragraphe presque à chaque phrase. Son vocabulaire est varié et coloré : elle met la langue et la culture à l'honneur et n'hésite pas à forger des néologismes[235]. »

Robertine imaginait que la publication de sa première chronique serait une belle occasion de festoyer. Elle ne se doutait pas qu'elle vivrait alors un grand deuil.

• • •

Robertine avait deux oncles médecins et un autre qui était avocat. Les Barry comptaient ainsi parmi leurs amis de nombreux disciples d'Hippocrate et hommes de loi. Le docteur

---

234. Anne Carrier. *Françoise, pseudonyme de Robertine Barry. Édition critique des Chroniques du Lundi*, p. 2.

235. Maurice Lemire et Denis Saint-Jacques. *La vie littéraire au Québec*. Tome IV, p. 274.

Fortier était l'un d'eux et Robertine aimait lui rendre visite dans son village de Sainte-Marie de Beauce où il habitait avec sa femme. Elle aimait voyager l'automne. Les grosses chaleurs la fatiguaient et elle ressentait au début de septembre un regain d'énergie. Les Fortier la reçurent à bras ouverts et, après le dîner, pendant que ses hôtes faisaient la sieste, Robertine, qui estimait que dormir était une perte de temps, décida d'aller se promener. Elle s'arrêta un instant au bord de la rivière et regarda les femmes qui lavaient leur linge au battoir. Un vieux bac passa près d'elles et l'homme qui le conduisait les salua avec de grands gestes. Robertine eut envie de traverser la rivière sur ce vieux mode de transport. On lui avait parlé du « capitaine » de ce bac, Thomas « le vagabondant », un homme au tempérament mélancolique qui confiait sa tristesse à tous ceux qui lui inspiraient confiance. Il ne perdit pas de temps avant de raconter ses chagrins à Robertine qui s'étonna d'entendre ce grand gaillard parler de lui à la troisième personne du féminin. « Elle serait bien mieux morte qu'en vie », dit-il en soupirant, en parlant de lui-même. Robertine aurait pu se moquer de lui, comme le faisaient plusieurs personnes, mais elle se sentait plutôt triste : « La réflexion de Thomas m'a fait de la peine. Quel dommage de ne pouvoir rendre un peu plus douces les misérables existences et ce serait si facile car, moins exigeants que nous, ce qui fait la joie des petits enfants fait aussi la leur[236]. »

Elle retourna chez les Fortier, d'humeur chagrine. D'autant plus qu'elle avait un sombre pressentiment. Elle n'était pas sitôt arrivée que le docteur lui tendit un télégramme annonçant que son père était gravement malade. Aussitôt, le domestique du

---

236. Elle raconte cette anecdote dans sa « Chronique du Lundi », 11 novembre 1899.

docteur Fortier prépara l'attelage de Minuit, son magnifique cheval noir, et ils prirent place dans la calèche. Le médecin, voyant combien elle était bouleversée, ne la laissa pas faire, seule, le trajet jusqu'à Trois-Pistoles, d'autant plus qu'il voulait aussi venir au chevet de son ami. Il espérait même l'aider à recouvrer la santé. Robertine lui fut éternellement reconnaissante du soin qu'il prit d'elle autant que de son père : « Vous avez montré beaucoup d'amitié et de dévouement pour mon père, cher docteur ; un simple merci, c'est bien peu pour tant de bonté. Heureusement qu'on a tout son cœur et toute sa vie pour s'en souvenir[237] », écrivit-elle quelques semaines plus tard.

Lorsqu'ils arrivèrent à Trois-Pistoles, ils virent le curé, vêtu d'une chasuble et d'une étole, précédé de quatre enfants de chœur en surplis qui agitaient des clochettes. Le prêtre pressait une hostie sainte dans ses mains qu'il gardait croisées sur sa poitrine. Robertine eut le pressentiment qu'il allait porter les derniers sacrements à son père. Elle frissonna. Elle savait qu'il était inutile de s'arrêter afin de parler au prêtre. Lorsqu'il allait porter le viatique, l'homme d'Église devait, non seulement ne pas engager la conversation avec qui que ce soit, mais ne pas regarder quiconque. Les Trois-Pistolois qui se trouvaient sur sa route ainsi que ceux qui sortaient de leur maison en entendant les clochettes s'agenouillaient au passage du cortège et faisaient le signe de croix.

Quelques heures plus tard, la rumeur s'était répandue comme une traînée de poudre : l'Irlandais agonisait. Les plus curieux se rendirent à proximité de la maison des Barry. Un crêpe noir entourait le cadre de la porte d'entrée et de grands rideaux de la même couleur remplaçaient les riches tentures

---

237. Extrait de Renée des Ormes. *Robertine Barry, en littérature Françoise*, p. 42.

de velours qui ornaient habituellement les fenêtres du salon. Il n'y avait aucun doute. La mort était entrée chez les Barry.

Robertine avait à peine eu le temps de faire ses adieux à son père. Elle maudissait l'idée qu'elle avait eu d'aller en Beauce, ce voyage l'ayant privée des précieux derniers instants avec John. Lui étant très attachée, elle était atterrée à l'idée qu'il allait mourir.

John Barry s'éteignit, entouré des siens, le 21 septembre 1891. Il n'eut jamais la fierté de voir la première « Chronique du Lundi » de Robertine qui fut publiée le lendemain de sa mort[238].

Comme le voulait la coutume, ce furent les fils Barry qui firent la toilette mortuaire de leur père. Fidèles à la tradition, ils disposèrent, dans le grand salon, de longues planches recouvertes d'un drap blanc sur lesquelles ils placèrent la dépouille. Une grosse bougie, censée alimenter l'âme de la lumière du Saint-Esprit, fut mise à proximité de la tête de John ainsi qu'un bol d'argent rempli d'encens et un autre rempli d'eau, en symbole de bénédiction. La dépouille du défunt, comme plus tard le sera sa tombe, était, croyait-on, un lieu sacré qu'il fallait bénir afin de protéger l'âme du défunt. Ce fut David, l'aîné, qui fixa une immense croix noire au mur, à proximité de la tête de son père. Les femmes placèrent autour de John des lys qui dégageaient une odeur suave. Tous ces rituels apparaissaient d'autant plus importants que l'on croyait fermement qu'un défunt, à qui l'on ne prodigue pas toutes les marques de respect,

---

238. Dans le livre regroupant les « Chroniques du Lundi » de Robertine, le 21 septembre 1891 apparaît comme étant la date de sa première chronique. Ce qui a fait dire à plusieurs qu'elle avait été publiée le jour même de la mort de son père. Mais il y a erreur. La première « Chronique du Lundi » fut exceptionnellement publiée un mardi, le 22 septembre 1891.

allait venir hanter l'esprit de leurs descendants et exercer des pouvoirs maléfiques.

Les filles Barry aidèrent leur mère qui devait se préparer à recevoir les visiteurs qui ne tarderaient pas à se présenter. Robertine attacha les boutons de la robe de deuil de sa mère et fixa ensuite la pleureuse à l'arrière du petit chapeau noir qu'elle plaça sur la tête d'Aglaé. Durant son deuil qui pouvait s'étendre jusqu'au dix-huitième, voire jusqu'au vingt-quatrième mois suivant le décès, Aglaé allait porter ce long voile noir qui lui couvrait le dos.

À la cuisine, Cécile, la gouvernante, veillait à ce que la tenue des servantes soit impeccable. La cuisinière, quant à elle, avait une lourde tâche, car elle devait préparer la nourriture qui devait sustenter la centaine de personnes qui viendraient *veiller au corps*. Beaucoup de gens tinrent à faire un dernier adieu à John, car il avait des amis un peu partout dans la province. Des amitiés qu'il avait tissées au fil des ans dans les différents endroits où ils avaient habité : L'Isle-Verte, Les Escoumins, Trois-Pistoles. Sans doute que plusieurs amis irlandais vinrent lui faire un dernier adieu. À cause de toutes les épreuves qu'ils avaient traversées ensemble, la communauté irlandaise avait tissé des liens solides. Déjà affaiblis considérablement par la malnutrition et la famine qui les avait obligés à quitter leur pays, ils avaient effectué une difficile traversée au Canada. Pendant une cinquantaine de jours, ils avaient vécu, entassés, dans des bateaux insalubres destinés au transport du bétail et du bois. Plusieurs d'entre eux souffrirent du typhus et moururent en mer. Leurs dépouilles furent jetées par-dessus bord et, afin d'éviter que l'épidémie se propage dans toute la population québécoise, le reste des passagers dû transiter par Grosse-Île et y rester en quarantaine. Beaucoup ne sortirent jamais vivants de cette île et furent enterrés dans *le cimetière des Irlandais*. Ce cimetière avait été aménagé dès 1832 sur un espace plat entre des crans rocheux au sud-ouest de la Baie du choléra, justement nommée à cause des épidémies de choléra de 1832 et 1834. On y fit des inhumations individuelles jusqu'en 1847. Cette année-là, en raison de la forte mortalité causée par le typhus, on creusa de longues tranchées dans lesquelles, selon certains témoignages, jusqu'à trois rangs de cercueils furent superposés ! Le relief du terrain signale encore la présence de ces fosses communes. Le cimetière des Irlandais accueillit à lui seul plus de 6 000 des 7 553 sépultures de Grosse-Île. Sans doute que des oncles, des tantes ou des cousins et cousines de Robertine y sont enterrés, car sur le mémorial inauguré par Parcs Canada en 1998, figurent les noms de plusieurs Barry. En 1847, l'année probable où John Barry et sa famille ont traversé avec 100 000 autres émigrants, seize Barry sont décédés sur Grosse-Île.

Quarante-quatre ans plus tard, en ce jour de septembre 1891, une femme, une très vieille femme, pleure auprès de la dépouille de John Barry. C'est sa mère, Mary Flynn. Elle a 96 ans et se demande sans doute pourquoi Dieu n'est pas venu la chercher, elle. Voir ses enfants mourir est trop dur. Comment peut-elle encore résister à une telle douleur, à l'âge qu'elle a, après toutes les épreuves qu'elle a déjà subies ? Peut-être[239] que ses autres fils l'entourent. L'un est médecin et il a accompagné l'empereur Maximilien « dans sa fatale expédition au Mexique[240] ». L'autre, le révérend James, est curé et tous ceux qui l'ont entendu chanter ont été charmés par sa voix mélodieuse[241].

---

239. Nous ignorons s'ils étaient encore vivants et s'ils étaient demeurés au Québec. Il a été impossible de trouver leurs actes de décès.

240. Renée des Ormes. *Robertine Barry, en littérature Françoise*, p. 7.

241. *Ibid.*

D'autres hommes, dont on connaît les noms parce qu'ils ont signé l'acte de décès, sont venus faire leurs derniers adieux à l'Irlandais. Il y a l'époux de Caroline, François-Xavier Choquet, bien sûr, mais aussi des amis très proches, Philippe Chaloult, avocat de Kamouraska, ainsi qu'Alphonse Pelletier, marchand à Trois-Pistoles.

Comme de coutume, autour de la dépouille, on passa sous silence les défauts de John, insistant plutôt sur ses qualités, se remémorant tous ses exploits. On rappela qu'il avait hébergé quatre Sudistes et qu'il s'était lié d'une grande amitié avec l'homme politique irlandais Daniel O'Connell de qui il avait été l'hôte et avec qui il avait entretenu une correspondance régulière. Promoteur d'un nationalisme irlandais pacifiste, O'Connell, dit *Le Libérateur de la Verte Érin,* était un homme politique qui obtint l'émancipation des catholiques d'Irlande. Il n'en fut pas moins excommunié par l'Église parce qu'il était franc-maçon. On s'attrista du fait que John n'avait pas connu la joie d'être grand-père. Sur les neuf enfants vivants des Barry, Caroline était la seule à être mariée et elle n'avait pas enfanté.

La présence de Robertine suscita quelques commentaires. Comme l'a souligné l'anthropologue Bernard Arcand, « on a oublié à quel point autrefois, dans les villages, les gens se surveillaient entre eux, et ce, jusque dans les moindres détails de l'existence : de ce qui constituait leur petit déjeuner jusqu'à leurs croyances religieuses. La vie en communauté demande de composer avec le regard des autres. De nos jours, nous faisons face à moins de pressions sociales[242] ». On imagine sans peine combien, dans le petit village du Trois-Pistoles d'autrefois,

---

242. Entrevue de Bernard Arcand accordée à Brigitte Trudel. RND, mars 2006, p. 19.

Robertine était le centre d'attraction. Une bourgeoise qui « s'abaissait à travailler », dans un milieu d'hommes, de surcroît, devait susciter la curiosité, sinon le mépris. Une fille qui tient à travailler au lieu de se marier et qui mène une vie libre était considérée, par plusieurs villageois, comme une libertine.

La famille d'Aglaé l'entourait de sa présence réconfortante. L'un de ses frères, le chanoine Luc Rouleau, était le conseiller particulier de l'évêque de Rimouski. Il était aussi le directeur assistant supérieur au Séminaire de Rimouski et desservait la cathédrale de cette ville. Aglaé lui avait demandé de dire la messe lors du service funèbre et il lui avait été d'autant plus facile d'accepter que Trois-Pistoles était alors l'une des paroisses du diocèse de Rimouski. Même s'il était le parrain de Robertine, elle ne l'avait vu que quelques fois par année. Il avait été successivement vicaire à Rimouski, à Sainte-Félicité, à Matane et à Cap-Chat, et ne venait qu'occasionnellement à L'Isle-Verte et à Trois-Pistoles. Il n'avait pu d'ailleurs être présent lors du baptême de sa filleule et c'est son frère Alexis qui l'avait représenté.

L'un des fils Barry plaça les longs filets noirs à glands sur chacun des deux chevaux préférés de John. Les deux magnifiques bêtes avaient été choisies afin de tirer le corbillard de leur maître. David, l'aîné, marchait devant, tenant dans ses mains gantées une grande croix noire. Derrière lui, plusieurs enfants de chœur agitaient des clochettes afin de signaler leur passage. La famille et les amis suivaient à pied.

Aglaé avait voulu que les funérailles de son mari, célébrées trois jours après sa mort, soient grandioses. Des messes basses furent chantées aux autels latéraux durant la cérémonie principale. Toute l'église était parée de noir, y compris le jubé, le chemin de croix, les lustres, et plus d'une centaine de cierges avaient été placés autour du catafalque.

Après le service religieux, les trois frères Barry montèrent leurs chevaux et se placèrent devant le corbillard. Ce fut l'aîné, David, qui tenait le drapeau irlandais, aux couleurs vert, blanc et orange. Les funérailles de John Barry contrastaient avec celles des pauvres dont la dépouille, enveloppée d'un drap de toile d'une blancheur douteuse, était parfois placée dans un simple tronc d'arbre éventré avant d'être mise en terre. Le corps *des plus pauvres parmi les pauvres* rejoignait les cadavres d'autres infortunés dont la dépouille avait été simplement entourée de paille avant d'être enterrée.

Robertine ne put s'empêcher de penser aux vols de cadavres perpétrés par des étudiants en médecine. Elle avait à l'esprit cette caricature publiée à la Une d'un journal représentant des voleurs de cadavres. L'illustration était accompagnée de la légende humoristique suivante : *Avis aux étudiants en médecine : ici, au cimetière, passé huit heures, on tire sur tout ce qui bouge.* Robertine chassa cette pensée. Il était peu probable que la dépouille de John Barry soit enlevée même si le vol de cadavres était, dans les grandes villes, suffisamment fréquent pour inspirer des caricatures.

• • •

Après les funérailles, toute la famille Barry déménagea à Montréal, une ville qui comptait alors 216 500 habitants. Quitter un endroit où elle avait vécu n'a jamais été facile pour Robertine. Elle avait le sentiment que les murs des maisons gardent un peu de l'âme de ceux qui y ont habité. Faire ses adieux à la maison familiale de Trois-Pistoles lui était d'autant plus difficile que les murs de cette demeure avaient emprisonné un peu de l'âme de son père. Son père, qui, elle ne le sait que trop, va énormément lui manquer. À tous les moments importants de sa vie, quand elle accomplira quelque chose dont elle sera fière, elle sera triste de penser qu'il n'est pas auprès d'elle pour partager sa joie et lui dire toute sa fierté d'avoir une fille comme elle. Croyant en la survie de l'âme, Robertine se consolait en pensant qu'il est presque certain que son père sera là dans les moments importants. N'empêche, quitter définitivement la maison de Trois-Pistoles n'est pas facile. Elle sait bien, écrit-elle quelques années plus tard dans l'une de ses chroniques, que « c'est être naïf que de s'attacher ainsi à tout » mais, en se préparant à déménager, « mille pressentiments sombres envahissent l'esprit et la défaillance s'empare de l'âme… La nuit, tous les objets empilés revêtent une forme singulière. Dans le demi-sommeil qui suit ces heures d'agitation, ils ressemblent à des fantômes et prennent des voix pour se plaindre ». Avant de quitter la maison, « à la hâte, on fait une dernière visite, à travers les pièces désertes qui ont vécu de la vie des partants, auxquels on a communiqué un peu de soi-même : témoins discrets des jeux, des joies, des tristes ou des heureux jours ». Et puis, arrivent les grandes voitures qui emportent, pêle-mêle, tableaux, lustres, meubles. « La tristesse envahit tout alors. Elle monte de l'âme et se répand dans l'être entier[243]. » Robertine, convaincue que les murs de la maison ont emprisonné les pleurs et les joies de ceux qui l'ont habitée, s'exclame : « Ah ! Les larmes des choses qui ne pourront jamais s'exprimer[244]. »

Il y a le chat de Robertine qu'il n'est pas question d'abandonner. Elle en a possédé plusieurs depuis son enfance, les baptisant de noms qu'elle puise dans les contes et légendes. Le

---

243. Françoise. « Chronique du Lundi », 2 mai 1892.

244. Françoise. « Au vieux monastère ». *Le Journal de Françoise*, 6 juin 1903.

chat Raminagrobis, par exemple, dont elle parla dans l'une de ses chroniques inspirée d'une légende ancienne dans laquelle il est dit que les chats sont noyés avec les femmes infidèles. Qu'importe qu'on se moque des vieilles filles avec leur chat, Robertine ne saurait se passer d'eux. Elle leur trouve toutes les qualités. Indépendance, fidélité, douceur, fierté, intelligence. Dans un autre de ses articles où elle a commenté le livre de Paul Méguin, *Notre ami le chat*, elle a choisi des extraits démontrant l'intelligence de cet animal. Elle a raconté qu'un peintre avait l'habitude d'émietter du pain dans son jardin afin de nourrir les oiseaux. Mais constatant que son chat en profitait pour les attraper, il avait cessé de les nourrir. Quelle ne fut pas sa surprise, écrit-elle, de constater que son chat lui dérobait un morceau de pain et allait le porter dans le jardin après avoir pris soin de l'émietter avec ses griffes[245].

À Montréal, les Barry louèrent une belle maison de style victorien au 1051, rue Saint-Denis[246]. Robertine aimait cette grande maison où sa chambre, au troisième étage, donnait sur un balcon. Elle y habiterait avec sa mère, ses frères et ses sœurs, ainsi qu'avec Cécile qui leur restait fidèle.

• • •

Vivre à Montréal permit à Robertine de réaliser son rêve : travailler à temps plein pour un journal. En plus d'écrire sa « Chronique du Lundi », elle fait de la traduction, corrige des épreuves, rédige quelques faits divers. Au début, elle a les nerfs

---

245. Françoise. « Chronique du Lundi », 26 février 1900.

246. Source : *Annuaire Lovell*. Quoiqu'affirmant que sa recherche n'est pas véritablement scientifique, le personnel du service aux usagers de la BAnQ déduit qu'aujourd'hui, cette adresse est le 4331 rue Saint-Denis.

à vif. Elle veut bien faire, se montrer aussi compétente que ses collègues, se faire accepter par eux. « Je puis bien l'avouer maintenant que je me suis aguerrie, écrivit-elle plus tard, mais, lorsque j'ai commencé à travailler à *La Patrie*, j'étais parfois plus morte que vive, peu habituée dans ma petite vie de campagne à des expériences aussi mouvementées que celles-là. Mes pauvres nerfs étaient en émoi et volontiers, je me serais réfugiée sous mon pupitre si cette position gênante m'eut permis de faire la copie[247]. » Progressivement elle s'habitua au stress de sa profession et il lui arriva même d'ordonner, avec un sang-froid exemplaire, de suspendre l'impression du journal lorsqu'une nouvelle importante de dernière heure l'exigeait.

Les « trois pièces mal éclairées de la rue Saint-Jacques où s'écrivait, se composait et s'imprimait *La Patrie* d'autrefois » lui apparaissaient comme le plus bel endroit au monde, car dans ce local « exigu et obscur, la lumière intellectuelle entrait et circulait largement, la pensée se développait à son aise, et les opinions demeuraient fortes et courageuses[248] ».

Elle s'estimait très privilégiée de travailler pour Beaugrand et les années passées auprès de lui ne modifièrent jamais ce sentiment :

« J'ai rencontré peu d'hommes, dans la vie, qui eussent aussi ouvertement qu'Honoré Beaugrand le courage de leurs opinions. Il était tout d'une pièce et, carrément, soit un ami soit un adversaire, et loyal toujours, dans l'un ou l'autre cas. [...]. Il ne me semble pas qu'on ait encore apprécié à son juste mérite la valeur littéraire de l'auteur de *Jeanne la fileuse*, du *Vieux Montréal*, de *La chasse-galerie* et de tant de légendes.

---

247. Françoise. « Chronique du Lundi », 21 septembre 1896. Dans cet article, Robertine se remémore ses débuts dans le journalisme.

248. Françoise. « Honoré Beaugrand ». *Le Journal de Françoise,* 7 octobre 1906.

Je n'exagère rien en affirmant qu'au point de vue du "folklore", rien n'a été écrit de mieux et de plus caractéristique au Canada que ses contes[249]. »

Lève-tôt, Robertine était l'une des premières, sinon la première, à se présenter au journal chaque matin. Parfois, elle s'assoyait à la longue table où les journalistes, « tassés les uns près des autres », écrivaient, pendant « qu'en bas, par un escalier en spirale montait un bruit agaçant de machines[250] ». Agaçant pour bien des journalistes, mais pas pour Robertine qui aimait cette ambiance de travail et pour qui le vacarme, qu'il soit provoqué par les machines à écrire ou par les presses rotatives de l'atelier de composition, n'avait rien d'énervant. Au contraire ! C'étaient comme si ces bruits concrétisaient avec plus de force encore ses rêves de jeunesse : devenir journaliste, faire partie d'une équipe de rédaction. Parfois, elle s'assoyait à l'écart, à son petit bureau placé au coin de la pièce – un bureau de chêne qu'elle avait acheté elle-même –, s'éloignant un peu pour un moment de la fumée des cigares et cigarettes. Durant la pause ou à l'heure du dîner, elle écrivait à ses amies, confiant à l'une d'elles qu'elle travaillait « au milieu du bruit des presses et du babil de ces messieurs qui font à eux seuls plus de cris qu'une armée de femmes, mais allez donc leur dire ça[251] ».

Louis Fréchette, qui collaborait à *La Patrie*, écrivit qu'elle était perçue comme un ange gardien par ses collègues journalistes : « Elle travaille et travaille ferme. Dès le matin, on la trouve à son pupitre, dans les bureaux de rédaction de *La Patrie*, traduisant les dépêches, rédigeant les faits divers, attifant sa

249. *Ibid.*

250. Jean de Bonville. *La presse québécoise. De 1884 à 1914,* p. 169.

251. Lettre à Antoinette Gérin-Lajoie, belle-sœur de Marie Gérin-Lajoie. Fonds Marie Gérin-Lajoie. BAnQ.

chronique, corrigeant des épreuves, attentive, souriante, et répandant pour ainsi dire autour d'elle cette atmosphère vivifiante qui affermit devant le devoir, et pousse en avant dans l'accomplissement de la tâche. À ses côtés, on travaille vaillamment aussi, mais on cause aussi quelquefois. Françoise, elle, travaille toujours et ne cause point. Mais sa présence n'est jamais oubliée. On sent toujours qu'elle est là ; et si jamais une parole, je ne dirai pas risquée, mais peu charitable, échappait à quelqu'un, un sourire affligé de Françoise punirait de suite celui qui l'aurait prononcée. Françoise, Robertine Barry, dans les bureaux de *La Patrie,* c'est la paix, le bon sens, la confraternité cordiale et respectueuse. Elle y joue le rôle d'ange gardien[252]. »

• • •

Appréciée de ses collègues, Robertine se sentait à l'aise dans le monde journalistique qui la fascinait et dont elle découvrait progressivement les rouages. Les premiers jours, elle regardait avec étonnement certains journalistes qui, pot de colle et ciseaux à la main, découpaient des extraits d'articles publiés dans d'autres journaux et ajoutaient ensuite quelques passages afin de donner l'illusion que l'idée venait d'eux. Ils changeaient ensuite le titre et leur article était ainsi prêt en un temps record. Certains se moquaient ouvertement de ce procédé, comme le fit un journaliste de *La Revue canadienne,* C. M. Ducharme :

« Vous croyez trouver un écrivain quand vous ne tenez qu'un tailleur. C'est ce qui explique certaines chroniques au style disparate passant du burlesque au sublime et du sublime au trivial sans ménagement, sans transition aucune. Les ciseaux ne

---

252. Louis Fréchette. « Françoise ». *La Patrie,* 29 juin 1895.

sont pas toujours clairvoyants et celui qui les manie ignore souvent le rôle du fil et de l'aiguille, dans l'assemblage des périodes destinées à former un tout intéressant et harmonieux[253]. »

Un correspondant de *La Presse* avait eu un jour l'idée de tendre un piège aux spécialistes du démarquage. Il inventa de toutes pièces un important éboulis survenu dans Lotbinière. Tous les journaux concurrents tombèrent dans le panneau et rapportèrent la nouvelle ! Une autre fois, un reporter, chargé des nouvelles policières, inventa lui aussi de toutes pièces un événement. Il s'était rendu dans une agence de détectives, avait choisi une affaire qu'il trouvait intéressante, avait ensuite fait travailler son imagination afin de la transformer et avait créé un événement tragique[254].

À force de côtoyer des reporters, Robertine constatait aussi que ce métier pouvait être éprouvant lorsqu'il était pratiqué quotidiennement. La plupart d'entre eux voyageaient dans des tramways bondés, les boîtes à lunch des travailleurs leur labourant le dos. Leur métier n'était guère gratifiant. On reprochait souvent aux reporters de ne pas savoir écrire. En réalité, ils étaient trop pressés de sortir la nouvelle et ils n'avaient pas le temps de se relire. Ils devaient aller aux quatre coins de la ville pour chercher les nouvelles et écrivaient leurs articles dans les tramways, une feuille sur leurs genoux. Ils travaillaient vingt heures par jour pour un salaire de misère. Il fallait beaucoup d'endurance physique pour courir la ville du matin au soir. Un reporter préféra même devenir concierge pour le journal plutôt que de courir à cœur de journée[255]. Certes, Robertine allait

---

253. C.M. Ducharme cité par Jean de Bonville. *La presse québécoise. De 1884 à 1914*, p. 193.

254. Jean de Bonville. *La presse québécoise. De 1884 à 1914*, p. 171.

255. *Ibid.*, p. 163.

elle aussi sur le terrain pour trouver de quoi nourrir ses « Chroniques du Lundi » mais, la plupart du temps, elle n'y allait qu'une fois par semaine et s'estimait chanceuse de n'avoir pas à le faire tous les jours.

Robertine accompagnait parfois ses collègues au « restaurant à 15 sous », où ils mangeaient de la saucisse au chou avec du pain français tout en partageant une bouteille de vin à 1 $. Robertine semble donc avoir été bien acceptée par les journalistes de *La Patrie* même s'il était mal vu qu'une bourgeoise travaille. Non seulement la plupart des gens considéraient qu'elle n'avait pas besoin de travailler pour vivre, mais ils estimaient aussi qu'elle enlevait le gagne-pain d'un père de famille même si, dans les faits, aucun père de famille n'aurait accepté d'être journaliste pour le même salaire qu'une femme. Le salaire hebdomadaire s'élevait à 5 ou 6 $, pour certains, alors que d'autres, tels les rédacteurs de *La Presse,* pouvaient gagner jusqu'à 15 $. Quant aux chroniqueurs-vedettes, ils pouvaient gagner de 20 $ à 25 $ par semaine ou 3 $ par article[256]. Afin de pouvoir faire vivre leur famille, des reporters acceptaient des pots-de-vin : repas, séjours à la campagne, argent sonnant. Lorsqu'ils étaient bien traités par les personnalités en vue dont ils parlaient, ils donnaient d'elles, dans leurs articles, une image très flatteuse.

Robertine s'attardait parfois au journal après ses heures de travail. Surtout lorsque Honoré Beaugrand y était, car il se faisait de plus en plus souvent rare, laissant la direction de son journal à son rédacteur en chef. Il quittait souvent le Québec, car les hivers québécois multipliaient les souffrances causées par son asthme. Robertine aimait parler de choses et d'autres avec lui. Ils avaient les mêmes idées sur bien des sujets. Comme

---

256. Daniel Mativat. *Le métier d'écrivain au Québec, (1840-1900),* p. 389.

lui, elle était d'allégeance libérale et elle fut ravie, un jour, de voir qu'il accrochait à l'un des murs de *La Patrie* une carte du Québec, représentant les soixante-treize comtés que les libéraux allaient, espérait-il, remporter aux élections. Robertine montrait cette carte à tous ceux qui passaient au journal, avec dans les yeux un petit air de défi lorsqu'elle était devant un conservateur.

Quatrième partie

Une femme attachante
à la personnalité complexe

Bien qu'elle éprouvait le besoin viscéral de faire régulièrement des séjours à la campagne, Robertine aimait vivre à Montréal. Elle tirait plaisir de l'animation qui régnait dans les rues. Alors qu'au début, les bruits l'énervaient, il a suffi de quelques semaines pour qu'ils fassent partie de sa vie au point où ils ne la dérangeaient plus. Elle n'entendait plus, tellement elle y était habituée, les policemen qui s'époumonaient à cœur de journée, afin de faire circuler les flâneurs : *Move on ! Move on !* Elle était devenue sourde aussi aux *All aboard ! All Aboard !,* qui commandaient aux passagers de se presser s'ils ne voulaient pas rater leur train.

Lorsqu'elle se rendait au travail, elle partait plus tôt, afin de pouvoir ralentir le pas si d'aventure quelque chose l'amusait ou l'intriguait. Les jours de congé, elle parcourait la ville en tout sens, ne se lassant jamais d'observer tout ce qui se passait autour d'elle :

« Les endroits les plus fashionables de promenade sont les rues Notre-Dame, Saint-Jacques et Sainte-Catherine ouest. On y flâne merveilleusement tout en se donnant un petit air important qui fait penser à des emplettes d'une urgence extraordinaire. […] Pour peu que l'on observe, il est facile de reconnaître les goûts d'un chacun en les voyant s'arrêter de préférence, qui devant l'établissement des bijoux de Birks, devant ces diamants superbes qui fascinent tant de belles mondaines, ces bagues ravissantes qui font rêver les jeunes filles, qui devant les étoffes de Carsley, ou les manteaux de Hamilton, qui devant les vestons et les draps fins de Milloy. Ajoutons à cela, les toilettes à remarquer, les équipages qui passent, les rencontres à chaque instant, les sourires et les coups de chapeau, voilà qui passe agréablement les quelques heures trop longues d'une journée[257]. »

Robertine adorait marcher et, dit-elle, pour aller sur la montagne, nul besoin, comme le croient certaines bourgeoises, « d'un équipage splendide et des laquais en livrée[258] ». Au contraire, la marche lui permettait de voir ce qu'elle n'aurait pas vu autrement. Les oiseaux sur les dormantes des fenêtres, l'expression tantôt de fatigue, tantôt de joie, sur le visage de l'éteigneur de réverbères ou celle des femmes emmitouflées dans leurs capelines et qui marchaient tête baissée, soucieuses d'éviter le crottin de cheval. Elle souriait en voyant que certaines ne savaient pas comment faire afin d'éviter que le bas de leurs robes fasse office de balai. Elles marchaient, insouciantes, tenant bien haut un seul côté de leur jupe, pendant que l'autre traînait dans la boue. Elles n'avaient pas, observait Robertine, la grâce de ces Parisiennes qui savaient élégamment relever le bas de leur robe de façon à ce qu'aucune partie ne touche le sol[259]. Un jour, elle trouva attendrissant le spectacle qui s'offrit à ses yeux. Tout en se tenant à distance respectueuse, « un homme tenait entre ses doigts les plis de la robe de sa compagne pour en relever

---

257. Françoise. « Chronique du Lundi », 12 décembre 1892.

258. *Ibid.*, 12 mars 1894.

259. *Ibid.*, 9 juillet 1894.

---

discrètement la traîne. Pendant ce temps-là, la dame, confiante, fouillait de la main droite dans un petit sac[260] ».

Les étalages des « petites boutiques ambulantes » qu'on retrouvait au coin des rues ne la laissaient pas indifférente. D'une nature très gourmande, elle reluquait, « avec un intérêt qui va toujours croissant », les étalages de bananes, des masse-pains, « des pains énormes, de couleurs assorties », « des pains rose, blanc et café, des gâteaux jaunes, décorés pompeusement du nom de Lemon Cream[261] » que les Italiens vendaient dans leurs petites boutiques ambulantes qui se trouvaient à plu-sieurs coins de rue.

À l'instar de plusieurs écrivains, Robertine aimait marcher seule, regarder le monde, et s'arrêter, quand le cœur lui en di-sait, afin d'observer une scène plus longtemps. Elle savait que cette liberté nourrissait son imaginaire et que bien des fem-mes-artistes qui, par le passé, ne pouvaient sortir sans escorte, même en plein jour, rageaient de ne pas être libres d'aller et venir, seules dans les rues, où bon leur semblait.

Il ne se passait pas une semaine sans que Robertine ré-ponde à une invitation et en revienne à pied, même la nuit, ce qui était plutôt inhabituel chez les femmes de la bourgeoisie, seules les prostituées osant arpenter en solitaires les rues une fois le soleil couché. Elle aimait regarder les maisons et quand, par bonheur, les rideaux n'étaient pas tirés, elle observait les gens dans leur intimité, s'amusant à imaginer leur vie[262]. Robertine sortait aussi avec ses sœurs ou des amies :

---

260. *Ibid.*, 20 juin 1892.
261. *Ibid.*, 25 juillet 1892.
262. *Ibid.*, 10 décembre 1894.

« Un soir de l'hiver dernier, alors que nous revenions d'une réunion intime, j'aperçus, sur les onze heures, coin des rues Saint-Laurent et Sainte-Catherine, un chariot de dimensions assez grandes, garni de fourneaux à travers lesquels des charbons ardents brillaient avec des lueurs fantasmagoriques. Au milieu s'agitaient de grands fantômes, tout de blanc habillés, armés de longues spatules, versant un liquide fumant dans des tasses qu'on distribuait ensuite aux spectateurs. Entrevu à cette heure avancée de la nuit, cela me fit l'effet d'une apparition fantastique. J'appris que ce n'était qu'un café sur roues où se distribuaient du thé, du moka et du chocolat, des gaufres et autres pâtisseries de confection française plus ou moins douteuse, je pense. J'aurais aimé examiner de plus près ces industriels, mais ils ne sont, je crois, que des oiseaux nocturnes. Je les ai entrevus hier, après souper, comme ils longeaient une ruelle, filant à grand train, avec un bruit de ferraille comme celui qui proviendrait des chaudières vides qui s'entrechoquent. Puis, ils disparurent, telle une vision[263]. »

Elle appréciait moins cependant de voir tous « ces mendiants », « ces souffreteux, mutilés par la nature, qui font mal à voir ». Revendiquant à maintes reprises qu'on leur offre des refuges, elle ne cachait cependant pas son exaspération devant ceux qui étaient agressifs et qui s'accrochaient à ses pas, la poursuivant jusque dans les magasins : « Est-il quelque chose d'encombrant comme ce régiment de mendiants qui défilent chaque jour dans nos magasins et nos bureaux[264]. » Elle craignait aussi les quêteurs « jeteurs de sort » qui lui lançaient « ça vous portera malheur » lorsqu'elle ne leur donnait rien – ce

---

263. *Ibid.*, 25 juillet 1892.
264. *Ibid.*, 8 mars 1893. Ce n'est qu'en 1903 que l'Assistance publique ouvrira ses portes.

qui était rare – ou pas assez à leur goût, ce qui arrivait assez souvent. L'un d'eux lui lança violemment ces mots qui la firent frémir : « Vous n'avez pas d'argent pour moi maintenant, et bien vous n'en aurez plus pour vous, c't'hiver. »

Mais la plupart du temps, voir un vieillard mendiant lui mettait les larmes aux yeux. Un jour, ayant donné un sou à l'un d'eux, celui-ci lui dit d'une voix « chevrotante et cassée : Que Dieu vous bénisse et vous console ». Robertine resta interdite. Elle le quitta, les jambes flageolantes, profondément troublée par les paroles de l'homme. Elle avait beau dénoncer dans ses articles les superstitions des habitants de la campagne, il y avait en elle cette conviction intime que le destin envoyait des signes. Convaincue que « rien en ce monde n'est livré au hasard[265] », elle se disait que cet homme n'avait pas prononcé cette phrase impunément : « Me consoler ?, mais de quoi. Il ne se passe rien dans ma vie dont je dois être consolée. Il ne parlait pas de mon passé, ni de mon présent, mais de mon avenir. J'aurai peut-être besoin d'être consolée bientôt. » Elle eut beau se raisonner, la peur la poursuivit tout le reste de la journée et gâcha une partie de sa nuit :

« Je n'ai jamais eu peur d'un ennemi qui m'attaque bien en face. Tout redoutable que peut être cet adversaire, je sais à quoi je dois m'attendre, et toujours sur la défensive, je sais riposter ou parer ses coups. Mais c'est celui que je ne connais pas que je redoute. Je ne le vois pas, mais il est là quelque part, caché, dissimulé, prêt à fondre sur moi, à me frapper, au moment où je m'y attendrai le moins. Si un malheur entrevu doit tomber sur moi, je m'aguerris d'avance, je l'attends, résignée. Toutes

---

265. Françoise. « Restitution ». *Fleurs champêtres*, p. 227. Publiée aussi dans la « Chronique du Lundi », 18 juillet 1892.

mes forces se concentrent vers cette partie de l'âme qui doit être blessée et vienne la douleur, elle me semble moins amère, moins cruelle. Mais l'inconnu me fait peur. Cette angoissante sensation d'un malheur dans l'air me glace et me pénètre jusque dans la moelle des os. Aussi, j'ai depuis ce jour, des visions sinistres devant mes yeux et d'effrayants cauchemars hantent le sommeil de mes nuits. Tout ça à cause d'un méchant sou. Jugez un peu maintenant de ce que cela aurait été si j'en avais donné deux[266]. »

Durant toutes les années qu'elle vécut à Montréal, Robertine attendait avec impatience la grande fête des Irlandais, la Saint-Patrice, célébrée en grandes pompes le 17 mars, en l'honneur du grand libérateur d'Érin, mort à cette date. Fière de ses origines celtes, Robertine aimait rappeler dans ses articles qu'autrefois, l'Irlande était « renommée pour sa science et ses écoles où se formaient des savants[267] » et que les Irlandais étaient les hommes les plus galants qui soient.

Ce qu'elle aimait moins de la ville, c'était que sa vie, « en ces moments critiques » où elle devait traverser les rues, était « absolument à la merci des cochers » qui « n'ont pas l'âme bien généreuse », car pour peu qu'elle « insistât pour passer de l'autre côté », ils l'écraseraient sans pitié. « Nous en viendrons peut-être avant longtemps à être obligés de nous assurer d'une voiture de place, dans l'unique but de traverser d'un côté de la rue à l'autre. [...] Les jeunes dandys eux-mêmes ne savent plus attendre et ne modèrent en rien l'allure de leurs fringants attelages. L'autre jour, l'un d'eux faillit jeter sous les pieds de son cheval une charmante Montréalaise, et il s'en excusa auprès

266. Françoise. « Chronique du Lundi », 18 juillet 1892.

267. Extrait de l'une des nouvelles de *Fleurs champêtres*. « L'âme hibernienne », p. 256.

d'elle, avec de grands coups de chapeau, en disant qu'il ne l'avait pas reconnue. [...] Pour ma part, j'avouerai que je ne traverse jamais une rue un peu fréquentée sans choisir, du coin de l'œil, un gros monsieur, au large dos duquel je me fais un rempart et une garantie. Le temps que l'on prendra à lui passer sur le corps, dis-je en moi-même, me donnera celui de me sauver[268]. »

Au fil des mois, Robertine apprenait à aimer de plus en plus la vie à Montréal malgré quelques désagréments et même si, au XIXe siècle, c'était une ville meurtrière. Entassées dans des logements infects, plusieurs personnes faisant partie des classes ouvrières mouraient de la variole, de la diphtérie et de la diarrhée infantile à cause de la mauvaise qualité de l'eau et du lait[269]. Mais il n'y avait pas que les classes ouvrières qui étaient touchées. La tuberculose faisait un nombre effarant de victimes dans toutes les couches de la société. L'été, écrivit Robertine, était une saison critique pour les bébés. « Il est pénible de constater le nombre d'enfants qui meurent chaque été à Montréal. Aussi bien, dans quelque rue que vous alliez, tous les jours, vous voyez flotter aux portes, ici et là, les longs rubans blancs annonçant le départ pour le ciel de ces anges[270]. »

Même si elle n'ignorait pas la misère qui y régnait, Montréal était, à ses yeux, d'abord et avant tout, une ville attrayante qui offrait mille divertissements. En se comparant à tous les miséreux qui vivaient à Montréal, Robertine se savait privilégiée. Dans l'appartement des Barry, il y avait l'eau courante, des calorifères, le téléphone et même l'électricité.

---

268. Françoise. « Chronique du Lundi », 21 mars 1892.

269. Diane Thibeault. *Premières brèches dans l'idéologie des deux sphères. Joséphine Marchand-Dandurand et Robertine Barry, deux journalistes de la fin du XIXe siècle*, p. 14.

270. Françoise. « Chronique du Lundi », 18 juillet 1894.

Robertine trouva aussi dans cette ville amplement matière à inspirer ses chroniques. Elle se réservait une journée où elle partait à l'aventure, à la recherche de sujets intéressants, comme celui qu'elle décrit si bien dans cet article :

« Moi, je suis curieuse. Il s'en trouve qui n'aiment point à avouer ces petites choses-là, mais ça m'est bien égal.

« Je crois qu'il vaut encore mieux le reconnaître soi-même et courir la chance d'être poliment contredite, qu'attendre qu'on vienne vous en accuser, car, alors, ce n'est plus la même chose, ah !, non, plus la même chose du tout. Toujours est-il que j'avais une envie furieuse de voir de près cette petite guérisseuse de Sainte-Cunégonde, dont les journaux ont tant parlé, et qui semble trouver tant de sympathie, chez nos bons Québécois. Justement, je rencontre, il y a quelques jours, une mienne amie, que, pour rendre mon récit plus intelligible, nous nommerons Constance :

« – Françoise, me dit-elle, veux-tu venir avec moi, chez l'enfant prodige de Sainte-Cunégonde ? Je souffre depuis huit jours d'un vilain accès de dyspepsie, et j'aime encore mieux essayer la guérisseuse que la diète ; c'est ma seule alternative.

« – Volontiers, ma chère, répondis-je magnanimement. L'amitié n'est pas un vain mot : en son nom je braverai les quolibets, les sarcasmes, les moqueries et t'accompagnerai jusqu'au bout dans ton pèlerinage.

« Intérieurement, j'étais charmée. Il m'en coûtait un peu de n'y aller qu'en simple curieuse, mais avec une invalide, une vraie, le cas était différent. Nous hélons la première voiture disponible, et fouette, cocher !

« Nous débutons par frapper à la mauvaise porte – il y en a deux qui ont le même numéro –, et la bonne voisine répond à nos excuses réitérées en disant que nous n'étions pas les seules à commettre cette méprise ; vingt fois par heure, elle est demandée à la porte par des éclopées de toute espèce.

« – Mon mari trouve, ajouta-t-elle plaisamment, que mon voisinage avec la petite guérisseuse et le fait que nos deux logements portent le même numéro, devraient m'autoriser à guérir un peu de mon côté.

« En attendant, il fallait chercher plus haut et grimper un escalier, bonté divine !, un escalier étroit, et raide, près duquel la tour de madame Malbrouck[271] pâlirait assurément.

« – D'abord, si nous redescendons sans nous rompre le cou, dit Constance, s'arrêtant essoufflée, ce sera déjà un miracle.

« – Accordé, répondis-je.

« Nous entrons. Nouveau désappointement. Une dame de la rue Sherbrooke avait envoyé sa voiture prendre la petite et son père, mais si nous voulions accepter des sièges, elle ne pouvait tarder, parce qu'il y avait déjà quelque temps qu'elle était partie. Nous nous asseyons dans une espèce de passage, servant à la fois de salon et de salle d'attente. Sur les murs sont accrochés quelques portraits fantaisistes, des cartes d'annonces enluminées, et sur une petite table, recouverte d'un tapis de laine rouge, le portrait d'un abbé des environs de Montréal, souvenir reconnaissant d'une cure dite merveilleuse ; au bas du portrait – hommage symbolique –, on avait déposé une longue plume d'oie. Tout était propre et bien rangé ; le petit rideau flottant à la fenêtre entr'ouverte était d'une blancheur de neige.

« De l'autre côté, une smalah d'enfants faisait un tapage assourdissant ; les chants de quelques-uns alternaient avec les

---

271. Lorsque Robertine parle de madame Malbrouck, elle fait sans doute référence au château de Malbrouck, à proximité du Luxembourg et de l'Allemagne et qui fut immortalisé dans la chanson « Malbrouck, s'en va-t-en-guerre ».

criailleries de quelques autres, et dans les clameurs qui s'élevaient, il était fortement question de souper.

« Enfin, des pas pesants se font entendre dans l'escalier ; c'est le père qui monte, tenant sa petite fille dans ses bras. Une enfant de huit ans à peine et de taille plus petite que son âge ne pourrait le faire croire ; plutôt jolie, avec ses grands yeux bruns et sa bonne physionomie où se lisent la candeur et la simplicité. Une enfant, quoi ! Rien qui indique la duplicité ou une précocité trop marquée.

« On nous fait passer dans un appartement plus spacieux, une chambre à coucher, qui sert en même temps, il est facile de le voir, de salle de consultation et d'opération. On y voit des plumes un peu partout, au pied du lit, sur le bureau de la toilette, ici et là. Il doit s'en faire un débit énorme dans cette maison.

« Je pris la main de l'enfant dans la mienne, une bonne petite main ronde et potelée, et lui demandai son âge, son nom, d'où lui venaient ces médailles suspendues à son cou. Une d'elles lui avait été donnée, répondit-elle, par M. le curé dans sa visite, l'autre, représentant Sainte-Anne, avait été achetée au sanctuaire même de la grande thaumaturge. Elle répondait distraitement, comme un peu ennuyée, et je ne m'en étonne pas, quand je songe au nombre de questions qui ont dû lui être posées par tant d'autres personnes. Puis, tout à coup, d'un petit air docte, très grave :

« – Qu'avez-vous ? dit-elle.

« – Rien, me hâtai-je de dire. C'est mon amie, là, qu'il faut soigner.

« Et donnant mon siège à Constance, j'allai m'asseoir près de la mère qui venait d'entrer dans la chambre. Pendant ce temps, la malade faisait, un peu à contrecœur, je l'avoue, le récit de ses maux. La petite Rose Délima s'emparant de la première plume qui s'offrit à sa main se mit à frotter la partie affectée, en disant du ton de quelqu'un qui récite une leçon :

« – Faites une neuvaine à Sainte-Anne et vous serez guérie.

« – Tout de suite ? demanda Constance.

« – Non, répliqua-t-elle – manière de ne pas se compromettre, je suppose, – ça prendra un peu de temps.

« – Occupez-vous pas, dit la mère, qui paraissait avoir de la foi pour tout le monde, ça va être vite fait. Y a des dames qui ont commencé à ressentir du soulagement au bout d'une heure.

« Pauvre femme ! Fatiguée, harassée par ces longs jours d'ouvrage, au milieu de cette masse grouillante d'enfants tapageurs, elle était encore dérangée, à toute minute, par un flot de visiteurs et d'infirmes jusqu'à une heure avancée de la soirée.

« Pendant que la petite était au plus fort de son œuvre de miracle, j'ouvrais un feu interrogatif du côté de la mère.

« Comment s'était-on aperçu que l'enfant possédait ce prétendu don de guérison ?

« C'est elle-même, paraît-il, qui avait demandé de soigner un petit frère – *charity begins at home* –, lequel s'était brûlé, un bon jour. Sous l'attouchement de ses doigts bienfaisants, la blessure s'était cicatrisée en quelques jours. Longtemps, on avait dérobé au public la science occulte de l'enfant, mais une voisine ayant été guérie, ne put taire ni sa reconnaissance, ni sa langue ; le bruit s'en répandit partout et, depuis ce jour, qui date du printemps dernier, une affluence considérable s'est constamment portée à Sainte-Cunégonde.

« – Lors de sa naissance, ou dans la suite, y a-t-il eu quelque manifestation extraordinaire ? demandai-je encore.

« – Non, répondit la mère ; à part d'être la septième fille, ç'a été une enfant comme les autres.

187

«À mon avis, c'était suffisant. Quand on est la septième fille, on a bien droit à quelque compensation. Personne qui ne soit assez raisonnable pour refuser cela.

« Puis, me hasardant sur un terrain brûlant :

« – Vous avez entendu parler, continuai-je, de cette circulaire du cardinal, défendant à ses diocésains d'avoir recours à votre petite fille, comme guérisseuse ?

« – Oui, répondit la mère, d'un ton un peu bourru, si elle disait des méchantes paroles encore, on pourrait dire… Ça n'impose pas, reprit-elle d'un air triomphant, qu'elle a été demandée à Québec plusieurs fois depuis. J'en arrive justement encore cette semaine, on a été pour une dame du faubourg Saint-Jean, qui avait la figure joliment équipée par une dartre chancreuse. La dame était si contente de Rose qu'elle lui a fait poser son portrait et je vous assure qu'elle se ressemble comme deux gouttes d'eau.

« La petite alla chercher la photographie en question et nous la montra, écoutant avec satisfaction tous les compliments qu'on voulut lui faire. C'était bien ressemblant, en effet ; son petit minois était fidèlement reproduit, et jusqu'à la fameuse plume blanche que l'enfant tenait dans sa main, un peu comme on tient un cierge.

« – C'est vingt-cinq cents pour avoir mon portrait, fit l'enfant comme j'allais le lui remettre.

« Ça fera une femme d'affaires, ou je m'y connais peu.

« – À quoi s'occupe-t-elle tout le long du jour ? fis-je, reprenant mon interrogatoire.

« – Voyez-vous, c'est pas une enfant qui aimait à jouer comme les autres enfants, elle a jamais été ricaneuse et à c'te heure, elle ne s'occupe que de ses malades.

« Mais pour le moment, une paire de souliers, cuir au naturel, que son père lui avait achetée le jour même, occupait toute son attention. Elle les ôtait et les remettait sans plus se soucier de notre présence.

« – Mouman, j'aime pas des souliers jaunes comme ça, moi. Poupa m'a dit qu'il les ferait noircir.

« – C'est bon, ma petite fille, tu t'arrangeras avec ton père…

« – Je veux les faire noircir tout de suite, insistait l'enfant.

« Pour le coup, nous en avions assez. D'un commun accord, nous nous levâmes pour prendre congé de l'enfant-prodige dont les aspirations ne convenaient guère, à notre avis, à la position surélevée qu'elle occupe dans le monde des merveilles.

« Sur le palier, nous avons croisé un grand dadais de garçon, avec un œil à Paris et l'autre à Versailles, qui venait les faire mettre d'accord pour quand il lui plairait de faire des yeux doux.

« Si quelqu'un s'intéresse à la santé de Mademoiselle Constance R…, qu'il sache qu'il lui est impossible de digérer la seule mention de son voyage à Sainte-Cunégonde.[272] »

• • •

Fière de son indépendance, Robertine pouvait dépenser son argent comme elle l'entendait, contrairement aux femmes mariées pour qui leurs revenus n'étaient pas leur propriété, mais celle de leur mari[273]. Elle fut d'ailleurs la première, au Québec,

---

272. Françoise. « Chronique du Lundi », 19 octobre 1891. Anne Carrier note que le nom de cette guérisseuse est Rose de Lima de Belleville et qu'elle habitait au 29 rue Williams à Sainte-Cunégonde.

273. Ce n'est qu'en 1931 que les femmes pourront, légalement, administrer elles-mêmes leurs revenus ; qu'en 1955 qu'elles ne seront plus citées, dans le code de

à écrire que les femmes ne devaient pas vivre au crochet de leur père ou de leur mari[274]. « Je n'ai guère voix au conseil, ajouta-t-elle, mais je trouve vilain d'aller cajoler, entortiller un homme, lui couler du beurre dans le dos, comme on dit vulgairement, pour obtenir par ces petits moyens, un objet de luxe que la fantaisie convoite[275]. »

Il est probable que n'eût été la mort de son père et l'installation qui s'ensuivit, à Montréal, de toute la famille Barry, Robertine aurait habité seule. L'un de ses plus chers désirs, c'était « d'acheter une propriété[276] ». Pourquoi une maison ? Pour sa liberté, si chère, mais aussi pour avoir un îlot de solitude. La solitude, qui n'est pas synonyme d'isolement lorsqu'elle est librement choisie, est très précieuse pour la majorité des créateurs, ceux pour qui la Muse ne se laisse courtiser qu'aux instants de calme tranquillité. Voilà pourquoi, plus souvent que l'homme artiste, c'est dans le célibat que se réfugie la créatrice :

« C'est là qu'elle trouve les conditions les plus favorables pour disposer de son temps à sa guise : pas de mari à convaincre ou à servir, pas d'enfants à surveiller et à soigner, aucun obstacle domestique qui intervienne contre sa volonté. C'est dans cette situation qu'elle a les meilleures chances de se réaliser. Mais il faut alors miser sur ses propres ressources, vendre le produit de son imagination ou bien compter sur les avoirs d'un père qui accepte ce genre de compromis. Mais au-delà de toutes

---

loi, avec les mineurs, les interdits et les fous ; qu'en 1964 qu'elles n'auront plus l'obligation légale d'obéir à leurs maris.

274. Anne Carrier. *Françoise, pseudonyme de Robertine Barry : édition critique des « Chroniques du Lundi »*, p. 2.

275. Françoise. « Chronique du Lundi », 16 novembre 1891.

276. *Ibid.*, 21 mars 1892.

ces considérations sociales, le célibat protège la femme contre elle-même. Car ce qui différencie souvent le créateur de la créatrice, c'est sa faculté de se forger, plus facilement qu'elle, une cloison étanche entre sa vie amoureuse et son art. Souvent l'amour investit la femme complètement, au point de la détourner, plus facilement que l'homme, de sa mission de créer. Elle a tendance à vouloir se fondre dans la vie de l'autre, jusqu'à négliger sa propre personnalité. »

L'homme créateur, lui, « trouve le moyen de se détacher à son gré des contingences de la vie pratique et des accaparements de l'amour[277] ». *Une chambre à soi,* pour reprendre l'expression de l'écrivaine Virginia Woolf, c'est plus qu'un lieu, c'est « le temps réservé que nul ne vient interrompre[278] ». Or, l'esprit de la femme, « reste trop ouvert aux sollicitations de l'extérieur et aux demandes des siens[279] ».

Il faut se replier sur soi pour créer. Repli difficilement compatible avec la vie familiale. Comment Robertine arrivait-elle à trouver son espace, sa chambre à elle, en vivant avec sa mère, la gouvernante, ses sœurs et surtout ses frères qu'il lui faut servir ? Car oui, elle avait beau être féministe avant l'heure, elle avait beau travailler autant, sinon plus, que ses frères, dont deux exerçaient la profession d'avocat, un de greffier et un autre d'officier de police, il allait de soi qu'elle les serve. Il était d'ailleurs inimaginable, à cette époque, que les hommes puissent accomplir des tâches domestiques.

Il fallut un peu de temps à Robertine avant d'être totalement libérée de l'idée que c'est aux femmes que « la Providence » a

---

277. Liliane Blanc. *Elle sera poète elle aussi,* pp. 111 et 113.

278. *Ibid.,* p. 114.

279. *Ibid.*

imposé les tâches domestiques[280]. Car, comme nous l'apprend son collègue et ami Louis Fréchette, Robertine « se dévoue au service de ses frères et de sa vieille mère, elle s'occupe à quelque œuvre de bienfaisance discrète ; elle se rend à l'occasion et fidèlement où l'appellent ses devoirs sociaux –, car Françoise est une favorite dans les meilleurs cercles de Montréal – et enfin, elle se remet au travail[281] ». Si elle avait vécu seule, elle aurait bien évidemment cessé de servir ses frères. L'idée de vivre seule, d'être libre, exaltait cette femme indépendante. Mais plusieurs l'auraient alors assimilée à une prostituée. D'autant plus que la réputation de libertine lui collait déjà à la peau parce que, loin de valoriser le mariage, elle prônait plutôt les joies et les avantages du célibat.

Dans le Québec ultra-catholique d'autrefois, Robertine ne pouvait se permettre les libertés qu'elle aurait pu prendre ailleurs. Si elle avait habité Londres, une ville qu'elle visita à quelques reprises[282], elle aurait pu vivre dans le même quartier où s'étaient regroupées des femmes qui, ayant toutes comme idéal de mener une vie indépendante et libre, s'entraidaient et s'encourageaient mutuellement. Des écrivaines comme Margaret Harkness et Amy Levy y vivaient. La plupart de ces femmes demeuraient chastes. C'était pour elles un geste politique : « Aujourd'hui, dans le cœur de beaucoup de femmes s'élève un cri qui ressemble à ceci : je ne connaîtrai pas d'homme et je ne porterai pas d'enfant jusqu'à ce que cette apathie soit

---

280. Citée par Diane Thibeault. *Premières brèches dans l'idéologie des deux sphères. Joséphine Marchand-Dandurand et Robertine Barry, deux journalistes de la fin du XIXe siècle*, p. 50.

281. Louis Fréchette, « Françoise », *La Patrie*, 29 juin 1895.

282. Dans l'un de ses articles, elle note qu'elle marchait dans les rues de Londres avec Benoît (?) et que, bras dessus, bras dessous, ils allèrent voir « les bêtes du jardin d'acclimatation ». *Le Journal de Françoise*.

La grand-mère de Robertine Barry. (Société historique de la Côte-Nord.)

Le père de Robertine Barry.
(Société historique de la Côte-Nord.)

La mère de Robertine Barry et deux
de ses enfants : Mary et David.
(Société historique de la Côte-Nord.)

De haut en bas :

Le couvent des sœurs
où Robertine Barry fut
élève aux Trois-Pistoles.

La Cour de circuit
de l'Isle-Verte, village
natal de Robertine.

L'hôtel le Mansion House
de Cacouna.

Plaisirs d'eau à Cacouna.

Robertine Barry (dernière rangée, à droite), des camarades et des enseignantes chez les Ursulines de Québec.

Un dortoir chez les Ursulines de Québec.

Émilie Amanda Hudon
et David Nelligan,
parents d'Émile,
à Cacouna.

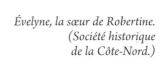

Évelyne, la sœur de Robertine.
(Société historique
de la Côte-Nord.)

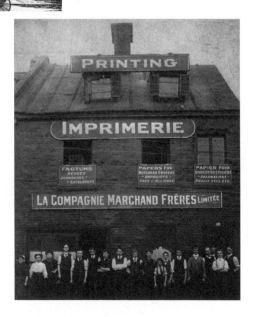

Honoré Beaugrand,
directeur de La Patrie,
premier employeur
de Robertine journaliste.

Le journal La Patrie,
fondé en 1879.

Une grande imprimerie
de Montréal.

Le célèbre magasin Dupuis Frères.

On se plaignait des caléchiers…
qui faisaient de la vitesse dans les rues de Montréal.

Robertine aimait assister aux nombreux concerts populaires qui se donnaient à Montréal Émile Nelligan l'accompagnait souvent.

Les sœurs Charlotte, Anne et Emily Brontë, les égéries de Robertine.

Robertine était fascinée par les séances de spiritisme.

L'hiver montréalais sur le fleuve dans le Vieux-Montréal.

Le marché, place Jacques-Cartier.

De haut en bas :

Le carré Victoria.

La rue Saint-Laurent en plein hiver.

Le funiculaire du Mont-Royal.

L'homme que Robertine détestait :
l'antiféministe Henri Bourassa.

En haut :

Une publicité dans La Patrie.

Ci-contre :
Un des écrivains préférés
de Robertine :
Guy de Maupassant.

Les rapides de Lachine vaincus par Robertine.

Robertine.

Le lazaret de Tracadie, dont la visite impressionna tellement Robertine.

Quelques pensionnaires du lazaret de Tracadie.

*Émilie Amanda Hudon,
mère d'Émile,
quand la famille
habitait Montréal.*

*Émile Nelligan,
le protégé de Robertine.*

La comédienne Sarah Bernhardt, l'héroïne d'Izeil, pièce qu'elle joua à Montréal et à laquelle assistèrent Robertine et Émile Nelligan.

Robertine
en son apogée
de femme et de journaliste.

La maison ancestrale des Barry aux Escoumains.

MAISON DES ANCIENS "BOURGEOIS" DES ESCOUMINS.

D'ABORD LA DEMEURE DE FÉLIX TÊTU, FONDATEUR DE L'ÉTABLISSEMENT (1845),
PUIS DE J.-E. BARRY, PÈRE DE ROBERTINE, QUI S'ILLUSTRA DANS LES LETTRES
SOUS LE NOM DE FRANÇOISE.
REFUGE (1865) DE QUATRE SUDISTES, LORS DE LA GUERRE de SÉCESSION.

anéantie et ces injustices réparées. C'est la "grève silencieuse" qui se déroule partout dans le monde[283] ».

Des annonces paraissaient dans les journaux : « Cherche communauté spirituelle pour femmes rebelles et résolues à rester célibataires. De préférence, professionnelles et impliquées dans leur milieu[284]. »

Dans l'un de ses articles, Robertine parla de ces femmes qu'elle enviait : « Cet esprit d'indépendance s'affirme à tel point que les plus incrédules sont forcés de se rendre à l'évidence. Les Américains ont même inventé, pour désigner la femme qui ne se marie pas, un mot qui demeurera désormais dans le vocabulaire de la langue : *the bachelor-woman* ; et un magazine très populaire, qui consacrait dernièrement un long article sur les clubs, les occupations, etc., de ces *bachelor-women*, faisant une peinture exacte du bonheur dont elles jouissaient à s'entourer dans un intérieur aimable, ajoutait que plusieurs de ces femmes vivaient ainsi, de leur plein gré, *"in single blessedness"*, ayant déjà et délibérément refusé des partis avantageux[285]. »

On peut présumer que certaines de ces femmes, afin de contrôler leur libido, suivaient les conseils du très populaire J.H. Kellogg, un médecin américain adventiste qui avait découvert que certains aliments étaient aphrodisiaques. Gâteau, gelée, sauce, farine raffinée, pâtisserie, alcool, étaient à proscrire pour qui voulait demeurer chaste. Il avait même créé les *corn flakes* Kellogg pour calmer les ardeurs. Il recommandait aussi aux femmes de ne pas porter de vêtements trop lourds

---

283. Lucy Re-Bartlett, citée par Élisabeth Abbott. *Histoire universelle de la chasteté et du célibat*, pp. 314-315.

284. Élisabeth Abbott. *Histoire universelle de la chasteté et du célibat*, p. 317.

285. Françoise. « Chronique du lundi », 25 novembre 1895.

ou de corsets trop serrés qui, en poussant le sang vers le bas, entraînaient, croyait-il, la nymphomanie.

Au cours de l'un de ses voyages à New York, Robertine avait rencontré les sœurs Ely qui tenaient un hôtel sur le Riverside Drive. L'hôtel était somptueux et confortable et les Ely, des femmes cultivées, drôles et émancipées qui plaisaient à Robertine, louaient des chambres à des voyageuses et de beaux appartements à plusieurs femmes célibataires. Robertine enviait leur indépendance. Au Québec, vivre ainsi lui aurait nui. Elle devait choisir ses batailles, car « avoir de l'audace à la fois dans son milieu, dans sa carrière et dans sa conduite personnelle, pouvait conduire à la catastrophe[286] ». Il fallait alors peu de choses pour qu'on juge que la vie d'une femme était déréglée. L'illustre l'anecdote suivante : un homme appela le médecin, parce que, disait-il, sa femme l'inquiétait à cause de la vie déréglée qu'elle menait. Or, tout ce que faisait son épouse, c'était de souper à quatre heures plutôt qu'à six. C'était là ce qu'il estimait une vie déréglée !

Robertine habitait donc avec sa famille, s'accommodant du mieux qu'elle pouvait des tâches qu'elle partageait avec ses sœurs et la vieille Cécile, ainsi que de toutes les fêtes familiales auxquelles elle ne pouvait se soustraire. Le temps des fêtes, entre autres, lui était plutôt pénible ; le jour de l'An surtout :

« Avec quelles anxiétés ce premier jour de l'année n'est-il pas attendu de tout le monde. Les femmes se demandent : "La couturière fera-t-elle défaut ? Aurons-nous beaucoup de visiteurs ?" Les hommes, eux, disent aussi quelque chose en faisant le nœud de leur cravate et en boutonnant leurs gants, mais

---

286. Anne Higonnet, *Femmes et images. Apparences, loisirs et subsistances* dans *Histoire des femmes en Occident. Tome IV*, p. 332.

je me garderai bien de l'écrire. Jetez-moi la pierre, si vous voulez, mais le premier janvier, je plains sincèrement les hommes de la tâche qui les attend. Car, voyez-vous, quelque effort que l'on fasse, on ne peut enlever ce je ne sais quoi d'intimidant qui fait le caractère des visites du jour de l'An[287]. »

Pendant que les hommes allaient de maison en maison offrir leurs vœux, les femmes, elles, restaient à la maison et recevaient les visiteurs à qui souvent on ne trouvait rien à dire. Il s'en trouvait même qui, pour paraphraser Robertine, babillaient plus aux heures de silence dans leur couvent que dans le salon de leur mère. Bref, « à cause de tous les salamalecs qu'il impose », le jour de l'An était une « cause d'ennui pour beaucoup de gens[288] ».

• • •

Malgré les inconvénients que cela comportait, vivre avec sa famille avait cependant l'avantage incommensurable pour Robertine de minimiser ses dépenses. Hormis la pension qu'elle payait à sa mère, car il n'était pas question de vivre au crochet d'Aglaé, elle pouvait jouir comme elle l'entendait de l'argent qu'elle gagnait. Elle en mettait de côté pour ses escapades de fins de semaine qui lui grugeaient une partie de ses économies. Robertine était souvent invitée chez des amies, des riches bourgeoises pour la plupart, qui avaient des maisons d'été à la campagne. Elle se rendait aussi régulièrement à New York et, projetant de visiter l'Europe, elle amassait de l'argent pour réaliser ce rêve. Il lui en fallait beaucoup, car elle aimait se payer

---

287. Françoise. « Chronique du Lundi », 28 décembre 1891.
288. *Ibid.*, 19 décembre 1892.

du luxe durant ses voyages. « Cinq cents dollars, écrit-elle, c'est une jolie somme, sans doute, mais conviens qu'avec cela on ne peut voyager bien loin[289]. »

Elle adorait sortir aussi. Transgressant plusieurs interdits inhérents à la morale, elle ne manquait pas un concert ou une pièce de théâtre. Plusieurs curés, évêques et archevêques avaient beau rappeler régulièrement de ne pas aller au théâtre – ce lieu de perdition et de « scandale où règne Satan avec un empire absolu, le vestibule de l'enfer[290] » – et les ultramontains de répéter que ce n'était pas là la place d'une femme vertueuse ou d'une bonne mère de famille, Robertine n'avait nullement l'intention de se priver de telles sorties. Il était révolu le temps où elle n'avait pas le droit d'aller au théâtre parce qu'elle était enfant de Marie. Plus encore, malgré l'opprobre que jetaient souvent les gens d'Église sur les artistes, Robertine ne se gênait pas pour vanter leurs mérites dans ses chroniques. Elle loua, entre autres, le talent de Sarah Bernhardt ainsi que celui de la diva Patti :

« Patti, la diva, Patti, la reine du chant, a passé parmi nous. Ainsi qu'un rossignol, dans sa course à travers l'espace, se posant un instant sur un rameau flexible, jette dans le ciel bleu sa divine chanson, puis repart à tire-d'aile charmer d'autres contrées par ses accents mélodieux, l'incomparable artiste, à peine, a effleuré notre sol. Rien, de tout ce qu'on en pourrait écrire, ne saurait rendre les nuances admirables de ce soprano délicat, les élans de son génie, et les chaleureuses inspirations qui s'échappent de son gosier docile. Patti, c'est l'âme. *C'est cette voix du cœur qui seule au cœur arrive,* comme disait Alfred de

---

289. *Ibid.*, 21 mars 1892.

290. Extrait de l'Annonce faite au prône de toutes les églises, en 1874, au nom de l'Évêque de Montréal. Pierre Hébert. *Censure et littérature au Québec*, p. 191.

Musset, dans sa magnifique apothéose de la Malibran. » Tout en rappelant que les philosophes de l'Antiquité affirmaient que « notre âme n'est formée que d'harmonies », elle écrivit que « cette reine du chant, ainsi que les notes de musique, fines et cristallines, élevaient l'âme[291] ». Malgré le prix exorbitant des billets, une foule nombreuse était venue l'entendre. Robertine explique cela en disant que l'art console de tous les malheurs, de toutes les souffrances et qu'il est le « remède aux désenchantements de la vie[292] ».

Robertine aimait profondément les artistes et signa plus de quatre-vingt-dix articles sur l'art. Elle n'était pas de ces critiques qui s'élèvent au-dessus de la masse. Pour elle, « le bon sens commun, dans l'art comme ailleurs, est le plus sûr des guides. Une toile raconte-t-elle bien son histoire et vous l'aimerez et vous aurez raison ». Et « quand on aime la peinture – et qui ne l'aime pas ? – le sens artistique, inné dans chacun de nous, trompe rarement sur le mérite intrinsèque d'une œuvre[293] ». Elle aimait les natures mortes, reprochant du même coup à Marc-Aurèle Suzor-Coté de ne pas avoir exposé les siennes[294].

• • •

On ignore d'où parvint l'offre mais Robertine et sa sœur Marie traduisirent un livre qu'elles signèrent du pseudonyme Geneviève. Renée des Ormes, qui mentionne ce fait, ne précise pas le titre du livre ni l'éditeur. Ce qui est peut-être

---

291. Françoise. « Chronique du lundi », 5 mars 1894.

292. *Ibid.*

293. Françoise. « Chronique du Lundi », 16 mai 1892 et 12 avril 1897.

294. Annie D'Amours. *La nature morte au Québec et la question du sujet en art (1887-1907)*. Thèse. Université Laval, p. 4.

symptomatique de la discrétion qui *devait* entourer le travail des femmes qui s'aventuraient en littérature.

Traduire était, au XIXe siècle, un moyen d'accéder à l'écriture sans trop soulever de vagues. La traduction était en effet « considérée comme une activité féminine par excellence, pour des raisons évidentes. On traduit chez soi, en privé : on ne s'expose donc pas à la publicité indécente du marché littéraire. La traduction, bien que parfois fort bien payée, est une activité anonyme : on ne prostitue pas le nom du mari, on ne met pas la famille en danger. Enfin, c'est une activité compatible avec les tâches dites féminines : on peut l'interrompre et la reprendre à loisir, on soumet son « travail » au rythme du foyer et non l'inverse[295] ».

Les discours misogynes et méprisants, dont les femmes écrivaines étaient assez souvent l'objet, révèlent que la traduction était une façon de mettre les pieds dans le domaine littéraire sans faire trop de bruit. Traduire était un moyen de ne pas transgresser totalement l'interdit d'écrire. Une façon discrète de faire ses premiers pas en littérature, un domaine qui, depuis l'enfance, fascinait Robertine.

Cette traduction rapporta 100 $ aux sœurs Barry, ce qui représentait, à l'époque, une jolie somme. Mais elles ne l'avaient pas volée. Traduire n'est pas si simple qu'il y paraît et ne se fait pas aussi rapidement que d'aucuns le croient. Il faut du talent pour y arriver. Certains sont doués, d'autres pas. Il arrive que des traducteurs travestissent à ce point la pensée de l'auteur qu'on a peine à la reconnaître. Chaque écrivain a une musique, une voix qui n'est comparable à aucune autre. Les traducteurs

---

295. Marie-Claire Hoock-Demarle, « Lire et écrire en Allemagne » dans *Histoire des femmes en Occident. Le XIXe siècle,* p. 195. L'Allemagne, souligne M.C.Hoock-Demarle, est « une sorte d'échantillonnage à l'image de l'Europe de ce temps ».

les plus talentueux arrivent parfaitement à trouver cette musicalité et Robertine en faisait sans doute partie. Elle avait hérité de ses ancêtres les Celtes, un immense respect pour les mots. Lorsqu'elle était enfant, elle avait souvent regardé un des livres appartenant à son père dans lequel étaient illustrées des enluminures somptueuses faites par des moines celtes qui, ainsi, rendaient hommage aux mots. Les moines, en effet, « ne ménageaient pas leur peine pour réaliser pareilles merveilles : ainsi, la couleur bleue s'obtenait en broyant du lapis-lazuli importé d'Asie. La fabrication même de ces livres était une véritable méditation permettant aux scribes d'entretenir une relation intense avec Dieu[296] ».

• • •

Robertine pourchassait les charlatans, dénonçant sans relâche ceux qui exploitaient leurs semblables lorsque la maladie, ou celle de leurs proches, les plaçait dans un état de grande vulnérabilité face aux promesses de guérisons miraculeuses. Mais ses actions n'étaient pas toujours très rationnelles. Tout au long de sa vie, elle consulta des voyantes, des graphologues, des « tireuses de cartes ». Elle en parlait ouvertement, écrivant même des articles où il est question de phénomènes paranormaux : « Comment la conversation fut-elle amenée à rouler sur des sujets psychiques, tels que dédoublement de notre être, forces occultes, phénomènes inexplicables ? Je n'en sais rien. Peut-être la grande ombre de la Toussaint planant sur nous, à ce moment, nous invitait-elle à l'étude de graves problèmes, et disposait-elle l'esprit aux explorations dans le domaine du

---

296. Comme l'explique Lyn Webster Wilde dans *Le monde des Celtes,* p. 110.

surnaturel. »[297] Ces propos, que l'on jugerait aujourd'hui déplacés s'ils étaient publiés dans l'un de nos grands quotidiens, ne semblent nullement détonner dans les pages des journaux du XIXe siècle.

Partout dans le monde, le spiritisme était à la mode. Aux États-Unis, plus d'un millier de médiums suivaient les traces des sœurs Fox, des voyantes célèbres. Les cercles de spiritisme essaimaient aussi un peu partout en France et leur plus célèbre adepte était Victor Hugo, l'un des auteurs préférés de Robertine. Hugo avait consulté une médium lorsqu'il habitait une maison isolée à Jersey. Cette maison était située au bord de la mer et on racontait que la plage, juste en face, était hantée par trois femmes : la Dame blanche qui, dans un moment de désespoir, avait assassiné son enfant ; la Dame noire, une ancienne druidesse qui, elle, avait assassiné son père, et la Dame grise dont on ne savait pratiquement rien. C'est dans cette ambiance qu'Hugo commença à s'intéresser au spiritisme. Tout a débuté avec la visite de son amie, la poétesse Delphine Gay, qui était l'épouse du journaliste-publiciste Émile de Girardin. Delphine lui parla avec enthousiasme des séances de spiritisme qu'elle-même présidait. Même s'ils étaient sceptiques, Hugo et sa femme acceptèrent d'assister à une séance. Au début, il ne se passa pas grand-chose, mais dans la nuit du 11 septembre 1852, ils furent bouleversés, car ils crurent entrer véritablement en contact avec leur fille chérie, Léopoldine, morte noyée dans la Seine. Désirant ardemment lui *parler* de nouveau, ils établirent souvent des communications avec l'au-delà, parfois même plusieurs fois par jour[298].

297. Françoise. « Qu'est-ce ? », *Le Journal de Françoise,* 7 novembre 1908.
298. Victor Hugo a fait le récit de toutes ses communications dans un livre intitulé *Les tables tournantes de Jersey,* qui ne fut publié, à sa demande, qu'après sa

Dans tous les villages et villes du Québec, se trouvaient des *messagers de l'au-delà* qui faisaient tourner les tables et entraient en transe. Puisque cela faisait partie de la mentalité ambiante, on en parlait ouvertement, sans éprouver aucune gêne. Des journalistes, dont ceux de *La Patrie,* publiaient des articles relatant des histoires de fantômes, de maisons hantées et toutes sortes de phénomènes paranormaux. Des voyants offraient leurs services dans les petites annonces. Dans certaines d'entre elles, seul le mot « Somnambule » est écrit, accompagné d'un numéro de téléphone. Cette petite annonce reste mystérieuse pour ceux qui ignorent que le mot somnambule était synonyme de femmes-médiums. Mais cela devait être compris de tous les gens vivant au XIXe siècle puisque l'annonceur ne sentait nullement le besoin de donner plus de détails. Les « voyantes » de toutes sortes faisaient des affaires d'or, particulièrement celles dont la clientèle était triée sur le volet. De riches hommes d'affaires et des hommes politiques les consultaient avec une payante régularité[299].

Bien sûr, quelques voix s'élevèrent contre ces pratiques. Celles des intellectuels qui, avant de se prononcer, cherchent toujours, avec raison, à savoir si telle ou telle pratique est étayée. Ou bien celles des médecins qui estimaient que les somnambules et les médiums étaient des « folles ». Il y avait aussi des ecclésiastiques qui soulignaient les dangers inhérents à ces pratiques témoignant, selon eux, d'interventions diaboliques.

---

mort. Il y raconte qu'il entra en contact avec des personnages illustres dont Platon, Molière, Shakespeare, Chateaubriand, Racine, ainsi qu'avec les trois dames qui hantaient la plage en face de sa maison.

299. Des années après la mort de Robertine, MacKenzie King, l'ancien premier ministre du Canada, désireux d'entrer en contact avec sa défunte mère, a souvent assisté à des séances de spiritisme.

À l'affût de tout ce qui s'écrivait sur les *femmes nouvelles,* Robertine n'ignorait pas que plusieurs « médiums » se faisaient passer pour telles afin de faire circuler leurs idées féministes. Certaines d'entre elles écrivaient même des livres. À une époque où l'on se méfiait encore des femmes-écrivaines, elles avaient trouvé un moyen plus facile de se faire éditer et mettaient dans les messages d'outre-tombe leurs idées féministes. Ce procédé, s'il n'était pas particulièrement honnête, permettait cependant de donner la parole aux femmes. En parlant d'une de ses écrivaines-médiums, l'historienne Nicole Edelman écrit : « Sa médiumnité n'est plus qu'un prétexte, un masque qui lui permet d'écrire et d'être lue. En tant que médium écrivain, ses livres sont en effet édités sans problèmes. La médiumnité devient un subterfuge et un déguisement nécessaire pour transgresser les interdits faits aux femmes du XIX\ :sup:`e` siècle. Elle est une étrange manière d'être au monde, un chemin détourné pour trouver son identité[300]. » C'est ainsi que « des médiums brisent par un étrange détour le silence de la femme ». Elles disent que ce qu'elles écrivent sur la femme nouvelle leur a été transmis directement de l'au-delà. Les prophètes, disent-elles avec conviction, seront des femmes. Ce sont elles qui sauveront le monde. « Prenez votre place, défendez vos droits, ne vous soumettez plus », conseillaient-elles à toutes les femmes, annonçant du même coup la venue en masse de femmes nouvelles. L'une d'elles, Lady Caithness, publiait, en France, une revue, *L'aurore du jour nouveau.* Elle y parlait souvent de *la voie parfaite,* celle de la femme nouvelle qui se fera entendre et prendra sa place. « Nous entrons dans l'ère de l'esprit féminin », tel

---

300. Nicole Edelman dans *Voyantes, guérisseuses et visionnaires en France. 1785-1914,* p. 215.

était son leitmotiv. Elle invitait les hommes autant que les femmes à reconnaître les liens qui unissent non seulement tous les humains entre eux, mais aussi avec les anges et les esprits. Les prêtres ne l'aimaient guère, car elle dénonçait la religion qui, disait-elle, abaisse les femmes. Elle risquait de voir ses livres détruits comme ceux du spirite Allen Kardec[301], saisis et brûlés sur la place publique de Barcelone, sur l'esplanade, là où étaient exécutés les criminels et où, au fil des ans, comme partout dans le monde, furent brûlés aussi des livres rédigés par des érudits qui n'avaient comme seul défaut que de déplaire aux hommes de pouvoir.

Robertine était d'autant plus sensible aux discours des voyantes qu'elles tendaient « à placer le spiritisme dans la lignée du druidisme[302] ». Elles parlaient souvent des druides qui, se basant sur l'étude de la nature, affirmaient qu'un fluide physique reliait tout ce qui est vivant, y compris la terre et les astres. Or, Robertine mentionna à plusieurs reprises combien elle était fière d'avoir du sang irlandais dans ses veines et d'être ainsi liée aux druides.

L'un des auteurs préférés de Robertine, Maupassant, affichait ouvertement lui aussi ses croyances en l'au-delà : « Nous sommes entourés de choses que nous ne soupçonnerons jamais parce que les organes nous manquent qui nous les révéleraient. Le magnétisme est de celles-là peut-être. Nous ne pouvons que pressentir cette puissance, que tenter en tremblant ce voisinage des esprits, qu'entrevoir ce nouveau secret de la nature », a-t-il écrit dans la nouvelle *Le fou*.

---

301. Son vrai nom est Rivail. Il affirmait être la réincarnation d'un mage druidique, appelé Allen Kardec.

302. Nicole Edelman dans *Voyantes, guérisseuses et visionnaires en France. 1785-1914*, p. 111.

Bien qu'elle ne fréquentait aucun cercle spirite, Robertine participa à des séances où, avec d'autres personnes, elle interrogea ce qu'elles appelaient alors *la planchette*. Elle fut témoin, écrivit-elle, que ça fonctionne, car un « esprit fluide ou autre substance incorporelle imprime un mouvement à la planchette[303] ».

Robertine croyait fermement qu'un fil invisible relie tous les êtres humains et que chacun peut ressentir la douleur ou la détresse d'une personne aimée même s'il est à plusieurs milles de distance. Ses sœurs jumelles faisaient souvent l'expérience de cette forme de télépathie et Robertine *savait* quand sa sœur Évelyne était malade ou préoccupée.

Elle avait dans son cercle d'amis bien des gens qui croyaient à la télépathie. L'un d'eux, médecin, lui raconta ce qui lui était arrivé durant l'été 1886 :

« Je revenais d'une promenade dans la rue Sainte-Catherine, en compagnie d'un ami. Nous causions avec beaucoup d'animation et d'entrain quand, arrivés à l'angle de l'avenue Union, le cadran du clocher de la cathédrale anglaise sonna onze heures. J'écoutais distraitement la musique chantante de l'heure qui passe, quand soudain, tout ce qui m'entourait et jusqu'à mon ami, disparurent à mes yeux. Je ne vis plus qu'une longue route déserte, éclairée par la lune, et, sur cette route, mon frère Arthur, traîné sur le sol rocailleux par son cheval qui avait pris le mors aux dents. Je ne puis affirmer que j'ai réellement vu cette scène, car je me rendais compte que la vision était à demi mentale, à la façon des images que l'imagination réussit à se représenter comme vivantes. Cependant, je vis, de mes yeux, la route comme si elle s'étendait devant moi, tandis que le cheval, la

---

303. Françoise. « Chronique du Lundi », 5 novembre 1894.

voiture et mon frère semblaient plutôt appartenir à une illusion créée par l'esprit. Je ne trouve pas d'autres termes pour décrire la différence entre cette vue physique et si nette de la route, et cette autre, toute spéculative, des acteurs de la scène. Ces manifestations extraordinaires défient, nous le savons, la puissance des mots. Pendant quelques secondes – qui me semblèrent des heures – j'eus l'âme suffoquée par la sensation du danger que courait à ce moment mon frère, puis je me sentis rassuré et soulagé par l'impression que le danger était tout à fait passé. […]

« Je dis à mon ami : "Arthur vient d'échapper à un malheur ce soir ; il a été traîné par un cheval emporté, sur un chemin désert éclairé par la lune, mais grâce à Dieu, il a réussi à maîtriser la bête et il s'est relevé sans blessures graves." Mon ami me répondit fort irrévérencieusement : "J'espère que tu ne viens pas fou", et comme je n'insistai pas, il se mit à parler d'autre chose. »

Le médecin confia à Robertine que son frère, arrivé chezlui le samedi suivant avec le côté droit de la figure enflé et couvert d'égratignures, fut extrêmement surpris de constater qu'il n'avait pas besoin de lui expliquer ce qui lui était arrivé :

« J'ai vu, ajouta-t-il, ou j'ai eu la connaissance, alors qu'il était à cent milles loin de moi, d'un accident survenu à mon frère. Je ne pensais pas à lui à ce moment, je n'étais ni inquiet ni souffrant de dépression nerveuse ; au contraire, mon humeur était excellente. Tout ce que j'ai vu ou cru voir est arrivé de la façon la plus parfaitement exacte : l'heure, l'endroit, et jusqu'à la sensation très juste du danger évité… Peut-on expliquer ce phénomène ? Est-ce télépathie ? Est-ce dédoublement de l'être ? Qu'est-ce ? »

Robertine regardait son cher ami qui, songeur, ne fumait plus : « Son cigare, à peine consumé, était éteint depuis une demi-heure déjà sans qu'il songeât à le rallumer ». Et c'est, écrit-elle, « une bien forte émotion que celle qui peut faire oublier à mon vieil ami de finir le cigare qu'il a commencé[304] ».

Robertine croyait non seulement aux prémonitions, à la télépathie, aux communications avec les esprits et à toute forme de voyance, mais aussi au pouvoir de certains talismans. Un jour qu'elle marchait dans une rue de Montréal, elle vit un fer à cheval « que le sabot d'un coursier vigoureux venait, sans doute, de lancer sur le trottoir ». « Si vous croyez, écrit-elle, que j'ai passé mon chemin, c'est que vous ignorez toute la vertu occulte qu'il y a dans une trouvaille comme celle-là. Trouver un fer à cheval – et tout le monde à la campagne peut vous l'apprendre –, c'est ce qu'il y a de plus chanceux. C'est comme si la fortune elle-même, interrompant sa course vagabonde, s'était laissé choir sur votre passage. » Robertine le regarda attentivement, et voyant que trois clous y adhéraient encore, pensa aussitôt : « Trois ! Nombre impair et chiffre fatidique… rien ne manquait donc pour que la chance fût complète. J'étais gâtée par le sort. » Robertine le ramassa et, tenant « précieusement le talisman » dans sa main, ne se soucia nullement des « sourires moqueurs échangés sur son passage ». Arrivée chez elle, elle reçut les « chaudes félicitations » de la vieille Cécile, qui croyait « à la vertu d'un fer à cheval comme les Mahométans croient au Coran » et s'empressa de l'accrocher, courbe en bas. Chaque jour, Robertine époussetait son porte-bonheur, indifférente aux moqueries : « Surtout qu'on ne rie pas. Chacun a sa marotte ici-bas ; les plus grands philosophes, voire les

304. Robertine raconte cette histoire dans le *Journal de Françoise* du 7 novembre 1908 ainsi que dans la nouvelle « Qu'est-ce ? », *Fleurs champêtres*, pp. 280-285.

plus incrédules, n'ont pas été au-dessus de quelque faiblesse de cette nature[305]. »

Avec des amies, elle se prêtait à des rituels magiques qu'elle décrivait ensuite dans ses chroniques. Un soir du premier novembre – le jour des morts – elle invita deux amies : « Une bonne odeur de pommes rôtissantes régnait dans l'atmosphère attiédie de l'appartement. Sur la longue table – où tant de fois j'aime à lui rendre ce témoignage – on a rompu le pain de l'amitié, étaient disposés les accessoires nécessaires aux conjurations du sort. D'abord, trois soucoupes : une plein d'eau, l'autre de terre, mais la troisième doit rester vide. Que celui ou celle qui veut consulter le destin se couvre les yeux d'un bandeau et aille toucher, au hasard, l'une des trois soucoupes. Si c'est dans l'eau, c'est signe d'un heureux mariage. Si c'est la terre, c'est qu'on doit partir avant longtemps, les pieds devant. Si c'est la troisième, c'est le célibat perpétuel. »

Les trois femmes firent ensuite un autre rituel durant lequel elles levèrent un verre d'eau devant la lumière d'une lampe et attendirent que les formes que développerait l'albumine leur transmettent un message[306]. Elles riaient aux éclats parce que l'une voyait une chose et l'autre son contraire.

Ce soir-là, Robertine eut de la difficulté à s'endormir, l'esprit trop obnubilé par les histoires de fantômes dont elle avait parlé avec ses amies. Elle laissa la lumière allumée et s'assura que le bois de cèdre placé dans un coin de sa chambre était toujours là. Une Amérindienne lui avait appris que le cèdre protégeait des mauvais esprits.

---

305. Françoise. « Chronique du Lundi », 15 mai 1893.
306. *Ibid.*, 31 octobre 1892.

Même si elle parlait ouvertement de phénomènes paranormaux et qu'elle avouait être superstitieuse, Robertine n'en ridiculisait pas moins certaines superstitions. Elle se moquait, entre autres, des colporteurs qui venaient dans le Bas-du-Fleuve et qui étaient pour elle d'un grand divertissement. Elle raconta que l'un d'eux tentait de leur faire croire qu'en Terre Sainte, l'on projetait de faire ciseler une châsse destinée à recevoir un morceau de chair enlevé à l'Enfant-Jésus lors de sa circoncision et que tous les catholiques qui contribueraient à la construction de cette châsse auraient part aux plus grandes indulgences. Un autre voulait vendre, à fort prix, une plume qui, selon lui, provenait de l'ange Gabriel, alors qu'il s'agissait en fait d'une plume de canard. Celui qui tirait des larmes à Robertine, tant elle riait, avait, dans sa besace, une bouteille qui, disait-il le plus sérieusement du monde, renfermait le « Hon » que faisait saint Joseph lorsqu'il fendait du bois. Lorsqu'on ouvrait la bouteille, on était censé entendre : « Hon ». Il avait réussi à en vendre des dizaines !

• • •

Lire Robertine, c'est s'esclaffer souvent. Son humour exquis la rend tout simplement hilarante. Ce génie comique, qui se manifesta dès l'enfance, la poussa au début de sa carrière à faire rire ses lecteurs de la même façon qu'enfant, elle déridait sa famille avec ses pitreries et charmait tous ceux qui fréquentaient la maison des Barry. Elle savait d'instinct comment mettre les rieurs de son côté. Elle aimait se moquer de l'affectation, de la bêtise.

Robertine avait un profond respect des autres mais, au début de sa carrière de journaliste, ce respect était, disons…, discontinu et imparfait, car les jours de bonne humeur débordante, elle ne ratait pas une occasion de se divertir et de divertir les autres en se moquant des « pauvres gens » qui, selon elle, s'exprimaient mal.

Dans l'une de ses chroniques, elle parla d'une pièce de théâtre jouée à La Malbaie et se moqua au passage d'une comédienne amateur et de ses parents :

« J'étais assise près des parents de l'actrice personnifiant l'héroïne, une robuste gaillarde qui, par parenthèse, était bien de taille à donner une tripotée à ses bourreaux. Comme je m'extasiais – histoire de faire plaisir à mes bons voisins – sur les beautés du drame et les qualités de l'actrice, le bonhomme, que la fille avait, sans aucun doute, préalablement averti du dénouement, me répondit avec une pointe d'orgueil : – Ah ! mé, attendez, elle n'est point au plus creux de ses traverses. Vous allez voir tantôt les protestants qui vont revenir avec des varges et y vont varger dessus avec[307] ! » Varges et varger ! Elle trouvait ces expressions hilarantes.

Dans une autre chronique, elle se moqua des surnoms que se donnaient les époux :

« Le mari appelle sa femme : Criquette ; lui, répond à son tour au surnom de Criquet et, dans un commun accord, ils ont dénommé leur petite fille, une délicieuse enfant de quatre ans à peine : Petite Crique. Ainsi, c'est très intéressant d'entendre, à une réunion d'intimes, la femme dire à son mari : – Allons, Criquet, il est temps de partir. – Comme tu voudras, Criquette. Où est Petite Crique[308] ? »

---

307. *Ibid.*, 23 novembre 1891.
308. *Ibid.*, 16 janvier 1893.

Robertine jura qu'elle n'exagérait pas, qu'elle avait bel et bien entendu ce discours mais qu'avant de l'écrire, elle s'était informée auprès « du couple de grillons » s'ils lisaient *La Patrie* et, sur leur réponse négative, s'était permis de « les livrer au public sans crainte de froisser leurs sentiments ». Dans cette même chronique, elle parla de quelques-unes de ses connaissances dont l'une appelait son mari : *Ma petite fille*, ou de ce couple qui s'appelait mutuellement *Mon Vieux et Ma Vieille* alors qu'ils étaient encore jeunes. Robertine raconta aussi qu'un brave garçon de L'Isle-Verte, un cultivateur, avait épousé une maîtresse d'école qui estimait que le nom de Mathias était trop prosaïque et ne l'appelait plus que Tébaldo : « Vous savez qu'à la campagne, les innovations de ce genre sont peu appréciées. Le nom ne prit pas : on rit, on s'en moqua, on le défigura. De Tébaldo, on en fit Crébadeau, Rébadaud, etc., si bien que le pauvre garçon avouait que cela faisait le tourment de sa vie, et que de plus, avec ce nom nouveau, il ne se sentait pas marié du tout[309]. »

Sans scrupules, Robertine commentait aussi avec humour les notices nécrologiques : « Passons maintenant au décès d'un jeune écolier […] Au dernier congé, "il était encore, ou du moins semblait être tout rayonnant de santé : après le souper, il fut vu suivant, mais avec une gaieté de mauvais aloi, le corps de musique du collège". C'est cette gaieté de mauvais aloi qui l'a tué, j'en suis sûre[310] », conclut Robertine.

Beaucoup de ses lecteurs appréciaient son humour, dans la mesure, bien sûr, où ils n'étaient pas les dindons de la farce. L'une de ses lectrices, qui enseignait à cette époque à Saint-Odilon

---

309. *Ibid.*, 16 janvier 1893.
310. *Ibid.*, 23 mai 1892.

de Cranbon, écrivit : « Quand j'enseignais, il m'arrivait de passer des heures pénibles ; je me sentais accablée par la tristesse. Alors je prenais les chroniques de Françoise et cela me réconfortait. Je jouissais beaucoup à son genre d'esprit. » Ces chroniques étaient « son meilleur déridant », mais elle note cependant que, les premières années, Robertine était si « moqueuse » qu'après avoir fait des entrevues, celles qu'elle avait interviewées se demandaient si elle n'avait pas ri d'elles[311].

Il n'y avait pas que l'humour de Robertine qui agaçait certaines personnes, mais aussi certains propos qui étaient perçus comme une forme de racisme. Estimant que charité bien ordonnée commence par soi-même, Robertine contestait le fait que l'on donne de l'argent aux Hindous à la place des pauvres Montréalais[312]. Le rédacteur en chef de *La Patrie* ne censura pas Robertine, ni aucun des journalistes de *La Patrie*, même si le propriétaire du magasin à rayons Morgan avait retiré sa publicité parce que ce journal alimentait, selon lui, les querelles ethniques.

En écrivant aussi que les Italiens ne « forment généralement pas la clientèle d'un manucure et qu'ils ont des rapports très tendus avec l'eau et le savon[313] », Robertine montre certes que ses propos sont parfois teintés d'une forme de racisme, mais ni plus ni moins que la majorité de ses confrères. On aurait pu s'attendre toutefois à ce qu'elle soit plus sensible qu'eux. Fille d'Irlandais, elle n'ignorait certainement pas qu'ils avaient eux-mêmes si mauvaise réputation que dans les villes américaines, les offres d'emploi se terminaient par : *Irlandais*

---

311. Notes de travail de Renée des Ormes. Centre d'archives du Saguenay-Lac-Saint-Jean, dossier 1328.

312. Françoise. « Chronique du lundi », 8 février 1897.

313. *Ibid.*, 25 juillet 1892.

s'abstenir! Parmi les Irlandais qui ont immigré aux États-Unis, au début du XXe siècle, certains n'ont d'ailleurs pas hésité à avoir recours à la chirurgie esthétique afin de mieux se fondre au peuple américain :

« Il devint alors possible de modifier son corps pour devenir un "vrai" citoyen, dans un pays étranger ou dans un environnement hostile. Aux États-Unis, par exemple, des Noirs à la peau claire se font refaire le nez et les lèvres pour pouvoir franchir l'obstacle de la ségrégation. Ceux qui ont la peau trop foncée utilisent des remèdes pour l'éclaircir. À New York, les immigrants irlandais changent leur nez camus pour des nez "anglais" et se font recoller les oreilles. Débarrassés de ces traits caractéristiques de la "nature irlandaise dégénérée", ils peuvent "passer" pour des Américains[314]. »

Au fil de ses chroniques, Robertine fit preuve d'une plus grande délicatesse et son humour s'affina. Son écriture, toujours vive, galopait avec plus d'élégance. Elle cessa progressivement de se moquer, et ses écrits révélaient une plus grande sensibilité et un plus grand respect des autres. La franchise de ses amies et collègues ainsi qu'une meilleure compréhension de la nature humaine, avaient provoqué ce changement :

« Recevant alors les confidences de plusieurs, elle comprit ce qu'il y avait de souffrances cachées sous les apparences des travers et des cocasseries ; alors elle a pris l'habitude d'être plus indulgente et plus délicate dans ses reportages et ses remarques[315]. »

---

314. Sander L. Gilman, professeur de biologie humaine, Université de Chicago. *Les chirurgiens du bonheur.* www.unesco.org/courrier/2001_07/fr/doss31.htm.

315. Renée des Ormes. Notes de travail. Centre d'archives du Saguenay-Lac-Saint-Jean, dossier 1328, pièces 1 et 4.

Robertine s'éleva même de plus en plus souvent contre toute forme d'humiliation, comme celle, entre autres, que subissaient les « femmes à barbe » dans les cirques et qui, devenues ainsi des objets de curiosité, perdaient leur dignité[316].

Ses lecteurs l'appréciaient de plus en plus. Ils aimaient son sens de la répartie, son franc-parler, ses idées originales. Plusieurs savaient maintenant qui se cachait derrière le pseudonyme Françoise et la reconnaissaient dans la rue. On la recevait comme une reine quand elle s'arrêtait au Club de jeunes filles où elle pouvait manger, ou s'installer dans un confortable fauteuil de la bibliothèque pour y lire un livre et ensuite faire de l'exercice dans la salle de gymnastique[317]. On la recevait tout aussi royalement quand elle visitait le studio de l'Association artistique des femmes qui se trouvait dans l'édifice du YMCA où elle admirait les magnifiques sculptures, les objets en *cuir repoussé*, les belles porcelaines[318]. On lui cédait les meilleures places lorsqu'elle allait écouter l'orchestre du Parc[319]. Sa popularité lui attirait bien des faveurs. Souvent, on ne ménageait aucun effort pour lui faire plaisir. Ainsi, lorsqu'elle alla à Valleyfield afin d'assister au sacre de Mgr Eymard, elle perdit sa montre, un bijou que lui avait donné sa mère et auquel elle tenait beaucoup. Affolée, elle courut jusqu'à la salle du banquet offert en l'honneur de Mgr Eymard et, essoufflée, paraissant au bord de la panique, elle confia cette perte, d'un « ton lamentable », au chef de police. Or, celui-ci se démena tant et si bien pour elle qu'en moins de trois jours, il retrouva la précieuse montre.

---

316. Françoise. « Chronique du Lundi », 29 juillet 1895.
317. *Ibid.*, 16 juillet 1894.
318. *Ibid.*, 2 décembre 1896.
319. *Ibid.*, 1er juillet 1895.

De retour à Montréal, Robertine s'empressa de lui manifester sa reconnaissance dans sa chronique et le chef de police, reconnaissant à son tour, lui envoya un bel éventail afin de la « remercier d'avoir su reconnaître les services que la police rend aux citoyens et à la société[320] ». « Je l'aime, mon éventail, à tel point que je suis jalouse quand un autre que moi le prend dans sa main. […] Que je le quitte ou que je le reprenne, son souffle est toujours doux, frais comme le vent caressant d'un zéphyr qui passe sur les plaines. Il m'y fait rêver. Et les yeux fermés, pendant que, doucement, je l'agite, je revois la campagne jolie, les marguerites, les boutons d'or, les rosiers sauvages qui fleurissent dans les blés. Les grands rosiers ! Ce sont eux qui m'attirent surtout, et que je vois dans mon esprit, aussi distinctement que si je courais encore dans les petits sentiers qui m'y conduisaient jadis[321]. »

• • •

Robertine s'était habituée à tout depuis qu'elle vivait à Montréal. Au bruit, à la boue dans les rues, au manque de civisme de certains cochers, aux mots-assassins qu'on disait dans son dos ou en pleine face, à la tension quotidienne inhérente à son travail. Elle s'était aguerrie à tout cela. Mais il est une chose à laquelle elle ne pouvait s'habituer. La misère. Cette misère qu'elle avait sous les yeux chaque jour en se rendant au travail :

« Il n'y a rien de plus poignant, écrit-elle, que le spectacle de ces malheureux, mal vêtus, exposés aux intempéries des saisons, grelottants et bleus par le froid, ou mouillés jusqu'aux

---

320. *Ibid.*, 2 juillet 1894.
321. *Ibid.*

os sous une pluie torrentielle. Pendant que recouvert d'un épais manteau vous bataillez contre les rigueurs de la saison, luttant contre la violence du vent, la poussée de la pluie, vous songez pour ranimer votre courage au bon feu qui vous attend, à cet intérieur chaud et confortable où vous allez tout à l'heure reposer vos membres fatigués. Eux, que vous laissez derrière vous, à quoi songent-ils, ces déshérités de ce monde ? Quand ils auront lutté tout le jour, toutes les longues heures du soir, peuvent-ils seulement se consoler à la perspective du repos dans leur misérable réduit, aussi froid, aussi désolé que le ciel inclément ? Quel est ce monceau informe, homme ou femme, qui, accroupi près d'une borne, tient d'une main un vilain parapluie et de l'autre fait tourner la manivelle d'un méchant orgue de Barbarie, rendant, par saccades, des sons aigres et faux ? L'air qui grince ainsi devrait avoir été composé pour une fête ; son rythme est joyeux, enlevé, mais aujourd'hui l'instrument est usé, le bras qui le tourne plus usé encore. Les sons arrivent traînants, alanguis, et ces quelques notes perçantes qui s'élèvent encore ne sont plus que les plaintes d'une lamentable désolation. Oh ! Je vous le jure, le cœur se serre dans la poitrine, et, pour un rien, vous voudriez emporter ces misérables loques, cette vieillesse malheureuse, cette musique pitoyable, tout charger sur vos épaules pour déposer votre fardeau dans quelque coin d'une de ces grandes cuisines de campagne, par exemple, où l'hospitalité est si généreuse, le feu si clair et le large chanteau du pain cuit sur l'âtre, si tendre et si frais.

« Le lendemain, vous le retrouvez ailleurs, dans une autre rue, tantôt dans l'est, tantôt dans l'ouest, sans qu'un établissement charitable soit là pour ouvrir ses portes, recueillir cette misère et lui assurer une protection efficace. Et il restera donc à la merci des éléments, en butte aux espiègleries des gamins, livré à cette foule indifférente qui lui jette son aumône le plus souvent comme on jette un os à un chien pour que ses cris ne nous importunent plus. Que voulez-vous qu'il fasse ? Sans ce sou que la pitié ou l'égoïsme lui donne, il n'aurait rien pour apaiser cette faim qui le ronge, rien pour ceux qui l'attendent, anxieux dans son pauvre réduit ; c'est pourquoi, tous les jours, il reviendra jusqu'à ce que la mort l'enlève à cette existence de paria.

« Quand cette maison de Refuge dont on parle sera fondée, j'y voudrais voir ce pauvre cul-de-jatte que l'on rencontre dans les rues Saint-Jacques ou Saint-Laurent et qui roule des yeux si pitoyables en vous tendant la main ; j'y voudrais voir encore le triste aveugle qui, adossé contre l'édifice de la New-York Life, offre au public sa sébile de fer blanc. J'y voudrais voir aussi le bon vieux à barbe blanche qui égrène son chapelet, les pieds dans la boue, près de chez Scroggie ; je l'y voudrais installé dans son bon fauteuil, près d'une fenêtre qui regarderait le ciel et je lui dirais : "Récitez votre Avé, priez pour ceux qui ne prient pas, c'est votre aumône à vous, faites-la large et abondante"[322]. »

Robertine avait aussi le cœur serré devant le spectacle des enfants pauvres, privés de tout, et qui, très jeunes, devaient travailler. Elle en croisait chaque jour qui se rendaient à l'usine par des matins glacials, visiblement mal nourris, mal vêtus, le regard triste. Ils n'étaient pas rares non plus, les petits vendeurs de journaux, âgés d'à peine cinq ou six ans, qui s'époumonaient, dès l'aurore, au coin des rues. Robertine dénonçait leur exploitation tout en étant consciente que sans leurs revenus, si faibles soient-ils, leur famille n'arriverait pas à survivre. Elle

---

322. *Ibid.*, 20 mars 1893.

devinait le chagrin qu'ils avaient de voir étalé sous leurs yeux tout ce qui leur était inaccessible :

« Si vous les voyiez chaque jour, comme je les vois, le nombre d'enfants qui, le nez collé sur la vitrine, examinent avec avidité ces merveilles si cruellement exposées devant eux, vous n'auriez pas envie de sourire, je vous assure, de leurs petites mines chagrines et toutes chiffonnées[323]. »

Pendant les gros arrivages d'oranges, juste avant Noël, ils faisaient peine à voir, salivant devant ces fruits dont on leur avait vanté le bon goût. Avec un grand sentiment d'impuissance chevillé à l'âme, Robertine détournait le regard, rentrait au journal, s'assoyait à son bureau et écrivait des articles qui, elle l'espérait, sensibiliseraient son lectorat et contribueraient à ce qu'il y ait plus de justice, tant entre les hommes et les femmes qu'entre les personnes issues de classes sociales différentes. Au fil de ses chroniques, Robertine endossa toutes les causes charitables et encouragea fortement ses lecteurs à être généreux. Elle le fit si souvent qu'elle s'attendait, écrivit-elle avec humour, à recevoir, un de ces matins, la visite de l'archange Gabriel[324].

On aurait pu la surnommer Notre-Dame-de-la-larme-à-l'œil, comme Séverine, sa *jumelle cosmique*, qui avait obtenu de ses lecteurs qu'ils lui envoient assez d'argent pour payer une jambe de bois à un enfant amputé. Robertine reçut parfois, elle aussi, de l'argent qu'elle s'empressait de redistribuer ensuite à « ses protégés », comme cette fois où elle accumula une jolie somme pour une mendiante dont elle avait parlé avec tant de sensibilité

323. *Ibid.*, 19 décembre 1892.
324. *Ibid.*, 27 avril 1896.

dans l'une de ses chroniques[325]. Elle était sortie plus tôt des bureaux de *La Patrie* ce jour-là, impatiente de voir le réconfort qu'elle mettrait dans le cœur de la sans-abri. Elle savait que ce n'était qu'une goutte d'eau dans un océan. Aussi ne cessait-elle de réclamer, sans relâche, la fondation de refuges pour les femmes, les enfants, les vieillards démunis, les victimes de violence ou de mauvais traitements et les personnes ayant différents handicaps. Et du pain pour tous ! clamait-elle, encore et encore, révoltée du fait que certains se couchaient le ventre vide et avaient peine à s'endormir tant la faim les tenaillait. Elle réclamait plus de justice sociale, notant souvent que « le spectacle des richesses ne laisse qu'une grande douleur au cœur » à ceux qui en sont privés.

On disait de Robertine, à Montréal, comme de Séverine, à Paris, qu'elles avaient la larme facile et certains n'y voyaient, à tort, que sensiblerie ou hypocrisie. Beaucoup d'événements leur tiraient des larmes. Les deux journalistes pleuraient devant un chat écrasé, un cheval fourbu, un enfant-travailleur décharné, un vieillard abandonné, une femme battue, des travailleurs exploités, un mendiant méprisé. Mais si elles étaient sensibles à la misère, Robertine et Séverine n'étaient pas de celles qui pleurent facilement mais qui, une fois leurs larmes essuyées, oublient tout et ne font rien pour changer les choses. La véritable compassion s'exprime dans l'action, affirmait Robertine. C'est pourquoi elle prenait la plume pour encourager toutes les initiatives charitables, et s'impliqua, tout au long de sa vie, dans différents comités et donna, aussi souvent qu'elle le pouvait, des conférences au profit d'œuvres de bienfaisance.

---

325. *Ibid.*, 23 octobre 1893.

Face à la misère, la parenté d'âmes entre Robertine et Séverine est toujours aussi remarquable. Touchées par les mêmes souffrances, non seulement les sujets de leurs chroniques respectives sont souvent identiques, mais elles avaient la même façon d'argumenter et d'émouvoir leurs lecteurs. Tant et si bien qu'en lisant l'une, on a l'impression de lire l'autre[326]. Que ceux qui seraient tentés d'y voir du plagiat se rassurent. Leurs articles « jumeaux » étaient souvent publiés au même moment.

Toutes les deux aussi, elles croyaient à l'âme des choses et avaient un grand amour des chevaux. Ils ont fait partie de l'enfance de Robertine et elle ne pouvait supporter qu'en ville, ils soient souvent mal traités, comme par cette journée d'hiver où l'état des rues rendait leurs efforts bien pénibles :

« Vous les voyez partout maigres à faire peur, suant, haletant et n'en pouvant plus. Je croyais que les cochers avaient un peu d'affection pour leurs bêtes mais l'exception à cette règle existe pour les chevaux des chars urbains, qui sont sans doute les parias de la race chevaline. Les mauvais traitements ne leur sont pas ménagés. Là où il devrait y en avoir quatre, six, vous n'en voyez que deux, le poil toujours noyé de sueur, une épaisse buée les enveloppant, et l'aspect si misérable que vous éprouvez, comme un remords, d'ajouter le poids de votre personne au fardeau déjà trop lourd qu'ils traînent derrière eux. […] Les rues mi-glace, mi-asphalte, sont impraticables et les chevaux

---

326. La chercheuse Anne Carrier s'est rendue à la bibliothèque Marguerite-Durand de Paris afin de « rechercher une auteure française contemporaine apparentée, par ses convictions et ses thèmes », à Robertine. Elle note que les *Pages mystiques* écrites par Séverine « montrent tellement de points communs avec les *Chroniques du Lundi* que, blottie au creux de mon fauteuil de la Bibliothèque Nationale, je me suis bien souvent demandé si je n'avais pas la berlue ! » Anne Carrier. *Françoise, pseudonyme de Robertine Barry : édition critique des* Chroniques du Lundi, *1891-1895*, pp. 28 à 30.

– deux seulement –, misérables spécimens de l'espèce, efflanqués, rompus, fourbus, mal ferrés, après de pénibles efforts, sont incapables d'enlever la voiture. Rien n'y fait, ni les coups de fouet qu'on ne leur ménage pas, ni les cris de l'automédon, et nous y serions encore, si plusieurs passagers n'eussent pris le parti le plus sage, celui de descendre et de soulager ainsi le char qui commença alors à glisser en grattant péniblement le pavé. Quel trajet ! Lentement, comme défilerait un corbillard, on avançait, le conducteur à pied conduisant le deuil. […]

« Nous en fûmes quittes pour la peur, et en arrivant à destination, nous avons pu constater qu'il y avait une heure et quart que nous avions laissé les coins des rues Saint-Denis et Craig. Pour revenir, ce fut une autre histoire. Un des chevaux s'était abattu près de la pharmacie Barridon. Au lieu de l'aider à se relever, on l'a roué de coups, et le cœur me fait encore mal quand je pense aux efforts désespérés du pauvre quadrupède pour se remettre sur ses jambes et retombant lourdement sur l'asphalte glacée, sans y parvenir. Pour éviter ces désagréments, il faudrait que les Montréalais exigeassent par l'entremise de leurs édiles, quoi ?, les tramways électriques[327]. »

Personne n'aurait été étonné de voir Robertine agenouillée auprès d'un cheval maltraité, pleurant à chaudes larmes, comme l'a fait, à cette même époque, le philosophe Nietzsche.

Les tramways apparurent dans les rues de Montréal au début du mois d'octobre 1892, soit un an après que Robertine eut réclamé leur présence. Ce jour-là, une amie lui fit remarquer qu'elle n'avait pas vu une seule femme y monter. Pour sauver l'honneur de notre sexe, lui répondit Robertine, « soyons les premières femmes de Montréal à essayer les chars électriques ».

---

327. Françoise. « Chronique du Lundi », 11 janvier 1891.

En un clin d'œil, raconte-t-elle, « nous étions rendues au coin des rues Craig et Bleury pour y attendre le tramway. Ce que nous avons attendu ! Assez pour lasser la patience des anges. Nous appartenons sans doute à une hiérarchie plus haute encore, car nous ne nous lassâmes point. Enfin, la fameuse chose apparut et l'instant solennel était arrivé. Cela semble un peu bébête, tout d'abord, de voir ce grand char s'avancer seul, glissant silencieusement sur les rails d'acier, sans chevaux, sans locomotive, sans aucune cause apparente pour expliquer le mouvement.

« – Le cœur me cogne, dis-je en montant.

« – Promettons des cierges, dit Zizitte, si l'on en revient ! »

Le tramway s'arrêta au milieu d'une côte. Les deux amies, effrayées, essayèrent, pendant un moment qui leur parut bien long, de se rassurer mutuellement. Elles poussèrent un soupir de soulagement lorsqu'il repartit enfin. Hélas ! ce fut pour dérailler un peu plus loin. Zizitte, « qui avait des notions confuses sur l'électricité, craignant que ce dérangement n'eut quelque influence sur le fluide et qu'au lieu de suivre son cours ordinaire, il ne se répandit par tout le char », grimpa sur la banquette. Robertine oublia sa peur et riait aux larmes de voir son amie qui garda cette position jusqu'à ce que le tramway redémarre. Lorsqu'il croisa, un peu plus loin, la « voiture d'épicerie », le cheval prit le mors aux dents et les deux amies furent de nouveau sous l'emprise de la peur. Lorsque, enfin, elles débarquèrent, elles étaient tout de même heureuses d'avoir fait cette sortie, mais n'eurent pas le temps, précisa Robertine, de se rendre à l'église pour y faire brûler des cierges, comme son amie l'avait promis[328].

---

328. *Ibid.*, 10 octobre 1892.

Robertine les avait réclamés souvent, ces tramways, mais ils ne firent pas toujours son bonheur. Ils sont toujours en retard, écrivit-elle, exaspérée. Elle l'était d'autant plus qu'il lui arrivait d'attendre sous une pluie battante qu'il en vienne un, pour finalement le voir passer devant elle sans même s'arrêter parce qu'il était bondé. Elle était aussi exaspérée par ces conducteurs qui, en lui saisissant le bras pour l'aider à monter, laissaient sur ses belles robes de vilaines taches noires. « Non pas, écrit-elle, que je leur sache gré de leur obligeance et de leurs bonnes intentions, à ces braves conducteurs, mais il n'en est pas moins vrai qu'il soit excessivement désagréable d'avoir à constater de retour chez vous l'empreinte noirâtre de cinq doigts sur votre blouse rose tendre ou bleu pâle que vous aviez mise au départ. J'ai vu beaucoup de femmes faire des efforts inouïs, se tortiller le bras pour échapper à cette marque de galanterie intempestive, mais vainement, les pinces formidables vous saisissaient bon gré mal gré pour ne vous lâcher qu'à votre siège. Et quand, quelques minutes plus tard, vous examiniez la main dans laquelle vous déposiez le prix de votre place, vous aviez raison de vous attendre à une catastrophe[329]. »

• • •

Même si l'on répétait que « la femme belle est coquette, menteuse, aguichante, gaspilleuse et superficielle » et que certains « directeurs d'âmes » de collèges pour garçons[330] prétendaient que la « belle créature » est un péché, Robertine était persuadée que les hommes, quoiqu'ils en disent, n'étaient attirés que par les belles femmes et qu'elle ne risquait guère de les

---

329. *Ibid.*, 7 novembre 1892.

330. Hélène-Andrée Bizier. *Une histoire des Québécoises en photos*, p. 221.

séduire puisqu'elle se trouvait laide. Mais elle se trompait. Certes, elle n'avait rien d'une femme fatale, mais elle était entourée d'une petite cour d'admirateurs qui n'étaient pas insensibles à son charme. Ils aimaient la lire, s'amusaient de ses réparties et admiraient son style. Parmi ceux qui s'intéressaient à la littérature, certains lui dédièrent des poèmes. L'un d'eux, Beaudoin Kervyn de Volkaersbeke, était un baron d'origine belge qui s'était établi sur une ferme du Témiscamingue, près du quai de Saint-Bruno. Écrivain à ses heures, il signait du nom de plume Beaudoin de Flandre. Dès qu'il avait entre les mains *La Patrie* du lundi, il s'empressait de lire la chronique de Robertine. Il admirait son style vif et la façon qu'elle avait d'intégrer dans ses textes bon nombre de digressions et de parenthèses qui, loin d'appauvrir le texte, l'enrichissaient et piquaient sa curiosité. Il lui avait écrit toute son admiration et ils avaient ensuite échangé plusieurs lettres. Ce baron vivait en solitaire et les lettres qu'il reçut de Robertine pendant plusieurs années étaient pour lui une source de grande joie et même sa « seule distraction[331] ». Il est même possible qu'il éprouva plus que de l'amitié pour elle, car il lui dédia plusieurs vers, dont un poème, *La Consolatrice*[332].

Mais Robertine se sentait comblée par sa carrière et ne songeait guère à l'amour. Après ses fiançailles avortées avec le mystérieux M.B., elle ne s'est jamais vraiment réconciliée avec l'idée du mariage. Loin s'en faut ! On peut glaner dans ses écrits des phrases qui en montrent le côté sombre : « Le mariage rappelle l'idée de la mort puisqu'il est le tombeau de l'amour[333] », écrit-elle, d'un ton désabusé.

---

331. Renée des Ormes. *Robertine Barry, en littérature Françoise*, p. 106.

332. *Dictionnaire des auteurs de langue française en Amérique du Nord*, p. 536.

333. Françoise. « Chronique du Lundi », 23 mai 1893.

Robertine avait très peu d'attentes romanesques. Elle croyait que la rencontre entre deux âmes-sœurs était un événement bien improbable :

« Eh bien ! Dites-moi s'il est fréquent, ce mariage des âmes ! Dites-moi s'il y a beaucoup d'époux unis par les sentiments, les idées, les opinions ? S'il se rencontre beaucoup de ménages où les deux époux sont d'accord sur les choses extérieures, où il y a communauté absolue entre eux sur les intérêts communs ; mais quant aux pensées intimes et aux sentiments, ils sont tout aussi étrangers l'un à l'autre que s'ils étaient de simples connaissances. »

De son point de vue, le mariage est souvent le lieu de « drames pénibles » et la vie des femmes mariées, un enfer. Un enfer qu'elles se créent souvent elles-mêmes, disait-elle, car elles mettent plus de temps à se choisir une toilette qu'un mari, ou bien font des mariages de convenances ou d'argent, « les plus ignobles de tous », et se justifient en disant que « l'amour vient après le mariage[334] ».

Ayant été très tôt confrontée à la mort – rappelons-nous, elle n'avait que trois ans et demi lors du décès de sa petite sœur –, elle a vu très jeune à quel point la vie est fragile et a peut-être compris, dès cet instant, combien elle est précieuse. Très déterminée à ne pas en gaspiller une seule journée, elle était consciente du fait qu'il faut mettre des énergies à construire son bonheur et que ces énergies-là, peu de couples y consacrent du temps : « La vie ! La si courte, si fugitive vie ! Et penser que nous en gaspillons comme à plaisir les précieux instants, qu'au lieu de chercher ensemble à la rendre et meilleure et plus douce, nous laissons chaque jour s'agrandir la brèche qui nous

---

334. *Ibid.*, 11 février 1894.

sépare. [...] Vite, hâtons-nous, la vie s'en va, reprenons notre travail à deux, nos propos d'intimité heureuse dans cette petite bibliothèque où "nos rêves ont cogné leurs ailes à tous les murs"[335] », écrivit-elle dans l'une de ses nouvelles.

Robertine n'était pas une romantique qui imaginait des contes de fées. Elle s'insurgeait contre les images fausses de l'amour qu'on trouve dans les romans à l'eau-de-rose : « Dans ce siècle où tout est surchargé, on dirait qu'on va jusqu'à emprunter, pour prier Dieu, les expressions exagérées de nos romans. L'amour, la douleur y sont représentés tels qu'ils devraient être, probablement, mais tels qu'ils ne le sont que rarement. Je déteste ces exagérations, parce qu'elles ne sont pas les notes justes de nos sentiments[336]. »

Elle n'ignorait pas que la vie trop parfaite que l'on trouve dans plusieurs romans tend à faire paraître la *vraie vie* bien fade et à la déprécier, suscitant ainsi tristesse, frustrations et insatisfactions. Tout cela, à cause d'une chimère. Loin d'alimenter son romantisme à la source des romans à cinq sous, Robertine lisait des auteurs qui n'avaient guère une bonne opinion du mariage. Elle n'avait pas de mal à en trouver. Elles étaient légion, les femmes qui, depuis des lustres, se plaignaient du mariage. Robertine n'était pas plus pessimiste que Mlle de Scudéry qui, au XVIIe siècle, écrivit : « On se marie pour haïr. C'est pour cela qu'il ne faut jamais qu'un véritable amant parle de mariage, parce qu'être amant, c'est vouloir être aimé, et vouloir être marié, c'est vouloir être haï. » Mlle de Scudéry, dont plusieurs romans furent publiés sous la signature de son frère Georges, plaidait pour le célibat ou pour un libre concubinage de courte durée.

---

335. Françoise. « Restitution » dans *Fleurs champêtres*, pp. 228-229.
336. Françoise. « Chronique du Lundi », 13 mars 1893.

Elle disait que puisque les hommes se marient seulement pour assurer leur descendance, il suffisait que les femmes leur donnent ce qu'ils veulent, des héritiers, et qu'elles les quittent ensuite.

George Sand et Tchaïkovski, deux des auteurs préférés de Robertine, n'avaient guère une meilleure opinion du mariage. Sand écrivit que le mariage est « un état contraire à toute espèce d'union et de bonheur[337] ». Quant à Tchaïkovski, marié seulement quelques semaines, il s'exclama : « Quelques jours de plus et j'étais fou ! » Robertine a certes dû s'esclaffer en lisant cela, mais elle y trouvait aussi matière à alimenter sa vision pessimiste du mariage. L'on ne peut éviter de se demander si ce pessimisme pouvait provenir aussi de l'exemple donné par ses parents. Sur les dix enfants Barry qui se sont rendus à l'âge adulte, seulement trois se sont mariés. Est-ce que John et Aglaé Barry avaient formé un couple malheureux qui eut pu dissuader leurs enfants de se marier ? Il semblerait que ce soit le contraire, si l'on croit ce qu'a écrit l'un de leurs contemporains qui parlait d'eux comme d'un couple heureux[338]. Robertine a probablement observé ailleurs que les maris, de courtois et joyeux qu'ils étaient au temps des fiançailles, devenaient progressivement « froids et distants[339] » après le mariage.

Mais il n'y a pas que les exemples de mariages ratés qui poussaient Robertine à rejeter le mariage. Comme elle l'a dit clairement, le mariage n'est pas le seul but dans la vie des femmes : « L'on a déjà remarqué, et les statistiques d'ailleurs le confirment, qu'en général la femme de notre temps est peu pressée de se marier ; elle envisage plus philosophiquement un autre

337. Cité par Liana Levi et Sylvie Messinger dans *La femme au XIXᵉ siècle,* p. 240.

338. Henri Têtu et Henri-Raymond Casgrain. *David Têtu et les raiders de Saint-Alban. 1864-1865,* p. 139.

339. Françoise. « Chronique du Lundi », 21 septembre 1891.

parti et, si le troubadour infidèle qui roucoulait à ses pieds vient à changer les couleurs de sa dame, elle se console aisément et ne veut plus, à l'instar des héroïnes d'antan, se laisser mourir dans sa tourelle[340]. »

Elle estimait qu'il était fort déplorable que plusieurs femmes mettent leurs rêves sous le boisseau dès qu'elles avaient la bague au doigt. Comme elle l'a souligné, pour bien des femmes, se marier prouvait qu'elles avaient du charme ou quelque valeur alors que pour d'autres, c'était une façon de se faire une position dans le monde du travail qui leur était fermé. Elles tiraient un orgueil puéril lorsqu'on les appelait *Madame docteur* ou *Madame Notaire Untel*. Certaines cherchaient un homme riche ; d'autres, un nom prestigieux. Les plus cupides et gourmandes, les deux à la fois.

Robertine aspirait à autre chose qu'à être définie en fonction d'un homme.

• • •

Même si elle avait une piètre opinion du mariage, Robertine ne donnait pas pour autant l'image de la célibataire revêche et dépourvue de charmes que décrivent les misogynes. En fait, elle était, écrit Marta Danylewycz, « l'antithèse de la vieille fille d'autrefois, cette recluse qui vivait dans l'ombre de ses parents ou de sa famille. Endossant la cause de l'accès des femmes aux professions, cette féministe se fit la championne de l'émancipation des femmes, appelant des changements sociaux et politiques qui, croyait-on, allaient améliorer la condition des célibataires[341]. »

---

340. *Ibid.*, 25 novembre 1895.

341. Marta Danylewycz. « Une nouvelle complicité : féministes et religieuses à Montréal, 1890-1925 » dans *Travailleuses et féministes,* sous la direction de Marie Lavigne et Yolande Pinard, p. 249.

Robertine fut une ardente défenseur des célibataires, hommes autant que femmes. Affichant ouvertement le bonheur qu'il y a à mener une vie indépendante, elle était un modèle pour les femmes qui, comme elle, choisissaient de ne pas se marier. Le bonheur qu'elle affichait, tout autant que ses écrits, pulvérisait les préjugés entourant les « vieilles filles ». Et ils étaient nombreux, au XIXᵉ siècle. Les épithètes péjoratives ne manquaient pas lorsqu'on parlait d'elles : laides, détestables, grincheuses, égoïstes, libertines, malpropres, viragos à moustaches, courtisanes, tarées, femmes superflues, rebuts de la société, déchets-humains-dont-les-jointures-se-soudaient, hystériques, femmes-hommes, voire des folles. On racontait que le célibat était un « symptôme explicite du dérangement du cerveau ! Une thèse qui fut largement diffusée par le Grand Dictionnaire universel du XIXᵉ siècle de Pierre Larousse[342] ». Pour l'auteur de la *Philosophie du mariage* publié en 1865, le célibat était un « suicide volontaire, une rébellion contre la divinité. […] Les guerres les plus meurtrières n'ont pas un résultat plus dépopulateur que celui du célibat. […] Le célibat est une injure à la civilisation moderne[343] ». Rien de moins. Il n'est guère étonnant que le XIXᵉ siècle fut considéré comme étant particulièrement féroce envers les femmes célibataires : « Jamais à une autre époque, ni pour l'autre sexe, on n'a inventé autant de discours sur sa physionomie, sa physiologie, son caractère ou sa vie sociale. Tout se passe comme si les femmes seules cristallisaient toutes les peurs de l'autonomie féminine, sexuelle, sociale, économique et intellectuelle[344]. »

---

342. Jean-Claude Bologne. *Histoire du célibat et des célibataires*, p. 271.

343. Cité par Jean-Claude Bologne. *Histoire du célibat et des célibataires*, p. 282.

344. Cécile Dauphin. « Femmes seules » dans *Histoire des femmes en Occident*. Tome IV, p. 513.

Les idées négatives sur les femmes célibataires étaient si profondément inscrites dans les mentalités que la plupart des gens n'arrivaient pas à concevoir qu'elles avaient librement décidé de leur sort, même si elles l'affirmaient haut et fort, comme le faisait Robertine. Ils étaient convaincus que toutes les femmes souhaitaient se marier, même si elles disaient le contraire. Ils croyaient fermement que les célibataires n'avaient pas réussi à attirer un homme ou qu'elles avaient vécu un amour malheureux dont elles étaient restées inconsolables. Ou bien qu'elles étaient, explique l'anthropologue Bernard Arcand, des êtres « volages qui manquent de stabilité[345] ».

La mentalité d'alors charriait l'idée qu'il n'y a pas de vie plus heureuse que celle des femmes mariées de la bourgeoisie qui passaient leur temps en visites mondaines, réceptions, thés, et qui changeaient de toilettes quatre à cinq fois par jour. Bien des gens étaient indifférents au fait que la futilité de ce genre d'existence rendait désespérées et mélancoliques plusieurs d'entre elles.

Des romanciers, dont Flaubert et Maupassant, ont fait « de la seconde moitié du XIXᵉ siècle une époque charnière dans la réflexion sur le célibat[346] ». L'on peut ajouter qu'au Québec, Robertine a souvent et admirablement bien alimenté cette réflexion. Dans ses articles, elle a martelé, maintes et maintes fois, que les femmes qui choisissaient le célibat n'étaient pas des esclaves de l'amour, qu'elles aimaient leur liberté et qu'elles voulaient se suffire à elles-mêmes. Elle disait qu'une fois que ces femmes avaient goûté à la liberté, elles l'avaient trouvée si bonne qu'elles en jouissaient sans aucun regret. Elle a précisé

345. Bernard Arcand. Extrait d'une entrevue accordée à Brigitte Trudel. RND, mars 2006.
346. Jean-Claude Bologne. *Histoire du célibat et des célibataires*, p. 267.

qu'il ne fallait pas s'étonner que les femmes célibataires réclament les mêmes droits et privilèges que les hommes puisque, comme eux, elles voulaient gagner leur vie. Bref, « loin de faire du célibat un pis-aller, Robertine y voyait, au contraire, le germe de l'émancipation féminine, sinon le synonyme du mot indépendance[347] », comme elle l'a clairement exprimé dans une chronique[348]. Elle dénonçait souvent le fait que les femmes célibataires étaient l'objet de nombreux clichés et elle pourfendait sans relâche les préjugés sociaux empêchant une vieille fille, même pauvre, de vouloir gagner sa vie[349].

Mais, on l'a vu précédemment, Robertine enjolivait aussi parfois la réalité, comme si elle avait ainsi le pouvoir de la façonner selon ses désirs. Rusée, elle utilisait souvent dans ses articles une stratégie visant à laisser croire que les idées nouvelles avaient pénétré les « grands esprits », comme si elle voulait montrer que ceux qui n'y adhéraient pas n'étaient que des retardataires à l'esprit borné. Dans l'une de ses chroniques où elle parle des « vieilles filles », elle fait comme si elle croyait que les mentalités avaient véritablement évolué et que les femmes célibataires n'étaient plus jugées aussi durement qu'auparavant. Mais tout n'est pas aussi rose que le laisse croire cet article :

« Autrefois, et cette époque n'est pas bien reculée de nous, lorsqu'une femme ne se mariait pas, on la rangeait parmi les membres inutiles de la société ; on concluait immédiatement que c'était le manque de grâces et de qualités qui l'avait vouée éternellement au célibat. La pauvre n'était plus alors qu'un

---

347. Diane Thibeault. *Premières brèches dans l'idéologie des deux sphères. Joséphine Marchand-Dandurand et Robertine Barry, deux journalistes de la fin du XIXe siècle*, p. 47.

348. Françoise. « Chronique du Lundi », 30 novembre 1896.

349. *Ibid.*, 22 mai 1899.

objet de ridicule. Manifestait-elle un désir ? "Caprice de vieille fille !" disait-on autour d'elle. Montrait-elle un peu d'humeur, fût-ce même pour les motifs les plus légitimes ? "Grincheuse comme une vieille fille !" s'écriait-on de toutes parts. Jadis, à vingt-trois ou vingt-quatre ans, le préjugé populaire commençait à marquer d'un stigmate la femme non mariée. À vingt-cinq ans, c'en était fait. Avec la première épingle dans la coiffe de Sainte-Catherine, son triste sort était fixé. La "vieille fille" alors commençait à se vêtir de vêtements plus sombres, à ne plus prendre part aux bals et aux fêtes, sous peine de voir le vide se faire autour d'elle comme autour d'une lépreuse. Il n'y avait qu'un type de convention pour la désigner ; nécessairement, la vieille fille devait être anguleuse, fanée, laide, désagréable de caractère, le cœur rempli de fiel et faisant sa nourriture quotidienne de thé et de scandales. À toutes ces qualités, on ajoutait le désir immodéré de courir à la conquête d'un mari, et les rires, les quolibets, les plaisanteries pleuvaient sur la malheureuse avec un ensemble qui ne se démentait jamais. Aujourd'hui, si "nous avons changé tout cela", ces idées nouvelles ont singulièrement amélioré la situation. Qui oserait, de nos jours, appliquer l'épithète de "vieille fille", dans son sens injurieux, à cette classe de femmes, fraîches encore, gaies, actives en dépit de leurs vingt-cinq ans ? Le préjugé recule les limites de son amnistie jusqu'à trente et trente-cinq ans, et qui sait si, avec les générations qui vont suivre, le mot ne viendra pas à disparaître complètement. À quoi cela est-il dû ? Au souffle d'indépendance qui a passé sur le monde. De nos jours, la femme qui ne se marie pas conserve quand même une position honorable et honorée dans la société. Elle se crée des devoirs, des occupations qui conviennent à son état ; elle jouit encore de ce que la vie offre de charmant, et elle apprend, dans les nouvelles obligations qu'elle s'est imposées, à être heureuse et contente de son sort. Son grand secret consiste à se suffire à elle-même et à n'être, pas plus que l'homme, l'esclave de l'amour. Et c'est ce sentiment, plus compris qu'exprimé, qui fait que graduellement, l'ostracisme ne retombe plus guère que sur celles qui méritent le titre de "vieille fille", dans sa pire interprétation. Car il y en a, cela, je ne le cache pas, et ces aigries du sort forment la classe des femmes qui, n'ayant eu dans leur vie qu'une seule occupation, courir après un mari, qu'un seul but, le mariage, voient toutes leurs espérances sombrer dans un amer désappointement[350]. »

· · ·

Robertine avait une incroyable énergie. Un immense sentiment d'urgence l'habitait, comme si elle pressentait qu'elle allait mourir jeune. À ses yeux, la vie était précieuse, merveilleuse, et il fallait en profiter et la célébrer sans perdre un instant. Malgré les désillusions qui marquent toute existence, elle garda jusqu'à la fin de sa vie cette joie de vivre et cette curiosité qui habitent la plupart des enfants. Elle a écrit que souvent elle se sent si heureuse qu'elle a envie de se mettre à genoux et de remercier Dieu de lui avoir donné une vie si belle. Chaque jour, jusqu'à la fin de sa vie, Robertine s'arrêtait à l'église après son travail et priait. Elle ne récitait pas ce genre de prières où les croyants supplient Dieu de leur accorder ceci ou cela. Elle Le remerciait plutôt de tout ce qu'Il mettait de beau dans sa vie. Malgré le sentiment, qui l'assaillait parfois, d'être seule à se battre contre des moulins à vent, malgré les difficultés qu'elle

---

350. *Ibid.*, 25 novembre 1895.

devait surmonter parce qu'elle travaillait dans un monde d'hommes, elle était remplie de gratitude pour la vie qu'elle menait. Même si elle vécut des épisodes de dépression, elle était douée pour le bonheur :

« Pourquoi s'appesantir sur les ennuis quotidiens et laisser se faner, sans les cueillir, les humbles fleurs qui surgissent à travers les épines ? […] Le bonheur arrive ainsi, miette à miette, en parcelles, qu'il faut se hâter de saisir. On doit essayer d'en trouver un peu partout. […] Et ne le désirons pas trop parfait, ni trop grand, nous gâterions ce que nous en avons en y mêlant un regret[351]. »

Elle déplorait que la plupart des gens soient toujours plus insatiables et, corrélativement, plus « dédaigneux de cette légère poussière d'or, jetée de temps en temps à travers le gravier de notre route. Et cependant, si elle était recueillie avec autant de parcimonie que l'avare en met à conserver son argent, quel joli trésor nous aurions amassé ! Mais nous marchons toujours, négligeant les paillettes pour atteindre la mine, et la vie s'écoule, fiévreuse, inquiète, se préoccupant sans cesse de ce qu'apportera l'avenir, sans se soucier des dons du moment[352] ».

Aux yeux de bien des gens, Robertine était fantasque et excentrique[353]. Au XIXe siècle, le mot fantasque était accolé aux personnes qui ne pensent pas comme la majorité. Robertine était perçue comme excentrique parce qu'elle n'avait pas exactement le comportement guindé de plusieurs bourgeoises de l'époque. Elle voulait goûter à toutes les joies de l'existence et ne manquait jamais une occasion de s'amuser. Ce qui n'était

---

351. *Ibid.*, 26 mars 1894.

352. *Ibid.*, 24 juin 1895.

353. Dans ses notes de travail, Renée des Ormes qualifie Robertine « d'excentrique ». Olivar Asselin, lui, la décrivait comme une femme fantasque.

guère à la mode, car on avait plutôt tendance à jeter l'anathème sur les plaisirs de la vie, le but premier étant de sauver son âme. Peu de femmes de la bourgeoisie allaient donc sauter les rapides de Lachine comme l'a fait Robertine :

« Par une jolie après-midi de la semaine dernière, toute claire et faite d'ensoleillement, nous avions décidé d'aller sauter les rapides de Lachine. Ce serait notre première excursion de la saison, et rien que l'idée d'apaiser cette fringale de plein air et de campagne qui nous dévorait depuis l'éclosion des feuilles, nous mettait au cœur une gaieté exubérante et folle. Grand Dieu, si nous allions manquer le train ! À la gare Bonaventure où les excursionnistes s'étaient donné rendez-vous, quelques traînards n'avaient pas encore fait leur apparition, et l'heure avançait avec une rapidité désespérante. Enfin, un à un, ils arrivent tous, et vite, on s'élance au dehors. Le chef de l'expédition monte dans un wagon qui attend, en grondant le long de la plate-forme, et nous l'escaladons lestement derrière lui. Mais fiez-vous à la sagesse des hommes, le train partait à destination de Portland ; nous dûmes précipitamment rebrousser chemin et prendre le convoi de Lachine, le seul, le véritable, juste au moment où celui-ci, s'ébranlant lentement, lançait dans l'air des panaches de fumée grisâtre. Ouf ! Je respire enfin. J'avais eu une frayeur atroce et un sinistre pressentiment me hantait, depuis le matin, que nous manquerions notre coup. Arrière donc, noirs présages, et amusons-nous franchement.

« Je me colle le nez à la fenêtre pour ne rien perdre du spectacle qui doit passer sous nos yeux. Que c'est donc beau, mon Dieu !, la verdure, les champs, les prés couverts d'herbe longue et soyeuse ! Parfois, nous rasons les collines boisées d'arbres dont le feuillage frémissant jette dans l'air la bonne odeur du printemps et du renouveau. Tantôt, ce sont des vergers immenses tout couverts de fleurs, ressemblant dans le lointain à d'énormes bouquets de mariée. Ça et là, sur l'herbe molle où elles s'enfoncent à mi-jambes, des vaches rousses et blanches nous regardent passer avec leur grand œil noir et plein de mélancolie. Une ivresse bourdonnante s'échappe de toutes choses; des longs roseaux qui croissent dans les étangs, comme des gracieuses fleurettes de fraisiers, toutes fraîches épanouies et dont la blancheur virginale attire plus particulièrement le regard parmi les autres éclosions sylvestres. Et j'aurais voulu m'arrêter au milieu d'elles, leur dire comme je les aime, et ma joie de les revoir après ces longs mois de neige et de froidure, mais chaque minute augmentait mon éloignement, et bientôt le paysage, changeant entièrement, ne présenta plus aux yeux qu'une immense nappe d'eau transparente et tranquille où le soleil mirait ses derniers rayons.

« L'impressionnante majesté des eaux se communique aux hommes et aux choses. Une douce paix envahit l'âme, et l'esprit, ballotté tout au long du jour, sent un calme délicieux s'emparer de lui et le reposer. Le bateau fend si légèrement les ondes que les gentilles Naïades n'en sont pas troublées dans leurs demeures humides, et continuent à tresser les algues vertes pour en parer leurs chevelures. Une brise caressante comme un souffle effleure notre figure, nos cheveux, nos mains, et j'imagine qu'elle nous murmure mille mots d'affectueuse bienvenue. Mais elle est indiscrète aussi, la jolie brise, et le couple non loin de moi semble l'avoir oublié. N'accuse-t-on pas la belle de cruauté, et n'est-il pas question de promesses et d'échanges de billets doux. Elle, un peu coquette, je crois, ne veut rien promettre, pour qu'on l'en supplie davantage probablement. Mes compagnons de route et moi nous nous regardons en souriant et commençons à causer à voix haute pour ne pas troubler cette idylle qui se déroule sous nos yeux. J'aurais voulu, cependant, donner un conseil à la brune mie, et lui dire de ne jamais jouer avec un cœur loyal et sincère, comme je le devinais dans l'œil franc et honnête de l'ardent amoureux.

« Le bateau file toujours rapidement. On passe Caughnawaga aux étroites et basses demeures : les petits Iroquois, échelonnés sur la rive, agitant leurs bras nus, nous hèlent au passage avec des cris joyeux. Ombres farouches des grands chefs, votre postérité a bien dégénéré. Voyez les fils de vos fils saluant le passage des Visages Pâles, sans seulement jeter un œil d'envie sur leurs abondantes chevelures. Mais voici le rapide fameux, et le bateau s'engage dans les eaux bouillonnantes qui se brisent sur les récifs. En un clin d'œil, tout le monde est debout pour mieux saisir la grandeur du spectacle. Tout en haut, sur la dunette, quatre hommes, impassibles et muets, les bras raidis sur la barre du gouvernail, dirigent la course du bateau à travers l'étroit chenal. Songez donc ! Un moment d'oubli, une distraction, un rien, peut faire sombrer la frêle embarcation et sa cargaison humaine. Les vagues écumeuses nous entourent de tous les côtés ; elles bondissent, furieuses, se ruant contre nous, prises d'une rage folle, comme si elles voulaient nous broyer dans une étreinte suprême. Le vaillant *Sovereign* ne bronche pas ; à peine un léger tangage trahit les tourments qui l'obsèdent. Et nous les regardons toujours, les beaux flots indomptés, tout pleins d'admiration pour leur téméraire hardiesse. Un petit arbre, secoué et tordu par la rafale, se dresse dans les eaux profondes. Il tient là comme par miracle, avec juste un peu de terre pour y planter ses racines. C'est la vie, la vie partout, même au milieu de la mort. Combien d'années encore le saule frêle se couvrira-t-il de sa feuillée verdâtre ? Combien d'années encore verra-t-il passer près de lui des voyageurs que le courant emporte si loin, si loin ? Hélas ! qui peut répondre de la durée même d'un arbrisseau ! Déjà, il était derrière nous et l'on n'apercevait plus qu'un front courbé luttant contre les flots qui l'assiégeaient. Nous voguions maintenant sur le fleuve tranquille ; pas une ride ne trouble cette surface, unie comme la voûte éthérée qu'elle reflète. Saluons, en passant, l'Isle des Sœurs, superbe et luxuriante avec ses bois touffus, ses bosquets ombreux, où les blanches cornettes des religieuses vont promener des fronts palis par les méditations, et qui sait !, par quelques regrets peut-être. Puis la ville apparaît à demi noyée dans une brume argentée.

« C'est l'heure blonde du soir, heure charmante et mystérieuse où les voix humaines se taisent et laissent chanter la nature. Une croisière d'hirondelles passe au-dessus de nos têtes, fendant l'air d'un vol rapide. Elles se hâtent de regagner leur logis, blotti à l'ombre de quelque cheminée. Heureuse est la maison où l'hirondelle a mis son nid. Le bateau aborde tout doucement le long des quais ; on met la passerelle, et chacun avant de se séparer, regarde son voisin avec un dernier sourire. Notre voyage ne compte plus dans nos plaisirs à venir ; il est déjà dans le domaine du passé. Quoi, si tôt fini[354] ! »

Certains débarquèrent, blêmes, le cœur au bord des lèvres. Robertine, elle, se sentait toute ragaillardie. Elle avait le pied marin. Elle se souvient avec un brin d'orgueil qu'un capitaine l'avait complimentée à ce sujet, l'été précédent, lorsqu'elle avait fait la traversée de La Malbaie à Fraserville alors que la brume, les vents, violents et contraires, ralentissaient la course du bateau. Le fleuve était « plein de moutons, le petit vapeur tanguait et craquait affreusement ». Pendant que plusieurs, à l'intérieur,

---

354. Françoise. « Chronique du Lundi », 28 mai 1894.

étaient malades, Robertine était sortie sur le pont, ravie d'être en *mer* pendant la tempête. « On voit, raconta-t-elle, que vous avez le pied marin, me dit le capitaine en passant sur le pont à l'endroit où je me tenais debout, en dépit de la vague houleuse et des embruns qui me mouillaient comme une averse. La mer et moi sommes de vieilles amies et il y a longtemps que nous nous connaissons. Je n'avais pas bien des jours quand je l'affrontai pour la première fois alors qu'elle promenait deci delà ses banquises glacées[355]. »

• • •

Depuis son arrivée à Montréal, Robertine s'était liée d'amitié avec les premières féministes québécoises. L'une d'elles est Joséphine Marchand-Dandurand, que l'on qualifiait alors de femme aux idées avant-gardistes. Joséphine avait collaboré occasionnellement à *La Patrie* et c'est là que Robertine l'y avait rencontrée. Leurs « admiration et bienveillance réciproques[356] » évoluèrent tant et si bien au fil de leurs rencontres qu'elles devinrent d'excellentes amies[357]. Robertine admirait le talent d'écrivaine et de comédienne de Joséphine. Elle l'avait chaudement applaudie lors d'un spectacle en plein air où Joséphine tenait un rôle dans la pièce qu'elle avait elle-même écrite. De son côté, Joséphine était fière que Robertine écrive des articles pour le magazine qu'elle avait fondé avec un cercle de dames montréalaises et qu'elle dirigeait depuis 1893. Robertine avait accepté

---

355. *Ibid.*, 18 septembre 1893.

356. Diane Thibeault. *Premières brèches dans l'idéologie des deux sphères. Joséphine Marchand-Dandurand et Robertine Barry, deux journalistes de la fin du XIXe siècle*, p. 29.

357. Françoise. « Chronique du lundi », 6 juin 1898.

de collaborer à ce périodique, *Le Coin du feu,* même si elle ne partageait pas toutes les idées qu'on y véhiculait. Elle avait même sourcillé lorsqu'elle avait lu l'éditorial du premier numéro dans lequel Joséphine se défendait de prôner l'émancipation des femmes :

« Comme monsieur son mari, qui a son club, sa pipe, ses gazettes, madame aura aussi, et ce ne sera que justice, son journal à elle, qui ne s'occupera que d'elle. Notre revue ne sera pas un organe revendicateur, protestataire ou agressif. Au risque de passer pour arriéré, *Le Coin du feu* se proclame satisfait de la part de liberté faite à la femme par les lois du pays et ne réclame rien de plus. Son but ne sera pas d'encourager les jeunes filles à devenir bachelières, avocates ou doctoresses[358]... »

L'objectif de Joséphine était d'instruire les femmes, de leur parler de littérature, d'hygiène et de morale afin de « faire échec à l'ignorance épouvantable qui règne en ce pays ». Les propos de Joséphine, bien trop timides aux yeux de Robertine, n'en suscitèrent pas moins des réactions enflammées. « *Le Coin du feu* reçut un accueil glacial. Pour ses détracteurs, le peu que Joséphine revendiquait était déjà trop. Ayant eu vent des manifestations des suffragettes en Angleterre et aux États-Unis, les élites conservatrices appréhendent les idées nouvelles que Mme Dandurand pourrait vouloir inculquer à ses compatriotes[359]. »

C'étaient justement ces idées nouvelles que Robertine aurait aimé trouver dans les articles du *Coin du feu.* Robertine et Joséphine avaient souvent des discussions à ce propos. Des discussions très animées, car Robertine avait beau être timide, c'était aussi une passionnée qui parlait d'autorité et pouvait

---

358. Sophie Doucet. « Madame aura son magazine ». *Gazette des femmes,* novembre-décembre 2006, p. 34.

359. *Ibid.*

s'emporter. Elle avoua elle-même avoir ce trait de caractère qu'elle essayait tant bien que mal de corriger :

« Moi, dans une discussion, je ne suis pas commode. D'abord, je me hâte de parler avant que mes interlocuteurs aient seulement fini leurs phrases, j'ai de grands gestes, dangereux pour mes voisins, je crie à tue-tête, je m'arrange pour avoir le dernier mot et j'ai toujours raison. Ah, pour ça oui, par exemple, je serais bien aise de rencontrer quelqu'un qui me prouverait une bonne fois pour toutes que j'ai tort, mais je ne l'ai pas encore trouvé. Je ne dis pas que la chose n'ait pas été essayée mais on y a perdu, les uns leur latin, les autres leurs plus beaux sophismes. On ne s'imagine pas le nombre d'ennemis que je me fais à ce jeu-là. Je suis une terreur pour mon entourage. Naturellement, parfois, j'ai des remords et je prends de bonnes résolutions, mais si vous pensez que ça dure ! À la moindre contradiction, je recommence, souvent même, je n'attends pas cette excuse[360]. »

Sans doute que Robertine s'énervait et élevait la voix lorsqu'elle discutait avec Joséphine du féminisme, ce pour quoi elle se battait avec tant de conviction. Leurs points de vue étaient si différents. Selon Robertine, le féminisme avait été fondé pour « la défense des droits féminins et l'obtention de privilèges jusque-là réservés aux hommes », alors que pour Joséphine, il n'était que « l'extension du rôle maternel à toute la société[361] ».

Les deux amies ne s'entendaient pas non plus au sujet de l'éducation des femmes. Selon Joséphine, « les cours de droit et de médecine pourraient être indéfiniment ajournés par les

---

360. Françoise. « Le coin de Fanchette », 10 février 1900.

361. Diane Thibeault. *Premières brèches dans l'idéologie des deux sphères. Joséphine Marchand-Dandurand et Robertine Barry, deux journalistes de la fin du XIXᵉ siècle*, p. 94.

autorités, sans qu'on s'en plaignit trop vivement dans nos familles où les dignités d'avocates et de doctoresses, heureusement, sont encore peu convoitées[362] ». Robertine, quant à elle, revendiquait l'ouverture de toutes les facultés dans les universités. Elle rêvait « même du XXᵉ siècle, où les femmes occuperont des chaires universitaires, comme à Padoue et à Bologne au Moyen Âge[363] ».

Plus elles parlaient de la place des femmes dans la société, plus leurs idées se heurtaient. Joséphine estimait qu'il était dans l'ordre des choses que l'homme soit le pourvoyeur alors que Robertine encourageait les femmes à être indépendantes : « Ah ! la belle indépendance, s'exclamait-elle, qui voudrait vivre sans elle quand une fois on l'a connue[364]. »

Joséphine ne prenait peut-être pas conscience que certaines de ses affirmations étaient blessantes pour Robertine. Lorsqu'elle affirmait, par exemple, que « c'est par le mariage que la femme acquiert sa véritable émancipation » et que c'est là « le but de l'existence de la femme ». Elle alla même jusqu'à dire que « si l'on meurt avec son nom d'enfant, il semble qu'on n'a pas vécu[365] », ce qui sans doute blessait Robertine qui voulait rester célibataire et allait ainsi « mourir avec son nom d'enfant ».

Joséphine dénonçait « violemment les hommes qui refusent de se marier, privant ainsi un grand nombre de jeunes filles du mariage, par conséquent de la "vraie vie", mais aussi

---

362. Citée par Diane Thibeault. *Premières brèches dans l'idéologie des deux sphères. Joséphine Marchand-Dandurand et Robertine Barry, deux journalistes de la fin du XIXᵉ siècle*, p. 72.

363. *Ibid.,* p. 73.

364. *Ibid.,* p. 77.

365. Joséphine Marchand-Dandurand. *Journal-Mémoires.* 13 janvier 1898, citée par Diane Thibeault dans *Premières brèches dans l'idéologie des deux sphères. Joséphine Marchand-Dandurand et Robertine Barry, deux journalistes de la fin du XIXᵉ siècle*, pp. 12, 73 et 45.

de leur source de revenus ». Elle ajouta même que les vieux garçons devraient payer une taxe spéciale, ce à quoi s'opposait Robertine. Avec l'humour qu'on lui connait, elle ridiculisa cette idée et ajouta : « J'ai lu quelque part que, dans une des contrées peu civilisées, dont le nom m'a échappé tout à l'heure, on brûlait vifs ceux qui, après un nombre d'années déterminé, ne s'étaient pas encore décidés à prendre femme. Pauvres hommes ! C'est le cas de dire qu'ils se trouvent pris entre deux feux[366]. »

Alors que Robertine affirmait que « le mariage est une association où les deux partenaires sont tout à fait sur le même pied d'égalité », Joséphine écrivit que « l'homme est le Seigneur et maître et que la femme est sa fille bien-aimée plutôt que sa compagne égale en tout[367]. » Robertine s'insurgeait contre cette idée, notant pertinemment qu'il « ne faut pas confondre les mots soumission et esclavage, car s'il y a un grand mérite à se soumettre à tout ce qui est légal, juste et raisonnable, il y aurait, au contraire, déchéance morale si l'on se pliait aux caprices de quelqu'un, ce quelqu'un fusse-t-il votre mari. […] Rien, en effet, ne saurait être plus nuisible au bonheur des époux que l'abandon, par la femme, de son droit incontestable à l'existence intellectuelle et morale, droit qu'elle abdique forcément dès lors qu'elle se résout à vivre sous la domination absolue de son mari[368] ». Robertine insistait avec force sur l'égalité des deux partenaires dans le mariage[369].

---

366. Françoise. « Chronique du lundi », 6 février 1893.

367. Citée par Diane Thibault dans *Premières brèches dans l'idéologie des deux sphères. Joséphine Marchand-Dandurand et Robertine Barry, deux journalistes de la fin du XIXe siècle,* p. 49. Il faut dire, pour être juste, que la pensée de Joséphine évolua et qu'elle revendiqua, elle aussi, l'instruction pour les femmes. Mais elle le fit bien après Robertine.

368. Citée par Diane Thibeault. *Ibid.,* p. 50.

369. Françoise. « Réponses aux correspondants ». *La Patrie,* 21 janvier 1898.

En observant combien les idées de Joséphine, si peu révolutionnaires soient-elles, furent mal reçues lorsqu'elle fonda son magazine, on comprend mieux la prudence des premières féministes québécoises et on mesure mieux aussi la grande audace de Robertine. En comparant ses idées avec celles de Joséphine, on voit avec plus d'acuité le courage qu'il lui a fallu pour les énoncer. Frondeuse, Robertine ridiculisait même ceux qui remettaient en question l'égalité des sexes :

« Vous dites que l'homme est doué d'une âme et d'une intelligence supérieures à celles de la femme. Je n'aurais garde de chercher à détruire une si douce illusion, je comprends trop tout ce qu'elle a de consolant pour vous. Seulement, vous n'êtes pas à votre place sur cette partie de l'hémisphère où vous heurtez tous les jours un tas de gens – voire même parmi votre sexe –, qui reconnaissent l'égalité, pour le moins d'âme et d'intelligence entre l'homme et la femme. Vous feriez mieux donc de partir pour ces lointaines contrées si peu civilisées où le cannibalisme est encore en pleine floraison, car là seulement on croit tout ce que vous m'énoncez[370]. »

On peut imaginer que Robertine quittait parfois Joséphine un peu penaude, honteuse de s'être emportée durant leurs discussions. Elle allait souvent marcher sur la montée de la Côte des Neiges quand elle avait besoin de se calmer. « J'adore, écrivit-elle, cette longue avenue bordée d'arbres qui se rejoignent, par intervalles, au-dessus de nos têtes. À perte de vue s'étendent des forêts pleines d'ombrages où se détachent de temps en temps de splendides résidences, de vastes serres, de jolis cottages ou des ruines pittoresques restées debout malgré le vent et les hivers. » Tout en marchant, elle observait « les familles

---

370. Françoise. « Le Coin de Fanchette ». *La Patrie*, 25 juin 1898.

et les amoureux munis de paniers de provisions qui vont pique-niquer dans le cimetière ou dans les bois dans leurs équipages élégants[371] ». Ces images du bonheur la faisaient parfois douter. Peut-être que Joséphine avait raison et qu'elle serait plus heureuse avec un mari et des enfants ? Mais elle chassait vite ce doute. Elle sentait la colère l'envahir rien qu'à l'idée qu'en se mariant, elle perdrait tous ses droits. Elle rageait encore plus en songeant que la majorité des femmes, même parmi les plus avant-gardistes comme Joséphine, étaient satisfaites des lois du pays. Quand donc cessera-t-elle d'être la seule à proclamer ouvertement « l'égalité des deux sexes et la nécessité de changer les lois qui placent la femme dans des situations d'injustice, d'inégalité[372] ? » Elle était convaincue qu'il fallait modifier, entre autres, les lois qui permettaient aux maris de s'accaparer les possessions de leur femme, y compris son salaire, et d'en jouir comme il l'entendait sans même être tenu de la consulter.

Légalement, les femmes mariées étaient sous la tutelle de leur mari, car le Code civil, inspiré du code Napoléon, excluait les femmes de la vie publique et les soumettait à leurs époux. En 1804, Napoléon Bonaparte avait interpellé ses juristes en disant : « Est-ce que vous ne ferez pas obéir les femmes ? Les femmes ont toujours ce mot à la bouche : "Vous ne m'empêcherez pas de voir qui me plaît." La femme doit nous obéir. La nature a fait de nos femmes nos esclaves. » On racontait que Napoléon songeait à son épouse qui lui avait été infidèle lorsqu'il avait décrété : « La femme appartient à l'homme, comme l'arbre au jardinier. » Mais ce n'était pas seulement l'homme

---

371. Françoise. « Chronique du Lundi », 17 juin 1892.

372. Diane Thibeault. *Premières brèches dans l'idéologie des deux sphères. Joséphine Marchand-Dandurand et Robertine Barry, deux journalistes de la fin du XIXe siècle*, p. 108.

trompé qui s'exprimait ainsi. Napoléon disait aussi ce que la majorité des hommes du XIXᵉ siècle pensaient lorsqu'il ajouta : « Dans un siècle où les femmes oublient le sentiment d'infériorité, il est bon de leur rappeler avec franchise la soumission qu'elles doivent à l'homme qui va devenir l'arbitre de leur destinée[373]. » Le code Napoléon, comme le disaient les Françaises, était une « Bastille pour les femmes », qui n'avaient que des devoirs, et aucun droit, hormis ceux d'être emprisonnées ou de monter sur l'échafaud comme Olympe de Gouges, la féministe française qui avait rédigé une *Déclaration des droits de la femme*.

Le courant antiféministe était si fort que celles qui, dans d'autres pays, prônaient comme Robertine l'émancipation des femmes, étaient surveillées étroitement. On grossissait leurs défauts, on parlait de leur piètre intelligence, on déclarait qu'elles n'étaient pas de vraies femmes, mais rien de plus que des fauteuses de troubles. Robertine n'échappait pas à ces jugements, d'autant plus qu'on disait des célibataires qu'elles n'étaient que des briseuses de ménages, des frustrées de n'avoir pas d'époux. Qu'elles étaient jalouses des femmes mariées et faisaient rire d'elles avec leurs idées sur le célibat. Ce à quoi, un jour, Robertine répondit : « Ne vaut-il pas mieux faire rire de soi parce qu'on est vieille fille que de ne pouvoir rire soi-même parce qu'on est mariée[374] ? »

Ses idées avant-gardistes isolaient Robertine. Pire encore, des hommes, mais aussi des femmes, parmi les personnes les plus en vue dans la société, l'insultèrent ouvertement à cause

---

373. Nicole Arnaud-Duc. « Les contradictions du droit » dans *Histoire des femmes en Occident*. Tome IV, p. 123.

374. C'était l'une des boutades préférées de Robertine. Elle l'utilise souvent, entre autres dans une réponse à l'une de ses lectrices. « Vieille Fille », dans *Le Journal de Françoise*, 7 mars 1903.

de ses idées. Parmi eux, Henri Bourassa, celui-là même qui, en 1910, fonda *Le Devoir*. Né à Montréal en 1868, Bourassa avait cinq ans de moins que Robertine. Plutôt bel homme, portant fièrement la barbe et une longue moustache, il était le fils de l'artiste et écrivain de renom Napoléon Bourassa, et le petit-fils, du côté maternel, de Louis-Joseph Papineau. Il avait lui-même des ambitions politiques et fut élu député pour la première fois en 1896. Il avait en commun avec Robertine d'être un ardent nationaliste. Cependant, celui que l'on surnommait *l'homme à la langue d'argent* s'en prenait souvent à *la dame à la plume d'argent* ainsi qu'on appelait Robertine parce qu'elle gagnait sa vie avec ses écrits et qu'elle portait souvent un chapeau avec une immense plume argentée ou en plaçait plusieurs petites dans ses cheveux. Elle ne portait pas des plumes que de cruels chasseurs vendaient après les avoir arrachées à des oiseaux blessés qu'ils rejetaient ensuite à la mer, mais des plumes qu'elle trouvait sur le sol lors de ses balades en forêt. Depuis son enfance, elle avait conservé cette habitude d'en collectionner de toutes les couleurs. Elle était d'autant plus ravie d'être appelée *La dame à la plume d'argent* que ses ancêtres celtes utilisaient abondamment des plumes lors de leurs rituels magiques et qu'à leurs yeux, il y avait quelque chose de magique dans le fait d'écrire.

Mais laissons les plumes et revenons à nos moutons.

Bourassa disait bien en face à Robertine ce que beaucoup de gens pensaient d'elle et des femmes en général. Pour lui, celles-ci devaient être « douces, pures, charmantes, les reines du foyer, les gardiennes de la tradition, les éducatrices des fils[375] ».

---

375. Susan Mann Trofimenkoff. « Henri Bourassa et la question des femmes » dans *Travailleuses et féministes,* pp. 304-305.

Il prétendait aimer les femmes, mais il n'aimait que les femmes mythiques et détestait toutes celles qui, comme Robertine, parlaient haut et fort, et qui, pire encore, osaient écrire, dénoncer, militer. Il haïssait toute forme de féminisme et, a fortiori, le féminisme avant-gardiste de Robertine. De son point de vue, partout où il y avait du féminisme, il y avait des divorcés, des familles brisées, des « ivrogneresses », des filles tombées, des faiseuses d'anges, bref tout ce qui faisait ombrage à la mission de la femme qui était d'être la gardienne des vertus morales[376]. Il disait de Robertine qu'elle « était un monstre » parce qu'elle était une « femme publique », synonyme dans son esprit de prostituée. Selon lui, les femmes avaient un sens moral plus élevé que les hommes, mais seulement si elles avaient des enfants.

Bourassa était « amer, rigide, dépourvu d'humour[377] », tout le contraire de Robertine qui maniait l'humour aussi bien que la plume et aimait profondément la vie. Même si elle eut quelques prises de bec avec lui, elle prenait avec un grain de sel les propos de Bourassa. L'homme n'était pas aimé de tous. Un journaliste de *La Vigie* ne se gêna pas d'ailleurs pour le traiter de tous les noms : « imposteur, effronté, menteur, grossier personnage, bouffi, bouche écumante, fou furieux, épileptique[378], monomaniaque et toqué[379] ». Il n'en demeure pas moins que la journaliste était souverainement agacée par le rigorisme moral

---

376. *Ibid.,* p. 305.

377. *Ibid.*

378. Notons en passant que le fait que des mots tels que fous et épileptiques servent d'insultes en dit long à la fois sur l'ignorance, le mépris et les préjugés entourant ces maladies.

379. Extrait de « C'est maintenant qu'on a besoin d'Asselin et de Fournier », par Jean-Claude Germain. *L'aut'journal,* mai 2009, p. 18.

de Bourassa. D'autant plus qu'elle savait que bien des gens pensaient comme lui. Bourassa imputait même au célibat de Robertine « ses divergences d'opinion avec lui[380] ». Elle, de son côté, se moquait du fait que, tout vieux garçon fût-il[381], il osait penser ainsi.

Bourassa était réputé pour avoir le « don d'humilier ses ennemis et les pousser à renouveler leur répertoire d'injures[382] ». Robertine avait appris à se défendre contre ces misogynes qui, de tout temps, « se sont servis de la raillerie, de la médisance et de l'insulte pour endiguer la vitalité des femmes[383] ». Elle était aussi bien trop douée pour le bonheur pour perdre son temps à alimenter du ressentiment envers qui que ce soit. Elle lui rendait donc les coups qu'il lui donnait, comme elle le fit chaque fois qu'on l'attaquait, ne regrettant pas d'avoir été d'une franchise brutale. Ce qu'elle regrettait parfois, cependant, c'était sa nature impulsive qu'elle n'arrivait pas à dompter et qui l'amenait à dire des choses blessantes à ceux qui lui étaient chers. Elle confia qu'à l'heure de sa mort, elle se repentira certainement de « ne pas avoir été assez douce » envers les personnes qu'elle aimait. Elle déplorait le fait que même si elle essayait de se corriger, elle ne s'améliorait guère. Pour se consoler et peut-être aussi pour se donner bonne conscience, elle supposait que si « nous étions trop parfaits, nos amis ne nous reconnaîtraient plus et qui sait si, par un singulier revirement de notre nature, leur affection n'en serait pas diminuée[384] ». Elle était de celles

---

380. Hélène Pelletier-Baillargeon. *Olivar Asselin et son temps,* p. 233.

381. Henri Bourassa se maria avec Joséphine Papineau en 1905.

382. « C'est maintenant qu'on a besoin d'Asselin et de Fournier », par Jean-Claude Germain. *L'aut'journal,* mai 2009, p. 18.

383. Liliane Blanc. *Elle sera poète elle aussi,* p. 45.

384. Françoise. « Chronique du lundi », 30 janvier 1899.

qui prennent les gens comme ils sont et elle espérait qu'on en fasse autant avec elle.

• • •

C'est dans un contexte québécois où l'antiféminisme était des plus virulent que fut créé, en novembre 1893, le Conseil des femmes de Montréal (Montreal Local Council of Women). Robertine assista à l'assemblée de fondation auxquelles participaient, en grande majorité, des femmes anglophones. Les trois francophones les plus impliquées au sein du Conseil étaient Joséphine Marchand-Dandurand, Marguerite Thibaudeau, ainsi que Marie Gérin-Lajoie.

Marguerite Thibaudeau – dont l'époux était un des fondateurs de la Montreal Cotton Company, l'un des hommes les plus riches à Montréal – était la directrice des dames patronnesses de l'Hôpital Notre-Dame, la seule association catholique à devenir membre du Conseil malgré l'interdiction de l'archevêque de Montréal. Marie Gérin-Lajoie, née Lacoste, était l'épouse de l'avocat Henri Gérin-Lajoie. L'un des sujets de conversation de Marie était l'accès des femmes aux études universitaires. Elle avait écrit une série d'articles dans *Le Coin du feu* qui avait ravi Robertine. Elle y parlait, entre autres, de l'enviable indépendance des femmes amérindiennes. De par leur implication au sein du Conseil, Marguerite, Joséphine et Marie étaient beaucoup plus au courant que Robertine de ce qui s'y passait. Robertine avoua d'ailleurs candidement, deux ans après la mise sur pied du Conseil, qu'elle ne comprenait toujours « rien du tout » aux objectifs qu'il poursuivait[385]. Certes, il

---

385. *Ibid.*, 7 janvier 1895.

était clair que le Conseil se « portait à la défense de l'institution familiale et de la vocation traditionnelle de mère et d'épouse qui lui apparaissent grandement menacées par l'industrialisation croissante[386] ». Cela, elle le savait, mais n'en partageait pas totalement l'idéologie. Elle appréciait cependant le fait que le Conseil luttait pour « l'obtention d'une véritable égalité de formation entre filles et garçons » et qu'il dénonçait le « caractère protectionniste des lois » qui plaçaient les femmes et les enfants dans la même catégorie[387]. Cependant, les revendications du Conseil étaient à ce point diversifiées que Robertine en perdait son latin. Les membres du Conseil voulaient – et c'est ce qu'elles firent au fil des ans – s'impliquer dans des œuvres de bienfaisance ; former des clubs littéraires et des sociétés artistiques ; revendiquer l'ouverture d'un bain public à Montréal ; faire des pressions afin de rendre l'eau potable[388] ; fournir du lait pasteurisé[389] ; encourager la vaccination ; instruire la population, notamment en distribuant des fiches d'hygiène résumant les soins à donner aux enfants ; s'impliquer dans la préservation de l'environnement ; discuter des moyens à prendre pour contrer le vagabondage ; créer des espaces verts ; ouvrir des terrains de jeux pour les enfants ainsi qu'un dépôt de lait « non contaminé par la tuberculose » et trouver des médecins prêts à dispenser des soins médicaux aux enfants nécessiteux et à leurs familles. Elles revendiquaient aussi une meilleure formation pour les servantes, « la nomination d'inspecteurs

---

386. Yolande Pinard. « Les débuts du mouvement des femmes à Montréal. 1893-1902 » dans *Travailleuses et féministes*, p. 179.

387. *Ibid.*, p. 193.

388. Vingt-six pour cent des nouveau-nés mouraient avant d'atteindre un an. Ce n'est qu'en 1910 qu'on mettra du chlore dans l'eau.

389. Le lait fut pasteurisé à partir de 1900.

médicaux dans les écoles publiques, l'établissement d'une cour juvénile, d'une institution de réforme pour les filles, la protection et l'isolement des déficientes mentales dont la présence dans la communauté est perçue comme un danger constant et la suppression des publications dites immorales. Car si la santé physique et la santé mentale canalisent une partie de leurs efforts », ces femmes s'intéressent aussi à la « santé morale ». Elles se réjouirent, « en 1897, de la nomination temporaire de deux matrones pour surveiller les détenues dans les postes de police[390] ».

Même s'il était question des droits de la femme, les membres du Conseil n'en parlèrent guère au début, amplement occupées avec tous les objectifs qu'elles s'étaient fixés. Or, c'était précisément du droit des femmes que Robertine aurait surtout aimé entendre parler. Mais la plupart des membres du Conseil, estimant qu'il y avait des choses plus urgentes à régler et ne rejetant « pas la séparation des deux sphères qui dominaient à cette époque[391] », ne voulaient, pour le moment, qu'étendre « à la société les rôles joués par les femmes dans le domaine domestique[392] ». Robertine n'était pas toujours à l'aise lorsqu'elle les entendait. Comment l'aurait-elle pu ? Non seulement elle ne partageait pas l'idée que toutes les actions des femmes doivent nécessairement se référer à la fonction maternelle réservée aux femmes, mais elle n'avait guère une bonne opinion du mariage et vantait plutôt les joies du célibat.

---

390. Yolande Pinard. « Les débuts du mouvement des femmes à Montréal. 1893-1902 » dans *Travailleuses et féministes*, p. 190.

391. Yolande Pinard. « Les débuts du mouvement des femmes à Montréal. 1893-1902 » dans *Travailleuses et féministes*, p. 198.

392. Lyne Gosselin. *Les journalistes québécoises. 1880-1930*, p. 27

Au début des années 1890, peu de Québécoises, voire aucune, n'avait osé parler ouvertement, comme l'a fait Robertine,
à la fois des malheurs des femmes mariées et des plaisirs des
femmes célibataires. Différente des premières féministes qui
valorisaient la mission de mère et d'épouse, Robertine se sentait parfois bien seule, même si elle a été, tout au long de sa vie,
entourée de nombreux amis, tant hommes que femmes. « La
liberté est un chemin solitaire[393] » et la libre-penseuse qu'était
Robertine, en affrontant de plein fouet l'ordre établi, y marcha
souvent seule. Elle enviait ces femmes qui, ailleurs dans le
monde, partageaient les mêmes idéaux, vivaient en communauté, et prônaient la chasteté, non pas parce qu'elles étaient
prudes ou des grenouilles de bénitier, mais parce que c'était,
selon elles, la seule façon de ne pas se soumettre aux hommes
et que, pour rien au monde, elles ne voulaient abdiquer leur
indépendance.

Au début des années 1890, où de plus en plus de féministes
françaises et anglaises croyaient que « la libération de la femme
passe par le célibat[394] », Robertine était plus près d'elles idéo-
logiquement que des premières féministes québécoises qui se
situaient du côté du « bon féminisme, que l'on nomme aussi *le
maternalisme* ou *féminisme maternel*[395] ».

---

393. Jean-Claude Bologne. *Histoire du célibat et des célibataires*, p. 300.

394. *Ibid.*, p. 280.

395. Il faudra bien du temps avant que les idées de Robertine soient partagées
par celles qui la suivirent dans la voie du journalisme. Bien des années plus tard,
« Fadette, dans *Le Devoir*, mettait les femmes en garde contre le rêve féministe
d'être la rivale de l'homme. Colette, dans *La Presse*, sanctionnait la répartition de
la gent féminine en femmes (les vraies, dévouées à leur vocation de mère, la parure de leur foyer), en suffragettes, les modérées (dans l'erreur mais autorisées à
exprimer leurs opinions), et en furies (les suffragettes violentes qui avaient tout
bonnement cessé d'être des femmes) ». Susan Mann Trofimenkoff. « Henri Bourassa et la question des femmes » dans *Féministes et travailleuses*, p. 296.

Cela ne l'empêcha pas de se lier d'amitié avec les femmes qui militaient au sein du Conseil, en particulier avec Marie Gérin-Lajoie. Pour Robertine, les divergences d'opinion n'empêchaient jamais de tisser de solides liens d'amitié, dans la mesure où les discussions, parfois vives, se faisaient dans le respect mutuel. « Je suis très aise, écrivit-elle dans une lettre adressée à Marie, que ma personne vous soit si sympathique ; je crois qu'elle vous le sera davantage quand nous nous connaîtrons mieux ; il peut même se faire qu'il y ait quelque divergence dans quelques-unes de nos opinions mais cela ne nuira en rien à notre harmonie ; au contraire, cela empêchera la monotonie de se glisser dans nos entretiens[396]. »

Robertine se moquait du fait que les revendications du Conseil, si timides soient-elles, aient suscité un tollé dans la population et chez plusieurs journalistes. Elle estimait que la majorité des reporters ayant commenté la réunion du Conseil divaguait totalement. Les journaux titraient en première page que la fondation de la section montréalaise du Conseil national était composée de suffragettes qui ne voulaient rien d'autre que de briser les familles. « Qui donc ravaudera nos bas ? » écrivit un journaliste. L'un d'eux provoqua un fou rire lorsque Robertine le lut : « La femme est très bien telle qu'elle est et il serait dangereux de la sortir de sa torpeur[397]. »

Plusieurs autres voix firent écho à celles des journalistes : « Certains hommes, qualifiant les femmes d'êtres sensibles et impulsifs, uniquement préoccupées par leur toilette, n'apprécient pas de les voir sur la place publique. [...] Épouvantés à l'idée de perdre leur autorité à la maison et de laisser les femmes

---

396. Lettre de Robertine Barry à Marie Gérin-Lajoie. Halifax, 20 avril 1895. Fonds Marie Gérin-Lajoie.

397. Cité par Anne-Marie Sicotte. *Marie Gérin-Lajoie*, p. 116.

---

envahir un territoire jusque-là exclusivement masculin, les maris qualifient les membres du Conseil d'horribles "femmes modernes" voulant établir la suprématie du genre féminin sur la terre[398]. »

Les journaux parlèrent pendant deux mois de ces « terribles » réunions de femmes. Pendant ce temps, Robertine assista à quelques rencontres qui se tenaient tantôt chez une, tantôt chez une autre des membres du Conseil. Un jour, écrivit-elle dans une chronique, « l'une d'elles les reçut dans une jolie chambre, fraîche et coquette, dans le sujet des tableaux suspendus aux murs, dans le goût des quelques meubles dont elle est garnie, dans un je ne sais quoi qui prévaut dans l'atmosphère même et qui ne se retrouve que dans les endroits fréquentés par des femmes ». C'est dans cette espèce de sanctuaire que Joséphine Dandurand donna sa conférence et sut captiver pendant une heure son auditoire par un entretien sur l'économie : « Enseigner aux servantes à ramasser l'argent qu'elles gagnent et à en faire un bon placement pour leurs vieux jours. » Robertine enviait l'éloquence de Joséphine, elle qui n'avait pas ce talent. Lors de ses conférences, Robertine bafouillait souvent, ne terminait pas ses phrases, ne s'exprimait pas avec cette facilité qu'elle avait en écrivant. Sa timidité et la nervosité qui l'assaillait chaque fois qu'elle devait parler en public masquaient son talent d'écrivaine. Ceux qui ne la lisaient pas ne pouvaient guère imaginer, lorsqu'ils l'écoutaient parler devant un auditoire, que cette même femme était une écrivaine talentueuse qui savait exprimer clairement ses idées.

Bien qu'elle admirât l'aisance de Joséphine lorsqu'elle parlait en public, Robertine déplorait qu'elle prononce souvent

---

398. Anne-Marie Sicotte. *Marie Gérin-Lajoie*, p. 118.

ses conférences en anglais[399]. Elle était d'autant plus exaspérée que, ce jour-là, en marchant jusque chez son amie, elle avait eu sous les yeux plusieurs monuments « destinés à perpétuer les hauts faits d'armes et l'héroïsme des illustres fondateurs de la colonie française et qui se trouvaient, par un paradoxe singulier, écrits en langue anglaise ». La raison était bien simple. Il ne s'était pas trouvé assez de souscripteurs canadiens-français ayant voulu débourser pour faire graver ces marbres. « Il n'y a rien, écrit Robertine, pour refroidir le patriotisme chez nous comme l'action de délier les cordons de la bourse[400]. »

• • •

Robertine aimait la vie trépidante de la ville mais ce n'était qu'à la campagne qu'elle trouvait le véritable repos. C'est là qu'elle se ressourçait et refaisait ses forces. Elle aimait retourner dans le Bas-du-Fleuve et respirer à pleins poumons l'air parfumé de varech. Parfois, elle partait seule et séjournait chez une amie : « Dans les fantaisies envolées de mon imagination, j'avais à peine osé rêver un repos si parfait dans une plus charmante retraite. "Je vous donnerai de la campagne tout ce qu'elle peut vous donner", m'avait dit cette fée bienfaisante à la chevelure argentée. [...] Ah ! les bonnes heures que j'y ai passées ! Les délicieuses rêveries faites, les yeux grands ouverts, sur toutes ces beautés[401]. »

Parfois, elle partait avec sa mère et ses sœurs, comme durant cet été 1894. Tout au long du chemin, elles firent escale

---

399. Françoise. « Chronique du lundi », 4 mars 1895.

400. *Ibid.*

401. Françoise. « Chronique du Lundi », 17 février 1894.

dans plusieurs villages, dont Cacouna, le village du porc-épic. Par le passé, Robertine s'était liée d'amitié avec quelques-unes des dames de la haute société qui, chaque été, séjournaient dans ce lieu de villégiature dont la réputation avait dépassé les frontières : les Hamilton, les Molson, les Young, les Cook y avaient fait construire de magnifiques cottages dignes des princes.

Durant ses vacances, Robertine aimait se lever très tôt et marcher sur la plage avant le déjeuner. Au loin, des pêcheurs faisaient sécher leurs harengs pendant que des chasseurs tuaient des goélands. Ils iraient ensuite vendre ces oiseaux au restaurateur qui en ferait les délices des villégiateurs. La plage était souvent déserte à cette heure matinale et Robertine enlevait bottines et bas et marchait dans l'eau en relevant le pan de sa robe. Elle ne connaissait rien de plus tonifiant que d'admirer le lever du soleil en marchant dans l'eau salée du fleuve, frissonnant de plaisir quand les vagues venaient lécher ses jambes. Elle était persuadée que cette eau était très bénéfique pour la santé. Elle n'était pas la seule à le croire. Le doyen de la faculté de médecine de McGill College, le docteur George W. Campbell, en avait vanté les mérites auprès de ses patients. Un journaliste de *L'Opinion publique* avait même fait un papier à ce sujet. Il racontait que l'épouse de ce médecin avait connu la guérison après avoir séjourné à Cacouna où elle s'était souvent baignée. Le bouche à oreilles faisant son œuvre, Cacouna était devenu, au fil des ans, une station balnéaire fort réputée. À un point tel qu'Arthur Buies l'appelait le « Saratoga » canadien, rappelant ainsi cette ville qui, aux États-Unis, attirait un nombre important de malades qui croyaient aux vertus des eaux minérales.

Dans *Nelligan à Cacouna,* le journaliste-écrivain Yvan Roy raconte :

« Les gens venaient de partout, recherchant le soleil radieux, la verdure luxuriante, l'air pur et les vastes horizons aux couleurs splendides, ouverts sur l'eau, les plages, les marées en constant mouvement. Et comment ne pas remarquer, à l'île de Cacouna et à l'anse au Persil, les pêcheurs de harengs et de flétans, de marsouins et d'anguilles, sans cesse affairés. On se plaisait à contempler les extravagantes femmes de cette station balnéaire, parmi lesquelles une riche Américaine, la "Poilue", promenait chaque après-midi ses dix-huit chiens. C'était un concert de jappements, une procession multicolore, car les chiens avaient leur papillon et les chiennes une grande cocarde bariolée. La promenade se terminait par des agapes canines : les serviteurs en livrée devaient nourrir chaque chien en lui offrant de la viande dans un plat gravé à son nom[402]. »

La popularité de Cacouna, ajoute-t-il, était telle que ce village, « supplanta en peu d'années le village de Kamouraska[403] ». Dans ce livre – signé par Yvan Roy et Paul Wyczynski – dont le texte aux accents poétiques est magnifiquement porté par des photos d'époque, on peut voir des femmes qui, pudeur oblige, empêtrées dans de longues jupes, se baignaient en robes longues, emprisonnées dans des corsets qui brimaient la circulation et causaient parfois des évanouissements. Ce n'est que des années plus tard que le bloomer, que certaines femmes émancipées des États-Unis portaient, franchit les frontières et fit son entrée au Canada. Mais quand Robertine s'y promenait, cette plage, « où le puritanisme est roi, offre des scènes qui tiennent plus du mélodrame que de l'églogue où dansent les nymphes et les sirènes[404] ».

---

402. Yvan Roy et Paul Wyczynski. *Nelligan à Cacouna*, p. 19.
403. *Ibid.*, p. 18.
404. *Ibid.*, p. 26.

Auprès des bourgeoises venues se divertir à Cacouna ou se refaire une santé, on pouvait voir aussi des hommes qui, « chapeau haut-de-forme, chemise blanche et bretelles bien tendues, montaient dans la barque, avec des enfants endimanchés comme s'ils avaient participé à une soirée de gala. La plage et la rue proscrivaient à l'époque tout exhibitionnisme, même innocent. Celui qui aurait eu l'audace de se montrer en culotte courte, rappelant la plage dans une rue de la municipalité, se serait fait sévèrement réprimander : là-dessus les catholiques, les anglicans et les presbytériens étaient d'accord[405] ».

Qu'importent les convenances ! Cacouna, c'était le doux farniente, la dolce vita. Les riches touristes qui y venaient partageaient leur temps entre les bains de mer, les bals, les pique-niques, les randonnées en forêt, les jeux de cricket, les parties de pêche, les five o'clock tea, les soirées artistiques, les courses de chevaux et les parties de golf dont le terrain était entretenu par de vaillants ou affamés moutons. Robertine aimait l'animation joyeuse qui régnait sur la rue principale. Aux rires des femmes qui s'y promenaient – une ombrelle à la main, car une « femme bien » ne devait pas avoir le teint hâlé –, se mêlaient invariablement les sons d'une mélodie. Plus que tout, Robertine appréciait les airs de musique qui parvenaient presque continuellement à ses oreilles. C'était un pur enchantement pour elle qui adorait la musique. L'une des chroniques d'Arthur Buies révèle d'ailleurs combien Cacouna était un lieu paradisiaque pour les mélomanes :

« Pour égayer les repas et faciliter la digestion troublée par le surcroît d'appétit qu'apporte l'air vif de la campagne, des musiciens loués pour la saison font entendre les sons de la

---

405. *Ibid.*, pp. 26-27.

harpe, du violon et de la flûte, et cela au déjeuner, au lunch, au dîner, au souper. Je suis arrivé ici au son des fanfares, comme un triomphateur : la valse joyeuse, toujours amoureuse, éclatait dans les airs […] On a tout ce qu'on veut ici, et en cadence encore ! On se baigne au son de la musique, on déjeune, on dîne et l'on soupe au son de la musique[406]. »

• • •

La musique ! Robertine connaissait une femme qui passait ses étés à Cacouna et qui aimait la musique autant qu'elle-même. C'était Émilie Hudon-Nelligan, la mère de celui qui allait devenir un grand poète. Émilie avait épousé un Irlandais, David Nelligan. David n'était ni beau ni tellement séduisant. Il était maigre, avait les pommettes saillantes, les cheveux noirs et lisses, et affichait un air sévère. Qu'est-ce qui, chez lui, avait plu à Émilie, réputée pour être une fort belle femme aux goûts raffinés et d'une grande sensibilité ? Peut-être admira-t-elle la détermination, le courage et la débrouillardise dont ce fils d'Irlandais avait dû faire preuve pour se tailler une place à Montréal. Certaines coïncidences, disaient les superstitieux, les prédestinaient l'un à l'autre. David était venu d'Irlande avec ses parents, l'année de la naissance d'Émilie, en 1856. Il avait habité avec ses parents sur la rue Saint-Germain à Montréal alors qu'Émilie habitait le quartier Saint-Germain à Rimouski.

Lorsqu'elle était encore enfant, Robertine avait lu un article, publié dans un journal rimouskois, dans lequel l'on vantait les talents de musicienne d'Émilie, surnommant même la fille du maire, l'avocat Joseph-Magloire Hudon, *la belle musicienne.*

---

406. Extrait de *Nelligan à Cacouna*, p. 136.

Une fois, lorsqu'elle était allée avec ses parents à Rimouski, Robertine l'avait croisée en marchant sur le trottoir de bois qui longeait le fleuve, face à l'île Saint-Barnabé. Mais le hasard avait voulu que leur première véritable rencontre se fasse à Montréal, pendant l'une de ces kermesses qui, des jours durant, étaient remplies d'une animation fébrile et joyeuse où chacun pouvait admirer, comme l'a écrit Robertine, « ces couleurs vives, ces lumières se reproduisant sur les pittoresques décors, les fleurs, les jeunes femmes aux comptoirs, ou circulant dans les allées avec leur petite écharpe bleue ou rose attachée au bras[407] ». Robertine avait été conquise par les allures de grande dame d'Émilie, par son amour des arts, par la « délicatesse de ses gestes ». Elle était l'une des « rares personnes ouvertes aux valeurs artistiques[408] ».

Robertine s'estimait être un peu la grande sœur des enfants Nelligan. Il y avait l'aîné, Émile, dont on disait qu'il était né poète. Déjà, enfant, il formulait les choses de façon poétique. « À cinq ans, devant un firmament plein d'étoiles, il s'écria : "Maman ! Que d'allumettes dans le ciel ! Est-ce que la nuit ne va pas flamber ?" C'était déjà le don de « seconde vue », le don de l'image forte et neuve, qui fait les grands poètes et les discerne des petits[409]. » Robertine avait de l'affection pour cet enfant rêveur et solitaire, devenu si triste depuis qu'il avait commencé à aller à l'école. Elle le comprenait, elle-même n'ayant

---

407. Françoise. *Chronique du Lundi*. Premier volume. 1891-1895, p. 3.

408. La comédienne et chanteuse Monique Leyrac confie, à propos d'Émilie : « On dit qu'à cette époque-là, la mère du poète était une des rares personnes ouvertes aux valeurs artistiques. Et ceux qui l'ont connue ne se lassent pas de décrire son allure de grande dame, la délicatesse de ses gestes, ses talents de musicienne. C'est elle qui le comprit, c'est elle qui l'encouragea à écrire. » Citée par Yvan Roy dans *Nelligan à Cacouna*, p. 104.

409. Paul Wyczynski. *Nelligan*, p. 109.

guère apprécié être enfermée entre les quatre murs d'une école. Mais elle réussissait à se faire des amies et à s'attirer l'affection de ses maîtresses. Pour Émile, c'était différent, ses camarades se moquaient de lui parce qu'il restait coi lorsque le maître lui posait des questions. Toute sa vie, Émile a toujours eu cette attitude figée lorsqu'on le questionnait sur un sujet précis. Comme si cela lui causait un tel stress qu'il ne savait quoi dire même s'il connaissait la réponse. Robertine aimait beaucoup Émile. Il avait onze ans lorsqu'elle l'avait connu et elle avait tout de suite constaté combien il était un être sensible.

Émilie avait aussi donné naissance à deux filles, Éva et Gertrude, que tous appelaient Gerty. Éva était celle qui, des trois enfants Nelligan, était la plus près de son père. Gerty, la douce Gerty, avait hérité du talent de musicienne de sa mère et jouait magnifiquement bien de la mandoline. Des trois, Émile était celui qui causait le plus d'inquiétude à ses parents. Il s'absentait, parfois pendant des mois entiers, de l'école qu'il détestait. Durant ces périodes, Émilie lui enseignait à la maison, faisait de son mieux pour cacher à David, qui devait voyager beaucoup pour son travail, les fréquentes absences de son fils sur les bancs d'école. Heureusement pour Émile, il y avait les vacances et Cacouna, ce lieu magique à ses yeux. Il était, comme sa mère, inlassablement émerveillé par l'animation qui y régnait, par la musique, les amis retrouvés, les embruns qui, les jours de grands vents, frappaient les fenêtres, et par la « transparence de l'air », comme aurait dit Van Gogh. Émile passait des heures étendu dans l'herbe qui poussait à profusion dans les grands champs qui s'étendaient à perte de vue, rêvassant et poétisant en regardant les nuages. Cacouna, c'était son paradis, le lieu qui lui inspira de si beaux vers : « Et parfois, radieux, dans nos palais de foin, nous déjeunions d'aurore et nous soupions d'étoiles. »

Robertine et Émilie avaient en commun l'amour des arts et la passion de la musique et elles plaignaient, sans arriver à les comprendre, les personnes qui y étaient indifférentes. Émilie partageait totalement l'opinion de Robertine lorsqu'elle disait que la musique, la bonne, « élève et dégage l'âme de la matière, qu'elle adoucit le caractère, polit les mœurs. La mythologie, ajouta-t-elle, nous enseigne que les animaux féroces s'apprivoisent au son de la lyre. La musique d'Apollon semble essentielle au bonheur et à la civilisation d'un peuple[410] ». Émilie faisait partie d'une Société artistique dont le but était d'organiser des concerts et d'aider le Conservatoire à trouver de nouveaux talents. Elle s'impliquait aussi dans toutes sortes d'œuvres de charité. C'était l'un des rares terrains d'action où les bourgeoises pouvaient agir sans faire trop de remous. Une femme mariée de la bourgeoisie qui travaillait déshonorait son mari, car cela signifiait qu'il ne pouvait « la faire vivre ». Par contre, non seulement les activités philanthropiques des bourgeoises ne heurtaient pas leurs époux, mais ceux-ci les encourageaient à s'impliquer encore plus, car elles illustraient ainsi leur nom. La plupart des bourgeoises cependant ne secouraient pas « n'importe qui ». Il était mal vu, par exemple, qu'elles viennent en aide aux *filles tombées*, car il allait de soit dans la bonne société qu'une bourgeoise s'abaissait en secourant une femme de *mauvaise vie*. On ignore si Émilie avait de tels préjugés, mais elle avait la réputation d'être une femme sensible qui ne s'impliquait pas dans les bonnes œuvres simplement pour bien paraître ou pour satisfaire son besoin de sortir du foyer où elle était confinée. Elle s'impliquait de tout son cœur et était réellement touchée par la souffrance des autres.

---

410. Françoise. « Chronique du Lundi », 10 février 1896.

On ne sait trop comment ni pourquoi certaines personnes, lorsqu'elles se rencontrent pour la première fois, se sentent tout de suite en confiance et quel est ce fluide mystérieux qui passe entre elles. La première rencontre entre Robertine et Émilie fut comme un coup de foudre. Un coup de foudre d'amitié qui dura jusqu'à ce que la mort les sépare. Il est touchant de constater que tout au long de leurs vies, après leurs nombreux déménagements respectifs, elles se sont débrouillées pour habiter l'une auprès de l'autre. Lorsque Robertine est morte, Émilie vivait dans la même maison que les Barry, cette habitation étant divisée en deux logements[411].

Lorsque Robertine se rendit, avec sa famille, dans le Bas-du-Fleuve, durant cet été 1894, elle visita Émilie à Cacouna. Elles marchèrent dans le village en parlant de choses et d'autres et se rendirent jusqu'au campement des Malécites où elles observèrent un moment des femmes qui tressaient des paniers. Robertine acheta un éventail de plumes. Quelques heures plus tard, elle fit ses adieux aux Nelligan et rejoignit sa mère et ses sœurs qui avaient continué leur trajet jusqu'à L'Isle-Verte, le village voisin.

• • •

Dans la calèche qui la ramenait au village de L'Isle-Verte où elle était née, Robertine, bercée par le claquement des sabots, s'emplissait les yeux de la beauté de champs entiers où se balançaient doucement, au gré du vent, des milliers de blondes gerbes de blé. Elle entendit au passage le bruit cristallin d'une

---

411. En 1910, les Barry et les Nelligan habitaient respectivement aux 588 et 586 de la rue Saint-Denis, aujourd'hui les 3710 et 3708.

rivière qui courait déverser ses eaux limpides dans l'immensité du fleuve. Elle respira à fond les odeurs qu'exhalait un champ de fleurs de sarrasin, remerciant au passage celui ou celle qui avait eu la bonne idée de le cultiver. La campagne, pour elle, était un « pur enchantement ».

Elle visita ses deux tantes qui avaient obtenu la charge du bureau de poste du village. Elle était fière de constater qu'elles gagnaient leur vie. Elles passèrent une partie de la soirée à parler, assises sur la véranda fleurie, à l'abri de la pluie qu'annonçaient au loin les éclairs qui zébraient le ciel. Le lendemain, accompagnée de sa mère et de ses sœurs, Robertine se rendit sur l'Ile-Verte où elles comptaient passer la journée. Un peu avant d'y arriver, elles entendirent des coups de canon. Le temps était brumeux ce matin-là et le gardien du phare de l'Ile-Verte tirait du canon depuis l'aube, à toutes les quinze minutes, afin d'indiquer la présence de l'île aux capitaines qui naviguaient à proximité. Plusieurs croyaient que ces coups de canon les protégeaient de bien des maladies puisqu'on en tirait quand il y avait une épidémie de typhus ou de choléra et ce, afin de *changer l'air*. Les femmes Barry visitèrent le gardien du phare, René-W. Lindsay, dont une parente était la marraine de Marie, la sœur de Robertine. René était dans la jeune vingtaine, mais il était gardien déjà depuis quelques années : dès l'âge de 16 ans, il avait dû remplacer son père Gilbert qui était devenu impotent après une chute. Il peignait la tour du phare lorsqu'il avait perdu pied. Son corps avait violemment heurté le toit de sa maison avant d'atteindre le sol. Il avait survécu quatre ans à ce tragique accident. Chassant ces tristes souvenirs, les Lindsay se remémorèrent les hivers où les Barry traversaient en traîneau sur le pont de glace et arrivaient chez eux à l'improviste. C'était alors une vraie fête, les visiteurs se faisant rares en hiver.

Les jours suivants, la famille Barry se rendit à Trois-Pistoles, passant devant la magnifique demeure qu'ils avaient habitée et dont les murs avaient gardé le souvenir de leurs joies, de leurs espoirs et de leurs peines. Robertine aimait revoir les lieux qui l'avaient vue grandir :

« Il y a tant de joie à revoir les lieux qu'on aime, tant d'émotion douce à saluer ces témoins des anciens jours et leur dire : "C'est moi, m'avez-vous oubliée ?" Chaque année, ils nous voient reparaître avec un bagage nouveau d'inconstances et d'infidélités, le front plus pâle, les lèvres moins souriantes, tandis qu'eux, toujours immuables, disent à leur tour : "Ce n'est pas nous qui avons changé, pourquoi nous avoir quittés ?" D'ordinaire, ces matins étaient si tranquilles et si calmes, à peine troublés par le cri des moissonneurs qui montait affaibli jusqu'à moi. Dans le lointain, s'ébranlaient de lourdes charrettes chargées de foin, disparaissant derrière les nombreux monticules pour entrer je ne sais où, et tout au bas de l'avenue, bourdonnaient des mouches besogneuses et des grillons sous l'herbe. Puis, comme chacun ne voulait rien perdre de ce spectacle, on courait s'installer sur la véranda, où les héliotropes et les résédas nous enivraient de leur parfum. [...] On se sentait si bien, si paisiblement heureux, qu'il semblait que l'ambition la plus effrénée n'eût jamais rien désiré au monde que ce moment de félicité, loin des foules et des grandeurs de la terre[412]. »

Chaque fois qu'elle passait devant Trois-Pistoles, Robertine s'arrêtait toujours pour faire, « sur une tombe bien-aimée, le triste pèlerinage de l'amour filial[413] ». À genoux sur la terre humide du cimetière, indifférente au sort de sa belle robe collée

---

412. Françoise. « Chronique du lundi », 10 septembre 1894.
413. *Ibid.*, 18 septembre 1893.

au sol, elle songeait que son père était mort l'automne et que « c'est deux fois mourir que de mourir avec les feuilles[414] ». Elle pensait aussi au temps de son enfance où elle craignait voir les fantômes des morts, mais espérait tout de même voir apparaître au moins une fois celui d'une personne aimée. La nostalgie l'envahissait et lui nouait la gorge : « À mesure que l'on avance dans la vie, que les adieux forment les douloureux jalons de notre chemin, on regrette la foi naïve de nos jeunes années qui nous faisait croire qu'un jour, au moins, on rencontrerait les ombres aimées pour leur dire notre douleur et les assurer de notre pieux souvenir[415]. » Elle est triste à l'idée que son père ne soit plus là pour voir tout ce qu'elle accomplissait, mais se console en se disant qu'aux moments les plus importants, son âme se tiendra peut-être auprès d'elle.

Robertine s'éloignait de Montréal durant les grandes vacances et souvent aussi les fins de semaine. Elle avait besoin de se ressourcer et de trouver ailleurs de quoi l'inspirer pour ses chroniques. Même si elle adorait son métier, même si elle aimait sa vie de journaliste au point que, parfois, répéta-t-elle souvent, elle se serait mise à genoux pour en remercier Dieu, sa vie de chroniqueuse n'était pas de tout repos. Elle ne pouvait pas toujours compter sur la compréhension et l'estime du public. Au contraire ! Beaucoup de personnes n'estimaient guère ceux et celles qui n'effectuaient pas un travail physique. De leur point de vue, les *pousseux de crayons* ne valaient pas grand-chose. Peu de gens comprenaient à quel point cela pouvait être exigeant que de devoir livrer chaque semaine une chronique. De cela justement, Robertine en avait parlé ouvertement, mais

414. *Ibid.*, 25 septembre 1893.
415. *Ibid.*, 6 novembre 1893.

il lui semblait que cela n'avait rien changé. La plupart des gens qu'elle connaissait estimaient qu'elle ne travaillait pas vraiment. Elle avait bien envie parfois de leur dire : « Tenez, prenez cette plume, écrivez sur tel ou tel sujet et ne vous levez pas de votre chaise sans avoir terminé, sans vous être relu et sans être certain que vous avez exprimé clairement et agréablement ce que vous vouliez dire. » Basta ! Quelle importance ! Après tout, elle faisait ce qu'elle aimait et assumait les difficultés, comme elle l'expliqua dans cette chronique du 4 avril 1892 :

« Il est des innocents, et des innocentes aussi, n'en doutez pas, qui ne se gênent en rien pour dire que, s'il y a quelque chose de facile au monde, c'est de faire une chronique. Ah ! Il faut les entendre. Une chronique ?… Attendez donc un peu : c'est simple comme bonjour. On prend du papier, de l'encre, une plume, oui, une plume, et l'on n'a qu'à écrire, écrire jusqu'à ce que l'on ait couvert des pages et des pages… et v'lan, la chronique est faite. Ce n'est guère malin comme vous voyez. C'est comme la recette pour faire un canon. On prend un trou et l'on met du bronze à l'entour. C'est pas plus difficile que ça. Il ne reste plus qu'à le charger d'une poudre de l'invention de ces bonnes gens, et le tout est fait. Mais la décharge ne produit pas grands dégâts, j'en réponds. Il y en a comme ça, bonté divine qu'il y en a !, qui blâment pour le seul plaisir de trouver à redire, qui critiquent tout et ne précisent rien, qui conseillent sans cesse et ne suggèrent rien.

« Et quand vous hasardez, pour votre défense, qu'à la longue les sujets deviennent rares, qu'il y a des mortes saisons dans ce métier, comme ailleurs, ils semblent surpris que cela puisse vous embarrasser un seul instant. *Allons donc, dit-on, les sujets courent les rues. Parlez de ceci, de cela.* "Ceci, cela", c'est un peu vague. Poussez-les au pied du mur, pour obtenir plus de détails, et la source des informations est déjà tarie. Alors vous suggérez vous-même quelque chose. On se récrie vivement. *N'entamez pas ce sujet, c'est trop délicat; vous blesseriez sans même vous en douter. Ne parlez pas de cette affaire, vous froisseriez quelque susceptibilité. Ne traitez pas cette matière, ce n'est pas assez féminin, cette autre n'est pas de votre ressort.* Tant à la fin que, si on les écoutait, il ne resterait que des sujets bons pour des petites pensionnaires, et encore ! *Hé, mon Dieu !,* me diront quelques sages, *le mieux à faire alors, c'est de poursuivre son petit bonhomme de chemin, sans s'occuper de personne.* Ma foi, c'est aussi ce que l'on fait, je vous prie de le croire. L'expérience commune, celle qui est plus âgée que vous et moi, démontre sans cesse qu'il est depuis longtemps impossible de contenter tout le monde et son père. Il vaut mieux encore écrire tout simplement, comme cela vient, et s'il n'est pas permis de dire tout ce que l'on pense, je crois qu'il est toujours préférable de ne dire que ce que l'on pense. De sorte qu'au lieu de fouetter son imagination pour lui faire créer des hypothèses nouvelles, et de consulter l'opinion de celui-ci, de celui-là, avant de composer la sienne, il vaut encore mieux raconter tout bonnement comment la chose nous a frappé. Cela n'engage en rien l'opinion du lecteur, et ça simplifie singulièrement la tâche de l'écrivain.

« Du moins, c'est mon impression. Il ne s'ensuit pas, maintenant, que l'on n'écrive que ce que l'on a ressenti soi-même, ou que, si l'on décrit bien telle ou telle sensation, c'est pour l'avoir éprouvée. Sans doute, on peut, avant d'écrire, interroger son cœur, sa pensée, se demander comment on aurait pu agir en telle circonstance, afin de donner à son récit la vraisemblance que le lecteur aime à retrouver partout. Mais de là à avoir nécessairement subi ces manifestations multiples de la douleur, de l'amour ou de la haine que l'on raconte, il y a loin. Quelques lecteurs ont déjà dit : *L'on est toujours enclin à décrire ses propres sentiments.* Je ne le crois pas. Il est impossible, à mon avis, de livrer ainsi à un public indifférent les chers secrets de son âme que, de crainte de les déflorer, on n'a même pas confiés à une oreille amie. Il est des trésors qu'on conserve avec un soin jaloux, et dont on ne voudrait pas confier la garde à personne et surtout à des inconnus. S'ensuit-il, parce qu'un auteur décrit, avec une fidélité saisissante, la peur, les remords, les hallucinations, qui hantent le cerveau du criminel, qu'il a lui-même éprouvé toutes ces tortures ?

« Pour peu que l'on ait un esprit observateur, on n'a qu'à regarder autour de soi pour trouver les matériaux nécessaires à l'édification de n'importe quelle œuvre. Il suffit d'étendre la main pour retenir et faire poser le personnage dont on a besoin. L'expérience des autres, quand vous vous donnez la peine de l'étudier attentivement, à raison de l'âge et de la diversité des personnes, vous sert encore plus que si vous ne consultez que la vôtre. Et si vous accordez ces tons divers, ces notes variées aux accords de bons sens, vous faites une harmonie qui plaît et qui semble sortie tout entière des cordes d'une seule lyre. En un mot, servez-vous du cœur des autres, si vous le voulez, mais écrivez avec votre tête. On y verra beaucoup plus clair.

« Écrire, écrire, c'est bien beau, sans doute, mais ce n'est pas toujours facile ! Même tout en étant *a labor of love,* il arrive, parfois, que la tâche semble rude et ne peut s'accomplir qu'avec grande peine. Surtout quand cette tâche s'impose, qu'elle a des heures, des jours assignés, les difficultés s'en accroissent davantage et se multiplient. Le cerveau est un rebelle qui ne souffre pas qu'on le commande, et qui n'obéit qu'en rechignant. Et ce n'est plus alors le divin efflatus[416] qui guide et enflamme aux heures d'inspiration. Les mots se traînent péniblement, les uns s'accrochent aux autres et servent à peine à cacher le désert d'idées qu'ils recouvrent.

« Pourtant, il faut que le travail s'accomplisse quand même : vous le terminez enfin, mais au prix de quels pénibles efforts et pour quels misérables résultats. La plaie de la chronique, beaucoup d'autres plus compétents l'ont remarqué avant moi, c'est la rareté des sujets à traiter. Et pour quelques personnes, les difficultés se compliquent encore. On permet au chroniqueur à barbe de traiter à peu près tous les sujets, mais il est des sentiers où, nous, femmes, ne pouvons nous aventurer à moins de relever le bas de nos jupes afin de ne pas les traîner dans la boue, et c'est ce que plusieurs n'aiment pas à faire. Qui oserait les blâmer ? Les excès en tout ne valent rien ; il faut aussi savoir se garantir d'un excès de prudence sans se préoccuper des bégueules qui se voilent la face et sont toujours prêtes à crier scandale, au moindre mot qui s'écarte un peu des sentiers battus. Il y aurait de quoi faire un cimetière, aussi grand que celui de la Côte des Neiges, avec tous les sépulcres blanchis de notre bonne ville. Enfin, toutes ces raisons que je ne fais qu'effleurer en passant, et bien d'autres auxquelles je ne touche pas, peuvent faire comprendre que tout n'est pas rose dans le métier de la chronique. Mais pour le moment, la mienne se trouve achevée, et j'ai devant moi une longue semaine avant de me mettre martel en tête. Ami lecteur, nous allons nous reposer tous les deux[417]. »

---

416. *Efflatus*. Mot latin : issue pour l'air.
417. Françoise. « Chronique du Lundi » du 4 avril 1892.

Cinquième partie

L'accomplissement

Robertine avait, au fil des ans, gagné le respect de la plupart de ses confrères, y compris ceux des autres journaux. Même si, au début de sa carrière, plusieurs d'entre eux estimaient qu'une femme ne devrait pas faire partie d'une équipe de rédaction, Robertine avait réussi à s'y tailler une place et à se faire respecter. Elle avait démontré qu'elle pouvait non seulement être journaliste, comme un homme, mais qu'elle était une excellente journaliste. Il en restait cependant qui ne pouvaient admettre qu'une femme exerce le même métier qu'eux. Certains chroniqueurs l'exprimaient même ouvertement dans leurs articles. L'un d'eux écrivit que si Robertine est une bonne chroniqueuse, elle est nécessairement une mauvaise ménagère. Ce à quoi répondit Robertine : « Je me sers avec autant de plaisir de mon livre de recettes que de mon dictionnaire ; mes succès dans l'art d'écrire sont bien pâles à côté des lauriers remportés dans l'art culinaire. Je repousse donc avec indignation l'odieuse calomnie de Monsieur Louis Desaintes[418]. »

Décriée et incomprise par les uns, Robertine n'en était pas moins louangée et admirée par les autres. Elle était devenue populaire au point où, dans *La revue du monde catholique* de

---

418. Françoise. « Chronique du Lundi », 1ᵉʳ juin 1896.

septembre 1895, Louis Fréchette la présenta comme étant « la femme la plus remarquable du Canada ».

Beaucoup appréciaient sa plume acérée, imagée, drôle, ses idées avant-gardistes, son esprit frondeur, l'élégance de son écriture et son intelligence, cette qualité dont on croyait les femmes dépourvues. Même si plusieurs d'entre elles n'approuvaient pas ses idées féministes, d'autres lui écrivaient afin de lui exprimer leur gratitude. Une de ses lectrices lui écrivit que sa meilleure qualité était de « prendre le parti de notre sexe avec une énergie et un courage qui vous font honneur[419] ».

Au fil des ans, la liste des journaux et magazines auxquels Robertine collaborait s'allongea de façon impressionnante. En plus de son travail régulier à *La Patrie,* qui exigeait d'elle au moins trente-cinq heures de travail par semaine, elle écrivait des articles pour *La Feuille d'érable, Le Bulletin, La Femme, Modes et Mondes, La Revue Canadienne, Le Coin du feu, L'Album Universel, Le Samedi, La Presse, l'Almanach du Peuple, Le Sport, Les Débats, La Revue Nationale* et *Le Franc-Parler* dont la devise charma Robertine : « Si tu as l'âme fière, suis le droit chemin, tu n'y seras pas coudoyé[420]. »

Robertine était un véritable bourreau de travail, une femme fort vaillante. Elle tenait cette qualité, qu'elle plaçait haut dans son échelle de valeurs, de l'exemple de sa mère qui avait mis au monde treize enfants. N'étant pas particulièrement patiente, elle était souvent exaspérée par la lenteur des autres. De son grand-père Rouleau qui avait construit en un temps record le

---

419. *Ibid.,* 18 octobre 1895.

420. Afin d'éviter les répétitions, j'ai regroupé ici les différents journaux et magazines dans lesquels Robertine a publié des articles même si, à cette date, elle ne collaborait pas nécessairement à tous. C'est le cas, par exemple, du *Franc-Parler* qui fut fondé en 1902.

moulin de L'Isle-Verte, elle avait hérité de la capacité de faire vite et bien. Elle n'en consacrait pas moins beaucoup de temps à peaufiner ses textes, rognant même sur ses heures de sommeil, car elle savait qu'elle devait être meilleure que ses confrères si elle voulait garder une place d'honneur dans ce domaine qui leur était réservé.

Sa prodigieuse production faisait mentir à souhait ceux qui répétaient que la femme n'avait pas « le cerveau pour effectuer ce genre d'activités » et qu'elle ressemblait à un singe lorsqu'elle voulait imiter l'homme. Robertine haussait les épaules avec lassitude lorsqu'elle voyait, sur les murs des salons ou des places publiques, ces illustrations qui se vendaient comme des petits pains chauds et qui étaient si méprisantes pour les femmes. Celle, par exemple, où une femme, accompagnée d'un singe, a une corneille perchée sur chacune de ses épaules et tient dans ses mains un rat. « Qui se ressemble, s'assemble », précisait la légende.

À tous ces préjugés largement véhiculés, Robertine répondait sur un ton ironique. Dans un article où elle décrivait comment des chercheurs en étaient arrivés à la conclusion que plusieurs animaux, tels les corneilles, les chiens, les chevaux et les chats pouvaient apprendre à compter, elle avait conclu : « Après toutes ces démonstrations, ne désespérons pas de pouvoir, un jour, apprendre l'arithmétique aux femmes[421]. »

• • •

En plus de tous les articles qu'elle rédigeait pour différentes revues, Robertine écrivait de brefs récits – que nous appelons

---

421. Françoise. « Chronique du Lundi », 14 mars 1892.

aujourd'hui communément des nouvelles – avec l'intention de les publier dans un recueil. Certaines de ces nouvelles avaient déjà paru dans *La Patrie* et elle avait été rassurée de constater que ses lecteurs et lectrices en avaient apprécié la lecture. N'empêche ! Elle ressentait souvent l'angoisse de la création littéraire, ce mélange de terreur et d'euphorie qui tient éveillée la nuit, le cerveau en ébullition. Elle avait eu souvent l'envie de tout abandonner lorsqu'elle peaufinait sans fin ses textes, ajoutant ceci, retranchant cela. Elle se demandait si tout ce travail, pour aboutir, à la fin, à une grande déception, en valait la peine. Ce qu'elle écrivait n'était jamais à la hauteur de ses espérances :

« Nous, pauvres prosateurs, nous faisons aussi nos rêves, et ils nous semblent si beaux, si doux et si tendres, qu'on voudrait les fixer sur le papier pour en conserver éternellement le souvenir. Nous prenons alors la plume pour donner à ces rêves une forme, une couleur. C'est comme si vous touchiez une bulle de savon. Tout s'évanouit, on ne retrouve presque plus rien de ces sensations qui nous agitaient quelques minutes auparavant, et nous traînons notre plume, mécontents de notre œuvre, mécontents de nous-mêmes. Que ne donnerions-nous pas pour posséder la faculté d'exprimer aussi bien que de ressentir, et combien d'écrivains qui se plaignent de leur impuissance[422] ! »

Elle se consolait en pensant qu'elle n'était pas la seule à réécrire ses textes. Qu'ils fassent des romans de 100 ou de 500 pages, cela ne changeait rien au fait que la grande majorité des écrivains réécrivent presque sans fin. Robertine savait que « les tablettes sur lesquelles le philosophe grec Platon composait ses merveilleux dialogues indiquaient, par les ratures et les changements dans les expressions, le travail qu'ils subirent

---

422. *Ibid.*, 24 juin 1895.

pour arriver à leur perfection ». Elle savait que l'écrivain anglais Addison cherchait sans cesse « à retrancher ou à rajouter des mots à ses manuscrits et qu'il ne pouvait, qu'après maintes et maintes reprises, se décider à donner le bon à tirer à ses éditeurs ». Elle savait que l'auteur britannique Dickens s'enfermait pendant six semaines pour écrire un seul conte d'à peine quelques pages. Il sortait de son repère, « l'œil hagard, avec le teint livide du meurtrier ». Elle citait parfois Montaigne, l'écrivain français, qui s'exclamait : « Comme elle fait souffrir, cette terrible maladie de l'écrivaillerie ! » Elle savait enfin que l'auteur et naturaliste français Buffon consacra dix-huit ans de sa vie à son *Histoire naturelle* et recopia son ouvrage jusqu'à dix-huit fois avant de le livrer à son éditeur[423]. Elle savait tout cela. Mais elle n'en désespérait pas moins en pensant à toutes ces feuilles détruites parce qu'à la relecture, non seulement elle trouvait mauvais ce qu'elle avait écrit, mais aussi parce qu'elle se censurait. Elle avait beau se répéter son leitmotiv : « L'écrivain hésitant n'avance à rien », elle n'avait guère le choix parfois d'hésiter à dire ceci et cela et finir par se censurer. Trop s'écarter des discours et des normes établies était un suicide littéraire. Les portes de l'univers littéraire, à peine entrouvertes pour les femmes, se fermaient bruyamment aussitôt qu'elles manifestaient quelques timides audaces dans leurs propos.

Robertine devait donc se censurer, elle n'avait pas le choix. Il ne fallait pas que les romancières incitent leurs lectrices, souvent des jeunes filles, à rêver d'autre chose qu'à leur mission de mères et d'épouses, ou qu'elles les encouragent à s'opposer à l'autorité de leur père et de leur mari. On les aurait accusées de pervertir la jeunesse.

---

423. Françoise. « Le coin de Fanchette », 12 février 1900.

Dans toutes ses nouvelles, Robertine avait donc été très subtile lorsqu'elle montrait le mariage et l'amour sous un jour défavorable. Elle espérait que, comme ce fut le cas avec « La Gothe », publiée dans *La Patrie* au début de sa carrière de journaliste, les censeurs n'y verraient que du feu. Robertine avait masqué certaines audaces, mais ne s'était pas pour autant écartée des normes de la décence qu'on imposait aux femmes dans la vie et surtout dans leurs écrits. Il en résultait que les personnages de ses nouvelles apparaissaient tous asexués. Robertine ne pouvait parler du désir, et encore moins du plaisir qu'éprouvent les femmes. Si elle l'avait fait, le scandale aurait été tel qu'il aurait mis fin à sa carrière d'écrivaine et de journaliste. On l'aurait accusée d'être une femme de mauvaise vie.

Mais les femmes écrivaines n'étaient pas les seules à devoir se censurer. En France, des procès avaient été intentés à des hommes parce qu'ils exaltaient, dans leurs romans, la liberté sexuelle ou l'adultère. À cause de son œuvre, *Madame Bovary*, Flaubert et son imprimeur-éditeur avaient été jugés pour « outrage à la morale publique et religieuse et aux bonnes mœurs ». Baudelaire avait été, lui aussi, cité à procès parce que son recueil, *Les fleurs du mal*, était considéré comme une offense à la morale religieuse.

Presque tous les écrivains dont Robertine savourait les œuvres étaient proscrits par l'archevêque de Montréal, dont *Les Trois Mousquetaires* d'Alexandre Dumas, *Le Rêve* d'Émile Zola, tous les livres de George Sand, *La lanterne* d'Arthur Buies.

Robertine, comme tous les écrivains de son époque, a dû faire des compromis afin de ne pas être mise à l'index.

• • •

Robertine ne faisait pas partie de ces écrivains qu'Arthur Buies qualifiait de « sinécuristes », parce qu'ils avaient obtenu un emploi pour le gouvernement et qu'ils écrivaient leurs livres pendant leurs heures de travail. Robertine en connaissait quelques-uns. L'un d'eux, Alphonse Lusignan, avait collaboré à *La Patrie* et était devenu « sinécuriste ». Il travaillait au ministère de la Justice et consacrait à son écriture une grande partie de ses heures de travail rémunérées[424]. N'étant pas, elle, une « écrivaine-parasite », Robertine grugeait sur ses heures de pigiste le temps qu'elle mettait à écrire son recueil de nouvelles. Il fallait que le désir d'écrire soit profond pour qu'elle le fasse dans un pays où la majorité n'aimait pas les écrivains et les intellectuels dont on se méfiait, allant parfois jusqu'à proclamer sa fierté de n'avoir aucune instruction et de pas savoir signer son nom. L'historien-journaliste-poète bas-canadien, Michel Bibaud, s'était plaint dans ses écrits de cette glorification de l'ignorance, mais rien n'avait changé, puisque ceux qu'ils voulaient convaincre ne lisaient pas.

Robertine avait déjà transgressé bien des interdits en devenant journaliste. Elle ne correspondait pas à l'idéal de la femme humble et naïve. Impossible de prétendre être cela quand on écrit des articles et qu'on est la première femme à le faire. Mais en publiant un livre, la transgression était autrement plus forte. Robertine savait qu'on raconterait qu'elle était encore plus prétentieuse qu'on ne le croyait déjà. Elle ne contestait pas le fait qu'il y avait une certaine forme d'orgueil dans la fierté qu'elle ressentait quand on encensait ses articles. Écrire était si exigeant, si difficile, si angoissant par moment, qu'elle se sentait tout à fait légitimée d'éprouver un certain orgueil d'avoir mené

---

424. Daniel Mativat. *Le métier d'écrivain au Québec, 1840-1900*, p. 350.

à bien une telle tâche. Écrire était à la fois un acte d'orgueil et d'humilité, car il lui fallait aussi beaucoup de modestie « pour s'exposer publiquement, encore plus lorsqu'il s'agit d'un premier livre dont on peut soupçonner à l'avance les erreurs[425] ».

D'autres penseraient qu'elle avait bien du temps à perdre à pousser une plume. « Un caprice de vieille fille », voilà ce qu'ils diraient.

Mais basta ! Qu'ils pensent tous ce qu'ils veulent ! Robertine avait suffisamment de force intérieure pour ne pas trop se laisser intimider. Elle croyait que si les revendications féministes étaient essentielles pour faire avancer les choses, la plus grande revendication passe souvent mieux par la démonstration. C'est à force d'agir, répétait-elle, qu'on finira par admettre que les femmes sont aussi intelligentes que les hommes et qu'elles peuvent, comme eux, devenir écrivains si ça leur chante. Elle se savait privilégiée. Peu de femmes avaient la possibilité d'écrire et de publier.

Dans les périodes de doute, elle se répétait inlassablement, comme un mantra : « L'écrivain hésitant n'avance à rien. » Elle puisait aussi son courage dans la correspondance avec d'autres femmes créatrices, des écrivaines, comme elle aspirait à le devenir. Elle correspondait, entre autres, avec Juliette Adam, une journaliste française réputée[426] et femme de lettres féministe qui avait fondé, avec Flaubert et George Sand, *La Nouvelle Revue*. Dans leur correspondance, les deux femmes parlaient parfois de Séverine qui était une très grande amie de Juliette. Salonnière, on racontait que Juliette était une femme d'influence, car aucun membre de l'Académie française ne fut nommé avant

---

425. Louise Warren. *Léonise Valois, femme de lettres,* p. 149.
426. Juliette Adam et Robertine s'écrivaient depuis 1894.

d'avoir fréquenté son salon. Robertine estimait beaucoup cette femme qui avait débuté sa carrière d'écrivaine à vingt-deux ans. Elle admirait son impétuosité. Juliette avait osé attaquer l'illustre polémiste Pierre-Joseph Proudhon qui avait, tout au long de sa vie, prétendu que l'infériorité intellectuelle et morale des femmes était inscrite dans leur nature, et qui s'en était pris souvent aux écrivaines George Sand et Marie d'Agoult. Si le père de Juliette avait financé avec enthousiasme la publication de son livre, la jeune femme ne put compter sur les encouragements de sa mère qui lui avait dit : « La vie de travail et de tourments que tu auras me fait peur[427]. » Rejetant ces propos défaitistes du revers de la main, Juliette avait publié son livre. L'ouvrage fut bien accueilli par la critique qui lui trouva beaucoup de qualités, mais certains journalistes ne purent s'empêcher de qualifier l'écrivaine de « très virile ». Cet accueil néanmoins favorable incita le premier mari de Juliette, l'avocat libertin La Messine, à signer lui-même les autres œuvres de sa femme même si elle faisait, seule, tout le travail. Devant les protestations de Juliette, il argua que la loi le lui permettait, ce qui était vrai. Robertine était révoltée de constater que la loi cautionnait un tel vol.

Robertine avait commencé à correspondre avec Juliette en lui parlant de ses livres et, au fil de leurs lettres, elles avaient échangé sur le métier d'écrivain et la condition des femmes. Juliette appréciait chez Robertine son esprit « si alerte, si vivant, si spirituel, où tant d'aisance littéraire s'allie à tant de bon sens[428] ».

---

427. Cité par Joseph Barry dans *George Sand ou le scandale de la liberté*, p. 352.
428. Juliette Adam, citée dans la troisième édition de *Fleurs champêtres*, p. 29.

Robertine conservait précieusement, sous clef, toute sa correspondance, « douillettement enveloppée » et placée dans les cases réservées d'un secrétaire. Pour elle, ces lettres étaient précieuses. « Les feuilles qui la composent tiennent toujours au cœur », confia-t-elle. Surtout celles écrites « par une main devenue froide. Celles-là, oh !, celles-là, on les conserve éternellement, car ce sont les reliques sacrées de la sainte amitié », alors qu'au fil des déménagements, on en jette d'autres, « détournant les yeux pour ne pas voir ces débris qui font mal[429] ».

Robertine, sachant que Laure Conan était très bien placée pour comprendre ses angoisses d'écrivaine, profita de quelques jours de congé pour la visiter chez les Sœurs adoratrices du Précieux-Sang à Saint-Hyacinthe où elle habitait maintenant. Elle dirigeait la revue *La voix du Précieux Sang* et rédigeait aussi des articles biographiques dont celle de sainte Félicité. Robertine se désespérait de « voir un si beau talent muré dans un couvent[430] » et espérait que Laure en sortirait au plus tôt.

Robertine rendit visite aussi à Marie Gérin-Lajoie qui passait une partie de l'été à Vaudreuil. Une semaine après son retour, Robertine publia dans sa chronique la lettre qu'elle avait écrite à son hôtesse et dans laquelle elle la remerciait de l'avoir si chaleureusement accueillie. Elle se remémora le plaisir qu'elle avait eu en sa compagnie, se rappelant avec nostalgie les repas qu'elles prenaient devant la grande fenêtre donnant sur la campagne. « C'est à votre amitié généreuse et délicate que je dois ces heures charmantes de repos bienfaisant, comment vous remercier ? » Peu après son retour à Montréal, Robertine s'était rendue au cirque et elle aurait bien aimé que Marie l'accompagne

---

429. Françoise. « Chronique du Lundi », 2 mai 1892.

430. Comme elle le dira plus tard à une lectrice dans son « Coin de Fanchette », 24 juillet 1897.

puisque celle-ci adorait ce genre de spectacle. Mais le cœur de Robertine s'était révolté lorsqu'elle avait vu la femme-bouffon qui y travaillait. « Devant ce spectacle pitoyable, je n'avais pas envie de sourire et j'avais comme un poids sur la poitrine qui m'empêchait de respirer. » Une femme s'abaisser à ce point, écrit-elle, « c'est pitoyable[431] ».

• • •

Le 14 avril 1895, quelques heures avant le lancement de son recueil de nouvelles, *Fleurs champêtres*[432], Robertine essayait de calmer son anxiété en feuilletant le journal *The Globe* de Toronto. Ce journal grand format d'une quarantaine de pages était exclusivement rédigé par des femmes. Cent quinze femmes y travaillaient. Outre les rédactrices, y œuvraient aussi des reporters, des agents d'annonces et des correctrices d'épreuves. Robertine admirait leur travail. Elle en avait d'ailleurs parlé dans son article qui serait publié le lendemain de son lancement : « Naturellement, avait-elle écrit, cela donne à ces messieurs une excellente occasion d'exercer leur fine ironie et leurs sarcasmes mordants. La première édition du journal n'ayant pas été prête pour l'heure de la malle, on s'est empressé de dire que les dames chargées de l'expédition avaient probablement oublié l'heure devant le miroir où elles essayaient leur chapeau. D'autres prennent la chose au sérieux et parlent de foyers abandonnés, d'enfants négligés, que sais-je encore ! C'est bien mal, me disait un bon père de famille, les femmes se passionnent pour ces sortes de choses, elles veulent étudier, tout savoir, et

---

431. *À Madame H. G-L. Vaudreuil.* « Chronique du Lundi », 29 juillet 1895.
432. Imprimé par la compagnie d'imprimerie Désaulniers, 1895, 205 p.

pendant ce temps, tout est à l'envers dans la maison, le dîner n'est pas prêt, le ménage s'en va chez le diable… et elle a écrit un bon article. »

« J'ai ri aux éclats, raconta Robertine, avant d'ajouter : je crains bien que l'on ne m'ait trouvée guère sympathique[433]. »

Elle lisait encore *The Globe* lorsqu'elle entendit sa mère l'appeler. Il était temps de partir. Elle se regarda dans le miroir, replaça ses cheveux et constata, en lissant sa robe, qu'elle avait les mains moites. Elle se sentait toujours aussi nerveuse. Même si la publication de son recueil de nouvelles couronnait la réalisation d'un rêve, le bonheur et la fierté de Robertine étaient mâtinés d'appréhension. Comment pouvait-elle chasser de son esprit tout ce qu'on disait des femmes écrivaines ? Les mots de Balzac, qu'elle admirait, étaient difficiles à oublier : « Les femmes auteures sont monstrueuses, elles défient les lois de la nature et terrorisent par "ce je ne sais quoi de vierge, d'indompté". »

Elle chassa ses tristes pensées, se leva et descendit au salon où l'attendait toute sa famille. Ils mirent leurs manteaux, sortirent et se retrouvèrent dans la rue encore encombrée de neige. Plusieurs hommes s'affairaient à pelleter, chacun étant responsable de garder la rue bien dégagée devant sa maison. Le coche arriva et le temps parut bien long à Robertine avant qu'ils ne distinguent enfin la silhouette du Château de Ramezay où avait lieu le lancement. Ce magnifique château, construit vers 1705 pour le gouverneur de Montréal, Claude de Ramezay, avait bien failli être démoli. Heureusement, les membres de la Société d'archéologie et de numismatique avaient fait des pressions auprès des autorités et avaient réussi à convaincre la ville

---

433. Françoise. « Chronique du Lundi », 15 avril 1895.

de s'en porter acquéreur. En échange, ils s'étaient engagés, dans les années à venir, à y installer une bibliothèque publique, une galerie de portraits et un musée. Robertine avait été invitée au grand banquet de la soirée d'inauguration du château. Dans les voûtes éclairées à la seule lueur des bougies, les mets, qui avaient été servis dans de l'antique porcelaine, étaient ceux-là mêmes dont on était « friands au temps où Béchamel en surveillait la préparation[434] ». L'illusion de vivre dans le passé n'en avait été que plus grande.

Le Château de Ramezay était devenu le lieu de prédilection des soirées mondaines. Robertine était ravie d'y faire son lancement, car elle adorait ce lieu chargé d'histoire et dont elle disait qu'il avait une âme.

Un lancement était un événement rarissime à Montréal. Le roman québécois ne comptait, à cette date, pas plus de six titres, soit « à peine plus de 1 % de l'ensemble des titres offerts en librairie[435] ». Des centaines de personnes s'entassaient dans la grande salle du château. Des dizaines d'exemplaires de *Fleurs champêtres* étaient disposés sur une table et certains admiraient la jolie couverture illustrée de tiges fleuries tandis que d'autres, assurés d'avance qu'ils ne s'ennuieraient pas en le lisant, s'empressaient d'en prendre un exemplaire et se dirigeaient vers Robertine afin d'obtenir une dédicace. Manifestement, Robertine était appréciée du milieu culturel de Montréal, des journalistes, tant de *La Patrie* que d'ailleurs, ainsi que de ses lecteurs à qui elle avait lancé l'invitation dans sa chronique. Ses collègues de travail, ainsi que les *femmes nouvelles* avec qui elle s'était liée d'amitié, étaient tous venus. Louis Fréchette et Marc Sauvalle,

---

434. Elle fait sans doute référence à Louis Béchameil de Nointel, maître d'hôtel de Louis XIV. Françoise. « Chronique du lundi », 16 mars 1896.

435. Daniel Mativat. *Le métier d'écrivain au Québec, 1840-1900,* p. 408.

le rédacteur en chef de *La Patrie,* discutaient ensemble, un peu à l'écart. Louis Fréchette ne ratait aucun événement littéraire. Il se battait afin que soit reconnue la valeur du travail de l'écrivain. Il exigeait qu'on paie des droits d'auteurs, ce qui n'allait pas de soi. Lorsqu'il revendiqua le paiement de ses droits, « ce fut alors un grand scandale dans le camp des imprimeurs et des libraires, des propriétaires de revues et autres marchands des pensées d'autrui[436] ». Lorsqu'on sollicitait Fréchette, il ne faisait jamais d'apparition publique avant d'avoir obtenu un cachet. Marc Sauvalle appréciait le fait que Fréchette avait été l'un des premiers à exiger d'être payé pour tout ce qu'il écrivait et pour toutes les conférences qu'il donnait, conférences qui, soit dit en passant, n'attiraient pas des foules, vu « l'indifférence littéraire[437] » qui affligeait la société québécoise. Sauvalle avait brossé, quelques années plus tôt, une série de portraits des auteurs canadiens, et il avait écrit, en parlant de Fréchette : « C'est grâce à lui, à la ténacité toute commerciale avec laquelle il a tenu la dragée haute à ceux qui nous exploitaient, si quelques-uns d'entre nous sont parvenus à faire tarifer leurs productions littéraires[438]. » Il était temps d'en finir avec cette « conception romantique du rôle de l'homme de lettres », pour reprendre les mots de l'auteur Daniel Mativat, où l'on ne parlait que de « gratuité de l'art » et de la « mission sociale de l'écrivain[439] ».

Fréchette et Sauvalle pensaient comme Balzac qui avait, le premier, « lancé le cri d'alarme en dénonçant chez ses collègues l'orgueil mal placé et le mythe de la gratuité de l'art[440] ».

---

436. Louis Fréchette, cité dans *Le métier d'écrivain au Québec. 1840-1900*, p. 435.

437. Daniel Mativat. *Le métier d'écrivain au Québec, 1840-1900*, p. 442.

438. Cité par Marc Sauvalle. *Le métier d'écrivain au Québec, 1840-1900*, p. 434.

439. Daniel Mativat. *Le métier d'écrivain au Québec, 1840-1900*, p. 235.

440. *Ibid.,* p. 142.

Se donner des airs de détachement n'était pas seulement de la folie, mais était infiniment ridicule[441]. Voilà ce que les deux hommes répétaient à qui mieux mieux et que Robertine entendait bien répéter elle aussi. Elle partageait entièrement leur point de vue : « Qu'adviendrait-il d'un avocat ou d'un médecin qui ne réclamerait pas son dû simplement pour montrer qu'il est détaché des biens de ce monde ? Le temps était venu de reconnaître qu'écrire c'était travailler et que c'était même un très dur labeur qui méritait d'être bien payé. » Encore une fois, ces idées parurent bien farfelues, car « aux yeux de la plupart des gens de cette époque, écrire, c'est ne rien faire[442] ». Ignorant toute l'énergie qu'il faut dépenser à la production d'une œuvre, avec la fatigue qui en résulte, aussi réelle et intense que si l'auteur avait accompli un dur labeur physique, ces gens-là ânonnaient qu'écrire n'est rien de plus que pousser un crayon.

Marc, Louis et Robertine savaient aussi qu'un auteur peut parfois avoir affaire à des éditeurs malhonnêtes. William Kirby, l'auteur du *Chien d'Or,* en savait quelque chose. Un éditeur new-yorkais avait acheté les clichés du livre à l'éditeur montréalais de Kirby. Il en avait tiré des exemplaires, en avait vendu plusieurs et avait même revendu ces clichés à d'autres éditeurs américains. Pendant que tout ce beau monde faisait de l'argent, l'écrivain, lui, ne réussit, après maints pourparlers, qu'à recevoir 100 $ de ce qui était devenu un best-seller. Plus encore, il aurait pu ne rien avoir s'il n'avait découvert, par le plus grand des hasards, que son livre était réédité ailleurs. Personne n'avait daigné l'en informer.

---

441. Cité par Daniel Mativat dans *Le métier d'écrivain au Québec, 1840-1900,* p. 142.

442. Daniel Mativat. *Le métier d'écrivain au Québec, 1840-1900,* p. 235.

Parmi les éditeurs de journaux et de magazines qui étaient venus à son lancement, se trouvait Joseph-Damase Chartrand. Bel homme, sûr de lui, il était le fondateur de *La Revue Nationale* à laquelle collaborait Robertine. Collaborer est un euphémisme, car si le fondateur de cette revue était celui qui y signait, sous divers pseudonymes, le plus grand nombre d'articles, la deuxième place revenait incontestablement à Robertine. Elle s'était liée d'amitié avec Joseph-Damase après l'avoir rencontré à *La Patrie* où il signait occasionnellement des articles. C'était un homme peu recommandable aux yeux des hommes d'Église et des ultramontains. Le clergé avait même déconseillé en chaire de lire *La Revue Nationale*. Mais Robertine n'en avait cure. Elle avait trop de points communs avec Joseph-Damase pour se priver du plaisir de travailler avec lui. Comme elle, il était un batailleur, un insoumis, un travailleur acharné, un insomniaque. Comme Robertine encore, il était drôle, voulait tout essayer, tout voir. Il blâmait les Canadiens-français d'avoir levé le nez sur les 150 000 $ qu'Andrew Carnegie avait offerts afin de fonder une bibliothèque publique à Montréal. Comme Robertine, il se prononçait encore et toujours en faveur de l'éducation.

Mais comme on devait s'y attendre, ces deux natures entières et passionnées étaient parfois à couteaux tirés. Robertine alla même jusqu'à lui reprocher publiquement son manque de galanterie. Elle était offusquée parce qu'il ne lui envoyait pas gracieusement les exemplaires de *La Revue Nationale*, et qu'elle devait donc acheter le droit de se lire[443]. De son côté, c'est sans lui demander son avis qu'elle transforma la chronique mondaine

---

443. Françoise. « Chronique du Lundi », 2 décembre 1895.

qu'elle signait en une tribune des lecteurs qui ne plaisait guère à Chartrand. Elle eut même l'audace d'écrire qu'à « chaque mois, ce sont des querelles épouvantables entre mon directeur et moi. Lui, veut rogner, retrancher, moi, je réclame que mes correspondantes aient leur place, et ça n'en finit plus[444] ». Robertine était trop avant-gardiste, même pour un précurseur comme Chartrand. Avec sa tribune de lecteurs, elle avait inauguré un genre de forum de discussions[445], ce qui ne s'était encore jamais vu dans le monde journalistique québécois.

Malgré leurs disputes, l'admiration et l'amitié que Robertine et Joseph-Damase éprouvaient l'un pour l'autre demeurèrent toujours intactes. Lorsqu'il mourut, en 1905, Robertine écrivit qu'elle perdait un collaborateur précieux et un excellent ami[446]. Contrairement à bien des gens, Robertine ne semble pas avoir été scandalisée par l'érotisme présent dans le roman qu'il publia. Il décrivait sans pudeur la volupté des femmes et leur ardeur à une époque où on ne parlait le plus souvent que du devoir conjugal comme d'un mal nécessaire. À l'ère victorienne, l'appétit sexuel des femmes était un sujet tabou. Plusieurs niaient son existence et croyaient que la frigidité, mot apparu en 1840, était le lot de toutes les femmes. Les recommandations de plusieurs médecins renforçaient leurs croyances car, en conseillant le coït rapide pour économiser les forces masculines, ils ne favorisaient guère l'orgasme féminin[447]. Dans l'esprit de certains disciples d'Esculape,

---

444. Cité par Cosette Marcoux et Jacques Boivin : « Joseph-Damase Chartrand (1852-1905) ». Revue *Cap-aux-Diamants*, n° 91, automne 2007, p. 24.

445. Comme le mentionnent Cosette Marcoux et Jacques Boivin : « Joseph-Damase Chartrand (1852-1905) ». Revue *Cap-aux-Diamants*, n° 91, automne 2007, p. 24.

446. Il collaborait alors au *Journal de Françoise*.

447. Yvonne Knibiehler. « Corps et cœurs » dans *Histoire des femmes en Occident*. Tome IV, p. 407.

l'homme devait garder ses énergies pour assumer son rôle de pourvoyeur, tandis que la femme était comblée par la vie domestique et l'enfantement.

De son coté, Joseph-Damase estimait à sa juste valeur le talent d'écrivaine de Robertine. Il lui suggéra même d'écrire un roman ayant pour cadre la ville d'Halifax. Cette idée plut à Robertine qui projeta d'y aller au courant de l'été.

Le soir du lancement de *Fleurs champêtres,* la nervosité de Robertine monta encore d'un cran lorsque vint le moment de se diriger vers l'estrade où elle devait faire son petit discours. Hormis ceux qui la connaissaient très bien, personne ne devina sa nervosité. Car même si son cœur battait la chamade, Robertine avait toujours une allure confiante. C'est sans doute d'une voix assurée, et le sourire aux lèvres, qu'elle dit :

« J'ai cru que ce petit bouquin avait besoin d'être précédé d'un mot d'explication, et c'est là mon excuse. L'odeur du terroir qu'exhale ce recueil de nouvelles est fortement accentuée et pourrait sembler exagérée ou surchargée peut-être, si je ne me hâtais d'expliquer que j'ai voulu recueillir en un faisceau d'historiettes, les traditions, les touchantes coutumes, les naïves superstitions et jusqu'aux pittoresques expressions des habitants de nos campagnes avant que tout cela n'ait complètement disparu. La plus grande partie de ma vie s'étant écoulée "près de la terre, de la bonne, saine, belle et verte terre", comme le disait ce génie disparu que fut Guy de Maupassant, j'ai eu l'avantage de peindre sur le vif ces scènes rustiques dont la fidélité et l'exactitude des tableaux sont le seul mérite. Si mes petites *Fleurs champêtres* font connaître et aimer aux habitants des villes les mœurs simples et douces de nos campagnes, si elles évoquent dans l'âme de ceux qui y ont demeuré un souvenir ému des beaux jours d'autrefois, c'est plus qu'il ne m'en faut pour ma récompense[448]. »

Robertine n'ignorait certainement pas que son recueil était bien plus qu'un « faisceau d'historiettes ». Elle était suffisamment lucide aussi pour savoir que peu y verraient ce qu'elles révélaient réellement. Elle ne se trompait pas. Ce n'est qu'aujourd'hui que l'on voit avec acuité « l'importance de la problématique de la condition féminine[449] » dans *Fleurs champêtres*. À une époque où, comme l'a pertinemment écrit Benny Vigneault, « prendre ses distances vis-à-vis du discours clérico-nationaliste pouvait entraîner de sévères remises à l'ordre », Robertine réussit le tour de force de contourner « subtilement les contraintes de l'idéologie dominante[450] ».

Lors de son petit discours, citer Maupassant, cet auteur mis à l'index, demandait aussi une bonne dose de courage ou d'esprit frondeur, mais cela ne semble cependant pas avoir créé de remous. Les journalistes qui étaient là lui posèrent quelques questions. Peut-être qu'on lui demanda si elle avait vécu tout ce qu'elle décrivait, ce à quoi elle avait l'habitude de répondre qu'elle espérait que ceux qui décrivent des meurtres n'avaient pas été obligés de tuer quelqu'un pour le faire. Elle plaisantait parfois sur ce sujet qui l'agaçait. Elle n'appréciait guère tous ces gens qui passent leur temps à discuter de la présumée vie des écrivains. « S'il a écrit ceci, c'est nécessairement parce qu'il ressent ou a vécu cela », assuraient-ils. Ces discussions oiseuses

---

448. Françoise. « Préface », dans *Fleurs champêtres*. Édition préparée et présentée par Gilles Lamontagne, p. 27.

449. Benny M. Vignault. *Idéologie, « plurigénéricité » et figure du destinataire dans Fleurs champêtres de Françoise*, p. 5.

450. *Ibid.*, pp. 5-6.

l'énervaient. Elle estimait qu'ils ne comprenaient rien à la créativité et elle espérait que ses lecteurs sachent que, contrairement à la croyance populaire, les écrivains ne parlent pas seulement de ce qu'ils ont vécu. Elle avait déjà expliqué tout cela dans une chronique mais elle désespérait parfois de se faire comprendre[451]. D'autant plus que bien des écrivains eux-mêmes étaient convaincus que chaque personne qui fait profession d'écrire ne fait que se raconter. Ils ignoraient, parce qu'ils n'en faisaient pas partie, qu'il existe une autre race d'écrivains qui en disent plus long sur le monde dans lequel ils vivent que sur eux-mêmes. C'est en dehors d'eux qu'ils trouvent leur inspiration, même si, bien sûr, leur sensibilité les amène à privilégier une source d'inspiration plutôt qu'une autre.

Robertine espérait qu'avec la publication de *Fleurs champêtres,* elle créerait de nouveaux liens. Pour elle, écrire « un livre, ce n'est pas seulement rendre son nom célèbre, c'est se donner autant d'amis que d'admirateurs, c'est créer des liens invisibles qui attachent le lecteur à l'écrivain, c'est réveiller dans les âmes des sympathies qui durent toute la vie[452] ».

Mais eut-elle la faveur du public ? *Fleurs champêtres* fut réédité deux fois après sa mort, en 1914 et en 1984, mais nous ignorons combien d'exemplaires furent imprimés lors du premier tirage. Les livres qui obtenaient le plus de succès étaient des ouvrages pratiques tels les livres de cuisine, les livres de tours de magie et les jeux de société, ainsi que les livres de piété comme *Méthode pour converser avec Dieu*[453]. Robertine savait depuis longtemps que les lecteurs sont friands de « *dime novels,*

---

451. Françoise. « Chronique du Lundi », 4 avril 1892.

452. *Ibid.,* 1er février 1892.

453. Daniel Mativat. *Le métier d'écrivain au Québec, 1840-1900,* p. 408.

où toutes les aventures les plus extraordinaires sont accumulées, où tous les héros et les héroïnes meurent et ressuscitent plus qu'il ne le faut, où l'on trouve enfin tous les sentiments qui n'ont pas de bon sens[454] ». Elle dénonçait le fait que ces livres, qui se vendaient comme des petits pains chauds, étaient concoctés par des écrivains-fantômes dans ce qui ressemblaient à des usines à romans :

« Une romancière américaine a récemment révélé devant le tribunal de Philadelphie, les moyens dont elle et ses congénères se servent pour se procurer une énorme quantité de romans qu'elles signent ensuite de leur nom, afin de donner la vogue et en retirer les gains de vente qu'elles convoitent. Elles ont établi quoi ? Ni plus ni moins qu'une fabrique de romans, où l'on emploie de pauvres femmes que quelques dollars dédommagent maigrement du plus ingrat et du plus ardu de tous les labeurs. [...] On affirme que des auteurs parisiens ne dédaignent pas de recourir aux moyens dont je viens de parler et on pourrait même, ajoute-t-on, citer quelques noms bien connus dans le monde des lettres qui en font largement usage[455]. »

Parmi les auteurs parisiens auxquels Robertine fit allusion, figurait peut-être Alexandre Dumas qui, « à la tête d'une armée de nègres[456] », dirigeait une véritable usine à écrire.

Robertine savait que son livre n'aurait pas la faveur du public comme en connaissaient les auteurs qui « signaient » les ouvrages à l'eau de rose. Mais basta ! Elle allait rester fidèle à elle-même. Voilà ce qui importait. Et puis, elle avait chaud au cœur à l'idée que son livre pourrait rejoindre des lecteurs et

---

454. Françoise. « Chronique du Lundi », 11 juillet 1892.

455. *Ibid.*

456. Daniel Mativat. *Le métier d'écrivain au Québec. 1840-1900*, p. 135.

lectrices pour qui la lecture était la seule distraction, la seule joie dans leur vie, leurs plus douces jouissances, les seuls moments où ils oubliaient leurs malheurs, comme elle le mentionna dans l'une de ses nouvelles[457].

• • •

On peut imaginer l'émotion que ressentit Robertine lorsqu'elle vit son livre dans la vitrine des libraires. Mais sa fierté et sa joie étaient cependant assombries par l'attente anxieuse des critiques. Elle n'aurait jamais cru à quel point c'était difficile. Elle songeait qu'il n'y avait pas beaucoup de gens dont les erreurs dans leur travail pouvaient être dévoilées au grand jour. Il n'y en avait pas beaucoup, non plus, dont le travail futur dépendait du jugement de quelques personnes. Si elle n'avait pas de bonnes critiques, trouverait-elle le courage d'écrire un autre livre ? N'en serait-il pas fini de son rêve ?

Heureusement, elle allait trouver bientôt tout ce qu'il fallait pour éloigner ses inquiétudes. Elle prenait six semaines de vacances durant lesquelles elle projetait de visiter Halifax, le Cap-Breton et le Nouveau-Brunswick. Mais elle faillit annuler son voyage parce que sa mère eut une « subite et grave indisposition[458] ». Jour et nuit, toute la famille se relayait à son chevet. Robertine adorait sa mère et se trouvait auprès d'elle aussi souvent qu'elle le pouvait. Assise sur le bord du lit où Aglaé s'était enfin endormie après la visite du médecin, elle priait à sa façon, envoyant en pensée tout l'amour qu'elle éprouvait pour elle. En lui tenant la main, elle pensait à cet été 1892 durant

---

457. Françoise. « Gracieuse », dans *Fleurs champêtres*, p. 107.
458. Lettre à Marie Gérin-Lajoie. 20 avril 1895. Fonds Marie Gérin-Lajoie. BAnQ.

lequel les pluies avaient été continuelles et où elle avait accepté de l'accompagner dans un pèlerinage. Expérience qui avait été très éprouvante. Elle avait eu horreur d'être enfermée pendant « deux jours et autant de nuits, avec 700 personnes dans un espace comparativement restreint, avec une atmosphère insupportable, chargée qu'elle devient bientôt de pestilentielles émanations ». Mais ce n'était pas ce qu'elle y avait trouvé de pire. Elle avait aussi sous les yeux « le spectacle des douleurs et des infirmités physiques sous presque toutes ses formes ». Chaque nuit, son sommeil était troublé « par les cris des pauvres petits êtres, gisant un peu partout sur les matelas étendus par terre, sur les rares fauteuils en disponibilité, fatigués, plus malades encore ». Ainsi, avait-elle conclu, « quand vous avez fait un pèlerinage, il est douteux qu'il vous reste encore le goût d'en entreprendre un nouveau[459] ».

Mais maintenant, trois ans plus tard, si un pèlerinage pouvait rendre la santé à sa mère, elle n'hésiterait pas un instant et en ferait dix s'il le fallait.

Lorsqu'Aglaé se réveillait, Robertine essayait de la distraire en la faisant rire. De tous les enfants Barry, elle était celle qui faisait le plus souvent rire sa mère. Elle n'avait pas toujours besoin de s'y efforcer. Robertine était d'un naturel gaffeur. Aglaé avait ri aux larmes lorsqu'elle avait été témoin d'une scène où Robertine essayait d'être aimable et de montrer son estime à sa grand-mère Barry qui se méfiait des idées avant-gardistes de sa petite-fille journaliste. À cette grand-mère qui entendait de moins en moins au fur et à mesure que les années s'écoulaient, Robertine avait dit, lors de son 90e anniversaire :

« Je ne trouve pas que vous êtes très sourde, grand-mère.

---

459. Françoise. « Chronique du Lundi », 4 juillet 1892.

« Quoi ? demanda la grand-mère.

« Je ne trouve pas que vous êtes très sourde, répéta plus fort Robertine.

« Que dis-tu ? demanda la grand-mère.

« Je ne trouve pas que vous êtes très sourde[460] ! » hurla Robertine dans l'oreille de sa grand-mère, soulevant ainsi l'hilarité générale.

Aglaé se rétablit aussi subitement qu'elle était tombée malade et Robertine fit ses bagages aussitôt qu'elle n'eut plus aucune raison de s'inquiéter.

Lorsqu'elle ferma sa dernière valise, ses pensées s'envolèrent vers la journaliste française Séverine qui avait raconté dans un article sa visite dans une mine. Robertine s'était dit, en la lisant, qu'elle aimerait bien faire la même chose un jour. Elle ne voulait pas seulement être *La dame à la plume d'argent,* ou *Notre-Dame-de-la-larme-à-l'œil,* elle voulait que ses actions, autant que ses écrits, révèlent son audace. Elle décida qu'elle s'arrêterait au Cap-Breton afin de descendre dans les entrailles de la mine de charbon. Elle n'en souffla mot à sa mère afin de ne pas l'inquiéter.

À la gare Windsor, elle observa avec curiosité les prostituées qui essayaient d'attirer des clients. Certaines n'avaient pas plus de quatorze ans. Un peu plus loin, des hommes, cigare au bec, appuyés nonchalamment sur un mur, reluquaient les femmes qui descendaient des trains. Robertine savait que certains d'entre eux étaient des agents recruteurs qui cherchaient à attirer vers les maisons de prostitution les jeunes filles venues de la campagne.

---

460. Robertine relata une partie de ce fait cocasse dans sa « Chronique du Lundi » du 26 octobre 1896.

Robertine ne se privait pas de partir seule malgré les préjugés qui circulaient sur les femmes qui voyageaient sans leur époux, leur père ou leurs frères. Aux yeux de bien des gens, seules les femmes de mauvaise vie se privaient de leurs escortes. Certains ajoutaient que, même accompagnées, les femmes ne devraient pas voyager si elles désiraient avoir des enfants ; les transports chaotiques diminuaient considérablement, croyaient-ils, leurs chances de tomber enceinte. Ils répétaient enfin que l'angoisse de devoir arriver à l'heure afin de ne pas manquer le train et de s'occuper des bagages, était trop éprouvante pour les nerfs fragiles d'une femme. Pourtant, écrivit Robertine, on peut maintenant partir de Québec et, si l'on veut, se rendre à Halifax sans pratiquement bouger de son siège. Plus encore, « on se sent chez soi dans les voitures de l'Intercolonial, entourés que l'on est d'un luxueux confort, de sièges capitonnés d'un moelleux qui adoucit les plus légers heurts, ajoutez à cela des employés polis et obligeants prêts à deviner vos moindres désirs, et je vous assure que dans des circonstances comme celles-là, les fatigues demeurent inconnues et les distances ne sont plus rien[461] ».

Voyager seule donnait à Robertine un immense sentiment de liberté. Elle allait là où elle voulait, quand elle le voulait. Mais il n'y avait pas que des avantages à cela, comme elle le confia à Marie Gérin-Lajoie :

« Comme je me sens loin de tous ici, lui écrit-elle. Pas une parole française n'ai-je entendue depuis mon arrivée et il me semble parfois que tout va être changé à Montréal dès mon retour. »

Elle profita néanmoins pleinement de son séjour dans cette ville : « Halifax, écrit-elle à Marie, est une jolie petite ville à

---

461. Françoise. « Chronique du Lundi », 16 septembre 1895.

visiter, ressemblant un peu à Québec, et qui offre des points de vue admirables. Je l'aime aussi beaucoup pour tous les souvenirs historiques qui s'y rattachent et j'erre depuis le matin jusqu'au soir parmi toutes ces ruines, ces vieux cimetières aux inscriptions à demi-effacées qui parlent d'un passé que personne de notre génération présente n'a connu[462]. »

Robertine visita la citadelle, les magasins d'antiquités, donna « à manger aux pigeons voyageurs, dressés à porter des messages d'un fort à un autre. Pauvres petits pigeons, écrivit-elle dans sa chronique, ils sont si gentils, qu'en caressant leur plumage chatoyant, je songeais que mieux eût valu les destiner aux messages de l'amitié[463] ». Robertine a toujours aimé les pigeons voyageurs qui, comme les journalistes, transmettaient les nouvelles. Ils lui rappelaient les moyens que l'ingéniosité humaine avait mis à sa disposition depuis que le monde est monde afin de transmettre de l'information : réseau de pigeons voyageurs, crieurs publics, signaux de fumée des Amérindiens, tam-tams africains.

Robertine écrivait chaque jour à sa famille et à plusieurs de ses amies et leur décrivait ce qu'elle voyait. À Marie Gérin-Lajoie, elle raconta qu'elle s'était aventurée dans les jardins publics – dont on disait qu'ils étaient les « plus beaux de l'Amérique du nord[464] » – et qu'elle avait marché dans le parc avec ses « allées ombreuses qui tantôt longent les bords de l'océan, tantôt se perdent en capricieux détours dans des forêts de sapins et d'érables qui font l'admiration des touristes[465] ». Elle

---

462. Lettre à Marie Gérin-Lajoie, 20 avril 1895. Fonds Marie Gérin-Lajoie. BAnQ.
463. Françoise. « Chronique du Lundi », 16 septembre 1895.
464. Lettre à Marie Gérin-Lajoie, 20 avril 1895. Fonds Marie Gérin-Lajoie. BAnQ.
465. *Ibid.*

confia combien elle respirait « à pleine poitrine les âcres senteurs de l'Atlantique » et qu'elle ne saura jamais assez lui dire « tout le bien-être » qu'elle en ressentait[466]. Elle lui parla encore du poignant sentiment de solitude qu'elle ressentait parfois :

« Il me manque, pour compléter les jouissances que me donne le plus beau site qui vint au monde, que la compagnie d'une amie sympathique avec laquelle on pourrait échanger nos diverses impressions. Vous qui ne croyez point à l'amour, chère sceptique, vous croyez au moins en l'amitié. » Elle ajouta que, pour sa part, elle serait « même prête à sacrifier toute la foi » qu'elle a mise « en l'amour pourvu que l'amitié nous reste. C'est elle encore, elle seule qui a dû tenir compagnie à l'espérance dans la boîte de Pandore[467] ».

Mais sa foi en l'amour n'était pas totalement éteinte. Parfois, elle enviait ces amoureux qu'elle croisait et qui lui faisaient entrevoir le vrai bonheur :

« Tout de suite, on remarquait qu'ils étaient pauvres : ses habits de fête à lui étaient si râpés, sa toilette à elle si mesquine ! Mais qu'ils étaient heureux ! La joie éclatait sur leurs traits. Leur démarche était fière et, la tête dans la nue, ils étaient presque insolents à force de bonheur. On eut dit que l'Univers entier leur appartenait, et j'ai dû descendre au bord du trottoir, pour laisser à ces conquérants tout l'espace qu'ils exigeaient comme un droit. Et je pensais, en les regardant, que je venais d'entrevoir la radieuse vision du vrai bonheur, du bonheur indépendant des sottes conventions, des bas calculs et des envieuses intrigues[468]. »

---

466. *Ibid.*
467. *Ibid.*
468. Françoise. « Chronique du Lundi », 24 juin 1894.

• • •

Plus elle découvrait cette ville, plus Robertine aimait Halifax. Elle était fascinée par le marché public. Pas d'édifice comme au marché Bonsecours, écrivit-elle, « ni de boutiques ouvertes aux quatre vents du ciel. Il y a mieux que cela. Les fleurs, les fruits, les légumes, les volailles. Toutes les denrées, en un mot, garnissent le rebord du trottoir qui entoure le Bureau des Postes. La foule d'acheteurs défile comme elle le peut le long de l'édifice. Vous imaginez difficilement ce que cette scène a de pittoresque et de joli tout à la fois. […] On y voit des Nègres et des Sauvages micmacs en grand nombre. […] Les Négresses viennent porter à la ville les produits de leurs jardins. J'ai pu constater que, pour les œillades provocantes, les sourires moqueurs, les poses de la tête, leurs sœurs blanches n'avaient rien à leur apprendre. Il faut les admirer, portant sur la tête, par une merveille d'équilibre, d'énormes paniers de linge et de légumes, les bras retombant sans embarras le long de leur taille, les épaules droites et bien effacées, et cette légère et gracieuse modulation imprimée à leurs jupons par le mouvement des hanches qui communique à toute leur personne une démarche élégante. […] Les vieilles squaws, stoïques et imperturbables, fument leur bout de pipe en regardant les passants à travers leurs yeux à demi-fermés[469] ».

Carnet de notes accroché à son cou au moyen d'une longue chaîne en or, stylo-plume à la main, elle était toujours prête à noter ses impressions. Il y avait tant à découvrir et à décrire. Elle visita les petites îles, à l'entrée du havre, s'étonnant de les voir fortifiées et garnies de troupes. Elle ne tarda pas à constater

469. *Ibid.*, 23 septembre 1895.

que, tout dans cette ville, était militaire. Halifax pullulait de sentinelles qui, fusil au bras, arpentaient les remparts près de la citadelle. Il lui semblait que, toujours, des hommes, aux habits bleus ou rouges, s'accrochaient à ses pas dans les rues de la ville qu'elle parcourait du matin au soir, s'arrêtant toujours dans les parcs pour nourrir des pigeons. Elle visita l'imposante citadelle avec un groupe de touristes américains et assista aux concerts de musique militaire qui étaient donnés deux fois la semaine.

Le soir, elle alla au théâtre, où l'on jouait une pièce dans laquelle on représentait ce que serait la femme nouvelle au XXe siècle. Ce serait la femme qui, disait-on, porterait le pantalon et dont le mari resterait à la maison pour repriser les bas. Avec quel charme et quelle grâce, écrivit Robertine, notre « congénère portait le costume masculin pourtant si laid… Quoiqu'elle fasse, la femme sait donner un charme et une grâce à tout ce qu'elle approche[470] ».

Le lendemain, elle se leva tôt, comme à l'accoutumée, et prit plaisir à flâner dans plusieurs boutiques d'antiquités qui, de-ci de-là, avaient essaimé dans la ville. En se promenant dans l'une des rues les plus importantes d'Halifax, la rue Hollis, Robertine aperçut une vieille cloche dans une vitrine. Curieuse, elle lut ce qui était écrit sur la feuille placée à côté : *Cette cloche appartient à l'église de Louisbourg. Elle a été rapportée après la conquête de cette ville par les Anglais en 1759.* Gravée dans l'airain de la cloche, était écrit : *Baizin m'a faict. (Bazin m'a fait).*

Robertine voulut entrer pour demander plus d'informations au marchand, mais la boutique était fermée. Elle marcha jusqu'à un parc et, assise à l'ombre d'arbres centenaires, elle observa un moment les cygnes blancs glissant sur l'étang.

---

470. *Ibid.*, 30 septembre 1895.

Elle songeait à ce qui s'était passé, un siècle plus tôt, à Louisbourg. En 1759, les troupes anglaises et américaines étaient venues, nombreuses, avec une flotte afin de prendre cette ville. Ce furent des Indiens qui leur avaient appris comment entrer dans la ville qui était difficilement accessible par la mer, car on pouvait en défendre l'accès à partir de trois petites îles. Les soldats français, dont les troupes étaient affaiblies, perdirent cette année-là l'une des plus belles possessions françaises en Amérique. Après la reddition, les fortifications, magasins et habitations furent tous détruits. Le général Pitt déclara dédaigneusement : « Détruisons tout afin que Louisbourg disparût du monde, et que rien ne pût indiquer aux générations futures qu'il avait un jour existé. » Robertine songeait que « c'est en des lieux comme ceux-là qu'on sent se réveiller, plus chaud et plus patriote encore, le sang français qui coule dans nos veines[471] ».

Robertine était déterminée à ramener la cloche à Montréal. Comme si ce geste patriotique pouvait consoler un peu de la cruelle défaite des Français. Dès le lendemain matin, elle se rendit chez l'antiquaire afin de s'informer de son prix.

– Cent dollars ! dit-il d'un ton ferme.

Robertine la souleva et vit, sous la cloche, une croix en forme de fleur de lys. Elle réfléchit un instant et dit :

– Je vous en prie, ne la vendez pas avant au moins un mois. À Montréal, personne ne sait que vous possédez ce trésor. Je ferai tout en mon pouvoir pour ramasser la somme et vous la commander.

L'antiquaire accepta sans trop se faire prier.

• • •

---

471. *Ibid.*

Dès le lendemain de son arrivée au Cap-Breton, Robertine se rendit dans une librairie afin d'acheter un guide sur la ville et les environs. Le libraire, J. G. McKinnon, était aussi l'éditeur d'un journal écrit en gaélique, le *Mac-Talla*, qui signifie *Écho*. Robertine était à la fois étonnée et ravie de se trouver, par le plus grand des hasards, en face d'un homme qui connaissait la langue de ses ancêtres paternels. Ravi lui aussi de converser dans cette langue, il lui promit de lui envoyer gratuitement les numéros de son journal. Il lui dit aussi que c'était un honneur pour lui de rencontrer la première femme journaliste canadienne-française dont le père était, de surcroît, un Irlandais.

Robertine lui confia son dessein de visiter la mine de charbon. Il lui parla de Kit, une journaliste torontoise qui écrivait dans *Mail-Empire* et qui était descendue dans cette mine. Il gardait un excellent souvenir de cette femme et en parlait avec une certaine tendresse dans la voix.

La mine était à trois milles de la ville. L'automédon qui conduisit Robertine s'amusa à lui raconter les pires histoires d'horreur qui étaient arrivées aux visiteurs, très rares, qui osaient s'aventurer dans cette mine. Mais, écrivit plus tard Robertine, « rien de ce qu'il put inventer, ne vint troubler ma sérénité quand j'eus aperçu le sourire malicieux qu'il avait peine à dissimuler ». Elle ajouta que le directeur de la mine la reçut avec une bienveillante cordialité et lui donna pour guide Joe Egan. « Il est rare que des femmes osent s'aventurer dans la mine, lui dit Joe, mais aujourd'hui, par le plus grand des hasards, vous serez trois. »

Trois ! Robertine y vit un bon présage. C'était un chiffre magique chez les Celtes. « Les Celtes pensaient, parlaient et écrivaient par trois. Les bardes transmettaient oralement la sagesse et la tradition par des poèmes organisés autour de trois faits ou trois concepts afin de mieux les mémoriser. Dans les contes folkloriques, le héros ou l'héroïne se voyait souvent accorder la réalisation de trois vœux; les trinités divines existent également sous différentes formes. Mais le mystère et la magie du chiffre trois demeurent sous-jacents, comme une "troisième force", qui semble invisible, et fait toute la différence[472]. »

Les deux autres jeunes femmes qui descendaient dans la mine étaient des étudiantes de Harvard et Robertine envia la chance qu'elles avaient de pouvoir étudier dans une université.

Joe ne leur laissa guère le temps de faire connaissance. Ils se dirigèrent presque aussitôt vers l'ascenseur qui devait les conduire 750 pieds sous terre ! « Je puis bien avouer, écrivit-elle, un certain battement de cœur, ressenti en pénétrant dans cette boîte étroite et oblongue, qui nous descendit dans les entrailles de la terre avec une rapidité vertigineuse. Les parois du puits sont recouverts de feuilles de fer, car si une petite pierre, fut-ce même un gravier, venait à se détacher et à tomber de cette hauteur sur la tête d'un visiteur, il en aurait immédiatement le crâne perforé[473]. »

L'ascenseur stoppa brutalement sa course. Robertine en descendit, les jambes flageolantes. Elle était à la fois sous terre et sous mer, car une partie de la mine passait sous l'océan. Elle avait le sentiment de débarquer sur une autre planète. Il faisait si noir. Une noirceur d'une densité indescriptible. Même les nuits les plus sombres qu'elle avait observées par le passé paraissaient claires par comparaison. Joe lui donna un petit bidon de fer blanc, pas plus grand qu'un pouce, dont le bec laissait sortir une mèche en coton qui procurait une petite flamme.

---

472. Lyn Webster Wilde. *Le monde des Celtes*, p. 56.
473. Françoise. « Chronique du Lundi », 18 novembre 1895.

Robertine décrivit l'effet de ces lanternes : « On voit, en traversant ces longs corridors taillés dans le roc, luire à distance ces lumières qui ressemblent à des étoiles ; elles passent, se croisent, brillent un instant, puis disparaissent comme des étoiles qui ont filé[474]. »

C'était une sensation étrange que de marcher dans une telle obscurité, et de deviner le passage, tout près, du câble qui tirait jusqu'à la surface, sur un petit chemin de fer à lisses, les wagons chargés de charbon. Joe, qui avait développé un sixième sens pour les sentir venir de loin, entraînait les trois femmes dans l'une des multiples excavations creusées dans le mur : les wagons ne s'arrêtaient pas pour laisser passer les dames. Quiconque se trouvait sur leur chemin était broyé à mort.

Cinq à six cents hommes travaillaient dans la mine, remontant chaque soir rejoindre leur famille, sauf les gardiens et ceux qui avaient la charge de prendre soin « de la cinquantaine de chevaux dont, écrit Robertine, les écuries sont confortablement installées au milieu même de la mine. Nous leur avons fait une visite en passant, à ces braves bêtes et, si l'on en juge par leurs croupes arrondies et lisses, l'absence de lumière du soleil ne leur cause aucun regret. Quand, pour des causes extraordinaires, on est obligé de remonter ces chevaux à la surface, pendant quelques heures, ils semblent frappés de folie et s'épuisent en bonds et en cabrioles désordonnés[475] ».

Robertine nota au passage que la ventilation « était très bien établie », réduisant ainsi les risques de feu de grisou. L'idée d'être brûlée vive lui effleura l'esprit avec d'autant plus de

---

474. *Ibid.*
475. *Ibid.*

vigueur qu'elle lui rappelait les brûlures qu'elle s'était accidentellement infligées lorsqu'elle était enfant.

Le groupe marchait le plus souvent en silence. Il était difficile d'ailleurs de parler tout en circulant dans les étroites ga-
leries. Si étroites qu'on devait parfois se déplacer en se courbant
à un point tel que l'on était littéralement pliés en deux. Le petit lampion que chacun portait ne les éclairait pas suffisamment pour leur éviter de heurter douloureusement les parois
de la mine.

Lorsqu'ils arrivèrent en-dessous de l'océan, tout n'était que
silence et Robertine se dit qu'ils devaient être bien loin dans
les entrailles de la terre pour n'entendre ne fut-ce que le bruis-
sement des cordages, sur les flots, des vaisseaux passant au-
dessus d'eux. C'étaient comme s'ils étaient enterrés vivants.
« C'était l'ensevelissement, pire que celui des tombeaux[476] »,
écrivit-elle, ignorant bien sûr que l'on raconterait, après sa
mort, qu'elle avait été enterrée vivante.

Peut-être entendit-elle des gazouillis. Dans plusieurs mines,
des dizaines de canaris étaient mis en cage. Quand ces beaux
oiseaux jaunes cessaient de chanter, cela signifiait qu'il y avait
du grisou dans l'air ou bien qu'il n'y avait pas suffisamment
d'oxygène dans la mine. Le silence des canaris donnait l'alerte
et il fallait alors remonter au plus vite. Ces oiseaux, dont l'appareil respiratoire est fragile, sont en effet plus sensibles au gaz
que les humains. Ils sacrifiaient involontairement leur vie pour
sauver celles des mineurs. On les arrachait à l'infini du ciel, à la
lumière du jour, à leur liberté, pour les précipiter dans une cage
étroite, dans l'obscurité, tout cela sans aucun remords et sans

---

476. *Ibid.*

même songer à les remercier, comme le faisaient auparavant les Amérindiens chaque fois qu'ils devaient sacrifier un animal.

Robertine ne parla pas non plus des rats. Peut-être n'en vit-elle pas. Peut-être ne fit-elle que sentir leur présence lorsqu'ils frôlaient le bas de sa jupe. Les rats des mines sont rarement agressifs et les mineurs leur donnent souvent les restes de leurs repas. Eux aussi, comme les canaris, sont leurs alliés. Ils ont l'ouïe si développée qu'ils donnent l'alerte quand une couche de houille risque de tomber sur la tête des mineurs. Lorsque les rats se sauvent à toute vitesse, les hommes savent qu'ils doivent s'écarter du lieu où ils travaillent.

Après être remontés tous les quatre à l'air libre, Joe félicita Robertine d'avoir été si courageuse et la compara à Kit, dont il avait gardé lui aussi un très bon souvenir. « Descendre sept cents pieds sous terre pour avoir un compliment de Joe Egan, c'était bien la peine assurément[477] », écrivit Robertine avant d'ajouter : « Après avoir passé deux bonnes heures dans la mine, nous revînmes au jour. Jamais je n'ai trouvé la lumière du soleil plus belle que lorsqu'elle m'apparut dans la radieuse clarté d'une belle matinée d'août[478]. »

Elle signa son nom dans le registre des visiteurs avant de s'en aller. « De retour à l'hôtel, je passai, aux yeux de mon hôtesse et des habitués, comme un phénomène de courage, si bien qu'après avoir entendu leurs appréciations, il m'est resté comme la certitude d'avoir accompli un fait de haute valeur[479] », conclut-elle, heureuse d'avoir maîtrisé, encore une fois, ses craintes. Il est étonnant de constater que, bien qu'elle parle dans

---

477. *Ibid.*
478. *Ibid.*
479. *Ibid.*

l'une de ses chroniques des mines de la Beauce[480], Robertine ne mentionna pas les femmes qui, à Thetford Mines, travaillaient dans les mines d'amiante. Il est vrai que leur travail, ainsi que celui de leurs enfants, était la plupart du temps passé sous silence. Même lorsque la loi interdit, en 1907, d'engager des enfants dans les industries, ceux-ci continuèrent de travailler dans les mines. Personne ne semblait se soucier du fait que les écoles de Thetford Mines étaient pratiquement vides, les enfants étant occupés, dans les mines, à trier l'amiante pour 50 sous par jour, le même montant que touchaient les femmes, souvent leurs mères qui, elles aussi, effectuaient cette tâche.

Avant de quitter le Cap-Breton, Robertine alla dans les hautes terres afin de voir les aigles à tête blanche qui y abondaient. Elle estimait que les oiseaux étaient des messagers, mais elle avait une affection particulière pour ceux qui ont les ailes bleues, sa couleur préférée, et pour les aigles, à cause de leur capacité à avoir à la fois une vue d'ensemble d'une situation tout en étant capables d'en percevoir les moindres détails. Cette capacité la fascinait. Elle essayait, quand elle écrivait, de garder cet équilibre fragile entre la vue d'ensemble et le détail important.

Le soir, elle marcha dans les rues aux environs de son hôtel, regardant, un peu mélancolique, les amoureux qui, au son des violons et des cornemuses, dansaient jusqu'à tomber d'épuisement.

Pour se sentir moins seule, elle retourna à son hôtel et écrivit des lettres à ses amies. À l'une d'elles, Marie Gérin-Lajoie[481], elle confia que, sur le chemin du retour, elle s'arrêterait à Tracadie afin de visiter la léproserie.

---

480. Françoise. « Chronique du lundi », 26 septembre 1892.
481. Lettre à Marie Gérin-Lajoie, Halifax, 20 avril 1895. Fonds Marie Gérin-Lajoie. BAnQ.

...

Bien que ce fait historique soit peu connu, la lèpre faisait des victimes, au XIXe siècle, au Nouveau-Brunswick et au Cap-Breton. Au Nouveau-Brunswick, on avait d'abord ouvert une léproserie à l'Île Sheldrake qu'on appelait alors l'Île-aux-Becs-Scies et qui était située dans la Miramichi. Ensuite, les lépreux avaient été transférés à Tracadie où ils vivaient dans des conditions misérables. Le lazaret, où ils étaient maintenus prisonniers, tels des criminels, était un vieux bâtiment qui n'était guère plus qu'une « pile de bois pourrissante, vieille et froide[482] ». L'hiver, il faisait si froid à l'intérieur que les religieuses qui se dévouaient auprès des lépreux mettaient des cendres chaudes dans leurs souliers[483].

Lorsqu'elle arriva à Tracadie, Robertine se présenta au Père Babineau qui habitait à quelques pas de la léproserie et qui était chargé d'accueillir les visiteurs. Après de brèves présentations, il l'accompagna jusqu'au lazaret. Pour l'atteindre, ils devaient passer sur une passerelle et marcher dans un petit sentier. Tous les bâtiments du lazaret avaient été construits près du rivage. « Les gens qui venaient visiter le lazaret entraient par la porte principale qui donnait sur la mer. Le Père Babineau sonnait et une Sœur ouvrait un guichet dans la porte. Après quelques mots de présentation du prêtre, elle faisait entrer tout son monde dans une salle de réception. D'habitude, c'est Sœur Saint-Jean et le Père Babineau qui faisaient l'historique général du lazaret et de la maladie de la lèpre au Nouveau-Brunswick à

---

482. Mary Jane Losier et Céline Pinet. *Les enfants de Lazare. Histoire du lazaret de Tracadie*, p. 212.

483. *Ibid.*, p. 178.

---

l'intention de leurs invités. Puis, les invités avaient droit au tour de l'hôpital. »[484]

Il n'était pas rare que les visiteurs entendissent les notes plaintives qu'un lépreux tirait de son violon ou de sa cornemuse. Parfois aussi, ils pouvaient voir des lépreux qui portaient un cercueil : « Ils s'arrêtent à la barrière : ils n'iront pas plus loin. Des mains engagées pour ce travail saisissent le cercueil et le transportent de l'autre côté du petit pont et le long de la plage rocailleuse. Dans un coin du cimetière se trouve une tombe ouverte, autour il y a plusieurs monticules, chacun marqué par une simple croix en bois. Le cercueil de cette dernière victime est abaissé, la terre jetée dans le trou, les hommes s'éloignent, et les vagues bleues s'écrasant contre la berge herbeuse entonnent le dernier requiem de la petite victime[485]. »

L'endroit était d'une tristesse infinie, et Robertine qui était une femme très sensible dut la ressentir aussitôt qu'elle mit les pieds dans ce lazaret, « triste et morne, aux alentours sombres et lugubres ». En levant les yeux, elle put apercevoir, aux fenêtres du deuxième étage, des lépreux « que la maladie n'a pas encore rendus aveugles » et dont le seul divertissement était de surveiller les bateaux de pêche qui passaient au loin. Aux étages inférieurs, les volets restaient clos « car les patients de cette section du bâtiment ne peuvent distinguer la nuit d'avec le jour[486] ».

Lorsqu'elle pénétra à l'intérieur, Robertine vit, dans la salle des hommes comme dans celle des femmes, des malades, couchés dans des lits placés les uns près des autres. Sur une table,

---

484. *Ibid.,* p. 179.

485. A.M. Pope, cité par Mary Jane Losier et Céline Pinet. *Ibid.,* p. 176.

486. Cité par Mary Jane Losier et Céline Pinet. *Ibid.,* p. 176.

dans un coin, étaient disposés quelques rares objets, les seules possessions des malades. Les moins faibles étaient assis sur des bancs ou tabourets, l'air abattu. Tout cela constituait l'aspect visible de leur misère qui, la plupart du temps sans doute, touchait profondément les visiteurs. Mais il y a l'autre aspect, invisible pour les yeux, mais cependant perceptible pour les plus sensibles. L'invisible, c'était la honte et l'humiliation qu'ils ressentaient d'être regardés comme des bêtes curieuses. Honte et humiliation qu'ils portaient comme un fardeau, sachant très bien que le « statut du lépreux est inférieur à celui du proscrit le plus abominable[487] ». L'horreur qu'ils inspiraient ne pouvait qu'ajouter à leur fardeau.

L'invisible, c'est l'immense tristesse causée par tous les deuils que ces malades avaient à faire. Outre la santé, ils avaient tout perdu : « La maison, la famille, la liberté, l'apparence physique, le respect[488]. »

L'invisible, c'est l'ostracisme dont ils étaient victimes. Les lépreux de Tracadie, comme tous les lépreux que la Terre a portés, étaient rejetés par le reste de la société. Certes, les lépreux de Tracadie n'avaient pas, puisqu'ils étaient enfermés, à porter une cloche qui annonçait leur arrivée comme ces autres lépreux qui, ailleurs dans le monde, pouvaient circuler en "liberté". Ceux de Tracadie ne ressentaient donc pas l'humiliation de voir quotidiennement des gens qui, l'air terrorisé, s'éloignaient en courant lorsqu'ils les apercevaient. Mais, bien qu'isolés du reste de la population, ils n'en étaient pas moins rejetés par les bien-portants qui tenaient à ce qu'ils restent enfermés. La peur expliquait en partie cet ostracisme. Pratiquement tout le monde

---

487. Mary Jane Losier et Céline Pinet. *Ibid.*, p. 97.
488. *Ibid.*, pp. 148-149.

craignait cette maladie qui pouvait rendre aveugle, infirme, défiguré, extrêmement faible, et qui engendrait, à son dernier stade, d'atroces souffrances : « Les traits de la personne ne sont maintenant que des rides profondes, les lèvres sont de gros ulcères coulants, la lèvre inférieure dépasse le menton luisant, […] sa respiration est sifflante et si douloureuse qu'il s'attend à étouffer à tout moment[489]. » La lèpre, qui affectait toutes les parties du corps, causait aussi bien d'autres maux : folie temporaire, diarrhée, hydropisie, douleurs extrêmes dans les membres, notamment. La peur qu'elle suscitait était d'autant plus grande qu'on ignorait comment la guérir. Les « traitements » utilisés, comme le mercure, l'arsenic et le thé fort, restaient sans résultats.

Étant donné qu'on ne connaissait pas les causes de cette maladie, les hypothèses qui se multipliaient étaient souvent présentées comme des certitudes malgré qu'elles ne fussent étayées par aucune étude rigoureuse. Comme c'est souvent le cas pour les maladies dont on ignore tout, on rejetait la faute sur les malades eux-mêmes et leurs proches. On disait que seuls les gens malpropres ou vicieux en étaient atteints. Un médecin, méprisant les Acadiens, écrivit dans son rapport que la « lèpre n'apparaît jamais dans la meilleure couche de notre population française ». Un prêtre, qui partageait les idées de ce médecin, ajouta que les « bêtes acadiennes vivent dans le désordre… étant tous une race mélangée de sauvage, de nègre et de français et d'espagnol et même d'italien : ayant tous les défauts naturels et moraux et intellectuels de leur origine ». Ni le médecin ni le prêtre ne voyaient qu'ils confondaient la cause et l'effet. « L'apathie qui affecte les personnes qui souffrent d'une

---

489. Le Père Gauvreau, cité par Mary Jane Losier et Céline Pinet. *Ibid.*, p. 106.

maladie débilitante et défigurante », s'aggravait « du fait de leur longue incarcération et de l'inactivité qui leur était imposée ». Cela pouvait donner aux malades l'air « lent et stupide[490] ». Il était faux de prétendre qu'ils attrapaient la maladie parce qu'ils avaient des « défauts moraux et intellectuels » !

La présence des lépreux à Tracadie avait attiré quelques journalistes. Les articles qu'ils publièrent eurent des conséquences désastreuses pour les commerçants de l'endroit : « Si on écrivait Tracadie sur un produit, on ne pouvait pas du tout le vendre[491]. »

Sensible à tout ce que les lépreux devaient traverser et, sans doute pour ne pas ajouter au stigmate des Acadiens, Robertine ne publia rien sur le lazaret de Tracadie. Peut-être voulait-elle éviter que d'autres aillent les regarder comme des bêtes curieuses, car elle était certainement sensible à la honte et à la gêne qu'ils éprouvaient d'être observés. Elle avait déjà ressenti le malaise d'être celle qui observe lorsqu'elle était allée au cirque où étaient exposés, comme des bêtes curieuses, des Zoulous : « Si nous étions chez eux et, qu'à notre tour, nous prenions place dans cet espace marqué par deux cordes, nous trouveraient-ils extraordinaires et nous estimeraient-ils supérieurs ? J'en doute[492]. »

• • •

Dès son retour à Montréal, Robertine s'empressa d'écrire une chronique dans laquelle elle demanda à ses lecteurs et lectrices de lui envoyer de l'argent afin que la cloche de Louisbourg,

---

490. Mary Jane Losier et Céline Pinet. *Ibid.*, p. 117.

491. *Ibid.*, p. 250.

492. Françoise. « Chronique du Lundi », 29 juillet 1895.

qu'elle avait vue chez un antiquaire lors de son voyage, soit ramenée à Montréal. Honoré Beaugrand, qui était alors au Japon, fit parvenir son offrande personnelle, ajoutant que si « la souscription ne rapportait pas la somme nécessaire, il serait heureux de combler le déficit[493] ». Robertine déposa la lettre, rêveuse. Elle songeait, le sourire aux lèvres, qu'elle avait eu bien de la chance d'avoir été engagée par un homme aussi généreux. Elle avait beaucoup d'affection pour lui. Elle s'empressa de lui écrire pour le remercier et lui donner des nouvelles d'elle-même ainsi que de ce qui se passait à Montréal et à *La Patrie*.

Confiante, Robertine sollicita les messieurs de la Société numismatique, certaine qu'ils seraient sensibles à cette cause. Or, excepté le juge Baby, aucun d'eux ne donna un sou. « Ils auraient dû me soutenir, écrivit-elle. Ils ne l'ont pas fait. Je m'en souviendrai[494]. » Elle s'en est effectivement souvenu puisque des années plus tard, elle en parlait encore. Ses lecteurs furent plus généreux. Grâce à eux, elle ramassa facilement la somme de 114 $ et s'empressa de faire parvenir à l'antiquaire le montant de 100 $ qu'il réclamait. La cloche, qui pesait presque cinquante-trois livres, fut exposée dans la vitrine de *La Patrie*. Lorsque Robertine détournait le regard de sa machine à écrire, elle voyait souvent des passants qui l'admiraient et elle était heureuse d'avoir pris l'initiative de la ramener à Montréal.

• • •

Les critiques de *Fleurs champêtres* commencèrent à paraître. Robertine ouvrait les journaux chaque matin en ressentant

---

493. Françoise. « Honoré Beaugrand », *Le Journal de Françoise,* 7 octobre 1906.
494. Françoise. « Chronique du Lundi », 24 février 1896.

---

une petite brûlure au creux de l'estomac. Elle avait peur, mais cette peur s'envola vite devant les éloges dithyrambiques qui se multiplièrent. On écrivit qu'elle avait merveilleusement bien réussi à rendre « les traits et les attitudes de ses personnages[495] » ; qu'elle décrivait « merveilleusement bien les petites verrues qui poussent, au moral plus qu'au physique, sur les visages de nos habitants[496] » ; « que le livre est sans défauts » ; qu'il « n'y a rien à reprendre dans cette fidélité outrée à reproduire le langage populaire » ; qu'elle avait « réussi à séduire son public[497] ».

Dans Le *Réveil*, le journaliste écrivit : « On se félicite de pouvoir enfin lire un livre qui, contrairement aux infects bouquins publiés par des gamins ignorants et poseurs, est de la vraie littérature nationale, et de la bonne, car il est écrit en français[498]. » Le professeur Léon Ledieu, dont Robertine admirait le talent de chroniqueur, l'encensa lui aussi : « Françoise serait-elle l'écrivain que le Canada attend depuis de si longues années, un écrivain vraiment canadien, nature qui sait voir, écouter, faire parler les Canadiens, et les faire comprendre aux étrangers qui s'occupent de notre littérature[499]. »

Michel Tremblay avant l'heure, Robertine n'avait effectivement pas fait parler les « habitants » avec la bouche en cul-de-poule. Et cela plut beaucoup aux Français :

---

495. Cité par Gilles Lamontagne dans la préface de la réédition, en 1984, de *Fleurs champêtres*, p. 13.

496. *Le National*, 16 mai 1895, pp. 1-2.

497. Il s'agit des journalistes de *La Minerve* et du *Monde Illustré* cités par Gabrielle Saint-Yves dans *Les femmes et la norme au tournant du XXᵉ siècle : prise de parole des premières chroniqueuses au Canada français*, p. 19.

498. Extrait de *Fleurs champêtres*, réédition préparée et présentée par Gilles Lamontagne, p. 13.

499. *Ibid.*, p. 13.

« Françoise n'a pas fait de ces paysans des êtres modèles, choisis à l'appui d'une thèse ou récitant des rôles. Pas davantage elle ne nous les montre comme de malheureux pécheurs dont la bassesse doit flatter notre orgueil pharisaïque de citadins vertueux. Elle aime trop ces gens de la terre pour les affubler d'un costume de théâtre ou pour les présenter sous un vêtement abject. Devant nous, ils agissent sans feinte parce qu'ils sont libres, sans calculs, sournois parce qu'ils sont heureux dans la condition où Dieu les a placés. Françoise laisse une galerie de portraits que ses compatriotes ont approuvés et admirés. On lui en saura gré de plus en plus, à mesure que le type, encore vivant après trois siècles, s'effacera sous la main du temps. Et plus tard, sur les bords du grand fleuve ou même dans les cités de l'Ouest, des prosateurs et des poètes chercheront dans les *Fleurs champêtres* la dernière touche du chef-d'œuvre[500]. »

Encore aujourd'hui, on reconnaît l'intérêt ethnographique des textes de Robertine : « Avec une étonnante précision technique défilent les mots "tenons", "ailettes", "chambrières", "annoi", "marchette"[501]. » Bien des expressions savoureuses, telles Badame (pour Madame) ou un mien ami, ou en effette (en effet), reflètent admirablement bien le langage d'une partie de la population de cette époque.

Marc Sauvalle, le rédacteur en chef de *La Patrie*, se joignit au concert d'éloges, soulignant combien la proximité de l'eau où Robertine avait grandi était intimement liée à son destin d'écrivaine :

---

500. Cité par Gilles Lamontagne dans la préface de la troisième édition de *Fleurs champêtres*, p. 32.

501. Gilles Lamontagne dans la préface de la troisième édition de *Fleurs champêtres*, p. 22.

« Ce qui plaît surtout dans ce livre, ce sont les tableaux de la côte, la *marine* que l'on sent sous chaque description ; de près ou de loin, dans chacun de ces récits, on a un aperçu, une envolée sur le large, on sent que l'auteur a longtemps et longuement contemplé les vastes océans dont les lignes lui sont restées dans les yeux et les sens dans la tête. On connaît ces beaux coquillages nacrés qui ornaient les étagères de nos grands-mères. Depuis longtemps sortis du sein de l'océan d'où les a extraits le râteau du pêcheur, ils demeurent silencieux, mais si l'on approche son oreille de leur ouverture, on entend encore au loin les grondements de la vague et les mugissements du flot comme dans une invisible tempête. De même pour le cerveau de l'écrivain dont la jeunesse a été bercée au son du flux et du reflux de l'inconstante marée, où qu'il soit, quel que puisse être son éloignement, aussitôt qu'il prend la plume, il sent vibrer en lui les anciennes effluves et, instinctivement, lui viennent sous la main les images chéries et les tons harmonieux ou lamentables des beaux calmes d'été ou des grands déchaînements de l'automne[502]. »

Pendant que les lecteurs de *La Patrie* lisaient cette élogieuse critique, Robertine se promenait dans les rues de Québec où elle était allée passer la fin de semaine. Elle adorait marcher dans les rues de cette ville et elle aimait tout autant le trajet en bateau de Montréal à Québec. Sur *Le Montréal*, elle écoutait avec ravissement l'orchestre tout en regardant les flots. Elle souhaiterait faire ce voyage plus souvent, peut-être cela sera-t-il possible, écrit-elle, quand le Pactole coulera dans ma bourse, mais, ajoute-t-elle avec impatience, quand coulera-t-il enfin[503] ?

---

502. Marc Sauvalle. *La Patrie*, 6 mai 1895.
503. Françoise. « Chronique du Lundi », 13 mai 1895.

Elle venait à peine de mettre les pieds chez elle que sa mère s'empressa de lui montrer, ravie, l'article de Sauvalle. Debout dans le vestibule, Robertine lut, les larmes aux yeux, tant elle était émue, l'article de son rédacteur en chef. Cet article représentait pour elle bien plus qu'une élogieuse critique, il était la preuve qu'elle était estimée de ses collègues masculins. Elle avait réussi le tour de force, pour une femme dans un monde d'hommes, un monde réputé pour sa verdeur et sa férocité, d'être l'un des leurs et de le rester. Il y avait maintenant quatre ans qu'elle travaillait auprès d'eux chaque jour. Elle était d'autant plus fière de la critique de Sauvalle qu'elle l'estimait beaucoup et admirait son talent d'écrivain.

. . .

Robertine ne s'attendait vraiment pas à être comparée aux écrivains qu'elle admirait le plus. C'est pourtant ce qui arriva. Sous le pseudonyme de Camille Derouet, Louis Fréchette écrivit dans *La Revue du monde catholique* : « Elle ressemble à Balzac par son habileté à peindre en quelques traits la nature, les échos des grands bois ou des falaises sonores, aussi bien que le caractère ou la physionomie d'une génération. Elle peut être comparée à George Sand pour la richesse de l'imagination, et l'émotion communicative qui remplit son ouvrage avec, en moins, ses embardées romantiques. Son style porte l'empreinte de la vérité, de la noblesse, et de l'élégance[504]. »

Bien sûr, on pourrait penser que Louis éprouvait trop de sentiments d'amitié à l'égard de Robertine pour être objectif.

---

504. Cité par Renée des Ormes. *Robertine Barry, en littérature Françoise*, pp. 56-57.

Mais Louis Fréchette n'était pas le seul, ni même le premier, à comparer Robertine à George Sand et à Balzac. C'est dans les journaux parisiens que, sous la plume de journalistes français, on fit d'abord cette comparaison[505].

George Sand! La comparaison pouvait être interprétée de différentes façons. Aux yeux de certains, Robertine avait, comme Sand, la franchise et le franc-parler d'un homme, qualités qui, selon eux, étaient déconcertantes chez une femme. On chuchota sans doute que Sand avait été aimée d'hommes beaucoup plus jeunes qu'elle, comme Robertine l'était sans doute, car on la voyait souvent avec des jeunes hommes, dont ceux qui composaient le *Groupe des six éponges*. On appelait éponge « une institution où des hommes ressemblent à une institution d'anti-buveurs d'eau et qu'une goutte du Saint-Laurent dans un verre de cognac fait tomber en pâmoison ». Les six éponges – Henry Desjardins, Louvigny de Montigny, Paul de Martigny, Jean Charbonneau, Alfred Desloge et Alban Germain – se réunissaient, pour parler littérature, au café Ayotte, dans une « atmosphère imprégnée d'odeur de cigarette et d'alcool », les deux icônes diaboliques d'alors. Henry Desjardins, « le plus dynamique parmi les éponges[506] », devint quelques mois plus tard le premier président de l'École littéraire. C'était un grand garçon élancé qui aimait réciter ses vers aux accents verlainiens et séduire les femmes, fussent-elles, comme Robertine, plus âgées que lui. Les six éponges admiraient la journaliste. L'un d'eux, Albert Ferland, poète, dessinateur, photographe, qui devint lui aussi président de l'École littéraire, écrivit des vers pour elle et lui dédicaça même un des

505. Gabrielle Saint-Yves. *Les femmes et la norme au tournant du XXᵉ siècle : prise de parole des premières chroniqueuses au Canada français*, p. 19.

506. Paul Wyczynski. *Nelligan, 1879-1941*, p. 170.

ses livres : « Décidément, lui écrivit Robertine, vous voulez immortaliser le nom de Françoise. Je voudrais être animée du souffle inspiré de votre muse pour vous remercier comme il le convient. Votre dédicace m'a été toute une surprise et vous me rendez bien fière. Croyez bien, cher monsieur, à la reconnaissance de Françoise[507]. » Ferland avait beaucoup d'admiration pour Robertine, ce qui ne signifie pas, bien sûr, qu'il en était amoureux. Lorsque, quelques années plus tard, en 1896, il lui dédia des vers, il était marié depuis deux ans à une femme qui lui donna cinq enfants. Lorsqu'elle reçut ces vers, Robertine répondit : « Vous me voyez toute confuse de l'honneur que vous me faites en me dédiant d'aussi jolis vers. Sont-ils subtils un peu !, délicats, pleins de pure et esthétique poésie. C'est un vrai petit bijou que votre *Crépuscule* et ça m'a fait rêver de longues heures. Mille fois merci. Ma prose, c'est bien peu pour vous récompenser de tant d'amabilités de votre part[508]. » Il n'en demeure pas moins que Robertine faisait jaser en fréquentant *Le groupe des six éponges*, des jeunes hommes peu recommandables aux yeux de bien des gens. À cause de la vie libre qu'elle menait, Robertine était déjà associée dans l'esprit de plusieurs à une libertine. La comparaison avec la « scandaleuse » Sand était facile. Sans doute aussi que les ultramontains ne manquèrent pas de faire remarquer que les œuvres de Sand et de Balzac étaient jugées dangereuses par le clergé.

D'être comparée à Balzac et à George Sand ne pouvait que réjouir Robertine. On avait beau dire qu'elle était une femme-homme, elle était sensible aux critiques. D'ailleurs, ce qui faisait

---

507. Lettre de Robertine à Albert Ferland. Montréal, 9 septembre 1893. Fonds Albert Ferland.

508. *Ibid.*, Montréal, 7 juillet 1896.

sa force en tant qu'écrivaine, c'était sa sensibilité, et cette sensibilité-là transpirait dans presque tous ses écrits.

À 32 ans, Robertine était devenue une journaliste-écrivaine reconnue. Portée par les éloges, elle était motivée à faire plus encore. Elle caressa le rêve qu'une fois qu'elle aurait atteint 50 ans, elle se consacrerait à ses deux grandes passions, l'écriture et l'histoire, et écrirait des romans historiques.

Durant les semaines qui suivirent la publication de son livre, Robertine se sentait particulièrement heureuse. Pendant un certain temps, elle ignora les mauvaises choses qu'on disait sur elle. Certains se moquaient des dialogues de *Fleurs champêtres* : « Le langage pittoresque des campagnards de cette époque est peut-être même un peu trop fidèlement reproduit, au gré des puristes, qui n'admettent pas l'opportunité de faire parler au peuple le langage du peuple[509]. » Robertine estimait qu'ils avaient tort, et forte de l'appui qu'elle avait reçu, oublia vite cela.

Elle ne sut sans doute jamais ce que disait Arthur Buies sur son compte. Buies, dont Robertine avait souvent encensé les écrits et qu'elle considérait comme un ami, la méprisait, en réalité : « Je viens de lire la chronique de Françoise, écrit-il à son ami Hector Garneau, sur la soi-disant dernière œuvre de Fréchette, *Véronica Cibo*, à laquelle elle prédit l'immortalité. À force d'adulations, cette pauvre fille en est à croire qu'elle peut juger d'une œuvre théâtrale. Son article, qui fait sourire, est la monnaie d'une pièce de gros calibre, chargée d'un encens étouffant que Fréchette a fait paraître, moyennant finances, dans *La Revue du monde catholique*, de septembre 95, sous la signature achetée de Camille Derouet, et dans laquelle Françoise,

---

509. Renée des Ormes. *Robertine Barry, en littérature Françoise,* p. 55.

présentée comme la femme la plus remarquable du Canada, est comparée à George Sand[510]. » Buies regardait de haut le sens critique de Robertine, mais il lui envoyait néanmoins les livres qu'il écrivait afin qu'elle les commente[511].

Si elle avait lu les lettres de Buies, Robertine aurait profondément été blessée. L'amitié prenait une place importante dans sa vie. Elle estimait que la bienveillance mutuelle devait se lover au cœur de toute véritable amitié. Elle aimait ses amis, autant les hommes que les femmes, avec une certaine candeur, persuadée qu'ils étaient aussi francs qu'elle l'était elle-même. Elle a écrit « qu'il n'est pas de sensation plus douloureuse pour le cœur que de savoir que l'ami de son choix ne mérite ni l'affection, ni la confiance que l'on a mis en lui. Tout s'écroule à la fois. Il me semble que la vie soit subitement devenue sans charme et que le genre humain tout entier en sort odieux[512] ».

Il est triste de constater que Buies estimait si peu cette femme qui croyait être son amie et qui louangeait toujours son travail. Même après la mort de Buies, elle veilla sur sa veuve, sollicitant pour elle un travail qui lui donnerait de quoi vivre car, écrivit-elle, elle est « à la veille de tomber dans le besoin. Buies, ajouta-t-elle, a fait assez pour les lettres en notre province française pour que la digne compagne de sa vie, la mère de ses enfants, s'attache à jamais la reconnaissance de ses compatriotes, pour que, d'un commun accord, rendant hommage à l'illustre disparu, ils mettent sa veuve à l'abri contre la gêne qui tue et les privations douloureuses. La mort de Buies a creusé parmi la petite phalange de littérateurs et de journalistes

---

510. Arthur Buies, *Correspondance, 1855-1901,* pp. 275-276.

511. Arthur Buies lui envoya, entre autres, son livre *Le chemin de fer du Lac Saint-Jean* qu'elle commenta élogieusement dans sa « Chronique du Lundi » du 2 décembre 1895.

512. Françoise. « Chronique du Lundi », 8 avril 1895.

canadiens, un vide qui n'a jamais été comblé. Il fut et restera ce styliste de forme impeccable et rare, cet écrivain à l'imagination ardente et belle, dont les pages vibrantes faisaient tour à tour rire et pleurer, et qui, toujours, émerveillaient [...] Aujourd'hui, la veuve de Buies demande un emploi, tout modeste, tout humble, au gouvernement de son pays. Pourrait-on le lui refuser[513] ? » Avant sa mort, Buies avait tenté d'améliorer sa situation financière qui s'était dégradée à cause de son alcoolisme, de ses crises de délirium « suivies de périodes de torpeur qui l'ont souvent envoyé à l'hôpital », la perte de son emploi et ses dettes. En vain. Il avait été ainsi obligé « aux pires humiliations », c'est-à-dire à solliciter des faveurs auprès des membres du gouvernement[514]. Pour être juste envers lui, il faut savoir que s'il a été aussi dur à l'égard de Robertine, c'est en partie parce qu'il déplorait l'absence de véritables critiques littéraires, pourfendant du même coup ce qu'on appelait la « société d'admiration mutuelle[515] » qui consistait à se congratuler entre amis : « Le manque de rigueur des critiques, le copinage, écrivit il, démotivent les bons écrivains en se révélant incapables de démasquer les faussaires et de mettre hors circuit les œuvres inférieures[516]. »

Mais les éloges que recevait Robertine étaient véritablement méritées et n'avaient pas grand-chose à voir avec ses amitiés. Même aujourd'hui, l'on reconnaît qu'elle se « situe dans le sillon des grands écrivains-journalistes de l'époque », dont Guy de Maupassant et Henry James[517].

513. Françoise. « La veuve de Buies », *Le Journal de Françoise,* 20 mars 1909.

514. Daniel Mativat. *Le métier d'écrivain au Québec, 1840-1900,* p. 361.

515. *Ibid.,* p. 358.

516. *Ibid.,* p. 443.

517. Benny Vigneault. *Idéologie, « plurigénéricité » et figure du destinataire dans* Fleurs champêtres *de Françoise,* p. 41.

. . .

Après la pluie d'éloges, vint la critique de Tardivel, l'éditeur et fondateur du journal *La Vérité*. Celui qu'on disait être « plus catholique que le pape » écrivit que les mots que Robertine mettait dans la bouche de ses personnages « donnaient une fausse idée de notre classe agricole ». Il lui reprochait surtout d'avoir « mis à peu près entièrement de côté la note religieuse ». Il ajouta qu'elle imitait Jean-Jacques Rousseau, qu'elle travaillait dans un « milieu funeste », et que les gens qu'elle y côtoyait avaient « donné à son esprit une tournure fâcheuse contre laquelle nous la mettons en garde[518] ». Des journalistes qui travaillaient à *La Patrie* étaient, à l'instar de Beaugrand, des francs-maçons. Voilà ce qui constituait, aux yeux de Tardivel, un milieu des plus funestes. On racontait même que Beaugrand tenait depuis des années des réunions sataniques dans les locaux de *La Patrie*. Certains ne se gênaient pas pour ajouter que Robertine y participait. Le Québec était l'un des endroits au monde où les francs-maçons étaient les plus persécutés. Des curés disaient souvent en chaire qu'il fallait les éviter, car c'était par eux que le Diable prendrait le pouvoir. Les francs-maçons étaient qualifiés de suppôts de Satan, rien de moins. Le fait que Robertine travaillait avec eux alimentait les commérages de toutes sortes.

Robertine était persuadée que « la persécution affermit plutôt une œuvre qu'elle ne l'ébranle ou ne la fait disparaître », mais elle n'en fut pas moins blessée par les propos de Tardivel. Ce qui ne l'empêcha pas de lui répliquer publiquement dans sa

---

518. Extrait de *Fleurs champêtres*. Édition préparée et présentée par Gilles Lamontagne, p. 14.

« Chronique du Lundi » et ce, moins de deux jours plus tard. Elle lui dit d'abord qu'elle n'ignorait pas, quand elle s'était décidée à embrasser la carrière de journaliste, « tous les déboires et les luttes auxquels sont particulièrement exposées les femmes qui écrivent ». Elle ajouta qu'elle repensait souvent aux sympathiques encouragements qu'elle avait trouvés sur son chemin et à tous ceux qui lui avaient tendu la main et l'avaient aidée dans sa rude carrière. Elle précisa qu'elle était prête à accepter une critique pourvu qu'elle soit juste, mais que l'attaque de Tardivel, loin de l'être, était plutôt malhonnête et déloyale. Elle écrivit enfin qu'elle n'avait jamais lu Rousseau, mais qu'elle en avait entendu parler et qu'elle se méfiait de ses pernicieuses maximes[519]. Il y a fort à parier qu'elle faisait allusion au fait que Rousseau avait écrit que les femmes doivent être éduquées, non pour elles-mêmes, mais pour plaire et servir les hommes. D'une plume acerbe, Robertine précisa qu'elle n'avait jamais voulu faire de son recueil un « paroissien romain » et s'empressa de prendre la défense de ses collègues de travail qu'elle qualifiait d'honnêtes gens méritant estime et considération.

Elle espérait que cette petite polémique entourant son livre se terminerait enfin là. Elle avait beau dire qu'elle aimait l'odeur de poudre, tout cela l'énervait.

Le mois de juin étant aussi chaud que le mois de mai, elle profita de ce beau temps et s'en alla écrire sur le Mont-Royal. Elle y allait souvent et, pour s'y rendre, prenait l'ascenseur, même si cela lui donnait des « vertiges effrayants ». Lorsqu'elle en descendit, un peu étourdie, elle aperçut, non loin, deux pancartes, fichées dans le gazon, destinées à empêcher les promeneurs de piétiner la verdure. Elle s'esclaffa en lisant la mauvaise

---

519. Françoise. « Chronique du Lundi », 17 mai 1895.

traduction : *Défense de trépasser !* Elle nota alors une coïnci-
dence, comme il en arrivait souvent dans sa vie. À l'instant
même où elle lisait ces mots bizarres, elle « entendit dans le
lointain le roulement sourd des chariots funèbres conduisant
à leur lugubre demeure les malheureux désobéissants ». Les
« désobéissants », c'étaient ceux qui avaient trépassé, malgré
l'interdiction inscrite sur l'écriteau.

Elle erra un moment dans les bois, « respirant les suaves
odeurs du printemps, cueillant les jolis fleurettes, les embras-
sant comme de petites amies », tout en songeant à ce qu'elle
avait écrit à Tardivel : « Les fleurs ne prient pas, pourtant quand
on les regarde, on se sent meilleurs. » Elle alla s'asseoir sur un
banc et commença à rédiger sa prochaine chronique.

Elle descendit de la montagne, le cœur léger. Pendant quelques heures, elle avait totalement oublié les mots-assassins de
Tardivel. Hélas, il s'acharnait sur elle. Une semaine plus tard,
elle lut avec agacement : « Mlle Françoise n'est pas contente.
[…] Nos observations que nous avions pourtant adoucies autant que possible (….) auraient été plus sévères si nous avions
eu affaire à un homme. » Cette remarque insulta d'autant plus
Robertine qu'elle savait que les femmes écrivaines étaient confrontées, plus que les hommes, à bien des difficultés et préjugés.
Dans son article, Tardivel nommait ceux qu'il accusait de l'avoir
pervertie : Honoré Beaugrand, Louis Fréchette et Marc Sauvalle. L'anticléricalisme de ces trois hommes le scandalisait, lui
un fervent défenseur de la foi catholique. Il accusait en plus
Robertine de lire Maupassant et ajoutait qu'une chrétienne
comme elle « n'avait sans doute pas perdu sa qualité d'honnête
femme », mais qu'elle révélait toutefois une « fâcheuse tournure d'esprit ». Le plus ironique était qu'il terminait son article

en disant qu'il n'avait pas lu Rousseau, hormis quelques extraits publiés dans un manuel de textes littéraires.

Robertine ne lui répondit pas, cette fois, espérant que les choses en resteraient là. Mais non ! Son ami Louis Fréchette se mêla de la polémique et écrivit un article qui fut publié en première page de *La Patrie*. Il précisa qu'il avait lu, lui, Rousseau et qu'il savait donc de quoi il parlait. Il ne ménagea pas Tardivel qu'il traita « d'hypocrite, de vieillot au petit pied, de goujat au groin trempé dans l'eau bénite », et décrivit Robertine en des termes flatteurs : « Point d'humeurs, écrivait-il, point de nerfs agacés ou agaçants, point de maniérisme, pas une ombre de coquetterie, nulles prétentions ridicules : croyante sans bégueulerie, pieuse sans intolérance : en somme, une bonté inépuisable, de l'esprit tout plein, et une distinction parfaite [...] Elle gagne sa vie avec sa plume, exerçant les facultés qu'elle tient de la Providence en essayant de répandre chez ceux qui la lisent des idées de calme raison et d'appréciations sincères, en développant chez eux le bon goût, les belles pensées, l'amour du vrai, du grand et du beau : et cela sans flagorner qui que ce soit, sans calomnier à tant la ligne, sans envier les succès de personne, sans haine, ni venin, ni hypocrisie. » Après avoir décrit tout ce qu'elle accomplissait à *La Patrie* et le climat de paix qui régnait quand elle était là, il ajouta : « Ô, elle ne passe pas la nuit au chevet des agonisants ou agenouillée dans un sanctuaire ; non, mais elle se dévoue au service de ses frères et de sa vieille mère ; elle s'occupe à quelque œuvre de bienfaisance discrète ; elle se rend à l'occasion et fidèlement où l'appellent ses devoirs sociaux –, car Françoise est une favorite dans les meilleurs cercles de Montréal ; – et enfin, elle se remet au travail. [...] Aussi quand tout le monde semblait conspirer pour entourer cette jeune fille d'admiration et de respect, n'a-t-on pas été surpris de voir l'averse qui lui est tombée sur la tête. […] Elle en a eu du chagrin, sans doute. Elle est sensible comme toutes les bonnes âmes inoffensives[520]. »

L'ardeur qu'il mettait à la défendre toucha Robertine. Elle était fort émue de voir combien elle était estimée à *La Patrie*, mais elle éprouvait une certaine gêne en lisant qu'elle se dévouait au service de ses frères. Car, au fil des ans, elle avait pris ses distances par rapport à l'idée que c'est « la Providence qui a imposé les tâches domestiques » aux femmes. Elle affirmait de plus en plus souvent qu'elles en faisaient généralement trop et qu'elles se dégradaient en devenant la servante de leurs frères, de leurs fils et de leur époux. Mais les mots de Fréchette n'en étaient pas moins réconfortants.

L'encre abondante que fit couler la critique de Tardivel stimula les ventes. Robertine aurait pu ne voir que cette retombée positive et même s'amuser de cette polémique si elle n'avait pas été touchée par ce à quoi elle tenait beaucoup, sa réputation d'écrivaine. Elle disait souvent, quand ses chroniques suscitaient la controverse : « J'aime l'odeur de poudre », mais *Fleurs champêtres* était son bébé, et elle ne tolérait pas qu'on le traîne dans la boue.

Joséphine Marchand-Dandurand prit, elle aussi, la défense de Robertine, mettant ainsi son grain de sel dans cette polémique. Le texte de Joséphine, en plus d'être d'une agréable lecture, révèle sa loyauté envers son amie ainsi que certains aspects intéressants du climat social de la fin du XIXe siècle :

« Tout critique consciencieux et intelligent, appelé à juger publiquement le livre d'un confrère, songe, avant de prendre la

---

520. Louis Fréchette, « Françoise », *La Patrie*, 29 mai 1895.

plume, à faire abstraction de tout préjugé, de toute notion défavorable qui peut l'induire à montrer les choses sous un angle spécial ou individuel. On s'attend surtout à pareille loyauté de la part d'un journaliste dont la feuille a assumé le titre austère *La Vérité,* et qui affiche lui-même des prétentions à l'équité supérieure que confèrent des principes religieux. Jusqu'à présent – et malgré quelques coups de griffes assez inoffensifs personnellement reçus – nous tenions M. Tardivel pour un homme sincère, intelligent, bon écrivain, mais (qu'il me pardonne mon manque de respect à la dignité quasi ecclésiastique qu'il arroge) un peu toqué et fort bilieux. De pareils types sont généralement d'un commerce exécrable à cause de la maladie de foie qui affecte leur conduite, de façon à rappeler la sociabilité du porc-épic : ce qui plaide pourtant en leur faveur, c'est la droiture foncière de leurs intentions, sinon de leur jugement – et le courage avec lequel ils suscitent autour d'eux l'inimitié. Faut-il aujourd'hui renoncer à la bonne opinion qui nous restait du Don Quichotte québécois ? Faut-il suspecter cette sincérité qui faisait son excuse comme celle du chevalier de la Manche dans une foule d'imprudentes équipées ? Serons-nous enfin forcés d'admettre que *La Vérité* est pavée de mauvaises intentions ? Je le crains.

« La censure que le journal plus haut nommé fait de *Fleurs champêtres* de Françoise est fortement entachée de partialité malveillante et son rédacteur, d'ordinaire plus adroit, nous en donne lui-même l'explication : "Françoise, dit-il, vit dans un milieu funeste." Or, il se trouve justement que les pires adversaires politiques du critique composent ce milieu qui, d'ailleurs, n'a rien à voir au gracieux recueil intitulé *Fleurs champêtres.* Le faire intervenir avec la certitude qu'on aliénera ainsi à l'écrivain un certain nombre de sympathies, est un procédé rien moins qu'honnête. Cette façon de prouver n'est guère orthodoxe, et elle ne prouve malheureusement que la mauvaise foi de celui qui en use. Une autre accusation grave, portée fort allégrement par M. Tardivel contre Françoise, c'est celle d'avoir écrit des pages qui sont du Jean-Jacques Rousseau. Voilà une nouvelle assertion qui, lancée ainsi à la légère, ressemble pas mal à une calomnie. [...] La calomnie en loi s'appelle un libelle, et l'amende matérielle que cette offense entraîne, vient fort à propos se joindre aux remords de la conscience coupable[521] ».

• • •

Le retour de la cloche de Louisbourg[522] avait suscité un tel enthousiasme dans la population que les membres de la Société d'archéologie et de numismatique décidèrent de donner une réception au Château de Ramezay pour célébrer l'événement. Le 10 avril 1896, mille deux cents personnes répondirent à l'invitation. Robertine regardait, étonnée, cette foule qui n'en finissait plus de se presser au Château. Elle n'aurait jamais cru que cette cloche susciterait autant d'intérêt et que cet événement, qualifié de patriotique, inspirerait au médecin et poète Nérée Beauchemin les vers suivants : « C'est une pieuse relique / On peut la baiser à genoux / Elle est française et catholique / Comme les cloches de chez nous. »

---

521. Joséphine Marchand-Dandurand dans *Le Coin du Feu*. Extrait de « Idéologie, « plurigénéricité » et figure du destinataire dans *Fleurs champêtres* de Françoise (Robertine Barry) », Benny Vigneault, pp. 121-122.

522. « Des trois cloches de la Forteresse de Louisbourg, elle est la seule qui est actuellement entre les mains des descendants de France. » Clarence d'Entremont. *L'histoire des cloches acadiennes : celles de la forteresse de Louisbourg*. Traduction de Michel Miousse. www.museeacadien.ca/french/archives/articles/59.htm.

L'ambiance était à la fête dans la belle salle du Château où la cloche avait été emportée et placée dans une cage de verre surmontée d'une croix ramenée jadis de Louisbourg. Les conversations allaient bon train lorsque le juge Baby demanda un moment de silence. Le poète Louis Fréchette monta sur l'estrade et invita Robertine à se joindre à lui. En souriant, elle lui fit signe "non" de la tête. Pendant que tous la regardaient, elle expliqua, à ceux qui se tenaient tout près d'elle, qu'elle ne cherchait pas les honneurs mais que son « bonheur le plus grand était de voir la réalisation du désir qui avait germé dans son âme sur les lieux solitaires où s'était jouée la dernière scène de l'époque la plus dramatique de notre Histoire et qu'elle ne voulait rien de plus[523] ».

Louis Fréchette lui sourit et commença son discours dans lequel il vanta encore une fois les mérites de son amie :

« En me chargeant d'être ici l'interprète de Mlle Barry, dans l'offrande que sa patriotique initiative fait ce soir à la ville de Montréal, on m'a conféré un très grand honneur, et je tiens tout d'abord à en remercier qui de droit, tout en confessant mon insuffisance devant la tâche délicate qu'on m'a imposée. J'aurais beaucoup à dire de la personnalité sympathique que je dois représenter en ce moment ; mais Mlle Barry, avec une modestie si vraie qu'elle cherche à se dissimuler à elle-même, a eu le soin de me fermer les lèvres par une lettre dont j'aurai l'indiscrétion de vous lire quelques lignes : "Si j'osais, dit-elle, je vous demanderais de ne pas parler de moi, ou du moins d'en parler le moins possible. Ne croyez pas que c'est la modestie qui me dicte cette demande ; c'est au contraire un orgueil

---

523. Journaliste de *La Minerve* cité par Paul Wyczynski dans *Émile Nelligan. Sources et originalité de son œuvre*, p. 23.

quintessencié qui m'anime, car mes motifs ont été tellement désintéressés en entreprenant cette œuvre, que ce serait, il me semble, m'enlever un peu de mon mérite que de le souligner". »

Des rires fusèrent dans la salle.

Loin de répondre à la demande de Robertine, Louis Fréchette vanta ses mérites, disant d'elle qu'elle était une femme charmante, courageuse, talentueuse, puis ajouta : « Donc, pour me rendre à sa prière, je ne parlerai pas du tout de Mlle Barry. »

On s'esclaffa de nouveau. Fréchette attendit que les rires se calment avant de continuer :

« Aussi tout le monde connaît son gracieux talent d'écrivain ; tout le monde sait quelle jeune fille distinguée, instruite et bonne, se cache mal dans les colonnes de *La Patrie*, sous l'humble pseudonyme qu'elle est en train d'illustrer. »

Après avoir cité de quelle façon Robertine avait, dans sa chronique, fait appel à la générosité de ses lecteurs, il ajouta :

« Eh bien ! bronze glorieux, bronze chéri, bronze notre ami à tous maintenant, remercie avec moi la plus vaillante et la plus généreuse portion de notre race, remercie la femme canadienne, dans la personne de celle qui est allée t'arracher à l'oubli où tu dormais, pour te rendre à notre respect et à la religion du souvenir[524]. »

Après une salve d'applaudissements, l'abbé Verreau vint à son tour faire un discours, insistant sur l'importance de conserver tout ce qui constitue notre histoire. Ce à quoi Robertine applaudit avec enthousiasme. Comme elle en avait exprimé le désir, le chœur, accompagné de l'orchestre, chanta *La Marseillaise*. Tard dans la nuit, elle s'endormit, heureuse, avec de la

---

524. Extrait de Renée des Ormes. *Robertine Barry, en littérature Françoise,* pp. 64-65.

musique plein la tête, songeant à tous ses amis, dont Émilie et Émile, qui étaient venus festoyer au Château. Elle avait lu l'admiration dans les yeux du jeune homme et avait capté, au même moment, les regards pleins de sous-entendus de la Bande des six éponges qui s'étaient mis à chuchoter depuis qu'Émile se tenait auprès d'elle.

· · ·

En ce chaud mois de juin 1896, Aglaé, assise dans le jardin où elle avait trouvé un peu d'ombre, mit le journal qu'elle lisait sur ses genoux, enleva ses lunettes et soupira. Elle venait de lire dans *La Minerve* que les dames du Château de Ramezay s'étaient réunies afin « d'étudier la question de former une société historique des femmes » et que les motions suivantes avaient été adoptées : « Que la Société historique formée de dames de Montréal soit considérée comme une branche de la Société de numismatique de Montréal. Qu'elle ait pour projet d'encourager et propager l'étude de l'Histoire du Canada, la collection de reliques historiques et le maintien du musée du Château de Ramezay[525]. »

Aglaé avait eu la surprise de voir que Robertine avait été élue secrétaire de cette société historique de dames. Elle ne lui en avait même pas soufflé mot ! Sans doute craignait-elle que sa mère lui répète qu'elle allait se rendre malade à trop travailler.

Aglaé reprit son journal et lut que les autres femmes désignées étaient Mme de Sézy McDonald, présidente ; Mlle Peck et Mme Rosaire Thibaudeau, vice-présidentes ; Blanche McDonnell, trésorière ; Mlle Logan, secrétaire au même titre que Robertine.

---

525. Extrait des *Notes de travail* de Paul Wyckzynski. Centre de recherche en civilisation canadienne-française, Université d'Ottawa.

Même si son implication dans cette Société lui apportait un surplus de travail, Robertine ne s'en plaignait pas, au contraire. Tout ce qui touchait à l'Histoire la passionnait. Elle était convaincue qu'une femme peut maîtriser l'art de la conversation si elle a des connaissances suffisantes en littérature et en Histoire. Hélas, écrivit-elle, en parlant de cette matière, « c'est une pitié que la méthode dont on se sert pour l'inculquer aux élèves : une accumulation de dates sèches et de noms, qui ne leur laissent absolument rien dans la tête[526] ».

Robertine martelait que les historiens oublient de parler des femmes. Voulant réparer cet oubli, elle donnait, dans ses articles, des exemples de femmes qui avaient été bien en avance sur leur époque et elle parlait de ce temps béni où elles étaient instruites. Elle cita Christine de Pisan et Hildegarde de Bingen[527] ainsi que d'autres femmes qui, bien que moins illustres, n'avaient pas moins démontré la fausseté des arguments religieux et ceux, plus récents, sur la psychologie féminine, voulant que les femmes étaient trop délicates et émotives pour étudier et exercer, comme les hommes, des professions.

Robertine estimait à juste titre que les francophones avaient du retard sur les anglophones qui, même si elles avaient, elles aussi, bien des préjugés à combattre, pouvaient néanmoins fréquenter l'université. Les femmes francophones qui auraient voulu s'inscrire aux universités anglo-protestantes, devaient avoir pour le faire des « motifs extrêmement graves » et s'être munies « préalablement d'une dispense dûment signée de la main

---

526. Françoise. « Chronique du Lundi », 30 avril 1894.

527. Christine de Pisan (1364-1430) est une philosophe, poétesse et écrivaine d'origine italienne. Elle est la première femme de lettres à avoir vécu de sa plume. Hildegarde de Bingen (1098-1179) est une abbesse, femme de sciences, médecin, visionnaire, musicienne et écrivaine.

de l'archevêque de Montréal[528] ». Grace Ritchie England, la première femme diplômée d'une faculté de médecine au Québec, était professeure d'anatomie au Western Hospital. Elle invitait parfois Robertine à prendre le thé. Grace luttait contre les injustices sociales et les inégalités entre les hommes et les femmes, et Robertine sortait de leurs rencontres encore plus déterminée à faire de sa plume un outil de changement pour les Canadiennes-françaises.

Mais les mentalités évoluant avec une extrême lenteur, elle constatait que ses textes semblaient n'être que des coups d'épée dans l'eau. Dans un article qu'elle avait publié l'année précédente – le 14 octobre 1895 –, elle avait demandé quand les francophones auraient-elles enfin accès aux études universitaires ? Rien n'avait changé depuis et elle ne voyait rien qui lui permette de penser que des changements s'amorceraient dans les années à venir :

« Quand verrons-nous ?, me faisait remarquer, l'autre jour, une jeune femme, en passant devant ce superbe édifice qui s'appelle l'Université, quand verrons-nous les Canadiennes admises à y suivre les cours destinés à accroître leur instruction et à leur donner la place qui leur revient dans la société ? Il y a un demi-siècle, on aurait considéré cette proposition comme tout à fait insensée ; aujourd'hui, en jetant les yeux autour de nous, on peut apprécier le progrès que les connaissances du sexe féminin ont fait en quelques années. On commence à ne plus s'étonner que nous souhaitions étendre nos désirs au-delà des bornes de la sainte ignorance qu'on s'était plu à nous marquer. Il est temps d'en finir avec ces méthodes absurdes

---

528. Hélène Pelletier-Baillargeon. *Marie Gérin-Lajoie. De mère en fille, la cause des femmes*, p. 77.

d'enseignement insuffisant, à vues étroites et à connaissances restreintes, qui nous préparent si peu à la grande lutte de la vie. Bien que plusieurs, – et souvent les pires adversaires de la revendication des droits féminins sont des femmes, – bien que plusieurs, dis-je, nous disputent encore l'admission aux études classiques, il en est cependant un grand nombre qui ont compris que la femme a besoin, dans son intérêt et dans celui de l'humanité, de l'entier développement de ses facultés intellectuelles, de cette éducation forte et profonde que l'on croit indispensable à l'autre sexe.

« On l'a si bien compris que les universités de l'étranger ont presque toutes ouvert leurs portes aux femmes. En Suisse et en Suède, dans le Danemark, la Finlande, la Hollande et l'Italie, les femmes ont le privilège de suivre les cours qui se donnent dans les universités de ces différents pays. Dans la grande République française, le Collège de France et la Sorbonne recrutent, parmi les jeunes filles, nombre d'élèves, des fréquentantes assidues.

« Tout récemment encore, je lisais que Mlle Jeanne Benaben, après un examen très sérieux, avait été admise à la licence en droit, et qu'elle était sortie bonne première d'un concours où tous les autres compétiteurs portaient barbiche. En Angleterre, on compte plusieurs universités exclusivement consacrées aux femmes. Dans l'université de Bombay, on cite des travaux d'érudition très profonde, accomplis par la partie du sexe féminin qui y suit des cours. Il semble presque superflu de parler du développement extraordinaire que l'instruction des femmes a pris, depuis quelques années, aux États-Unis, et – détail encourageant à noter –, dans toutes les écoles publiques où les deux sexes font la lutte pour la prépondérance intellectuelle, ce sont les femmes qui remportent la victoire : elles sont les premières de la classe et dans les concours. Cela ne doit donc plus nous étonner que quelques hommes soient si hostiles au système d'instruction supérieure, que nous réclamons comme notre droit. À Montréal, l'Université McGill offre ces avantages aux deux sexes qui la fréquentent. Quand l'Université Laval en fera-t-elle autant ? Nous pouvons invoquer, comme précédent, l'Université catholique de Washington, qui vient d'admettre des femmes au nombre de ses étudiants. Un professeur de Laval me racontait dernièrement combien la modestie et la dignité des jeunes filles de McGill l'avaient charmé et, cependant, dans la même entrevue, il m'annonçait qu'il venait de refuser une jeune fille qui sollicitait la faveur de suivre quelques cours à son université.

« Oui, la logique des hommes, parlons-en ! Elle est jolie parfois. Patience, pourtant, elle viendra. Je rêve mieux encore ; je rêve, tout bas, que les générations futures voient un jour, dans ce vingtième siècle qu'on a déjà nommé "le siècle de la femme", qu'elles voient, dis-je, des chaires universitaires occupées par des femmes. Et ce ne serait pas la première fois d'ailleurs. Les universités de Bologne et de Padoue ont compté et comptent encore plusieurs femmes parmi leurs docteurs. C'est ainsi qu'on a vu à Bologne la fille du célèbre canoniste, Jehan Audry, remplaçant, au besoin, son père dans la chaire de théologie. Christine de Pisan – elle-même poète, moraliste, historien – dit, à ce sujet, que la belle Novelle se voilait en ces circonstances, "afin que sa beauté n'empeschât pas le pensée des coutans". Hélène Cornaro, qui fut la gloire de l'Université de Padoue, était à la fois philologue, poète et littérateur, parlait l'espagnol, le français, le latin, le grec, l'hébreu, l'arabe, discutait sur la théologie, l'astronomie, les mathématiques, et conquit solennellement le doctorat en philosophie dans la cathédrale de Padoue. Ces universités, ayant apprécié toute l'excellence intellectuelle de la femme, ont continué les bonnes traditions, en accordant des chaires à d'autres femmes, qui font actuellement, à juste titre, la gloire et l'honneur de notre sexe. Même avant la fondation des universités, on peut lire, en feuilletant notre histoire, qu'au Moyen Âge, les monastères d'Angleterre, d'Irlande et de France étaient des pépinières de femmes érudites. Les abbesses y figurent spécialement. Ce sont Bertile, Sainte-Gertrude, Lioba, Roswintha, Hilda, qui assistaient aux délibérations des évêques en synode. Je ne sais ce que nos Seigneurs les évêques auraient répondu à une députation féminine demandant à assister au concile qui s'est tenu dernièrement à Montréal! Il aurait été plus difficile encore à nos abbesses de présenter leur requête dans la langue d'Homère et de Virgile, comme le faisaient, au temps jadis, leurs illustres prédécesseurs. Quand reverronsnous des femmes de ce savoir et de cette science? On serait presque tenté de croire, par la comparaison entre ces siècles et le nôtre, que nous avons rétrogradé dans la civilisation. Il est vrai d'ajouter que les encouragements ont toujours fait défaut. La plupart des hommes, poètes, littérateurs et écrivains, ont épuisé leur verve en satires, plaisanteries ou critiques contre les femmes qui veulent sortir de l'ornière de l'ignorance qu'on leur assigne pour tout lot. Que dire de cette pensée d'Aristote, qu'on lit dans une de ses œuvres : "Les Mityléniens honorèrent Sapho, quoique ce fut une femme." Cela ne donne-t-il pas la mesure du préjugé barbifère? Mais, vive Dieu!, comme on disait au temps de Henri IV, il viendra un jour où ces messieurs seront forcés de nous honorer, *quoique nous soyons des femmes.* »

• • •

Émilie Hudon-Nelligan faisait partie d'un comité chargé d'organiser une kermesse au profit de l'Hôpital Notre-Dame et Robertine, en publiant une feuille éphémère, *La grande Kermesse*, encouragea cette initiative, ce qui contribua grandement à son succès. Cette kermesse, qui dura huit jours, prit l'allure d'une grande fête. Il y eut des danses, des concerts, du théâtre, des expositions d'œuvres d'art, des ventes de livres. La sœur de Marie Gérin-Lajoie, Justine Lacoste-Beaubien, qui consacra une grande partie de sa vie au bien-être des enfants malades, présida un *five o'clock tea,* à laquelle assista Robertine. Après cette kermesse, Émilie ne trouva pas le temps de se reposer. La Société artistique dont elle faisait partie multiplia les démarches afin de faire venir à Montréal des artistes de grand talent, dont le célèbre compositeur et pianiste virtuose polonais Ignacy Paderewski. Émile était fort excité à l'idée qu'il pourrait entendre et voir cet homme pour qui il avait une admiration sans bornes. Lorsqu'enfin, en avril, il assista, en compagnie de sa mère et de Robertine, au concert donné par Paderewski, il éprouva une émotion telle que de retour chez lui, il écrivit : « Sois fier, Paderewski, du prestige divin/ Que le ciel te donna, pour que chez les poètes/ Tu fisses frissonner l'âme du grand Chopin. »

Comme l'a écrit le romancier Hector Bernier, « c'est bon d'avoir quelqu'un dont les larmes comprennent les vôtres et, quand on a besoin d'être invincible, d'entendre les mots dont la flamme nous soulève au-dessus de votre misère ». L'amitié de Robertine était d'un grand réconfort pour Émilie qui lui confiait les inquiétudes que lui causait son fils. Contrairement à ses sœurs Éva et Gerty, Émile avait toujours été un « enfant difficile », et l'entrée dans l'adolescence n'avait évidemment pas arrangé les choses. D'autant moins qu'il était de plus en plus souvent l'objet de railleries de la part de ses camarades de classe ou des jeunes qu'il rencontrait au hasard de ses sorties, comme l'a noté son cousin, Charles-David Nelligan : « J'observais Émile qui, sur le trottoir, faisait les cent pas, allant et venant, rue Laval et rue Napoléon, lentement, tantôt pivotant sur un talon, tantôt sur l'autre, le nez à terre, comme un homme que tourmente une idée. Soudain, je vois approcher une bande de voyous, de vrais *bullfighters* qui commencent à le traiter de fou et à le taquiner sur sa chevelure au vent[529]. »

Outre son comportement jugé « étrange », son humeur était de plus en plus souvent imprévisible et il faisait des crises de colère qui anéantissaient sa mère. Émilie, d'une nature mélancolique, était très affectée par le comportement de son fils. D'autant plus qu'il ne fréquentait aucun établissement scolaire depuis septembre 1895.

Émile faisait partie de ceux qui « de tout temps ont été destinés à être poètes, à vivre la poésie dans le mystère de leur destin humain envers et contre tout[530] ». N'étant jamais sous l'emprise des idées, mais plutôt sous celle des émotions, il était aussi de ceux qui apprennent mieux tout seul, se mettant ainsi « à l'unisson des textes rencontrés au hasard[531] ». L'école n'était nullement adaptée à ses besoins.

Il fréquentait souvent, parfois en compagnie de Robertine, la bibliothèque de l'Institut Fraser, qui avait hérité d'une partie de la riche collection de livres français de l'ancien Institut canadien dont le principal objectif était de « diffuser les lumières » et d'organiser un mode d'instruction publique. Émile passait des heures à lire, écrivait la nuit, dormait souvent le jour, et se

---

529. Marcel Séguin. « Entretiens sur Émile Nelligan » dans *L'École canadienne*, 10 juin 1957, p. 667.

530. Paul Wyczynski. *Nelligan,* p. 107

531. *Ibid.*

levait vers cinq heures de l'après-midi, au grand désespoir de ses parents qui auraient souhaité le voir mener une vie plus « normale ». Contrairement à David qui lui avait coupé le gaz afin qu'il cesse d'écrire la nuit, Émilie n'était cependant pas hostile à ce qu'il passe des heures à peaufiner ses textes. Elle lisait ses poèmes et les trouvait magnifiquement beaux. Désirant mieux le comprendre, elle suivit même des cours afin de s'initier à la poésie et ils parlaient souvent avec passion des liens subtils qu'elle avait avec la musique.

Émilie, et sa fille Gerty qui jouait parfaitement bien de la mandoline, ainsi que Robertine et Émile, partageaient leur grand amour de la musique. « Les musiciens sont des poètes », disait Émile, et « les poètes doivent trouver leur propre musique ». C'était ce qu'il s'acharnait à faire, penché des heures durant sur ses feuilles, oubliant de manger et de boire. Il se donnait tout entier à la poésie. Robertine le comprenait parfaitement. Comme elle l'écrivit, « toutes modulations harmoniques, toutes intonations chorales et instrumentales devraient réveiller en nous les échos de nos concerts intimes, de ces mélodies vagues et charmantes qui chantent au-dedans de nous, et si nous prêtions une oreille attentive, ces notes nous parleraient une voix qui ne serait que l'interprétation de nos propres pensées[532] ».

Émilie confia à Robertine combien elle était affectée par le climat de tension qui régnait dans son foyer. Les conflits entre son mari et son fils furent si nombreux cette année-là, qu'une véritable cassure se fit entre David et Émile. David n'acceptait pas la vie de bohème d'Émile. Quand il revenait de la Gaspésie où le menait régulièrement son travail, il montait presqu'aussitôt dans la chambre d'Émile et le reste de la famille entendait,

---

532. Françoise. « Chronique du Lundi », 17 février 1893.

impuissant, les bruits de leurs disputes. David était désemparé devant ce fils qui semblait ne vouloir rien faire de sa vie. Car, pour David, écrire de la poésie équivalait à ne rien faire du tout. Il avait sans doute raison de penser qu'il était impossible, au Québec, de gagner sa vie en écrivant des vers. Dans des élans de rage, qui témoignaient tout à la fois de son impuissance, de sa déception et de sa peine, David brûlait les poèmes d'Émile. Pour le jeune poète, c'était aussi douloureux que s'il lui avait arraché une partie de son cœur. La poésie était sa vie. L'incompréhension entre les deux hommes se creusait chaque jour davantage. David ne pardonna peut-être jamais à son fils de n'être pas devenu l'homme respectable dont il rêvait quand, enfant, il l'emmenait se promener dans les rues de Montréal. Leurs promenades se terminaient souvent sur les quais. Émile adorait regarder les bateaux et la vie des marins le fascinait. Mais leur belle complicité, leur tendre et joyeuse connivence, s'étaient envolées avec l'enfance. Émile avait même cessé de l'appeler père ou papa. Quand David s'absentait de Montréal pour son travail, Émile demandait à sa mère : « Est-ce que l'Irlandais doit revenir aujourd'hui ? »

Leurs querelles étaient si fréquentes qu'Émile prit l'habitude d'aller vivre ailleurs lorsque *l'Irlandais* était à la maison. Il se réfugiait souvent chez sa tante Victoria et s'arrêtait parfois chez Robertine. La famille Barry avait déménagé cette année-là au 576, rue Saint-Denis[533], près du carré Saint-Louis où habitaient aussi les Nelligan. C'était le troisième logement des Barry depuis leur arrivée à Montréal, mais cette maison-là, dont ils occupaient la moitié de l'espace, était la plus belle de toutes.

---

533. Sans doute, aujourd'hui, le 3698 rue Saint-Denis.

Beaucoup plus grande que les deux autres,[534] on avait accès à l'entrée de la vaste maison de pierre par un magnifique escalier. On y jouissait encore de toutes les commodités : eau chaude, électricité, poêles à gaz et beaux calorifères d'où émanait une douce chaleur. Robertine eut de nouveau le privilège d'installer son bureau dans la pièce qui ouvrait, au deuxième étage, sur un balcon.

Assises sur un banc du parc, près des grands arbres qui leur jetaient de l'ombre, Émilie et Robertine se faisaient des confidences. Émilie raconta à son amie qu'elle avait beau essayer de faire entendre raison à son fils, Émile ne rêvait que d'une vie de bohème. Pour lui, la bohème était remplie d'instants de bonheur et d'effervescence créatrice. Seule cette vie-là, croyait-il, convenait aux vrais artistes. Il vagabondait des jours entiers. Sa mère, pendant ce temps-là, se rongeait d'inquiétude. Elle partait souvent à sa recherche, allant même dans les quartiers que jamais elle n'avait fréquentés.

• • •

La veille de Noël 1895, Émile avait eu 16 ans, mais l'ambiance n'avait pas été à la fête chez les Nelligan. David désespérait de plus en plus de voir son fils exercer une profession libérale et sa déception le rendait de fort mauvaise humeur. Un événement vint cependant mettre de la joie au cœur d'Émile et de sa mère. Accompagnés de Robertine, ils assistèrent, en février 1896, à la première d'une série de représentations qui avaient lieu à l'Académie de musique, dans laquelle la « divine » Sarah Bernhardt, accompagnée d'une quarantaine de

---

534. En 1893, ils déménagèrent au 206 rue Sherbrooke.

comédiens, devait incarner les premiers rôles dans *La Dame aux Camélias*, *La Tosca*, *Izeyl* et *Adrienne Lecouvreur*.

À la fin des représentations où Sarah Bernhardt avait triomphé, Louis Fréchette, « qui avait une admiration sans bornes pour la grande diva et qui écrivit en son honneur un drame, *Véronica*[535] », organisa une grande réception en son honneur. Robertine y était invitée et elle avait accepté avec empressement d'y venir. Elle était éblouie par cette actrice de 52 ans adulée partout dans le monde et dont les talents artistiques se révélaient aussi dans ses peintures et sculptures. Lorsqu'elle l'avait vue au théâtre, elle avait admiré sa capacité à « ressentir la haine, la jalousie et l'amour dans toute l'acuité que son âme sensuelle pouvait développer chez elle ». Cette grande tragédienne, disait-elle, « accorde sa lyre aux notes toujours justes des véritables sentiments[536] ».

Sarah était l'amie de George Sand et lorsque Louis Fréchette présenta Robertine comme la journaliste-écrivaine qui était, au Canada, comparée à Sand, la comédienne s'intéressa à cette femme pas très jolie, mais fort charmante et pleine d'esprit, auprès de qui se tenait un jeune poète magnifiquement beau. Émile avait été lui aussi invité à cette réception, de même que la Bande des six éponges.

Robertine et Sarah avaient beaucoup de points en commun. En fait, Robertine avait exactement les mêmes traits de caractère que partageaient George Sand et Sarah Bernhardt : « Toutes deux se sont rebellées dès l'enfance contre un certain ordre moral établi ; elles ont été l'une et l'autre animées dans

---

535. Paul Wyczynski. *Nelligan*, p. 112.
536. Françoise. « Chronique du Lundi », 10 juillet 1893.

leur adolescence d'un sentiment mystique et ont voulu entrer au couvent [...] Peu influençables, elles ont tracé leur chemin en fonction de leurs intuitions, de leur volonté et de leurs désirs, indifférentes aux pressions et aux jugements de la société[537] ». Robertine et Sarah étaient aussi des travailleuses acharnées et elles avaient « cet esprit moqueur et facétieux » qui fut observé dès leur enfance.

Les deux femmes parlèrent sans doute de la réserve d'Iroquois qu'elles avaient visitée. C'était Louis Fréchette qui, en 1880, avait accompagné Sarah à Caughnawaga, située à quelques milles de Montréal. La comédienne avait été vivement déçue par cette visite. Elle y avait découvert, « hélas, une réalité bien différente et beaucoup moins idyllique que celle dépeinte dans les romans de Fenimore Cooper. Elle trouva le chef, Soleil des Nuits, beaucoup trop occidentalisé à son goût, et s'étonna qu'il ait renoncé à porter l'habit traditionnel de sa tribu, qu'il boive de l'eau-de-vie et joue au piano des airs à la mode[538] ». Robertine avait elle aussi visité ce village. Elle y était allée « accompagnée d'une dame qui enseignait au Royal College Victoria de l'Université McGill, et d'une Française qui voulait découvrir la vie des Sauvages ». Les trois femmes avaient bravé le « vent furieux, le tonnerre grondant et les éclairs fulgurants » ainsi que la pluie qui les aveuglait et les inondait. Et, comme Sarah, l'amie française fut déçue de ne voir, à la place des guerriers arborant leur tomahawk, que des hommes portant habit et faux-col : « Quoi, pas le moindre bouquet de

---

537. Claudette Joannis. *Sarah Bernhardt*, p. 30.

538. *Ibid.,* p. 66. Notons que James Fenimore Cooper est un écrivain américain (1789-1851), auteur, entre autres, du livre *Le dernier des Mohicans*. Une partie de ses œuvres est consacrée aux Indiens d'Amérique.

plumes sur ces têtes, pas la plus mince chevelure à leur ceinture ? » J'avoue, raconta Robertine avec humour, « que je me suis sentie un peu humiliée devant tant de civilisation[539] ». Elle fut séduite cependant par la verve du chef qui fit le récit de la vie que menaient autrefois les Iroquois.

Sarah et Robertine parlèrent aussi de toutes les voies où les femmes ne pouvaient s'engager. Sarah, à qui l'on avait prédit dès son adolescence un bel avenir dans la peinture, n'avait pu « envisager sérieusement de faire carrière » dans ce domaine. L'École des Beaux-Arts était pratiquement fermée aux femmes et les femmes peintres ne pouvaient « donc compter que sur des ateliers privés et encore, tous ne les acceptaient pas[540] ». Robertine, qui aimait dessiner et peindre durant ses moments de loisirs, quêta quelques conseils techniques. Assises l'une si près de l'autre que leurs épaules se touchaient, Robertine regardait, impressionnée, les formes qui naissaient sur le papier que Fréchette s'était empressé de remettre à Sarah. Elle n'avait qu'à lever le petit doigt pour qu'il accourt, souriant et disposé à répondre à tous ses désirs. En écoutant les explications que la comédienne lui donnait tout en crayonnant, Robertine nota qu'elle était encore plus belle lorsqu'elle parlait de quelque chose qui la passionnait. Elle enviait peut-être même la beauté époustouflante de Sarah dont la magnifique chevelure rousse avait été interprétée par Alexandre Dumas comme le « signe d'une nature de révoltée », ce qui ne déplaisait certainement pas à la journaliste. Peut-être lui enviait-elle secrètement ses

---

539. Françoise. « À Caughnawaga ». *Le Journal de Françoise*, 7 février 1903. Cet article avait déjà été publié dans « Chronique du Lundi » quelques années auparavant.

540. Claudette Joannis. *Sarah Bernhardt*, p. 126.

amours tumultueuses. Elle savait que bien des hommes avaient juré de se jeter dans la Seine si Sarah leur refusait sa main[541].

Émile, toujours auprès d'elles, les écoutait, silencieux. Lui pour qui chaque poème devait être une musique, admirait celle qui ajoutait à la « musique des mots, la musique de sa voix[542] ». Sarah fut sans doute sensible au charme d'Émile. Plusieurs jeunes filles, mais aussi des femmes plus âgées, étaient conquises lorsqu'il déclamait ses poèmes avec fougue et passion.

Sarah avait des amis-artistes qu'Émile et Robertine admiraient : Flaubert ainsi que la « reine du chant », Adélina Patti. Émile se sentait peut-être d'autant plus près de cette comédienne que, comme lui, elle avait une certaine fascination pour la mort. Elle allait souvent à la morgue « contempler les rangées de cadavres allongés sur les tables de marbre ». Elle eut même une liaison avec « l'assistant d'un entrepreneur de pompes funèbres » et se complaisait à décrire la robe « dans laquelle elle souhaitait être enterrée ». Elle portait aussi un pendentif avec une tête de mort et elle s'étendait souvent dans un cercueil placé au centre de sa chambre[543].

En les regardant, se tenant presque toute la soirée l'un près de l'autre, qui sait ce que Sarah pensa de Robertine et Émile ? Elle pensait peut-être que si elle était à la place de Robertine, elle n'hésiterait pas à en faire son amant. Que la journaliste fut plus âgée que le poète n'avait aucune importance aux yeux de Sarah. Être la maîtresse d'un homme plus jeune ne scandalisait pas cette comédienne qui avait déjà épousé un homme de

541. *Ibid.*, p. 21.
542. *Ibid.*, p. 35.
543. *Ibid.*, pp. 32-33.

douze ans son cadet et qui, depuis 1892, s'était épris d'Edmond Rostand qui, lui, avait vingt-quatre ans de moins qu'elle[544].

Depuis le début mars, Émile étudiait au Collège Sainte-Marie et Robertine l'encourageait à persévérer dans ses études. C'est Émilie qui l'avait inscrit à ce collège. Elle avait des liens de parenté avec le recteur ainsi qu'avec un professeur, le père Théophile Hudon, avec qui elle entretenait des relations cordiales. Le père Théophile avait étudié en littérature et Émilie espérait qu'il comprendrait Émile et parviendrait à lui faire aimer les études. Émile ne montrait toujours pas un grand intérêt pour ses cours, et ses notes n'étaient pas bonnes. Il aimait cependant « participer aux activités théâtrales qui faisaient d'ailleurs partie du programme scolaire. Un jour, Nelligan fut chargé d'interpréter un rôle de soldat et, à la grande satisfaction du public, il se révéla par la voix et par le geste, excellent déclamateur[545] ». En dehors des moments, trop rares à ses yeux, où il incarnait un personnage ou écrivait de la poésie, il se sentait malheureux au Collège. Il ressentait la cuisante brûlure de ces génies dont personne ne reconnaît le talent. Son biographe raconte que l'un de ses professeurs, le père Hermas Lalande, fit un jour, « devant toute la classe, une critique sévère, sinon outrancière », de l'un des poèmes de Nelligan. Le jeune poète « resta d'abord immobile, figé dans sa rêverie ; il posa ensuite sa tête sur le pupitre et au moment où le professeur terminait sa diatribe, il se leva et, d'une voix ferme, répliqua : "Monsieur, faites-en autant" ». Ainsi, « toute la classe venait d'apprendre

544. « Sarah Bernhardt à Edmond Rostand » dans *Je vous aime. Les plus belles lettres d'amour*, p. 91. Notons également que lorsqu'elle atteignit l'âge de 70 ans, Sarah Bernhardt eut une liaison passionnée avec un homme qui avait vingt-sept ans de moins qu'elle.

545. Paul Wyczynski. *Nelligan. 1879-1941*, p. 91.

que ce confrère, rêveur, d'humeur changeante, comique pour certains, cancre aux yeux des autres, avait déjà fait connaissance avec les Muses. Sa voie n'était décidément pas tracée par les programmes scolaires, mais bien plutôt par Apollon, dieu de la poésie. Tenant tête désormais ouvertement à son maître, Nelligan perdit graduellement tout ce qui pouvait lui rester d'intérêt pour les études qui l'auraient conduit au baccalauréat[546]. »

• • •

Les membres du Conseil des femmes avaient demandé à Robertine de donner une conférence à l'occasion de leur congrès. Robertine avait accepté même si parler en public lui était très pénible. La plupart du temps, Robertine donnait des conférences au profit d'œuvres de charité. C'était véritablement un geste très généreux de sa part, car de voir tous ces yeux braqués sur elle lorsqu'elle prenait la parole en public la terrorisait. Elle avait été malade pendant quinze jours quand elle avait donné, cette année-là, une conférence à l'hôtel de ville de Valleyfield. Elle avait parlé de la reine de Roumanie, Élisabeth de Wied, avec qui elle correspondait depuis trois ans. Cette reine partageait le trône avec son mari, Carol de Hohenzollern. Depuis qu'elle avait eu l'incommensurable douleur de perdre sa fille, elle avait commencé à écrire des contes et des poésies sous le pseudonyme Carmen de Sylva. En janvier 1893, un article, signé par Robertine et relatant les réalisations de cette femme, avait été publié dans la revue de Joséphine, *Le Coin du feu*.

Robertine savait qu'une femme conférencière était très mal vue. Combien de fois n'avait-elle pas entendu « que la pudeur

---

546. *Ibid.*, p. 92.

naturelle de la femme lui interdisait de se produire dans les assemblées publiques et que, si elle n'avait pas cette pudeur naturelle, cela signifiait qu'elle était une femme-homme ». Saint Paul « avait interdit aux femmes de prêcher, d'écrire et de prendre la parole en public ». La femme, disait-il, « doit se taire au sein de la communauté chrétienne[547] ». Ainsi, en donnant des conférences, Robertine transgressait un interdit vieux de deux mille ans. Elle n'était pas la seule à être terrorisée à l'idée de parler en public. Quelques années plus tard, lorsque Joséphine Marchand-Dandurand donna une conférence à l'Asile des Sœurs de la Providence, elle fut malade un mois à l'avance. Pourtant, Joséphine était une conférencière expérimentée très appréciée du public. Son éloquence lui valait même l'épithète de "Laurier féminin[548]". Les religieuses avaient dû d'abord demander l'autorisation au chanoine, leur supérieur, avant de l'inviter. Celui-ci avait dit à Joséphine : « Je préfère la femme qui s'habille, babille et se déshabille à la pédante, puisque la première reste dans son rôle qui est de plaire à l'homme, tandis que la seconde en sort et patati et patata, que la femme a été faite pour être sous l'homme et autres stupidités de la sorte[549]. »

Le Québec n'était pas le seul endroit où les femmes conférencières suscitaient des réactions hostiles. En France, « lorsque la première organisation féministe catholique fut mise sur pied », les autorités « eurent de vives discussions avant de se

---

547. Cité par Laure Adler dans *Les femmes qui écrivent vivent dangereusement*, p. 10.

548. Diane Thibeault. *Premières brèches dans l'idéologie des deux sphères. Joséphine Marchand-Dandurand et Robertine Barry, deux journalistes de la fin du XIXᵉ siècle*, p. 25.

549. Anne-Marie Sicotte. Extrait de *Marie Gérin-Lajoie*, p. 145.

décider à laisser aux femmes la parole dans leurs propres assemblées[550] ». Les féministes françaises avaient gardé en mémoire le souvenir douloureux des *femmes nouvelles* qui avaient été décapitées et des survivantes à qui Robespierre avait interdit le droit de s'assembler, ne serait-ce que pour assister en spectatrices aux assemblées politiques[551].

Parler en public était si pénible pour Robertine qu'elle était souvent incapable d'intervenir lors d'une assemblée publique. Même si les arguments se bousculaient dans sa tête et lui brûlaient les lèvres, elle restait sans voix, figée par la crainte de se lever et de dire, devant un public, ce qu'elle pensait : « Mon appréhension à parler en public m'a empêchée de formuler une réponse[552] », écrivit-elle.

Malgré tout ce qu'il lui en coûtait, Robertine acceptait les offres de conférences, de plus en plus nombreuses. Puisqu'elle le faisait au profit d'œuvres de charité ou pour faire avancer la « cause des femmes », elle avait le sentiment que ses nuits d'insomnie et tous ses malaises servaient au moins à soulager un tant soit peu la misère humaine.

Elle savait aussi que le jour du congrès du Conseil des femmes, elle ne serait pas la seule à ressentir une telle nervosité. Son amie Marie Gérin-Lajoie lui avait confié qu'elle était très nerveuse à l'idée qu'elle prononcerait une conférence. Elle avait dû d'abord en parler à son mari, Henri, car s'il n'avait pas été d'accord, elle n'aurait pu prendre la parole en public. Il n'avait émis aucune objection. Ce qui n'avait pas été le cas de la mère de Marie qui n'approuvait pas du tout que sa fille donne

---

550. *Ibid.*, p. 113.

551. Évelyne Sullerot. *Histoire de la presse féminine en France des origines à 1848*, pp. 64 à 66.

552. Françoise. *Le Journal de Françoise.* 30 mai 1907.

une conférence. Marie-Louise Lacoste qui, pourtant, était active au sein du Conseil des femmes, avait été scandalisée à l'idée que Marie parle en public. Il avait fallu l'intervention du père de cette dernière, Alexandre Lacoste, « pour éviter à Marie-Louise "d'excommunier" sa fille[553] ».

• • •

Par une belle journée de mai 1896, Robertine s'approcha, les jambes flageolantes, mais l'air déterminé, en direction du local qui avait été prêté par un High School aux membres du Conseil national des femmes qui tenait son congrès. Robertine bravait encore une fois les gens d'Église. En participant à ce congrès, à titre de conférencière, elle s'opposait ouvertement à plusieurs membres du clergé qui voyaient « d'un mauvais œil l'affiliation d'associations catholiques laïques à une organisation qui se proclame officiellement non confessionnelle, mais qui est en réalité dominée par les protestantes[554] ». Les têtes dirigeantes du clergé avaient non seulement refusé que les membres du Conseil utilisent la salle de conférences de l'Université Laval de Montréal, mais ils avaient aussi ordonné à tous les prêtres de ne pas se présenter à ce congrès. Le clergé s'imaginait que les féministes voulaient transformer les femmes en hommes, et étaient conséquemment une grande menace pour la famille et la sauvegarde de la foi dont les mères avaient la responsabilité. Il craignait aussi une laïcisation des institutions de charité. Depuis 1840, les femmes laïques avaient été progressivement exclues des associations catholiques de charité, lesquelles furent, par la suite, contrôlées par le clergé. L'action

---

553. Anne-Marie Sicotte. *Marie Gérin-Lajoie*, p. 135.

554. Yolande Pinard. « Les débuts du mouvement des femmes à Montréal. 1893-1902 », dans *Travailleuses et féministes*, p. 183.

féminine laïque n'était généralement pas appréciée par les francophones, parce que l'antiféminisme y était ancré plus profondément[555] que chez les anglophones.

Lorsque Robertine arriva près du local où se tenait le congrès, elle vit un attroupement d'hommes et de femmes qui invectivaient celles qui osaient y participer. L'antiféminisme était si virulent que toute réunion de femmes apparaissait menaçante pour la vocation de mère et d'épouse que les membres du Conseil affirmaient pourtant haut et fort vouloir protéger. Peut-être est-ce en partie pour calmer les esprits que Marie Gérin-Lajoie réaffirma, durant sa conférence, « qu'elles doivent se garder de forger une véritable ligue pour la conquête des droits égaux, mais plutôt [...] de respecter la vraie nature du sexe féminin[556] ».

Robertine réussit à se faufiler dans la salle sans trop de difficultés et salua les femmes présentes dont la majorité était des anglophones. Elle se sentit soudain très nerveuse à l'idée qu'elle devrait bientôt monter sur l'estrade afin de donner sa conférence dont le thème était l'influence de la femme dans la littérature. Elle était d'autant plus nerveuse qu'il y avait, dans la salle, « des gens mal disposés[557] » envers les *femmes nouvelles* et qui exprimaient violemment leur désapprobation au simple fait qu'elles allaient parler en public. Étaient présents aussi dans la salle du congrès des hommes qui, indifférents aux revendications féministes, étaient venus, poussés par la curiosité et par le plaisir qu'ils éprouvaient à se moquer ouvertement de l'initiative de celles qu'ils qualifiaient de femmes-à-barbe.

---

555. *Ibid.*, p. 180.

556. *Ibid.*, p. 188.

557. Anne-Marie Sicotte. *Marie Gérin-Lajoie*, p. 137.

La nervosité de Robertine l'empêcha d'être pleinement attentive lorsque la comtesse Ishbel Aberdeen, la première présidente du Conseil, prononça sa conférence, suivie du député et chef du Parti libéral à Ottawa, Wilfrid Laurier. Vinrent ensuite Marie Gérin-Lajoie et Joséphine Marchand-Dandurand dont Robertine admira et envia l'aisance, puis Laure Conan et Marguerite Thibaudeau pour qui parler en public était une si grande épreuve qu'elle finira par y renoncer totalement.

Même si son cœur cognait à grands coups dans sa poitrine, Robertine réussit, quand vint le temps de prendre la parole, à cacher sa nervosité. L'air calme et sûr d'elle, elle affirma haut et fort que les belles lettres « ne sauraient être l'apanage des hommes ». Pour cautionner son propos, elle cita plusieurs femmes qui, à travers les âges, avaient été des écrivaines estimées et estimables. Elle parla entre autres des monastères d'Irlande qui, au Moyen Âge, étaient des pépinières de femmes de lettres ; de la vaillante Harriet Stowe qui avait lutté contre l'esclavage des Noirs et dont on pouvait apprécier le talent littéraire dans *La case de l'oncle Tom*. Elle mentionna « la plume magique » de Mme de Staël et n'oublia pas sa chère Séverine, « la grande chroniqueuse parisienne ». Elle cita bon nombre de femmes que nous commençons à peine à découvrir de nos jours, démontrant ainsi qu'elle avait de très bonnes connaissances en histoire. Elle conclut en disant qu'il fallait que chaque femme puisse avoir la meilleure éducation possible parce que « c'est de la femme que dépend le sort des peuples[558] ». Cette conférence, qu'elle avait publiée quelque temps auparavant dans sa « Chronique du Lundi », avait suscité des commentaires

---

558. Cette conférence a été publiée dans sa « Chronique du Lundi », 18 mai 1896.

indignés d'hommes qui lui avaient demandé de se rétracter. Lors de sa conférence, Robertine affirma, avec un air de défi : « Oui, je reviendrai sur mon article, j'y retrancherai, je vous le promets… une virgule[559]. »

Son ami Louis Fréchette monta ensuite sur l'estrade afin de faire, nota Robertine dans un article, « une magnifique apologie de la femme qui travaille ». Étant délivrée de l'anxiété qui avait précédé sa propre conférence, elle avait pu l'écouter attentivement et avait été ravie de ce qu'elle entendait.

• • •

Un premier conseil exécutif fut formé durant le congrès du Conseil national des femmes de 1896. Une seule francophone faisait partie des cinq femmes élues. Il s'agit de la mère de Marie Gérin-Lajoie, Marie-Louise Lacoste. Le père de Marie, Sir Alexandre Lacoste, avait présidé la séance, car on estimait alors que les femmes étaient incapables d'assumer la présidence d'une telle assemblée[560]. Ce qui ne fit l'affaire ni de Robertine ni de Joséphine qui, dans son journal et « dans un style percutant », exprima clairement son ressentiment « face à l'ambiguïté d'une telle situation et à la présence même du juge Lacoste, qu'elle qualifia d'ultramontain et d'adversaire avoué » du mouvement des femmes. Elle écrivit qu'il avait assisté au congrès « par intérêt politique et parce que sa femme y était[561] ». Elle qualifia aussi certains journalistes québécois « d'arriérés et à l'esprit borné » parce qu'ils avaient refusé de parler dans leurs

559. Renée des Ormes. *Robertine Barry, en littérature Françoise*, p. 74.

560. Yolande Pinard. « Les débuts du mouvement des femmes à Montréal. 1893-1902 », dans *Travailleuses et féministes*, p. 187.

561. *Ibid.*, p. 187.

articles des conditions d'un concours littéraire qu'elle avait lancé dans *Le Coin du feu,* et ce, parce qu'ils voulaient ainsi montrer leur désapprobation[562]. Robertine approuvait Joséphine et le lui dit. Certes, elle lui en avait voulu un peu lorsque, l'année précédente, Joséphine n'avait pas sollicité son aide pour le département des Beaux-Arts lors de la kermesse qu'elle présidait[563]. Mais tout cela était du passé. Elle savait aussi qu'elle l'avait un peu mérité. Elle admettait qu'elle s'emportait peut-être un peu trop souvent quand elles discutaient ensemble et que cela, à la longue, fatiguait son amie.

Comme il fallait s'y attendre, Joséphine subit les attaques de Tardivel, celui-là même qui avait déclenché une polémique autour du livre de Robertine, *Fleurs champêtres.* Elle en fut fortement ébranlée, comme le confia Marie Gérin-Lajoie : « Robertine m'a dit que Mme Dandurand prend à cœur les attaques de M. Tardivel dans *La Vérité.* C'est vraiment lui faire trop d'honneur à cet imbécile. Forte de ma cause, je me soucierais peu de recevoir les épithètes ridicules dont il affuble nos femmes intelligentes. On sent son impuissance, à travers ces arguments, à enrayer le mouvement féministe[564]. »

Robertine, quant à elle, rédigea une chronique dans laquelle elle espérait démontrer que le Conseil n'était pas aussi dangereux que certains le prétendaient :

« Eh ! Oui !, une révolution. Quoi ! On ne sait pas ce que ce Conseil national des femmes a soulevé de polémiques depuis des semaines. Vit-on jamais cause plus innocente soulever

---

562. *Ibid.,* p. 186.

563. Françoise. « Chronique du Lundi », 7 octobre 1895.

564. Cité par Yolande Pinard. « Les débuts du mouvement des femmes à Montréal. 1893-1902 », dans *Travailleuses et féministes,* p. 188.

plus d'ire et de vilains propos. Vous croyez sans doute que je ne veux faire allusion qu'aux passes d'armes qui se sont échangées récemment dans un de nos journaux quotidiens ? Non pas. La mêlée a été plus générale et toutes les attaques n'ont pas eu, je vous prie de me croire, les honneurs de la publication. Moi, au fond, vous savez, je suis dans le ravissement, car il n'est rien que j'aime autant que l'odeur de poudre. Volontiers, je fourbirais ma bonne épée de Tolède et prendrais place parmi les combattants, mais avant de frapper d'estoc et de taille, ne convient-il pas de savoir sur quel terrain il faudra rencontrer l'ennemi ? Ne convient-il pas de savoir encore au juste ce que l'on nous reproche et ce que nous avons à défendre ?

« Mais non, au lieu de nous demander de franches et loyales explications, d'étudier plus profondément la question mise en cause, on préfère crier que nous voulons détruire la famille et le foyer. Notre sexe ne peut risquer la plus légère réforme, la plus petite innovation pour améliorer sa condition, sans que ces farouches défenseurs des droits d'autrui, ne voient dans ces mouvements une émancipation féministe des plus avancées. Pourtant, je vous l'assure, rien de plus anodin que ces assemblées de femmes réunies pour discuter, plutôt, comment mieux s'y prendre pour gâter les hommes et pour soigner les petits enfants, que pour s'affranchir de tout joug matrimonial. Je n'entreprendrai pas ici l'apologie du Conseil des femmes, parce que – je l'avouerai candidement –, je ne suis pas assez au fait de ses œuvres pour m'ériger son défenseur ; lors du dernier congrès, qui a eu lieu il y a une dizaine de jours, j'assistais pour la première fois à ses délibérations. J'en ai vu assez, par exemple, pour déclarer en toute franchise et en toute vérité, que ce mouvement me semble très louable et qu'il mérite – à mon humble avis toujours –, d'être fortement encouragé.

« Sans doute, comme dans toute institution nouvelle, il peut exister des lacunes, quelques hésitations, mais il y a des siècles que les hommes ont droit de fondations et laquelle soit tellement parfaite qu'ils puissent nous jeter la première pierre ? Je crois encore que si les adversaires du Conseil des femmes eussent assisté à ces assemblées, ils seraient revenus de leurs préventions et ils n'auraient pu qu'applaudir aux efforts de ces vaillantes femmes cherchant les meilleurs moyens à prendre pour protéger les faibles et secourir ceux qui souffrent. Il n'y a pas eu seulement de « beaux et inutiles discours » à ces assemblées – décidément, ces messieurs ont nos discours sur le cœur – mais dans d'autres séances, plus nombreuses encore, on a travaillé énergiquement à l'adoption de mesures propres au bien-être matériel et moral de notre sexe dans la société.

« J'ai assisté durant cette semaine de séances extraordinaires à des discussions d'un intérêt vital sur la manière d'élever les enfants, le genre de connaissances qu'il convient de leur donner, en proportion de leur développement moral ou physique, et j'ai regretté sincèrement que toutes les mères canadiennes n'aient pas été présentes, car un grand nombre auraient pu en faire leur profit. Je sais encore par les touchantes lettres qui y ont été lues tout le bien accompli par l'association Aberdeen, laquelle a été fondée, non seulement pour apprendre aux femmes à vous donner un bon dîner, messieurs, mais pour procurer gratuitement aux déshérités de la fortune des livres dont ils ont besoin, pour les instruire ou leur donner de saines et salutaires distractions. Je sais de plus – pourquoi ne ferais-je pas, moi aussi, suivant en cela des exemples donnés en haut lieu, un peu de capital politique avec des opinions religieuses –, que Monsignor Paquet, représentant, au Conseil local de Québec, Sa Grandeur Monseigneur Bégin, et Monsignor Ryan, représentant

Sa Grandeur Monseigneur Walsh, à Toronto, ont publiquement manifesté leur approbation aux conventions du Conseil des femmes auxquelles ils ont assisté. Ce sont ces détails et bien d'autres encore que vous ignorez, messieurs, et qu'il serait à propos que vous apprissiez.

« Aussi, je désire de tout cœur que Mme Dandurand relève le gant que lui a jeté notre honorable confrère, Jean Badreux, quand il demande, dans une de ses chroniques, que le Conseil des femmes "formule nettement ses desirata", en d'autres termes, qu'il explique son but, ses œuvres, et, peut-être même, ses prétentions. La directrice du *Coin du feu* est un des piliers du Conseil national, en connaît la constitution et peut, mieux que personne, nous raconter ce qu'il se propose de faire et le bien déjà accompli depuis sa fondation. La cause du Conseil des femmes ne saurait être mieux défendue que par la froide et convaincante logique de mon estimable collègue. Je compte beaucoup sur son exposé clair et lucide pour dissiper les malentendus[565]. »

Robertine n'interpellait pas que les hommes. Elle savait que « souvent les pires adversaires de la revendication des droits féminins sont des femmes[566] ». Elle voyait bien aussi que l'idéologie du Conseil était ambiguë. Comme des chercheuses l'ont noté pertinemment, cette idéologie rejoignait « paradoxalement celle de leurs adversaires dans une perception similaire du rôle des femmes. Cette valorisation de l'idéologie de la famille conditionnait leurs interventions et les amenait à ne pas vouloir reconnaître le principe de la généralisation du travail des femmes hors du foyer à cette époque[567] ».

---

565. Françoise. « Chronique du Lundi », 25 mai 1896.

566. *Ibid.*, 14 octobre 1895.

567. Yolande Pinard. « Les débuts du mouvement des femmes à Montréal. 1893-1902 », dans *Travailleuses et féministes*, p. 198.

Robertine semble bien avoir été l'une des plus avant-gardistes parmi les *femmes nouvelles* qui s'exprimaient sur la place publique. Comme l'a souligné Diane Thibeault dans sa thèse, œuvrant au sein du conseil, Joséphine « visait la recherche des remèdes aux souffrances de la femme mais à l'intérieur de la sphère d'activités féminines. Elle croyait « encore que c'est en s'améliorant, en corrigeant leurs propres défauts que les femmes parviendront à solutionner leurs problèmes. Robertine Barry, tout en souscrivant aux objectifs du Conseil national des femmes, alla beaucoup plus loin : c'est en changeant les lois que le sort des femmes s'améliorera. En accusant les hommes qui ont fait ces lois, Robertine Barry se trouvait en fait à remettre en question l'idéologie qui avait mis les hommes au pouvoir. Elle ne leur faisait plus confiance. Pour elle, seul le féminisme gagnera à l'usage de ses droits[568] ». Pour Joséphine, l'homme était supérieur à la femme en intelligence et en expérience et ce n'est qu'en 1901 qu'elle introduisit la notion de droits des femmes dans son discours[569].

Il fallut donc attendre le XXe siècle avant que les premières féministes québécoises revendiquent ce que Robertine réclamait ouvertement dans ses articles depuis 1891. Ce n'est en effet qu'en 1902-1903 que Dandurand, Gérin-Lajoie et Béique « épousent davantage la cause du féminisme de droits égaux[570] ».

Même si elle trouvait que les choses n'avançaient pas assez vite à son goût, Robertine comprenait que les premières

---

568. Diane Thibeault. *Premières brèches dans l'idéologie des deux sphères. Joséphine Marchand-Dandurand et Robertine Barry, deux journalistes de la fin du XIXe siècle,* pp. 108-109.

569. *Ibid.,* p. 49.

570. Yolande Pinard. « Les débuts du mouvement des femmes à Montréal. 1893-1902 », dans *Travailleuses et féministes,* p. 185.

---

féministes n'obtiendraient aucune liberté d'action si elles ne se montraient pas extrêmement prudentes dans leurs revendications. Elle admirait la patience des femmes impliquées activement au sein du Conseil. Elles devaient tout marchander, ce qui exigeait beaucoup de leur temps. Lorsque les femmes qui faisaient partie du comité d'hygiène voulurent donner des conférences, elles durent d'abord obtenir l'accord de l'abbé Bruchési, ce qui leur avait demandé pas moins d'une heure de discussion serrée avec lui ! La bataille n'était pas gagnée pour autant. Il fallait maintenant « deviner quel serait le curé le plus capable de diriger son troupeau vers les salles de la conférence. On a songé à l'abbé Auclair, homme à l'esprit large et entreprenant, jouissant d'une influence très grande sur sa paroisse. Il fit en effet très bon accueil à Mme Thibaudeau, mais il n'a pas poussé la complaisance jusqu'à annoncer la chose au prône. Cependant, il fit la promesse qu'il seconderait tous les efforts de Mme Thibaudeau en engageant les femmes de ses congrégations à aller assister aux conférences sur l'hygiène. Ce bon coup de main décida du succès et à la première conférence assistaient huit cents femmes[571] ».

Robertine comprenait et appréciait les femmes qui s'impliquaient au sein du Conseil et son amitié avec Joséphine et Marie n'était pas entachée par leurs divergences de vues. Du moins pas encore.

Robertine et Joséphine continuaient de se prodiguer « une admiration et une bienveillance réciproques ». Elles ne manquaient « jamais une occasion de commenter plutôt favorablement les écrits l'une de l'autre, ses conférences, ou de promouvoir

---

571. *Ibid.*, p. 190.

les œuvres ou les activités et même d'y participer[572] ». Robertine offrit son aide à Joséphine qui fonda l'œuvre des livres gratuits dont l'objectif était de distribuer une bonne littérature aux pauvres et aux personnes qui n'avaient pas accès aux petites bibliothèques paroissiales. Jusqu'en 1901, « 700 paquets furent envoyés au Canada, aux États-Unis et au Yukon, soit de 7 à 8 000 livres ou revues[573] ». Robertine appuya Joséphine avec enthousiasme, établissant même « des contacts avec plusieurs donateurs lors de son passage dans les salons parisiens[574] ». Elle la consola aussi lorsque Joséphine dut faire le difficile deuil de son travail. Malgré le peu qu'elle avait revendiqué dans *Le Coin du feu*, elle avait cessé la publication de ce magazine, épuisée. Elle n'en pouvait plus de recevoir les attaques, les critiques et les moqueries de tous ceux et celles à qui son « féminisme » faisait peur. L'aventure avait duré quatre ans et elle n'avait plus la force morale de continuer.

• • •

À l'instar de ses collègues chroniqueurs, Robertine racontait souvent le déroulement de ses vacances : « Ce ne sera, écrit-elle, que continuer la tradition qui veut que tout fidèle chroniqueur répète à ses lecteurs les petits événements qui traversent sa vie[575]. » De retour de ses vacances, en août 1896,

---

572. Diane Thibeault. *Premières brèches dans l'idéologie des deux sphères. Joséphine Marchand-Dandurand et Robertine Barry, deux journalistes de la fin du XIXᵉ siècle*, p. 29.

573. *Ibid.*, p. 25.

574. Cindy Béland. « Salons et soirées mondaines au Canada français », dans *Lieux et réseaux de sociabilité littéraire au Québec*, p. 97.

575. Françoise. « Chronique du Lundi », 31 août 1896.

elle raconta être allée en Gaspésie avec sa sœur Caroline et son beau-frère François-Xavier Choquet : « C'est en 1896, écrit-elle, que je fis cette promenade dont le souvenir compte aujourd'hui parmi les plus doux et les plus poétiques du passé[576]. »

L'été 1896 fut très chaud. Robertine avait quitté Montréal avec soulagement par une de ces journées torrides où la « ville n'était plus qu'une géhenne immense et où l'asphalte de ses rues brûlait comme si elles eussent été pavées de bonnes intentions ». À bord du *Montréal,* elle se rendit à Lévis d'où elle prit le train jusqu'à Fraserville ; on s'y arrêta un moment, le temps de prendre un repas avec Émilie et ses enfants qui étaient venus spécialement de Cacouna pour la voir. Robertine et Émile parlèrent des poèmes qu'il avait déclamés, le 16 avril précédent, lors d'une soirée littéraire et musicale. Il lui montra avec fierté son poème, « Rêve fantasque », qui avait été publié dans *Le Samedi*[577]. La poésie prenait de plus en plus de place dans sa vie.

Robertine, sa sœur et son beau-frère s'embarquèrent ensuite sur *L'escale* qui devait les conduire jusqu'en Gaspésie. Le bateau fit justement *escale* pendant quelques heures à Rimouski. Son parrain, à qui elle avait écrit quelques semaines plus tôt, et qu'elle qualifiait affectueusement de « meilleur chanoine de tous les chapitres du monde[578] », était sur le quai à l'attendre. Ils marchèrent ensemble jusqu'à la ville, qu'on nommait parfois la ville aux harengs[579], et Robertine s'arrêta un moment afin d'admirer le paysage. Tout en respirant l'air salin, elle regarda l'île Saint-Barnabé, juste en face de Rimouski, qu'Arthur

---

576. Françoise. « La légende du Rocher de Percé », dans *Fleurs champêtres*, p. 245.

577. Ce poème d'Émile Nelligan fut publié durant l'été 1896 sous le pseudonyme d'Émile Kovar.

578. Françoise. « Chronique du Lundi », 31 août 1896.

579. *Ibid.*, 30 mai 1892.

Buies qualifiait « d'émeraude jetée dans le Saint-Laurent[580] » et qui, avec sa voisine, l'îlet Canuel, protégeait les Rimouskois des vents du nord et du nord-ouest. Enfant, Robertine s'était rendue sur l'île Saint-Barnabé avec ses parents, ses frères et ses sœurs afin d'y pique-niquer. Sa mère leur avait raconté l'histoire de l'ermite Toussaint Cartier qui, au début du XVIIIᵉ siècle, y avait vécu pendant presque quarante ans et dont la vie était entourée de mystère. Certains croyaient qu'il voulait vivre seul parce que, souffrant d'épilepsie, il détestait – à l'instar de tous ceux atteints du *grand mal* – être vu en état de crise et ce, d'autant plus que cette maladie était « conçue comme honteuse, et même diabolique[581] ». D'autres disaient que toute cette histoire d'ermite n'était que légende puisque des Amérindiens vivaient sur l'île et que Cartier n'était donc pas seul. Certains, enfin, étaient convaincus que Toussaint Cartier avait certainement vécu un grand malheur puisqu'il était constamment triste. Fuyant le monde, il répondait très rarement aux questions que lui posaient ceux qui réussissaient à l'approcher. Il se porta néanmoins au secours de marins dont le bateau vint se briser sur les rochers entourant l'île. Après les avoir emmenés dans sa cabane, il alluma un grand feu afin que les Rimouskois comprennent qu'il avait besoin d'aide.

Quand elle était jeune fille, Robertine avait lu l'œuvre de Frances Moore, une romancière qui, inspirée par la vie de l'ermite, écrivit, en anglais, le premier roman canadien, *The History of Emily Montague*. Elle racontait que l'ermite avait perdu l'amour de sa vie dans un naufrage. Des ultramontains et des historiens jetèrent le discrédit sur ce livre qui fut publié à Londres en

---

580. Cité par Marie-Andrée Massicotte. *Une île au large de la ville*, p. 57.
581. Béatrice Chassé. *L'île Saint-Barnabé*, p. 51.

1769 et traduit en français en 1809. L'un d'eux reprocha à la romancière d'avoir « mal interprété la biographie du *saint* homme[582] ». Or, les historiens, pas plus que Frances Moore, ne savaient ce qui avait véritablement motivé Toussaint Cartier à vivre ainsi coupé du monde. Robertine admirait cette écrivaine. Même si elle était conspuée par des historiens canadiens, Moore était « un membre renommé du cercle littéraire de Londres, respectée pour ses talents de romancière, d'écrivain de théâtre, de traductrice et d'essayiste. Dans le domaine de la fiction, elle apporta une contribution au roman du XVIIIe siècle, fondé sur la sensibilité, et renouvela l'intérêt pour le roman épistolaire ». Elle exprimait « avec grâce, esprit et intelligence ce que cela représentait de vivre au Canada au XVIIIe siècle[583] ». Robertine estimait que cette romancière était autant, sinon plus, « objective » que certains historiens qui jugeaient tout à l'aulne des valeurs chrétiennes et qui avaient fait de l'ermite *un saint homme*.

Il faisait beau et chaud en cette journée d'été 1896, et Robertine trouvait bien agréable de marcher avec son parrain sur le trottoir de bois, très achalandé, qui longeait le fleuve. Elle constata que son oncle était fort apprécié des Rimouskois qui le saluaient avec de larges sourires. Tout en parlant de choses et d'autres, ils se promenèrent ensuite dans les rues de la ville, passèrent par la rue des avocats où avait exercé le père d'Émilie Nelligan, un avocat qui avait été aussi le premier maire de Rimouski. En parcourant une partie de la ville, Robertine songea que Buies n'exagérait pas lorsqu'il disait qu'un visiteur ne sait plus quel hôtel choisir quand il arrive à Rimouski : « Leur

---

582. *Ibid.*
583. *Ibid.*

nombre dépasse de beaucoup les besoins de la localité, et même ceux des voyageurs ; comment, du reste, voulez-vous qu'ils résistent à l'invasion des caboulots, des buvettes improvisées, des bars d'occasion qui se dressent de tous côtés dans la petite ville[584] ? »

Après avoir fait ses adieux à son parrain, Robertine rejoignit sa sœur et son beau-frère au quai. De la dunette de ce navire, elle envoya des baisers à son parrain qui, sur la marina, regardait le bateau qui s'éloignait. Robertine passa « des jours entiers » à admirer le panorama qui se dressait devant elle :

« Cette mer ardente, réfléchissant le ciel azuré, ces myriades de bateaux pêcheurs portant tous la voile triangulaire de couleur rouge, ravissaient ma fantaisie et, donnant libre cours à mon imagination, je songeais aux voiles latines voguant sur les eaux bleues de la Méditerranée, tandis que les pêcheurs jetaient leurs filets aux sons de quelque saltarelle entraînante[585]. » Robertine rêvassait devant la beauté qui s'offrait à elle lorsqu'elle entendit : « Votre plume de journaliste n'a-t-elle pas là un sujet tout trouvé ? » Levant les yeux vers son interlocuteur, elle aperçut « la fine et intelligente figure de sir Adolphe Chapleau qui faisait sur le même steamer[586] » qu'elle le voyage de la Gaspésie. Chapleau raconta à Robertine la légende du Rocher Percé où une fille, éperdue d'amour, voulait rejoindre en Nouvelle-France l'homme qu'elle chérissait. Ils parlèrent aussi de choses et d'autres, de politique, du métier de journaliste.

---

584. Caboulot : bar mal famé. Arthur Buies. *Chroniques 11*, p. 411.

585. Robertine Barry (Françoise). « La légende du Rocher de Percé », dans *Fleurs champêtres*, p. 245.

586. Anglicisme : bateau à vapeur.

Durant le voyage, ils firent escale à Port Daniel et Robertine appuya les habitants qui profitèrent de l'occasion pour réclamer à Chapleau un chemin de fer en Gaspésie.

Ils débarquèrent aussi quelques heures à New Richmond, un « coquet village où leurs Excellences Lord et Lady Aberdeen » passaient une partie de l'été. Au fil de leurs rencontres, Robertine avait appris à mieux connaître cette femme qui, au départ, ne lui plaisait guère. Elle avait finalement découvert qu'elle était « une grande dame, une femme dont la bonté, le dévouement, l'exquise sensibilité s'y révèlent avec un charme infiniment subtil et pénétrant[587] ». Robertine était heureuse de la compter parmi ses amies. Elle ne se privait pas pour autant de lui dire qu'elle déplorait le fait qu'aux réunions du Conseil des femmes que cette lady présidait, on parlait trop souvent de choses futiles, telles que la longueur de la jupe des femmes et autres colifichets, plutôt que de s'attaquer à de vrais problèmes.

« Qu'on s'occupe donc plutôt, lui dit-elle, de venir en aide aux délaissées, d'aider les filles tombées, de protéger les ouvrières des abus de leurs patrons, de militer afin que les femmes aient accès aux études supérieures[588]. » Robertine s'enflamma et s'emporta comme elle le faisait chaque fois qu'elle parlait de sujets qui lui tenaient à cœur. Lady Aberdeen, habituée à plus de retenue, l'écoutait, un peu crispée.

De retour sur le bateau, Robertine retrouva son calme et rejoignit les Chapleau. Elle en profita pour solliciter la collaboration de Lady Chapleau à un numéro spécial de *La Patrie* qu'elle prit l'initiative de publier cette année-là. Laure Conan,

---

587. Françoise. « Chronique du Lundi », 25 février 1895.
588. *Ibid.*, 11 mars 1895.

ainsi que Zoé Lafontaine, l'épouse de Wilfrid Laurier, y signè-rent aussi des textes.

Robertine et Lady Chapleau parlèrent ensuite de littéra-ture et de la beauté de la langue française. Même si elle avait beaucoup d'amies et connaissances parmi les anglophones dont, entre autres, Elsie Reford, la fondatrice des Jardins de Métis qui faisait aussi partie du Women's Canadian Club, Robertine se portait à la défense de la langue française. Dans l'une de ses chroniques, elle déplora le fait que les téléphonistes étaient presque toutes des anglophones et qu'il était souvent difficile de se faire servir en français à Montréal[589]. Elle regrettait aussi le fait que presque toutes les pièces de théâtre étaient jouées en anglais[590].

À la fin de cet été-là, le gouvernement conservateur, de-venu minoritaire, avait cédé le pouvoir aux libéraux de Wilfrid Laurier. Robertine était d'autant plus ravie qu'elle appréciait chez cet homme l'ardeur avec laquelle il défendait la culture et la langue française. Un vent libéral soufflait aussi sur le Québec. Le printemps suivant, Félix-Gabriel Marchand, le père de José-phine, devint premier ministre et, fait peu banal, les libéraux restèrent au pouvoir jusqu'en 1936.

À son retour à Montréal, Robertine profita de ses derniers jours de vacances pour rester chez elle et répondre à ses cor-respondants. Ses liens épistolaires, nombreux, grugeaient beaucoup de son temps, mais pour rien au monde elle ne les aurait négligés.

Elle accompagnait souvent sa mère au marché public et, marchant bras-dessus, bras-dessous, elle en profitait pour quêter

---

589. *Ibid.*, 14 septembre 1896.
590. *Ibid.*, 19 juillet 1893.

ses confidences. Cinq ans s'étaient écoulés depuis la mort de John, et Robertine demandait parfois à sa mère si elle pensait se remarier un jour. Aglaé lui répondait qu'elle n'y songeait pas du tout. Si elle l'avait voulu, elle n'aurait pas été en peine de se trouver un mari. Comme l'a souligné Robertine dans l'une de ses chroniques, les veuves étaient plus souvent demandées en mariage que les jeunes filles. Un homme lui expliqua qu'il en était ainsi parce que « les femmes non mariées étaient trop bêtes[591] », ce qui fit sans doute rire jaune Robertine qui s'acharna, tout au long de sa vie, à redorer l'image des célibataires. Dans cette chronique, elle se contenta de faire de l'humour en racontant l'anecdote de cet homme qui, au moment de sa mort, légua toute sa fortune à sa femme à la condition qu'elle se remarie. Ainsi, dit-il, « il y aura au moins un homme qui regrettera ma mort ». Les veuves ont mauvaise réputation, ajouta Robertine. « Quand vous vous faites lire les cartes, n'est-ce pas toujours la dame de pique, pour une veuve, qui cherche à vous nuire ? » « Je ne sais pas, dit-elle, quel est le méchant qui a donné le premier ton à ces taquineries. Il devrait être inscrit dans le livre des inventions à côté de celui qui a créé les belles-mères. Je ne crois pas que les veuves, pas plus que les belles-mères d'ailleurs, méritent toutes ces mauvais compliments, car j'en sais un bon nombre qui sont très aimables. » Elle nota que l'une de ses lectrices lui avait raconté qu'on avait demandé au gouverneur de Pennsylvanie de poser une sorte d'interdiction sur les veuves qui « s'accaparaient tous les célibataires ». J'espère, écrivit Robertine avec humour, que le gouverneur répondit à une demande aussi plaisante. Au moins, il n'a pas inauguré ces cruelles coutumes qui, en Inde, exigent

---

591. *Ibid.*, 14 décembre 1896.

que les veuves montent sur le même bûcher « consumant les restes mortels » de leur époux.

À cette époque, comme à la nôtre[592], l'apparence des femmes ayant atteint un certain âge suscitait railleries et mépris. Baudelaire parlait des femmes qui ne sont plus toutes jeunes en les qualifiant de « débris d'humanité » et « d'ombres ratatinées ». Mais Baudelaire était, il est vrai, un être torturé et on ne saurait généraliser sa pensée à tous ces hommes qui ont le bon sens d'apprécier la compagnie de femmes matures. Robertine avait de l'admiration pour la culture japonaise où les vieilles femmes étaient respectées et vivaient à leur gré. « Au Japon, la femme est égale à l'homme par son expérience, sa sagesse, sa raison », alors qu'ici, disait-elle, on la trouve inintéressante[593]. Elle se révoltait aussi du fait que, trop souvent, les veufs n'attendaient guère longtemps avant de se remarier.

• • •

Le 31 décembre 1896, fidèles à leurs habitudes, Émilie et Robertine portaient un toast à leur amitié. Elles s'étaient isolées dans le bureau de Robertine d'où leur parvenaient les échos des éclats de voix des visiteurs qui, malgré l'heure tardive, s'attardaient encore chez les Barry. Émilie demanda à Robertine de guider Émile, lui expliquant qu'elle la voyait comme un bon modèle pour son fils. Robertine était une personne disciplinée, vaillante, persévérante et rationnelle mais, parce qu'elle avait aussi une sensibilité d'artiste, elle pouvait comprendre Émile. Émilie espérait que Robertine pourrait, par son exemple, inciter

---

592. Ne dit-on pas souvent de nos jours d'une femme qui ne se fait pas « lifter » qu'elle se néglige ?

593. Françoise. « Le Coin de Fanchette », 3 mars 1900.

son fils à mener une vie plus normale. Robertine accepta. Elle aimait les poètes. Même si elle déplorait le fait que les poèmes de plusieurs d'entre eux révélaient leur misogynie, elle avait écrit dans *La Patrie* : « La poésie est le langage qui se prête le mieux à toutes les envolées de l'imagination. »

Robertine promit à Émilie qu'après les fêtes, elle consacrerait du temps à Émile et deviendrait comme une grande sœur pour lui. Après les fêtes ! Robertine avait hâte que la période des fêtes soit enfin terminée. Une angoisse lui étreignait le cœur à l'idée que le lendemain serait le début d'une nouvelle année. Que lui apporterait-elle ? Bonheur ou malheur ? Ce qui l'angoissait, c'était l'inconnu, l'imprévu. Ce « spectre toujours masqué, qui nous suit côte à côte et que nous sommes impuissants à éloigner[594] ». À chaque fin d'année, elle se disait que demain, « le sort peut nous favoriser, nous cajoler ou nous frapper, nous écraser, nous broyer le cœur, et plus que tous les lendemains, une nouvelle année fait peur[595] ». Elle essaya de calmer son anxiété en confiant à Émilie les résolutions qu'elle avait prises pour 1897. Elle allait, disait-elle, être moins prompte et moins s'énerver lorsqu'elle discuterait de sujets qui lui tenaient à cœur. Émilie souriait en pensant que Robertine prenait chaque année cette résolution mais qu'elle ne changeait guère. Quand elle rencontrait quelqu'un qui s'entêtait à répandre des idées fausses, notamment sur les femmes et les « vieilles filles », elle s'énervait toujours autant, parlait haut et fort, coupait la parole, bref, elle devenait, comme elle le disait elle-même, une « vraie terreur ». Après s'être ainsi emportée, un peu confuse et honteuse, elle s'excusait parfois, mais ne

---

594. Françoise. « Chronique du Lundi », 28 décembre 1891.
595. *Ibid.*

pouvait s'empêcher de recommencer. Ses amies ne l'en aimaient pas moins. Elles savaient bien que désaccord n'est pas désamour et que Robertine avait un cœur généreux et aimant comme on en voit rarement. Elles savaient aussi qu'elle faisait réellement des efforts pour devenir une « meilleure personne ». La bonté était pour elle une valeur très importante. Même si elle était parfaitement consciente qu'en chaque être humain réside une part d'ombre et que personne n'est un ange, elle désirait sincèrement être bonne. « Pas cette bonté naturelle aux tempéraments faibles et sans énergie, mais un sentiment raisonné, plutôt forcé par la volonté qu'impulsif, comme si on s'était dit : la bonté est sœur de la charité ; elle contribue à rendre heureux tous ceux qui nous entourent ; c'en est assez, soyons bons[596]. » Elle ne qualifiait pas de bons ceux qui se laissent écraser, exploiter ou insulter sans rouspéter. Elle parlait plutôt de cette bonté, faite de bienveillance, de compréhension, d'empathie et surtout du désir de rendre le monde meilleur. Ajouter à la bonté du monde, tel était son leitmotiv. Elle désirait de plus en plus que sa plume serve à consoler ceux qui souffrent. Elle souhaitait être, pour ses lecteurs et lectrices, l'amie et la confidente. Quand elle parlait de la bonté avec ses collègues journalistes, ils étaient souvent mal à l'aise, comme si elle discutait de choses obscènes. Elle se demandait pourquoi les hommes sont si souvent gênés d'afficher de bons sentiments et « semblent avoir honte d'un bon mouvement. Ils mettent à cacher leur sensibilité le même soin qu'ils prendraient, écrivit-elle, à cacher une faute[597] ». Elle savait bien que la bonté, dans ce monde, n'était pas, hélas !, ce qui comptait le plus ; les « qualités du

---

596. *Ibid.*, 22 octobre 1894.
597. *Ibid.*, 3 juillet 1893.

cœur et de l'esprit » ne venant « qu'après les considérations matérielles[598] ».

• • •

Avant qu'Émilie ne s'en aille, Robertine lui montra la nouvelle robe qu'elle porterait le lendemain. Elle croyait que porter quelque chose de nouveau au Jour de l'An attirait la chance pour toute l'année. Elle en aurait besoin, cette année-là. Bientôt, *La Patrie* allait passer en d'autres mains. Honoré Beaugrand avait décidé de vendre son journal, et cela inquiétait un peu Robertine. Elle était triste à l'idée que Beaugrand ne serait plus son patron. Le notaire et homme politique libéral Joseph-Israël Tarte[599] s'était montré intéressé à acquérir le journal. Robertine le rencontra au courant de janvier 1897 et elle fut rassurée de l'entendre dire qu'il souhaitait ardemment qu'elle continue de rédiger sa « Chronique du Lundi » et qu'elle fasse toujours partie du personnel de rédaction. Il lui apprit que le rédacteur en chef serait Godfroy Langlois[600]. Robertine s'entendait bien

---

598. Françoise. « Aimez-vous les histoires ? », dans *Fleurs champêtres*, p. 162.

599. Joseph-Israël Tarte (1847-1907) est un journaliste et homme politique qui a été propriétaire de plusieurs journaux. Il a grandement contribué, à l'élection de 1896, au triomphe de Wilfrid Laurier. Il fut ministre des Travaux publics de 1897 à 1902. Congédié par Laurier pour ses prises de positions sur l'indépendance du Canada, il redevint organisateur politique pour les conservateurs. Il quitta la vie politique en 1904.

600. Godfroy Langlois (1866-1926) fut reçu avocat en 1886 mais se fit connaître comme pamphlétaire lorsqu'il devint rédacteur-propriétaire, en 1890, de *L'Écho des deux Montagnes* dont il changea le nom deux ans plus tard pour *La Liberté*. Il devint, en 1897, rédacteur en chef de *La Patrie* et fonda, par la suite, *Le Canada* et *Le Pays*. Homme au tempérament bouillant, il s'impliqua en politique et devint député libéral. Tout au long de sa carrière de journaliste et d'homme politique, il milita, à l'instar de Robertine, pour l'amélioration des conditions de vie des plus démunis et pour une réforme du système d'éducation. Il prôna aussi l'instauration de l'assurance-maladie et lutta contre la corruption politique. Franc-maçon,

avec ce journaliste qui travaillait à *La Patrie* lorsqu'elle y avait fait ses débuts en 1891. Ils avaient eu souvent des discussions passionnées sur l'instruction publique, laquelle était, pour elle autant que pour lui, une priorité. Godfroy avait quitté le journal deux ans plus tard, pour aller travailler au *Monde de Montréal*. Il revint ensuite à *La Patrie* en 1895, et Beaugrand le nomma directeur de la rédaction. Certains affirmèrent qu'il devait cette nomination au fait qu'il faisait partie, comme Beaugrand, de la loge franc-maçonne *Les Cœurs Unis*. À la mi-avril 1896, ils avaient tous les deux travaillé à la fondation d'une nouvelle loge, *L'émancipation*.

Qu'il s'affiche franc-maçon n'empêchait pas Robertine de le fréquenter ouvertement. Ils allaient parfois manger ensemble au restaurant à cinq sous et puisqu'ils avaient tous les deux un grand sens de l'humour, il n'était pas rare de les entendre rire à gorge déployée. Lorsqu'ils marchaient côte à côte dans la rue pour se rendre au restaurant, on s'amusait de voir que Robertine, qui n'était pourtant pas grande, le dépassait d'une bonne tête. Langlois mesurait à peine un peu plus de cinq pieds. À la fin d'un repas qu'ils avaient partagé, elle lui confia son désir d'innover, de faire quelque chose de nouveau en dirigeant une *Page féminine* dans laquelle elle parlerait d'hygiène, de convenances, de mode, d'économie domestique, de toutes les formes d'art, y compris l'art culinaire. Devant l'intérêt de Godfroy, elle s'enhardit et ajouta que s'il acceptait de lui laisser une page entière du journal, elle pourrait avoir un espace destiné aux enfants et un autre dans lequel elle répondrait aux lettres de ses lectrices et lecteurs. Godfroy, convaincu qu'elle saurait ainsi

---

anti-catholique et anticlérical, il fut admis à la Loge des « Cœurs Unis » qui, en avril 1896, s'affilia au « Grand Orient de France » et s'appela désormais « La loge l'Émancipation ». Ses querelles avec Mgr Bruchési furent notoires.

attirer de nouvelles lectrices, accepta avec enthousiasme, lui donnant ainsi l'occasion de devenir la première femme à diriger la page féminine d'un journal[601]. Pendant quelques semaines, Robertine réfléchit au nom qu'elle donnerait à cette page. Elle jonglait avec différentes expressions, mais aucune ne l'enthousiasmait au point qu'elle veuille l'adopter. Elle se dit qu'un beau jour, ça lui tomberait du ciel. Elle ne se trompait pas.

Un jour qu'Émile et Robertine marchaient ensemble dans la rue, le jeune homme se mit à fredonner un de ses airs préférés, *La Fanchette*[602]. Robertine s'arrêta de marcher, interdite. Fanchette! Ce nom conviendrait très bien pour sa *Page féminine*. D'autant plus que c'était le nom de l'un des personnages créés par Philippe Aubert de Gaspé – considéré comme le premier romancier québécois –, et que ce personnage, pittoresque à souhait, qui manquait d'ordre au point de tout laisser traîner, ne cessait de répéter lorsqu'on lui reprochait son désordre : « J'ai oublié de ramasser, mettez ça dans le coin. » Le pauvre coin, écrivit Aubert de Gaspé, était encombré de toutes sortes de choses, « tout ce qu'on trouve sous la main, que les autres n'ont pas voulu ou n'ont pas eu l'occasion de déranger[603] ». Puisque sa *Page féminine* contiendrait précisément toutes sortes de choses, Robertine se dit qu'il serait tout indiqué qu'elle la baptise « Le Coin de Fanchette ». Ce nom convenait d'autant mieux que le bureau de Robertine, à *La Patrie*, était placé dans un coin tout au fond de la salle et qu'elle était la seule à pouvoir se retrouver

---

601. Diane Thibeault. *Premières brèches dans l'idéologie des deux sphères. Joséphine Marchand-Dandurand et Robertine Barry, deux journalistes de la fin du XIXᵉ siècle*, p. 37.

602. Il s'agit d'un air de Théodore Botrel qu'Émile appréciait spécialement et fredonnait souvent, comme le mentionne Paul Wyczynski dans *Nelligan*, p. 378.

603. Cité par Benny Vigneault. *Idéologie, « plurigénéricité » et figure du destinataire dans* Fleurs champêtres *de Françoise*, p. 68.

dans le désordre de son bureau où s'amoncelait un amas impressionnant de feuilles. Robertine se dit aussi que ce nom aurait la sympathie du public. On fredonnait partout le titre de cette chanson.

On voyait Robertine et Émile de plus en plus souvent depuis que Robertine avait promis à Émilie d'être, pour Émile, une grande sœur bienveillante. Tâche qui n'était pas bien difficile. Elle avait beaucoup de points communs avec le jeune homme. Ils avaient tous les deux l'esprit rebelle. Ils aimaient toutes les formes d'art ; adoraient flâner dans les librairies ; parler de leurs ancêtres communs, les Celtes ; se promener dans les rues de Montréal et passer du temps à méditer dans les églises, où Émile tout autant que Robertine « aimait goûter le calme et le magnifique jeu de lumière dans les vitraux ou sur l'or des autels[604] ». Ils aimaient visiter les ateliers d'artistes. Pour Robertine, comme pour Émile, rien n'était plus bohème qu'un atelier d'artiste avec ses « murs recouverts d'esquisses bizarres, d'études à moitié terminées ». Robertine aimait d'ailleurs le beau désordre qui régnait dans les ateliers d'artistes où « des modèles en plâtre, pieds ou mains, sont accrochés ici et là ». À ses yeux, « ce beau désordre est un effet de l'art[605] ».

Robertine et Émile s'arrêtaient parfois chez Casimiro Mariotti qui, en plus d'être un grand ami de David et d'Émilie, était le parrain de Gerty, la sœur d'Émile. La galerie de cet artiste, située sur la rue Sainte-Radegonde, plaisait beaucoup à Robertine. Les visiteurs étaient plus nombreux chez Casimiro depuis qu'il avait remporté le premier prix de sculpture à l'Exposition de Montréal en 1873. Sa galerie était remplie d'objets

604. Paul Wyczynski. *Nelligan*. p. 102.
605. Françoise. « Chronique du Lundi », 7 octobre 1895.

d'art fabuleux et abritait aussi une magnifique collection de livres d'histoire de l'art qui intéressaient grandement Robertine et Émile. Ils adoraient aussi regarder travailler Casimiro. Surtout lorsqu'il sculptait du marbre. Robertine était émerveillée de voir que, d'une masse informe, apparaissaient, comme par magie, un visage, une main, un corps. Lorsqu'il sculptait, Casimiro ne semblait faire qu'un avec son matériau. Elle était époustouflée de voir que d'une pierre si dure, il pouvait arracher une émotion. Pour elle, cela relevait de la magie. Casimiro lui expliquait que chaque bloc *lui parlait*, un peu comme les personnages qui imposent une direction à l'œuvre d'un romancier[606]. Casimiro sculptait le marbre qui, disait-il, était un matériau noble. Il affectionnait particulièrement le marbre rose, très réceptif à la lumière.

Émile était heureux d'avoir dans son entourage une femme qui comprenait et estimait les artistes. D'ailleurs, ses rares amis affichaient tous une « foi indéfectible en l'Art, l'Art avec un A majuscule[607] ». Lui et Robertine parlaient avec passion de littérature. Elle essayait de montrer au jeune poète combien la discipline et les heures de travail ininterrompues étaient importantes lorsqu'on veut se faire un nom en littérature. Elle faisait partie de ces écrivains qui n'attendent pas après l'inspiration. Elle restait assise à sa table de travail et s'efforçait d'écrire même si la Muse la boudait. Elle savait que le talent, à lui seul, ne suffit pas et que sans la persévérance, la détermination, l'effort, le travail et surtout la discipline, il est peu probable d'arriver à

---

606. Le lecteur désirant en connaître plus sur la relation entre le sculpteur et son matériau écoutera avec intérêt le reportage de Louis Belzile, « Sur les traces de Roger Langevin », émission du 26 novembre 2008 de *Vous êtes ici* animée par Patrick Masbourian, disponible sur le site de Radio-Canada.

607. Paul Wyczynski. *Nelligan*. p.108.

quoi que ce soit dans ce domaine. Shakespeare lui-même n'avait-il pas écrit que « les artistes héritent d'un don à la naissance et le méritent par leur travail ». Mais Émile, ébloui qu'il était par le succès de la journaliste, n'était pas totalement conscient de tous les obstacles qu'elle avait dû franchir, dont les plus grands se cristallisaient autour des préjugés concernant les capacités intellectuelles des femmes, pour se tailler une place dans le journalisme et la littérature. Il songeait plus souvent à Baudelaire qui avait été mis à la porte de son lycée alors qu'il avait 18 ans. Ce qui ne l'avait pas empêché de publier *Les fleurs du mal,* un chef-d'œuvre. Émile chassait de ses pensées la vie misérable qu'il avait menée. Il écrivait de la poésie. Qu'avait-il besoin de plus ?

· · ·

Mais la relation entre Robertine et Émile – relation qui commençait à faire jaser – aussi enrichissante et agréable soit-elle, n'avait pas le pouvoir de changer le comportement du poète comme l'avait souhaité sa mère. Pendant que Robertine passait des heures à *La Patrie,* ou bien chez elle, penchée sur sa table de travail à écrire ses nombreux articles pour différents journaux, Émile continuait de vagabonder sans but : « L'errance devint pour Nelligan un mode d'existence. Le Montréal des années 1890 était une ville en pleine expansion. Émile savait comment choisir ses trajets. Son escapade commençait en général par quelques rondes au carré Saint-Louis. Après, il empruntait tantôt la rue Saint-Denis, tantôt le boulevard Saint-Laurent, dépassait vite la rue Sherbrooke et s'en allait vers la rue Sainte-Catherine, qu'Édouard-Zotique Massicotte qualifiait de reine des rues de Montréal. Il aimait aussi vagabonder dans la rue Craig et, plus particulièrement, dans la rue Notre-Dame et la rue Saint-Paul. Le marché qui se tenait alors Place Jacques-Cartier offrait un paysage rustique en plein Montréal : paysans, charrettes, toutes sortes de produits agricoles, sans oublier les plantes et les fleurs. D'avril à octobre, on pouvait y trouver un spectacle champêtre grâce à la simple présence de nombreux paysans. Vers cet endroit confluaient les citadins, les femmes surtout, en empruntant les rues, les « vieilles rues » que Nelligan intégrera plus tard à son espace poétique, dans un poème qui portera ce titre[608]. » « Que vous disent les vieilles rues des vieilles cités ? Parmi les poussières accrues de leurs vétustés, rêvant de choses disparues. Que vous disent les vieilles rues[609] ? »

Émile aimait aussi « déambuler parmi les calèches sur la Place d'Armes, ou se reposer près de la fontaine pour admirer à sa guise les deux grandes tours de l'imposante Notre-Dame[610] ». Il semblait se laisser guider par ses pas, au gré de ses désirs et de ses impulsions. Un jour, des amis de la famille le trouvèrent à la gare Bonaventure « alors qu'il s'apprêtait à partir pour New York, dans l'intention d'assister à un opéra. Le projet se termina en queue de poisson. Une autre fois, avec quelques amis, il entreprit un voyage dans la banlieue, à Sainte-Cunégonde, d'où il revint épuisé et trempé après quelques jours pluvieux[611] ».

Un jour, Émilie arriva en larmes chez Robertine. Elle venait de surprendre son fils parmi les mendiants. En revenant de l'église, elle avait eu un choc terrible en apercevant Émile, à quelques pas d'elle, ignorant sa présence, tendant la main comme un pauvre qui n'a d'autres ressources que la charité publique.

---

608. Paul Wyczynski. *Nelligan,* pp. 100-101.

609. Extrait de « Les vieilles rues ». *Émile Nelligan. Poèmes choisis,* p. 67.

610. Paul Wyczynski. *Nelligan,* p. 101.

611. *Ibid.*

Émilie, foudroyée, n'arrivait pas à croire ce qu'elle voyait. Était-ce bien son fils qui, abandonnant sa quête, se dirigeait maintenant vers le refuge où les Sœurs de la Charité servaient la soupe aux « pauvres honteux » ? La vie d'Émilie venait de basculer. Tout autour d'elle, rien n'était plus pareil. Le choc était tel qu'un sentiment angoissant d'irréalité s'était emparé d'elle. Elle avait marché, elle ne savait plus trop comment elle en avait trouvé la force, jusque chez Robertine.

Quels mots trouver pour consoler quelqu'un dont le monde est en train de s'écrouler autour de lui ? Ces mots-là n'existent pas. Seule une présence amie, comme celle de Robertine, pouvait apporter un peu de réconfort.

Même si elle critiquait le clergé, Robertine était très croyante. Chaque jour, après son travail, elle s'arrêtait à l'église et priait. Souvent, elle priait pour Émile. Elle crut que Dieu l'avait entendue lorsque, quelques jours plus tard, Émilie lui raconta que son fils était revenu à la maison, joyeux, calme. Il avait demandé pardon à sa mère de lui avoir causé tant de soucis.

Cependant, les mois passèrent et même si David sermonnait son fils, Émile continuait de bouder l'école. Émilie était d'autant plus inquiète que l'une de ses connaissances lui avait dit qu'elle voyait souvent Émile chez le marchand de cercueils. Émile était fasciné par la mort. Il en parlait dans ses poèmes. Le mot suicide y figurait. Un mot crève-cœur pour Émilie. Un mot affolant.

Quand il s'absentait pendant des jours, l'inquiétude la taraudait sans répit. Des pensées sinistres se bousculaient dans sa tête. Elle se demandait si Émile quêtait encore dans la rue ; s'il était couché sur un banc public ; s'il avait subi quelques violences ; s'il avait été entraîné par ses compagnons d'infortune à commettre quelques larcins ; s'il devait, comme eux, voler, parfois, pour se nourrir. Elle imaginait le pire : il était emprisonné et subissait, en prison, de terribles punitions. Elle était chez les Barry lorsque le frère de Robertine, Jean, qui était policier, avait raconté que des prisonniers étaient parfois enchaînés dans une cellule sombre, avec rien d'autre à boire et à manger que de l'eau et du pain sec. Émilie avait beau essayer de se raisonner, les pensées qui galopaient dans sa tête sans qu'elle puisse en arrêter le cours créaient les pires scénarios. Elle aspergeait alors son visage d'eau froide, se maquillait comme lui avait appris Robertine, mettait sa plus belle robe et descendait au salon. La plupart de ses amies qui s'arrêtaient chez elle ne se doutaient pas que le charmant sourire qu'elle leur offrait en leur ouvrant sa porte cachait un profond désespoir et une tristesse infinie. À quelques rares confidents, dont Robertine faisait partie, elle demandait : « L'as-tu vu ? Dans quel état était-il ? »

Personne ne pouvait répondre à la question qu'il lisait dans les yeux tourmentés d'Émilie : « Que deviendra-t-il ? »

Chère lectrice et cher lecteur,
le deuxième et dernier tome de cette biographie
sera publié à l'automne 2010.
Cet ouvrage contiendra un index général des deux tomes.

Bibliographie

Documents d'archives

Fonds Robertine Barry. Société historique de la Côte-Nord. PO93. Ce fonds contient 16 photos. *Méprise,* la pièce de théâtre écrite par Robertine. Le texte de la conférence que Robertine donna à l'Institut canadien. Ses deux publications : *Chronique du lundi* et *Fleurs champêtres.* Trois coupures de presse. Trois lettres : une du premier ministre Wilfrid Laurier, une de la femme de lettres française Juliette Adam, une de Renée des Ormes. La biographie de Renée des Ormes.

Tous les articles publiés dans *La Patrie,* dont les « Chroniques du Lundi (1891-1900) », « Le Coin de Fanchette » et « Causeries fantaisistes (1897-1900) », signés Françoise, sont disponibles sur le site de Bibliothèque et Archives nationales du Canada.

Le Journal de Françoise, bi-mensuel fondé et dirigé par Robertine Barry de 1902 à 1907, est disponible sur DVD à la Société canadienne du microfilm. (SOCAMI).

Société d'archives du Saguenay-Lac-Saint-Jean. Le dossier 1328 contient les notes de travail de Renée des Ormes, des lettres, des textes de conférences et des articles.

Fonds Marie Gérin-Lajoie. Ce fonds contient des lettres écrites par Robertine Barry (Françoise) à Marie Gérin-Lajoie et à

Antoinette Gérin-Lajoie, la belle-sœur de Marie. BAnQ. Cote :
P783, 53.

Fonds Albert Ferland. Centre de recherche en civilisation
canadienne-française. Université d'Ottawa. Ce fonds contient
deux lettres écrites par Robertine Barry, signées Françoise, à
Albert Ferland. Cote : P 5/2/7.

Fonds Joseph-Edmond Roy (archiviste, historien et notaire à
Lévis). Ce fonds contient une lettre de Robertine Barry. Centre
de recherche en civilisation canadienne-française. Université
d'Ottawa. Cote : P 79/1.

Fonds Henry-James Morgan. Centre de recherches en civilisation canadienne-française. Université d'Ottawa. Ce fonds
contient une lettre de Robertine Barry. Cote : MG 29, D61.

Fonds Paul Wyczynski. Centre de recherche en civilisation
canadienne-française. Université d'Ottawa. Ce fonds contient
une photo de Robertine, des poèmes que lui a dédiés Émile
Nelligan, des articles signés Françoise, des commentaires sur
Robertine Barry.

Fonds Maurice Brodeur (fils de Marie-Louise Marmette). Ce
fonds contient une carte de souhait de Robertine adressée à
Marie-Louise ainsi qu'une page du *Journal de Françoise*. Archives de l'Université Laval. Cote : 209-1/3/2/1.

Société d'histoire et de généalogie de Trois-Pistoles. S'y trouvent les actes du décès de John Barry et du mariage de Caroline
Barry, ainsi que des recensements effectués au XIXe siècle.

Les Archives des Ursulines de Québec contiennent des compositions de Robertine Barry ainsi qu'une photo de groupe où
elle apparaît.

Annuaires Lovel de Montréal et sa banlieue (1842-1999).
BNQ. Collection numérique.

Livres et périodiques

Abbott, Elizabeth. *Histoire universelle de la chasteté et du célibat.* Montréal, Fidès, 2001, pour la traduction française. 290 p.

Abbott, Elisabeth. *Une histoire des maîtresses.* Montréal, Fidès, 2004, pour la traduction française. 617 p.

Adler, Laure. *À l'aube du féminisme. Les premières journalistes. (1830-1850),* Paris, Payot, 1979. 231 p.

Adler, Laure & Stefan Bollman. *Les femmes qui écrivent vivent dangereusement.* Paris, Flammarion, 2007. 153 p.

Adler, Laure & Stefan Bollman. *Les femmes qui lisent vivent dangereusement.* Paris, Flammarion, 2006. 149 p.

Arnaud-Duc, Nicole. « Les contradictions du droit », dans *Histoire des femmes en Occident. Le XIXe siècle.* Tome IV. Paris, Perrin, 2002, pp. 101-139.

Barry, Robertine. *Fleurs champêtres,* publié initialement en 1895 par La Cie d'imprimerie Desaulniers, réimprimé en 1924 par la Librairie Beauchemin Ltée, et republié chez Fidès, dans la Collection Nénuphar en 1984, est disponible sur le site de La bibliothèque électronique du Québec. Collection Littérature québécoise. Volume 99 : version 1.01. 320 p.

Barry, Robertine. *Chroniques du Lundi. 1891-1895.* Premier vol., 1900. 328 p. (s.é.).

Barry, Robertine. « Les Femmes canadiennes dans la littérature », dans *Les Femmes du Canada : leur vie et leurs œuvres* (paru dans *La Patrie* sous le titre *De l'influence de la femme dans la littérature,*18 mai 1896). Ouvrage colligé par le Conseil, à la demande de l'Honorable Sydney Fisher, ministre de l'Agriculture. Pour être distribué à L'Exposition universelle de Paris, 1900, pp. 209-215.

Barry, Robertine. « Rapport de l'Association des journalistes, par Mlle Barry (Françoise), directrice du « Journal de Françoise », dans *Premier Congrès de la Fédération nationale Saint-Jean-Baptiste,* Montréal, Paradis, Vincent et Cie, 1907, pp. 88-92.

Barry, Joseph. *George Sand ou le scandale de la liberté*. Traduit de l'américain par Marie-France de Paloméra. Paris, Seuil, 1982. 424 p.

Bascou-Bance, Paulette. *La mémoire des femmes*. Anthologie. Aquitaine, Élytis, 2002. 575 p.

Beaugrand, Honoré. *La Chasse-galerie et autres récits*. Édition critique par François Ricard. Montréal, Les Presses de l'Université de Montréal, 1989. 362 p.

Beaulieu, André et Jean Hamelin. *La presse québécoise des origines à nos jours. Tome IV. 1896-1910*. Québec, Les Presses de l'Université Laval, 1973. 418 p.

Béland, Cindy. « Salons et soirées mondaines au Canada français », dans *Lieux et réseaux de sociabilité littéraire au Québec*. Québec, Nota Bene. Collection Séminaires, n° 13, 2001. P. 97.

Bellerive, Georges. *Brèves apologies de nos auteurs féminins*. Québec, Librairie-éditeur Garneau, 1920. 137 p.

Bernhardt, Sarah. *Montréal. Mémoires*. Paris, Magellan & Cie, 2006. 61 p.

Bernier, Germaine. « Françoise, journaliste et femme de lettres ». Texte de la causerie donnée à la radio par la directrice de la *Page féminine,* sous les auspices du programme féminin. Publié dans *Le Devoir* vers 1936. Fonds Robertine Barry. P093/003/01/002.

Bertrand, Camille. *Histoire de Montréal. 1760-1942*. Montréal et Paris, Beauchemin et Plon, 1942. 307 p.

Bessette, Arsène. *Le débutant. (Roman de mœurs du journalisme)*. Édition originale, 1914. Montréal, Bibliothèque québécoise, 2001. 312 p.

Bizier, Hélène-Andrée. *Une histoire des femmes québécoises en photos*. Montréal, Fidès, 2007. 331 p.

Bizier, Hélène-Andrée. *Une histoire des hommes québécois en photos*. Montréal, Fidès, 2008. 288 p.

Blais, Jacques avec la collaboration de Guy Champagne et Luc Bouvier. *Louis Fréchette. Satires et polémiques ou l'École cléricale au Canada. Édition critique.* Montréal, Les Presses de l'Université de Montréal, 1993. Tome I, 600 p. Tome II, 1330 p.

Blais, Jean-Éthier. Communications présentées par. *Nelligan. Poésie rêvée. Poésie vécue*. Montréal, Le cercle du livre de France, 1969. 189 pages.

Blanc, Liliane. *Elle sera poète elle aussi ! Les femmes et la création artistique*. Montréal, Le Jour éditeur, 1991. 239 p.

Blanchet, Renée et Georges Aubin. *Lettres de femmes au XIXe siècle*. Québec, Septentrion, 2009. 288 p.

Boivin, Aurélien et Kenneth Landry. « Françoise et Madeleine, pionnières du journalisme féminin au Québec », *Voix et Images*, Décembre 1978, pp. 233-243.

Bologne, Jean-Claude. *Histoire du célibat et des célibataires*. Paris, Fayard Pluriel, 2004. 525 p.

Bonville, Jean de. *La presse québécoise de 1884 à 1914. Genèse d'un média*. Québec, Les Presses de l'Université Laval, 1988. 432 p.

Bonvoisin, Samra-Martine et Michèle Maignien. *La presse féminine*. Paris, PUF, Que sais-je ?, 1986. 126 p.

Brisson, Réal, sous la direction de. *La mort au Québec. Rapports et mémoires de recherche du Célat*, no 12, Québec, Université Laval, nov. 1988. 143 p.

Brunet, Manon. « Félicité Anger ». *Dictionnaire biographique du Canada en ligne*. http://www.biographi.ca/009004-119.01-f.php?&id_nbr=8007&interval=20&&PHPSESSID=k3klivkmkrh06o6o60knp2brk7

Buies, Arthur. *Correspondance. 1855-1901*. Édition critique par Francis Parmentier. Montréal, Guérin, 1993. 347 p.

Buies, Arthur. *Chroniques. Tomes 1 et 11*. Édition critique par Francis Parmentier. Montréal, Les Presses de l'Université de Montréal, 1991 et 1993. 653 et 502 p.

Bulletin bibliographique de la Librairie Beauchemin. *Biographies et portraits d'écrivains canadiens : études publiées dans* Le Propagateur, Montréal, Librairie Beauchemin, 1926.

Carrier, Anne. *Françoise, pseudonyme de Robertine Barry : édition critique des « Chroniques du lundi », 1891–1895*. Thèse de ph.d., Québec, Université Laval. 1988. 604 p.

Carrier, Anne. *Une pionnière du journalisme féministe québécoise. Françoise, pseudonyme de Robertine Barry : avec un choix de textes*. Groupe de recherche multidisciplinaire féministe, Université Laval. Québec, Les cahiers du GREMF, 1988. 109 p.

Carrier, Anne. « Robertine Barry ». *Dictionnaire biographique du Canada en ligne*. http://www.biographi.ca/009004-119.01-f.php?&id_nbr=6542&interval=25&&PHPSESSID=k2cgf5if u3ru3436p58ja41gv0.

Charbonneau, André. « Lieu historique national du Canada de la Grosse-Île-et-le-Mémorial-des-Irlandais. L'année tragique de 1847 à la Grosse-île ». Parcs Canada. www.pc.gc.ca.

Charron, Catherine. « Les féministes et la crise du service domestique ». *La question du travail domestique au début du XXe siècle au Québec*. Collection Mémoires et thèses électroniques. Québec, Université Laval. http://archimede.bibl.ulaval.ca.

Chassé, Gertrude. *Bio-bibliographie de Françoise (Mlle Robertine Barry)*. Montréal, École de bibliothécaires. Université de Montréal, 1945. 75 p.

Chassé, Béatrice. « L'île Saint-Barnabé ». *Les Cahiers de l'Estuaire*. N° 2. 2003. Rimouski, Société d'histoire du Bas-Saint-Laurent et le GRIDEQ, pp. 49-57.

Conan, Laure. *J'ai tant de sujets de désespoir. Correspondance, 1878-1924*. Recueillie et annotée par Jean-Noël Dion. Collections « Documents et biographies ». Québec, Les Éditions Varia, 2002. 480 p.

Côté, Jasmine. « Il y a cent ans. La parole des femmes ». *Le magazine de la rédaction professionnelle,* n° 3, 1999-2000, pp. 13-14.

Craveri, Benedatta. *L'âge de la conversation.* Traduit de l'italien par Éliane Deschamps-Pria. Paris, Gallimard pour la traduction française, 2002. 680 p.

D'Amours, Annie. *La nature morte au Québec et la question du sujet en art (1887-1907).* Thèse (M.A.) Histoire de l'art. www.theses.ulaval.ca/2005.

Dansereau, Patrice. Collaboration à la rédaction : Pierre Monette. « Des salons littéraires aux clubs de lecture ». Montréal, *Entre les lignes.* Printemps 2007, pp. 21-23.

Danylewycz, Marta. « Une nouvelle complicité : féministes et religieuses à Montréal. 1890-1925 », *Travailleuses et féministes* sous la direction de Marie Lavigne et Yolande Pinard. Montréal, Boréal Express, 1988, pp. 245-269.

Darsigny, Marise, Francine Descarries, Lyne Kurtzman, Évelyne Tardif. *Ces femmes qui ont bâti Montréal*. Montréal, Remue-Ménage, 1994. 627 p.

Dauphin, Cécile. « Femmes seules », *Histoire des femmes en Occident*. Tome IV. Le XIXe siècle. Paris, Perrin, 2002, pp. 513-531.

D'Entremont, Clarence. « L'histoire des cloches acadiennes : celles de la forteresse de Louisbourg ». Traduit par Michel Miousse. www.museeacadien.ca/french/archives/articles/59.htm.

Desgagné, Raymond. « Françoise (Robertine Barry) ». *Saguenaysensia*. Vol. 2, n° 3. Mai-juin 1960, pp. 73-75.

Desjardins, Marie-Paule. *Dictionnaire biographique des femmes célèbres et remarquables de notre histoire*. Montréal, Guérin, 2007. 599 p.

Desjardins, Rita. « Ces médecins montréalais en marge de l'orthodoxie ». Montréal, *Bulletin canadien d'histoire de la médecine*. 18 février 2001, pp. 325-347.

Des Ormes, Renée, pseudonyme de Léonide Ferland. *Robertine Barry, en littérature Françoise, pionnière du journalisme féminin, 1863-1910*. Québec, L'Action sociale, 1949. 159 p. Cette biographie est disponible sur le site Nos racines. www.ourroots.ca

Des Ormes, Renée, pseudonyme de Léonide Ferland. *Laure Conan*. Disponible sur le site web : www.biblisem.net/études/desolaur.htm. 55 p.

Dessaulles, Henriette. *Fadette, journal d'Henriette Dessaulles. 1874-1880*. Préface de Pierre Dansereau, introduction de Louise Saint-Jacques Dechêne. Montréal, Hurtubise/HMH, 1971. 325 p.

Dictionnaire biographique du Canada en ligne. *Barry, Robertine dite Françoise*. www.biographie.ca

Dictionnaire des auteurs de langue française en Amérique du Nord. « Françoise », Montréal, Fidès, 1989, pp. 536-537.

Dionne, Lynda et Georges Pelletier. *Découvrir Cacouna*. Cacouna, Épik, 2008. 96 p.

Doucet, Sophie. « Écrire avant tout. (Robertine Barry) ». *La Gazette des femmes*. Septembre-octobre 2007, pp. 34-35.

Doucet, Sophie. « Joséphine Marchand-Dandurand. Madame aura son magazine ». *Gazette des femmes,* Novembre-décembre 2006, pp. 34-35.

Duby, Georges et Michelle Perrot. *Histoire des femmes en Occident. Le XXe siècle.* Tome V. Sous la direction de Françoise Thébaud. Paris, Perrin, 2002. 891 p.

Duby, Georges et Michelle Perrot. *Histoire des femmes en Occident. Le XIXe siècle.* Tome IV. Sous la direction de Geneviève Fraisse et Michelle Perrot. Paris, Perrin, 2002. 765 p.

Duby, Georges et Michelle Perrot. *Histoire des femmes en Occident. Les XVIe-XVIIIe siècles.* Tome III. Sous la direction de Natalie Zemon Davis et Arlette Farges. Paris, Perrin, 2002. 426 p.

Dufour, Manon B. *La magie de la femme celte.* Montréal, Éditions de Mortagne, 2003. 204 p.

Durand, Marguerite. « Les femmes contemporaines ». *Le féminisme selon l'encyclopédie Encarta.* Ce site web est maintenant fermé.

Edelman, Nicole. *Voyantes, guérisseuses et visionnaires en France. 1785-1914.* Paris, Albin Michel, 1995. 280 p.

Felteau, Cyrille. *Histoire de* La Presse. *Tome 1. Le livre du peuple. 1884-1916.* Montréal, Les éditions La Presse Ltée, 1983. 401 p.

Frain, Irène. *Je vous aime. Les plus belles lettres d'amour.* Paris, Librio, 2002. 94 p.

Frenette, Madeleine. *Docteur Joseph Frenette. 1866-1953.* Cap Saint-Ignace, La plume d'oie, 2006. 64 p.

Frenette, Pierre avec la collaboration de Kateri Lescop et Roland Duguay. *Histoire des Côtes-Nord.* Bergeronnes, Les Presses du Nord, 1984. 48 p.

Gaulin, Michel. « De l'écriture comme entreprise d'approfondissement du moi », *Lettres québécoises,* automne 2008, p. 51.

Gauvreau, Danielle, Diane Gervais et Peter Gossage. *La fécondité des Québécoises. 1870-1970.* Montréal, Boréal, 2007. 337 p.

Germain, Jean-Claude. « C'est maintenant qu'on a besoin d'Asselin et de Fournier ». *L'aut'journal,* mai 2009, p.18.

Gilman, Sander L. « Les chirurgiens du bonheur ». www. unesco.org/courier/2001_07/fr/doss31.htm.

Gosselin, Lyne. *Les journalistes québécoises, 1880-1930.* Montréal, Regroupement des Chercheurs et chercheuses en Histoire des Travailleurs et travailleuses du Québec. Collection Études et documents du RCHT, n° 7, 1995. 160 p.

Hamel, Réginald. *Gaétane de Montreuil.* Montréal, L'Aurore, 1976. 205 p.

Harry, Bruce. *Maud. La vie de Lucy Maud Montgomery.* Traduit de l'anglais par Michèle Marineau. Montréal, Québec Amérique, 1997. 194 p.

Hébert, Pierre. *Censure et littérature au Québec. Le livre crucifié.* Montréal, Fidès, 1997. 290 p.

Higonnet, Anne. « Femmes et images ». *Histoire des femmes en Occident.* Tome IV. Le XIXᵉ siècle, Paris, Perrin, 2002, pp. 335-390.

Hoock-Demarle, Marie-Claire. « Lire et écrire en Allemagne ». *Histoire des femmes en Occident.* Tome IV. Le XIXᵉ siècle, Paris, Perrin, 2002, pp. 175-201.

Joannis, Claudette. *Sarah Bernhardt. Reine de l'attitude et princesse des gestes.* Paris, J'ai lu, 2003. 148 p.

Knibiehler, Yvonne et all. *De la pucelle à la minette,* Paris, Temps actuels, 1983. 259 p.

Knibiehler, Yvonne. « Corps et Cœurs ». *Histoire des femmes en Occident.* Tome IV. Le XIXe siècle. Paris, Perrin, 2002, pp. 391-438.

Krol, Ariane. « L'histoire secrète du vibromasseur ». *Châtelaine,* novembre 1999, pp. 106-109.

La Charité, Claude. « Les mémoires de famille (1869) d'Éliza Anne Baby ou l'apologie d'un mari vendu aux Anglais ». Rimouski, *Le Mouton Noir,* mars-avril 2008, p. 9.

Lachaussée, Catherine. « Entre détective et moine bénédictin ». Québec, *Le Libraire,* février-mars 2008, pp. 28-30.

Lacourcière, Luc. *Émile Nelligan. Poésies complètes.* Montréal, Fidès, 1958. 331 p.

Lamontagne, Gilles. Édition préparée et présentée par. *Fleurs champêtres suivi d'autres nouvelles et de récits et Méprise, comédie inédite en un acte.* Collection du Nénuphar. Les meilleurs auteurs canadiens. Montréal, Fidès, 1984. 320 p.

Lapointe, Lisette. « Robertine Barry : la rebelle ». Montréal, *La Gazette des Femmes,* mai-juin 1998, pp. 14-15.

Lavigne, Marie et Yolande Pinard. *Travailleuses et féministes. Les femmes dans la société québécoise.* Montréal, Boréal Express, 1983. 430 p.

Lavigne Marie, Yolande Pinard et Jennifer Stoddart. « La Fédération nationale Saint-Jean-Baptiste et les revendications féministes au début du XXe siècle ». *Travailleuses et féministes. Les femmes dans la société québécoise.* Montréal, Boréal Express, 1983, pp. 199-216.

Lemieux, Denise et Lucie Mercier. *Les femmes au tournant du siècle. 1880-1940*. Montréal, Institut québécois de recherche sur la culture, IQRC., 1989. 400 p.

Lemire, Maurice et Denis Saint-Jacques, sous la direction de. *La vie littéraire au Québec. Tome IV*. Québec, Les Presses de l'Université Laval, 1999. 670 p.

Létourneau, Monette et Richard. *Les trente premières années de Les Escoumins. 1845-1875*. Les Escoumins, Les éditions du Cyclope, 1985. 63 p.

Lévesque, Andrée. *La norme et les déviantes. Des femmes au Québec pendant l'entre-deux-guerres*. Montréal, Remue-Ménage, 1989. 232 p.

Lévesque, Andrée. *Résistance et transgression. Études en histoire des femmes au Québec*. Montréal, Remue-Ménage, 1995. 157 p.

Lévesque, Andrée. « Éva Circé-Côté, l'oubliée de la lutte pour l'égalité », *Le Devoir,* 11 juillet 2005.

Losier, Mary Jane et Céline Pinet. *Les enfants de Lazare. Histoire du lazaret de Tracadie*. Traduit par Jacques Picotte. Lévis, Faye, 1997. 297 p.

Mailloux, Alexis (1801-1877). *Le Manuel des parents chrétiens*. Montréal, VLB Éditeur, 1977. 328 p.

Major, Jean-Louis. *Henriette Dessaulles : Journal*. Montréal, Les Presses de l'Université de Montréal, Bibliothèque du Nouveau Monde, 1989. 669 p.

Mann Trofimenkoff, Susan. « Henri Bourassa et la question des femmes ». *Travailleuses et féministes. Les femmes dans la société québécoise,* sous la direction de Marie Lavigne et Yolande Pinard. Montréal, Boréal Express, 1983, pp. 293-306.

Marchand-Dandurand, Joséphine. *Nos travers.* Montréal, Librairie Beauchemin, 1924. 124 p.

Marchand-Dandurand, Joséphine. *Journal intime. 1879-1906.* Montréal, La Pleine Lune, 2000. 275 p.

Marcoux, Cosette et Jacques Boivin. « Joseph-Damase Chartrand. (1852-1905). La curieuse histoire de l'éclipse d'un géant ». Revue *Cap-aux-Diamants,* n° 91, automne 2007, pp. 21-25.

Marion, Séraphin. *Littérateurs et moralistes du Canada français d'autrefois. Tome VIII.* L'Éclair et Les Éditions de l'Université d'Ottawa, 1954. 190 p.

Marleau, Diane. « Auteures-compositeures-interprètes ». *L'autre Parole,* no 89, printemps 2001, pp. 7-8.

Massicotte, Marie-Andrée. « Une île au large de la ville ». *Revue d'histoire du Bas-Saint-Laurent,* Rimouski. 1696-1996. Juin 1996, pp. 57 à 62.

Mativat, Daniel. *Le métier d'écrivain au Québec. 1840-1900.* Montréal, Triptyque, 1996. 510 p.

Mayeur, Françoise. « L'éducation des filles. Le modèle laïque ». *Histoire des femmes en Occident.* Tome IV. Le XIXe siècle, Paris, Perrin, 2002, pp. 281-302.

Michaud, Robert. *L'Isle-Verte vue du large.* Montréal, Leméac, 1978. 354 p.

Michaud, Robert. *La Cour de circuit de L'Isle-Verte.* Trois-Pistoles, Centre d'édition des Basques, 1998. 243 p.

Michaud, Robert. *Zoestra marina. Une plante porte-malheur à L'Isle-Verte.* Trois-Pistoles, Centre d'édition des Basques, 2002. 135 p.

Montreynaud, Florence et all. *Le XXᵉ siècle des femmes*. Paris, Nathan, 1995. 780 pages.

Morin, A.-Cléophas, ptre. *Dans la maison du père. Décès de 1869 à 1966. Biographies des prêtres du Diocèse de Rimouski*. Disponible en format PDF sur le site : www.dioceserimouski.com

Nelligan, Émile. *Poésies complètes. 1896-1899*. Montréal, Bibliothèque québécoise, 1997. 262 p.

Niget, David. « Histoire d'une croisade civique : la mise en place de la "Cour des jeunes délinquants" de Montréal (1890-1920). » http://rhei. Revues.org/document961.html.

O'Gallagher, Marianna. *Grosse Île. Porte d'entrée du Canada. 1832-1937*. Traduit par Michèle Bourbeau. Québec, Carraig Books, 1987. 188 p.

Paris Priollaud, Nicole. Textes regroupés par. *La femme au XIXᵉ siècle*. Paris, *Les reporters de l'Histoire*, nº 2. 240 p.

Pelletier-Baillargeon, Hélène. *Olivar Asselin et son temps. Le militant*. Montréal, Fidès, 1996. 778 p.

Pelletier-Baillargeon, Hélène. *Marie Gérin-Lajoie. De mère en fille, la cause des femmes*. Montréal, Boréal Express, 1985. 382 p.

Perrot, Michelle. *Les femmes ou les silences de l'Histoire*. Paris, Flammarion, 1998. 493 p.

Pinard, Yolande. « Les débuts du mouvement des femmes à Montréal ». *Travailleuses et féministes. Les femmes dans la société québécoise*, Montréal, Boréal Express, 1983, pp. 177-198.

Provencher, Jean. *Chronologie du Québec. 1534-2007*. Montréal, Boréal Compact, 2008. 376 p.

Rajotte, Pierre. Sous la direction de. *Lieux et réseaux de sociabilité littéraire au Québec*. Québec, Nota Bene, Collection Séminaires, n° 13, 2001. 335 p.

Rattner Gelbart, Nina. « Les femmes journalistes et la presse ». *Histoire des Femmes en Occident, Tome III, XVI-XVIIIᵉ siècles*, Paris, Perrin, 2002, pp. 491-512.

Revue d'histoire du Bas-Saint-Laurent. *Rimouski. 1696-1996*. Rimouski, Groupe de recherche interdisciplinaire sur le développement régional de l'Est du Québec (GRIDEQ) et le module d'Histoire en collaboration avec la Société d'histoire du Bas-Saint-Laurent, Vol. XIX, n° 2, 1996. 105 p.

Ricard, François. *Gabrielle Roy. Une vie*. Montréal, Boréal, 1996. 646 p.

Ricard, François. *Honoré Beaugrand. La Chasse-galerie et autres récits*. Édition critique par François Ricard. Montréal, Université McGill et Les Presses de l'Université de Montréal, 1989. 369 p.

Rioux, Emmanuel. Sous la direction de. *Histoire de Trois-Pistoles. 1697-1997*. Trois-Pistoles, Société d'histoire et de généalogie de Trois-Pistoles. 697 p.

Robidoux, Réjean et Paul Wyczynski. Recueil d'études préparé sous la direction de. *Crémazie et Nelligan*. Montréal, Fidès, 1981. 186 p.

Roberts, Mary Louise. « Les femmes contemporaines ». *Le féminisme selon l'encyclopédie ENCARTA*, fr.encarta.com/encyclopédie. Les sites internet de cette encyclopédie numérique créée par Microsoft sont fermés depuis octobre 2009. http/clio.revues.org/document390.html.

Roy, Yvan et Paul Wyczynski. *Nelligan à Cacouna*. Cacouna, Épik, 2004. 190 p.

Roy, Yvan. *Cacouna illustré* (série de cartes). Cacouna, Épik, 2004.

Saint-Georges, Hervé de. « Pour avoir eu trop de génie, Émile Nelligan vit à jamais dans un rêve tragique qui ne se terminera qu'avec la mort ». Montréal, *La Patrie,* 18 septembre 1937.

Saint-Yves, Gabrielle. « Les femmes et la norme au tournant du XXe siècle : Prise de parole des premières chroniqueuses au Canada français ». *Des mots et des femmes : Rencontres linguistiques. Actes de la journée d'étude tenue à l'Université de Florence. 1er décembre 2006.* Sous la direction d'Annick Farina et Rachelle Rauss, Firenze University Press, 2007, pp.13 à 26.

Saucier, Danielle. « La famille Barry : en images ». *La revue d'histoire de la Côte-Nord.* Société historique de la Côte-Nord, juillet 2008, pp. 82-86.

Savoie, Chantale. « La page féminine des grands quotidiens montréalais comme lieu de sociabilité littéraire au tournant du XXe siècle ». Rimouski,*Tangence,* n° 80, 2006, pp. 125-142.

Savoie, Chantale. « L'exposition universelle de Paris (1900) et son influence sur les réseaux des femmes de lettres canadiennes dans *Études littéraires* : dossier ». Montréal, *Les réseaux littéraires France-Québec au début du XXe siècle,* vol. 36, n° 2, automne 2004, pp. 17-30.

Scheler, Lucien, préface et notes. *Œuvres complètes de Jules Vallès. Correspondance avec Séverine.* Les éditeurs français réunis, Paris, 1972. 222 p.

Séguin, Marcel. « Entretiens sur Émile Nelligan ». Montréal, *L'École canadienne,* 1957, p. 667.

Sicotte, Anne-Marie. *Marie Gérin-Lajoie*. Montréal, Remue-Ménage, 2005. 503 p.

Sullerot, Évelyne. *Histoire de la presse féminine en France des origines à 1848*. Paris, Armand Colin, 1966. 225 p.

Tardif, Évelyne et all. *Les bâtisseuses de la cité*. Université de Montréal, Les Cahiers de l'ACFAS, 1992. 407 p.

Tardif, Jean-Claude. *Le grand livre d'or des Lindsay. Extraits des registres du phare de l'Île-Verte*. Québec, Les éditions GID, 2007. 270 p.

Têtu, Henri et Henri-Raymond Casgrain. *David Têtu et les raiders de Saint-Alban. 1864-1865. Épisode de la guerre américaine*. Québec, N.S.Hardy, Libraire-éditeur, deuxième édition, 1891. 187 p.

Thibeault, Diane. *Premières brèches dans l'idéologie des deux sphères : Joséphine Marchand-Dandurand et Robertine Barry, deux journalistes montréalaises de la fin du XIXe siècle*. Thèse (M.A) Histoire, Université d'Ottawa, 1981. 126 p.

Trépanier, Léon. *Les rues du Vieux Montréal au fil du temps*. Montréal et Paris, Fidès, 1968. 187 p.

Trofimenkoff, Susan Mann. « Henri Bourassa et la question des femmes ». *Travailleuses et féministes. Les femmes dans la société québécoise*, Montréal, Boréal Express, 1983, pp. 293-306.

Trudel, Brigitte. « Entrevue/Bernard Arcand ». *RND* (Revue Notre-Dame), mars 2006, pp. 16-26.

Vanasse, André. *Émile Nelligan. Le spasme de vivre*. Montréal, XYZ, 1996. 201 p.

Verge, Gabriel. *Pensionnaires chez les Ursulines dans les années 1920-1930*. Québec, Les Cahiers du Septentrion, 1998. 139 p.

Vigneault, Benny M. *Idéologie, « plurigénéricité » et figure du destinataire dans* Fleurs champêtres *de Françoise (Robertine Barry)*. Thèse (M.A.), Faculté des lettres, Québec, Université Laval, 1999. 131 p.

Warren, Jean-Philippe. *Edmond de Nevers. Portrait d'un intellectuel. (1862-1906)*. Montréal, Boréal, 2005. 322 p.

Warren, Jean-Philippe. « Petite typologie philologique du « moderne » au Québec (1850-1950). » Québec, Les Presses de l'Université Laval, Recherches sociographiques, XLVI, n° 3, septembre-décembre 2005, pp. 495-525.

Warren, Louise. *Léonise Valois, femme de lettres*. Montréal, L'Hexagone, 1993. 310 p.

Webster Wilde, Lyn. *Le monde des Celtes*. Paris, Gründ, 2005 pour l'édition française. 160 p.

Wyczynski, Paul. *Émile Nelligan*. Montréal, Fidès, 1967. 191 p.

Wyczynski, Paul. *Nelligan. 1879-1941. Biographie*. Montréal, Fidès, 1987. 632 p.

Wyczynski, Paul. *Émile Nelligan. Sources et originalité de son œuvre*. Éditions de l'Université d'Ottawa, 1960. 348 p.

Wyczynski, Paul. *Album Nelligan*. Une biographie en images. Montréal, Fidès, 2002. 435 p.

Remerciements

J'éprouve une profonde gratitude envers les personnes qui m'ont aidée dans mes recherches. Je remercie chaleureusement:

Gilbert Desrosiers qui a effectué la recherche généalogique sur la famille Barry.

La biographe Hélène Pelletier-Baillargeon, l'écrivain Antoine Yaccarini, le journaliste-écrivain Yvan Roy et mon ami Raynald Horth, pour leur amabilité et leur promptitude à répondre à mes questions.

Les trois belles dames de L'Isle-Verte, Odette Côté-Dionne, Odette Lafrance-Côté et Cynthia Calusic, pour leur empressement à me fournir de la documentation. Merci également au bedeau du village, Roland Ouellet, pour les recherches effectuées au cimetière de l'endroit.

L'aubergiste Léna Saint-Pierre, ainsi que son employée Linda O'Connor, pour leur accueil chaleureux dans la maison où a vécu Robertine – l'auberge-manoir Bellevue aux Escoumins – ainsi que pour toutes les informations et la documentation qu'elles m'ont fournies.

Mon frère Aldoris qui a parcouru les rues de Montréal afin de photographier les maisons où a vécu Robertine.

L'auteur et thanatopraticien Martin Marquis pour les précieuses informations sur les rituels entourant la mort au XIXe siècle.

La directrice-archiviste de la Société historique de la Côte-Nord, Danielle Saucier, qui a sorti de l'oubli le fonds Robertine Barry et qui a aimablement répondu à mes questions.

Paul-André Ouellet, Gaétane Talbot et Julie Morin du Centre d'archives de Trois-Pistoles ; Soeur Zélica Daigle, du musée de Tracadie ; Marie-Andrée Fortier, archiviste chez les Ursulines de Québec ; Annie Breton, du Musée de Charlevoix ; Anne-Sophie Robert, archiviste au Centre d'histoire de Saint-Hyacinthe ; Colombe Dallaire et Audrey Bouchard du Centre d'archives du Saguenay-Lac-St-Jean ; Louise Bouchard de la Société historique du Saguenay ainsi que toutes les personnes des différentes sociétés historiques et d'archives que j'ai consultées.

L'historienne Mélanie Girard qui, au moment de ma recherche, préparait une exposition sur les couventines au Musée des Ursulines à Québec. Son empressement à répondre à mes questions m'a été fort utile.

Soeur Nicole Rousseau qui, durant ma visite au couvent de Trois-Pistoles, m'a fourni plusieurs informations pertinentes sur la vie des jeunes couventines au XIXe siècle.

Lise Dugal, petite-fille de Clara-Blanche Barry – la soeur cadette de Robertine – ainsi que Marielle Corbeil, petite-fille d'Émilie Nelligan, pour les précieuses informations sur leur famille respective.

Merci à la formidable équipe des Éditions Trois-Pistoles, Victor-Lévy Beaulieu, André Morin et Michel Leblond pour leur confiance, leur professionnalisme, leur humour et leur enthousiasme. Un merci particulier à Victor-Lévy Beaulieu pour sa parfaite compréhension des doutes et des questions qui taraudent un auteur sur le point de publier.

Merci aux deux hommes de ma vie, mon compagnon, Rodrigue, et mon fils, Philippe, pour leur complicité, leur humour et leurs encouragements soutenus.

Merci à mes lectrices et lecteurs qui manifestent si spontanément leur plaisir de lire. Les mots que vous m'écrivez ou que vous me dites lors de rencontres littéraires me donnent des ailes.

Table des matières

Cet ouvrage, composé en Arno Pro 13 / 17,
a été achevé d'imprimer à Cap-Saint-Ignace,
sur les presses de Marquis imprimeur,
en février deux mille dix.